한국영화운동사 2

충무로, 새로운 물결

기획영화에서 한국독립영화협회까지

한국영화운동사 2

충무로, 새로운 물결 기획영화에서 한국독립영화협회까지

초판 1쇄 인쇄 · 2023년 9월 20일
초판 1쇄 발행 · 2023년 9월 30일

지은이 · 성하훈
펴낸이 · 한봉숙
펴낸곳 · 푸른사상사

주간 · 맹문재 | 편집 · 지순이 | 교정 · 김수란, 노현정 | 마케팅 · 한정규
등록 · 1999년 7월 8일 제2-2876호
주소 · 경기도 파주시 회동길 337-16(서패동 470-6)
대표전화 · 031) 955-9111(2) | 팩시밀리 · 031) 955-9114
이메일 · prun21c@hanmail.net / prunsasang@naver.com
홈페이지 · http://www.prun21c.com

ⓒ 성하훈, 2023

ISBN 979-11-308-2089-7   04680
      979-11-308-2087-3(세트)

값 38,000원

푸른사상 예술총서 31

한국영화운동사 2

충무로, 새로운 물결

기획영화에서 한국독립영화협회까지

성하훈

푸른사상
PRUNSASANG

흔히 영화계 진보와 보수의 비율을 9:1이라고 한다. 그만큼 영화계는 진보적인 성향이 절대다수를 차지하고 있다. 보수 정권 시절 다른 문화예술계는 영화계의 단결력을 부러워할 정도였다. 2014년 〈다이빙 벨〉 상영으로 촉발된 부산영화제 사태 당시 영화인들의 보이콧은 한국영화의 힘을 보여준 대표적인 사례기도 했다.

물론 처음부터 이런 흐름은 아니었다. 젊은 시절 검열과 표현의 자유 제한에 문제의식을 느끼고 저항해온 영화인들의 노력이 수십 년 동안 쌓인 결과였다. 이들이 중심에 자리 잡게 되면서 한국영화는 상당한 변화가 이뤄졌다. 이 출발이 영화운동이었다.

영화를 운동으로 생각한 사람들이 있었다. 영화는 대중이 문화생활을 즐길 수 있는 종합예술이라고 하나 그 이상의 역할을 할 수 있는 매력이 다분했다. 현실을 비추는 거울이면서, 동시에 세상을 변화시키는 사회변혁 운동의 도구로서 작용하길 바란 것이다. 그래서 그들은 영화를 통해 약자들을 조명했고, 사회현실에 부딪쳤으며, 정치 권력에도 저항하면서 비판의식을 바탕으로 사회적 금기를 깨뜨리려 도전했다.

영화를 통해 세상을 바꾸려 했던 이들은 노력은 하나둘 결실을 맺으며 자연스럽게 1980년 이후 한국 사회변혁 운동에 일조했다. 그리고 세월이 흘러 그들은 한국영화의 중심으로 우뚝 섰다. 충무로로 상징되는 한국영화의 핵심을 이제는 초기 영화운동에 나섰던 이들이 차지하게 된 것이다. 한국 영화운동사는 바로 이 영화인들에 관한 이야기다.

지난 2019년 한국영화는 100년을 맞이했다. 여기에 더해 한국 영화운동 40년을 맞는 해이기도 했다. 1979년 말에 시작된 영화운동은 한국영화의 전환을 이룬 중요한 계기가 됐다. 40년의 세월 동안 영화로 세상을 변화시키기 위해 시대에 맞섰던 사람들의 노력은 지금도 꾸준히 이어지고 있기 때문이다.

2015년 한국 영화운동 취재에 들어간 계기는 단편적으로 알려진 한국 영화운동의 역사를 정리할 필요성을 느껴서였다. 단편적인 내용을 중심으로 파편화돼 전달되는 이야기를 체계적으로 다듬어야겠다고 생각한 것에는, 그 시대 한구석에서 관객으로 바라봤던 경험이 작용했다. 지난 시간의 정리가 늦어질수록 정리하는 작업은 쉽지 않을 것이었다. '구슬이 서 말이라도 꿰어야 보배'라는 옛말처럼 한국 영화운동에 대한 저술은 곳곳에 흩어져 있던 구슬을 수집하는 작업이기도 했다.

2015년부터 사전 취재를 한 후 4년 만인 2019년 11월 오마이뉴스를 통해 연재를 시작했다. 1979년 말에 출발한 영화운동이 40년을 맞이한 시점에 맞춰 그 시절 이야기를 하나하나 풀어나가기 시작한 것이다. 처음에는 막막하기만 했으나, 연재가 이어질수록 영화인들의 적극적인 도움이 있었고, 덕분에 2023년 1월 모든 연재를 마칠 수 있었다. 3년 1개월에 걸친 작업이었다.

시기는 1980년 광주민중항쟁 전후부터 2000년 전후까지로 잡았다. 1980년 얄라셩 이후 1982년 서울영화집단, 1983년 서강대 영화공동체, 1984년 부산씨네클럽, 1985년 대학 영화동아리 결성, 1986년 파랑새 사건 등으로 매해의 의미가 40년간 이어지고 있다.

오래된 기억과 젊은 시절 풋풋했던 옛날 사진을 건네준 영화인들의 도움은 긴 시간 취재를 이어갈 수 있게 한 큰 힘이었다. 지나간 시간을 기록하는 것이 간단한 일이 아니었으나, 한국영화 중심에 있는 모든 영화인이 내 일처럼 성원해준 덕분에 대장정을 마무리할 수 있었다.

책으로 엮으면서 연재한 내용을 일부 다듬었고, 새롭게 확인된 내용을 추가했다. 보충을 원하는 목소리들이 있어 이를 최대한 반영했다. 한국 영화운동 연구에 기초자료로 활용되고, 연구자들에게 도움이 되기를 바라는 마음이다.

2023년 8월
성하훈

차례

01

개혁의 대상에서 연대의 대상으로

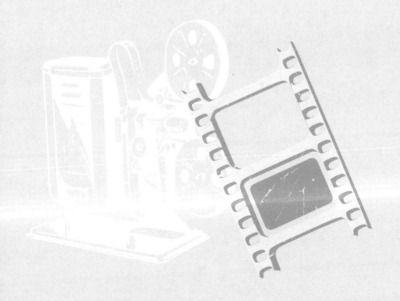

충무로로 넓힌 새로운 전선

제도권 내의 주류 영화를 상징하는 충무로는 한국 영화운동에서 애증의 공간이었다. 1970년대 후반의 초기 영화운동 성격은 외국영화에 비해 질적으로 떨어지는 한국영화에 대한 실망을 바탕으로 하고 있었다. 새로운 한국영화를 갈망하는 젊은 감독과 청년 영화인들은 기존의 충무로를 바꿔야 한다는 생각이 간절했다.

새로운 영화를 추구하는 흐름이나 변혁운동 성격의 영화운동 모두 공통점은 반(反)충무로였을 만큼 영화운동의 시선에서 충무로는 개혁의 대상일 뿐이었다. 그러다 보니 8mm/16mm로 만들어진 대부분 영화가 탈충무로 영화를 지향했고, 충무로와의 거리 두기는 기본이었다.

그러나, 한국영화의 중심이자 주류인 충무로는 무시할 수는 없는 존재였다. 충무로를 바꾸기 위해 충무로에 들어가는 것이 불가피했다. 연대의 대상으로 궤도가 수정된 것은 영화운동의 영역이 확장될 필요성이 생겨났기 때문이었다.

영화운동 출신들, 충무로로 들어가다

1990년 계간지『민족영화』대담에서 민족영화연구소 이정하(전 영화평론가)는 "충무로는 성찰의 대상이자 연대의 대상이다"라고 선언하며, 한국 주류 영화를 상징하는 충무로와의 연대를 강조했다.

할리우드 영화 직배 반대 투쟁 과정에서 영화운동 진영이 충무로와 연대한 것이 동기가 됐지만, 일찍이 충무로에 먼저 자리 잡은 젊은 영화인들은 영화운동의 흐름과 동질감이 있었다. 1987년 6월항쟁을 전후로 반독재 민주화 투쟁의 흐름 속에, 충무로라는 제도권 안의 영화인들과 영화운동 출신들은 하나둘 손을 맞잡게 된다. 서울영화집단 출신 변재란(영화평론가, 순천향대 교수)은 이를 "'한국 영화운동이 충무로를 통해 새로운 전선'을 구축하기 시작한 것이다"라고 정의했다.

영화운동이 충무로라는 주류 공간으로 전선을 확대할 수 있었던 데는 1980년대 초부터 충무로 활동을 시작한 의식 있는 청년 영화인들이 발판 역할을 했다. 1970년대 마당극 운동을 하다 영화 쪽으로 방향을 바꾼 장선우(감독)가 대표적이었다. 1983년 개봉했던 이장호 감독의 〈일송정 푸른 솔은〉 제작에 참여한 장선우는 1985년 선우완 감독과 〈서울황제〉(1986)를 공동 연출하는데, 여기에 당시 영화운동에 참여했던 청년 영화인들이 연출부로 여럿 참여하게 된다. 임종재(감독), 김동원(다큐멘터리 감독), 황규덕(감독, 명지대 교수), 김의석(감독, 전 영진위원장), 정병각(감독), 안동규(제작자) 등이었다.

1985년은 영화운동 출신들이 충무로라는 제도권 안에 하나둘 발을 딛던 시기였다. 서울의 각 대학에서 영화서클이 대거 생겨나고, 서울영화집단이 재편을 통해 운동성이 강화되던 때와 맞물린 것이었다.

한국영화아카데미 1기생들이 1년 과정을 마치고 1985년 졸업하면서, 충무로 바깥에 자리했던 영화운동 전선이 제도권 안으로 넓혀지기 시작했다. 〈서울황제〉 제작에 참여했던 임종재, 황규덕, 김의석은 한국영화아카데미 1기였다. 이들은 졸업과 함께 충무로 현장에 기획과 조연출 등으로 활동하게 된다.

경희대 그림자놀이를 만든 안동규는 "당시 대학 4학년으로 졸업에 앞서 충무로 활동을 시작했다"며 "취업이 될 경우 4학년 때는 학교를 안 가도 되는 상황이었다"고 말했다. 고려대 돌빛 초기 회원이었던 정병각은 "임종재와 함께 장길수 감독 〈밤의 열기 속으로〉 연출부에 있다가 바로 〈서울황제〉에 합류했다"고 회상했다.

황규덕의 경우는 1980년 한국 영화운동의 출발이었던 서울대 얄라성 회원 중 첫 번째로 충무로 활동을 시작했다. 서울대 얄라성 출신 중에서는 송능한(감독)이 형인 시나리오 작가 송길한의 작업을 돕고 있었기에 비공식적으로는 충무로 활동 시기가 가장 빠른 것으로 알려져 있으나, 공식적인 시나리오 작가로 처음 이름을 올린 영화는 김호선 감독이 연출한 〈수렁에서 건진 내 딸 2〉(1986)였다. 시기적으로 황규덕이 조금 빨랐다. 이에 대해 황규덕은 "당시 분위기에선 충무로 활동을 하는 것이 일종의 변절 혹은 수정주의자 같은 질책감이었다"며 "송능한의 경우는 형의 시나리오 작업을 하는 것이라

황규덕 감독 _고명욱 제공

전혀 그렇지 않았고, 일종의 자랑거리로 볼 수 있다"고 말했다. 이어 "얄라셩은 대학 4학년 2학기 끝 무렵에 너무 늦게 노크했었고, 그때 나를 받아주었던 이들은 '우리가 바로 졸업해서 나가는데 뭔가 모임을 만들 테니 너도 같이 해볼래? 하는 분위기였다"면서 "얄라셩 중 충무로에 제일 먼저 들어갔다기보다 서울영화집단 창립회원 중에서 충무로 제일 먼저 들어간 것이 맞는 것 같다"고 덧붙였다.

충무로에서 밖으로 나간 김동원

이들 중 김동원(다큐멘터리 감독)은 결이 조금 달랐다. 재야에서 활동하던 청년 영화인들이 충무로라는 제도권으로 영역을 확장시킬 때, 김동원은 반대로 충무로에서 경험을 쌓은 후 제도권 밖으로 나가 비디오 독립다큐멘터리를 개척한 특이한 사례였다. 그가 1990년대 후반부터 한국 독립다큐멘터리의 대부로 불리기 시작했지만, 첫 출발은 상업영화였다. 1980년대 초반부터 충무로 연출부로 활동하고 있었기 때문이다.

김동원의 전공은 신문방송학이었다. 1978년 서강대학교 졸업 후 군에 입대했던 그는 광주민중항쟁 직후인 1980년 6월에 제대한다. 군 복무 시기에 광주민중항쟁이 일어난 것이었다. 김동원은 "제대할 때 광주에서 폭동이 일어났다는 정도로만 알았다"고 했을 만큼 세상 돌아가는 일에 관심이 약했다. 하지만 1980년 서강대학교 대학원에 입학한 후에는 학생운동이 주도하는 학내 시위에 종종 참여하게 된다. 그렇다고 의식 있는 운동권 대학생은 아니었다. "당시 대학생들이 일반적으로 갖고 있던 군사독재 치하의 사회에 대해 비판적 의식을 갖고

광주항쟁을 소재로
한 영화 〈오! 꿈의
나라〉에 출연한
김동원 감독
_장산곶매 제공

있던 정도였다"는 것이 스스로의 평가다.

영화운동과의 연결은 대학원 시기 서울대 얄라셩 출신들이 중심이었던 서울영화집단과 교류하게 되면서였다. 그는 "김홍준(감독)이 서강대 커뮤니케이션센터에 영화를 보러 오면서 서로 아는 사이가 됐고, 이를 통해 서울영화집단을 알게 돼 남영동 사무실에 가기도 했었다"고 회상했다. 1989년 홍기선(감독)이 장산곶매에서 〈오! 꿈의 나라〉를 만들 때 단역으로 출연한 것은, 이때 시작된 인연이 바탕이 됐다.

1981년 이장호 감독 〈바보선언〉 연출부 참여는 김동원에게 충무로 상업영화 현장과의 첫 만남이었다. 김동원은 "제대 직후인 1980년 7월 연출부를 모집한다는 소식을 듣고 찾아갔다"며 "2년 동안의 연봉이 50만 원으로 기억한다"고 말했다. 이어 "대학원을 4년 동안 길게 다녔는데, 영화를 계속해야 할지 확신이 서지 않았기 때문에 신촌 신선소극장 매니저, 충무로 연출부 등을 오갔다"고 덧붙였다. 김동원은 "오랜 시간이 지나 이장호 감독님께 당시 '왜 나를 왜 뽑았냐?'고 물었더니, 감독님이 '대학원생이라고 해서 뽑았다'고 하더라"고 전했다.

1983년 서강대 영화동아리 서강영화공동체가 만들어질 때는 대학원생으로서 창립회원이 됐다. 서강대 커뮤니케이션센터 내 미디어 교육센터 연구원으로 반(半)상근으로 일하던 때였는데, 대학원 졸업 후에는 유학 가기 위해 준비하고 있었다.

하지만 1984년 '작은영화를 지키고 싶습니다 8mm/16mm 단편영화 발표회'(일명 작은영화제) 참석은 전환점이 됐다. 젊은 영화인들을 만나면서 인맥의 폭을 넓히는 계기가 된 것이다. 여기서 알게 된 이들이 황규덕(감독), 임종재(감독), 김의석(감독, 전 영진위원장), 정성일(감독, 평론가) 등이었다.

김동원은 1984년 한국영화아카데미가 개원할 당시 유현목 감독으로부터 지원하라는 권유를 받기도 했다. 하지만 고민 끝에 대학 후배인 김소영(감독)에게 대신 권유해 김소영이 한국영화아카데미 1기로 입학하게 된다.

김동원은 "1985년 충무로로 들어가 하명중 감독의 영화 〈태〉(1986) 연출부에 참여했고, 여기서 낭희섭(독립영화협의회 대표)을 처음 만나게 됐다"고 말했다. 이어 장선우 감독의 〈서울황제〉에도 참여하면서 김동원의 주무대는 충무로가 됐다.

당시 김동원은 서울대 딴따라로 불리던 임진택(판소리 명창), 김민기(가수), 장선우(감독) 등과 교류하고 있었다. "이들 중 김민기는 고등학교 때 만난 사이였고, 당시 장선우가 막내였던 것으로 기억한다"면서 "신촌 신선소극장 매니저 일 하는 과정에서 문화패를 끌어들이면 극장에 도움이 될 것 같아 교류하게 된 것이다"고 말했다.

김동원에 따르면 장선우는 1982년 현진영화사 기획실장을 맡고 있었다. 그 무렵 영화 〈ET〉를 수입해 배급했는데, 현진영화사는 장선우에게 그 영화가 흥행하면 감독으로 입봉시켜주겠다는 제안을 했다. 〈ET〉가 흥행에 크게 성공하면서 연출의 기회를 잡게 된 것이다.

김동원은 "장만철(장선우 본명)이 기획 작업에 활용하던 곳이 운당여관이었고, 나도 이를 도우러 운당여관을 오가게 됐다"면서 "당시 박정희 독재에 저항하다 구속됐던 재야인사 김지하(시인)가 석방돼 운당여관에 머물고 있을 때였다"고 말했다. "김지하를 만나러 임진택 등이 자주 찾아왔고, 함께 술 먹으며 많은 이야기를 나누는 과정에서 세상에 대한 눈을 조금씩 뜨게 됐다"고 옛 기억을 떠올렸다.

충무로 상업영화를 오가던 그가 다큐멘터리 감독으로 전환하게 된 것은 상계동 철거민들의 현장에 들어갔기 때문이었다. 김동원은 "서강대 커뮤니케이션센터 소장인 커스틴 신부님이 내게 상계동의 정일우 신부님을 찾아가 가보라고 해서 만났다. 커스틴 신부가 철거민 작품을 만들어보라고 아르바이트를 준 것이었다"고 회상했다. 이때 상계동에 뛰어들게 되면서 김동원의 진로는 다큐멘터리 감독으로 바뀌게 된다. 1986년 상계동 철거민들과 함께 생활하며 불후의 명작 〈상계동 올림픽〉을 촬영한 것이다. 1987년 상계동 철거민들이 명동성당에서 농성할 때도 함께 지내면서 1987년 6월항쟁 상징이었던 명동성당의 농성을 카메라에 담게 된다.

연극에서 영화로 옮겨온 이춘연

영화운동이 충무로 활동을 시작했던 1985~1986년의 또 다른 특징은 영화계의 세대교체가 이뤄지던 시기였다는 점이다. 지금 화법으로 말하면 충무로 2.0의 시작이었다. 1986년 영화법 개정이 전환점이 됐다. 제작 자율화가 되면서 기획력을 앞세운 젊은 영화인들이 충무로 변화의 주축으로 떠오른 것이다.

한국영화에서 기획자들이 주목받기 시작한 것이 이때부터였다. 새로운 아이디어로 무장한 젊은 기획자들은 기존 충무로라는 구조 안에서 새로운 물결을 불러일으켰다. 이는 충무로 세대교체의 원동력으로 작용했다.

1970년대 영상시대 동인으로 새로운 영화를 추구했던 이장호 감독과 문화운동 출신 장선우 감독이 충무로 활동을 시작한 영화운동 출신들을 품는 역할을 했다면, 젊은 기획자들은 영화운동 출신들과 힘을 합쳐 한국영화의 개혁을 추동했다.

여기서 등장하는 대표적 인물이 이춘연(제작자, 작고)이다. 1970년대 대학을 졸업한 이춘연은 연극무대를 중심으로 활동하던 기획자였다. 대학 졸업 후 1976년 극단 동인무대 창립 공연 〈문밖에서〉를 연출했고, 같은 해 현대극단이 창단됐을 때 기획자와 배우로 활동했다. 이춘연은 "1970년대 워크숍을 안 하고 방학 때 공연을 만들어서 소극장과 다방에서도 공연을 했다"면서, "이때 공연한 작품들이 〈빠담빠담빠담〉 〈햄릿〉 〈바람과 함께 사라지다〉 등이었다"고 말했다. 큰 틀에서 문화운동으로서 소극장 운동을 펼치고 있던 것이었다.

연극에서 영화 쪽으로 옮긴 계기는 당시 현대극단과 영화제작사인 화천공사 대표의 부인이 경기여고 동창으로 연결고리가 된 덕분이었다. 화천공사 대표의 제안을 받아 1983년 연극판을 떠나 화천공사에 입사한다. 이때 기획한 작품이 이장호 감독의 〈과부춤〉과 〈바보선언〉이다.

화천공사 사장의 후원으로 이춘연의 친구인 장영일(감독)은 이장호 감독의 〈바보선언〉과 〈과부춤〉 조감독으로 참여했다. 장영일 감독은 이후 〈왜 불러〉를 연출했는데, 황규덕은 기획으로 김의석은 조감독으로 이름을 올렸다. 다만 황규덕은 "이름은 그렇게 올랐으나 기획을 한 것으로 정의할 수 있을지 모르겠다"며 "자발적 의사로 그 프로젝트에 참여한 경우가 아니었다"고 말했다. "화천공사가 이미 벌여놓은 여러 프로젝트 중 하나였고, 커다랗게 역량을 발휘할 상황도 아니었다"면서 "김의석이 당시 연출부 막내로 참여한 것은 맞다"고 덧붙였다.

1985년 이춘연은 1년 5개월의 화천공사 생활을 끝내고 중앙대 연극영화과 동문인 김유진, 김덕남 등과 함께 대진엔터프라이즈를 창립해 김유진이 연출한 〈영웅연가〉(1986)를 제작한다. 영화법 개정을 통한 제작 자율화 덕에 새로운 제작사들이 등장하던 시기였다. 대진엔터프라이즈는 황기성사단과 하명중영화제작소에 이은 세 번째 신생 제작사였다.

이때 이춘연의 화천공사 자리를 이어받은 것은 황규덕이었다. 한국영화아카데미 졸업과 함께 화천공사 기획실장을 맡은 것인데, 당시의 상황을 이렇게 설명했다. "1984년 한국영화아카데미 1기생으로 입학해 한 해 뒤 1985년 졸업하고 고민 중 첫발을 내디딘 곳이 영화 연출부가 아닌 영화제작사였다. 비영화과 출신으로서 영화계를 부감으로 실체를 한 번 보고 난 후 연출부로 내려가서 맨땅에 헤딩하는 세월을 길게 보내겠다는 태도였다. 당시 굴지의 큰 영화사인 화천공사 기획실에 들어가서 일 좀 배워보려고 서류를 냈는데, 들어가보니 아무도 없는 커다란 조직의 기획실장이었다. 한마디로 말해 이춘연의 후임이었다. 그곳에서 준비하고 있던 프로젝트 여섯 개를 떠맡아서 8개월 정도 혹사당하다가 결국 쓰러지기 일보 직전에 다 때려치우고 뛰쳐나온 거다."

같은 시기 서울대 영화서클 얄라셩의 산파 역할을 했던 이봉원(감독)

은 명보극장 출신으로 태멘과 푸른극장을 운영했던 기획자 김정률과 함께 〈엘리베이터 올라타기〉를 제작했다. 얄라셩 이후 서울영화집단에서 영화운동을 하던 홍기선(감독)은 〈엘리베이터 올라타기〉에 참여하면서 충무로 현장을 경험했다. 이봉원의 기록에 따르면 당시 홍기선과 최사규는 조감독이었다.

당시 이태원이라는 예명을 썼던 이봉원의 〈엘리베이터 올라타기〉는 검열로 인해 심한 피해를 본 작품이었다. 이봉원은 "미국의 경기가 나빠졌다는 대사, 호텔에 게양된 성조기의 클로스업 컷 등이 반미적인 내용이라고 검열에 걸려 22군데가 삭제당했고, 방송 광고가 금지될 만큼 혹독한 시련을 겪은 영화였다"고 회고했다.

이후 홍기선이 1986년 '파랑새 사건'으로 구속되면서 〈엘리베이터 올라타기〉 조감독을 했다는 이유로 인해 이봉원 감독은 공안기관에 불려 다니며 홍기선의 배후 아니냐는 추궁을 받는 등 곤욕을 치렀다.

대학 영화 지원의 숨은 공신 권영락

충무로에서 영화운동을 지원했던 또 다른 핵심인물 중 하나는 권영락(제작자)이었다. 서울예대 조교 출신 권영락은 1984년 작은영화제에 참여한 이후 영화운동이 충무로로 전선을 확대하는 과정에서 조력자 역할을 담당했다. 특히 그는 1982년 홍기선과 박광수 등이 서울영화집단을 만들었을 때부터 꾸준히 연대했고, 대학 영화운동에도 적지 않은 도움을 준 숨은 공신이었다. 가장 두드러진 부분은 1985년 이후 만들어진 각 대학 영화서클이 다양한 영화제를 개최하는 데 있어, 권영락의 도움이 절대적이었다는 점이다.

1982년 12월 서울예대는 졸업작품 발표회를 외부로 확대하는데, 1983년부터 1985년까지 이를 주관한 것이 권영락이었다. 당시 서울예대 조교였던 권영락은 무크지『레디고』(1986) 1집에 기고한「지방문화와 영화운동」글에서 서울예대 졸업영화제 확대 의미를 이렇게 설명하고 있다.

> 서울예대 영화제의 개최 목적은 영화인구의 저변확대 및 영화 인식의 변화를 위한 불씨 확대에 있다. 일반인들에게 보여지는 학생작품은 소형(8mm, 16mm), 단편(10분 내외) 영화로서 완성도에서나 기술적인 측면에서 미숙할 뿐만 아니라, 일반 대중들의 영화에 대한 인식 부족(대부분의 일반 대중들은 흥미, 오락 위주의 할리우드의 꿈의 공장이라는 환상에 젖어 있음이 사실이다) 등으로 인해 많은 한계와 난관이 가로 놓여 있다. 따라서 이 현황을 극복하기 위해서는 적극적이고 지속적인 만남과 발전적 방향에 대한 모색만이 이를 가능하게 할 것이다.

권영락은 이 글에서 "중앙의 획일성이 지방문화를 소멸시킨다"고 지적하면서 서울예대 영화제의 긍정적 역할에 대해서도 강조했다.

> 서울예대 영화제가 지향하고 있는 지방 영화운동의 방향은 지역 측 운동요원과의 연계성을 유지하면서 그들로 하여금 문화운동에의 실제적 의욕을 일깨우고, 지역주민들과의 유대관계를 공고히 하는 등, 문화운동(영화운동)의 필요성을 지역적 이해에 따라 적용할 수 있게 한다. 이는 자생적 능력을 향상시킬 수 있는 작은 불씨로시의 역할이다.

여기서 권영락은 경주 진주 대전에서 열린 서울예대 영화제의 상황을 상세히 소개하기도 했다. 권영락의 폭넓은 활동은 초기 대학 영화운동이 자리를 잡는 과정에서 성장의 디딤돌이 됐다.

권영락은 "한국외국어대 영화서클 '울림'의 김태균(감독)과 장기철(감독)이 주도해 외대 안에서 칸영화제 작품들을 상영할 때 기술적 지원 역할을 했다"면서 "당시 서울예전(현 서울예대) 설립자인 유치진 작가의 아들 유덕형 학장이 미국을 통해 다양한 비디오와 장비를 들여와 갖춰 놓고 있던 덕분이었다"고 말했다. 이를 조교였던 권영락이 관리하면서 서울예대가 다른 대학의 영화서클에 장비를 지원해주고 대학에서 자체 영화제를 할 수 있도록 돕게 된 것이었다. 이화여대 학생들이 첫 영화 〈시발〉을 만들며 영화서클 '누에'를 창립할 때, 16mm 장비를 대여해주고 사용법을 가르쳐준 것이 바로 권영락이었다.

권영락은 충무로 입문이 이르다는 점이 특별했다. 고등학교 졸업 후인 1978년 제작된 이원세 감독의 〈속 엄마 없는 하늘 아래〉(1979) 연출부 막내로 충무로에 첫발을 디뎠는데, "또래 중 충무로 입성이 가장 빨랐다"고 말했다. 1년 뒤 대학으로 방향을 전환한 것은 촬영 현장에 있던 영화인들의 조언 때문이었다. '이왕이면 영화를 제대로 공부해보라'는 권유를 받고 1979년 서울예대에 입학한다. 권영락은 "하길종 감독이 교수로 있었는데, 입학하던 때 돌아가셨다"면서 "교수진이 정용탁, 김기덕, 안병섭 교수 등 쟁쟁했다"고 회상했다.

대학 입학 직후 군에 입대한 권영락은 1982년 복학해 이듬해 졸업했다. 이후 1984년 충무로 현장과 서울예대 조교를 병행하게 된다. 1984년 작은영화제는 영화에 열정을 불태우던 비슷한 또래 청년 영화인들을 만나게 된 의미 있는 시간이었다.

권영락은 "양윤모(영화평론가)가 조교 선배였고, 내 뒤로 심승보(감독)와 안병기(감독) 등이 조교를 했다"면서 "1985년과 1986년에는 서울영화집단 이효인(전 한국영상자료원장, 경희대 교수)과 같이 〈썩지 아니한 시〉 시나리오 작업을 했다"고 말했다.

서울예대 졸업 이후 다른 대학 영화운동을 도우며 다른 줄곧 감독 데뷔를 준비하던 권영락은 1992년 강우석 프로덕션 〈투캅스〉 기획이사(프로듀서)를 맡으면서 제작으로 방향을 정하게 된다.

충무로의 세대교체

한국영화의 질적 수준이 조금씩 높아지기 시작한 것도 1985년 이후부터였다. 대학 서클 활동 등을 통해 영화를 집중적으로 공부했던 학생들이 충무로에 들어오면서 인적 구조에 변화가 생긴 것이다.

1985년 충무로 활동을 시작한 안동규(제작자)에 따르면 1980년대 이전 충무로의 한국영화 스태프들은 도제식으로 경력을 쌓은 데다, 한국전쟁 이후 가장 어려웠던 시대를 관통했기에 대학을 마친 사람이 드물었다. 영화를 비롯한 문화예술인들이 '딴따라'라 불리던 시기였던 탓에 대학 졸업 후 영화를 택한다는 것이 쉽지 않은 시절이기도 했다.

비록 각자 개인적인 관심에서 비롯됐으나, 영화를 집중적으로 공부한 청년들이 충무로에 들어선 것은 충무로 변화의 초석이었다. 안동규는 "대학 출신들이 늘어나는 것에 충무로는 긍정적인 분위기가 강했다"며 "제작자들이 좋아했던 이유는 말이 통했기 때문이다"라고 말했다.

1970~1980년대 충무로 제작 현장은 1950년 이후 곤궁했던 시기에 출생했던 사람들이 중심을 이루고 있던 때였다. 말로는 고등학교를 나왔다고 해도 실제적으로는 먹고살기 어려운 시기라 학업을 포기하고 생업을 위해 영화 제작 현장에 들어와 경력을 쌓은 사람들이 많았

다. 한국영화 원로 정진우 감독에 따르면 1950~60년대 영화계에 들어온 인사 중 대학 졸업자는 엄앵란 배우(숙명여대), 최무룡 배우(중앙대), 정진우 감독(중앙대), 김기영 감독(서울대), 신영균 배우(서울대), 유현목 감독(동국대), 김수용 감독(서울사대 전신 서울사범학교) 정도로 많지 않았다. 여기에 이형표 감독(서울대), 장일호 감독(국학대), 서정민 감독(고려대), 정일성 촬영감독(서울대)이 추가되는 정도였다. 그 외에 대부분이 도제식 시스템을 거쳐 충무로에서 활동하고 있었다.

충무로에 들어온 영화운동 출신들은 기존 구조를 바꾸면서 세대교체와 제도 개혁의 바탕으로 작용했다. 권영락은 "젊은 영화인들은 충무로 도제 시스템에 대한 문제의식도 강했고, 영화현장 변화의 필요성을 절감했다"며 "당시 조감독과 스태프 처우가 열악했고, 배운다는 전제로 노동 착취가 심했다"고 말했다. 이어 "시스템을 바꾸지 않으면 안 된다는 문제의식이 커지면서 기존의 조감독협회를 거부하고 별도로 조감독협의회를 구성했다"고 설명했다. 조감독협의회는 한국영화아카데미 1기 출신 임종재(감독)를 대표로 안동규 등 대학 영화운동 출신들이 주축으로 나섰다. 이는 1990년대 진보적인 영화인들을 중심으로 기존 충무로 영화단체와는 다른 새로운 단체들이 만들어지는 데 있어 기초 역할을 했다. 1990년대 후반 영화인회의가 만들어지는 데 바탕이 된 것이 바로 조감독협의회였다.

신철과 영화사 신씨네

1980년대 중반 충무로의 주요 인물로는 신철(제작자, 부천영화제 집행위원장)을 빼놓을 수 없다. 제작 쪽에서 두각을 나타냈기 때문이다. 1977년 서울대 미학과에 입학한 신철은 장선우(감독), 유인택(제작자) 등이 중심이었던 문화패에서도 활동하면서, 프랑스문화원과 독일문화원도 자주 찾아 영화를 즐겼던 문화원 세대였다. 전양준, 강한섭 등과 함께 동서영화연구회 모임에서 활동을 하기도 했다.

1981년 신철은 동서영화연구회에서 함께 활동하던 장길수(감독)의 소개로 김수용 감독의 〈도시로 간 처녀〉(1981)와 정지영 감독의 〈여자는 안개처럼 속삭인다〉(1982)에 참여하게 된다. 본격적으로 충무로에 발을 딛게 된 것이다. 〈도시로 간 처녀〉에서는 목소리가 좋다고 여주인공에게 편지를 남기고 도망간 남자의 내레이션을 대신 녹음하기도 했다. 〈도시로 간 처녀〉 연출부 퍼스트(조감독)는 정지영(감독)이었고, 세컨드는 장길수(감독)였다. 정지영 감독이 연출한 〈여자는 안개처럼 속삭인다〉는 연출부 퍼스트가 장길수였다.

하지만 충무로 도제식 시스템은 신철에게도 고달픈 경험이었다. 연출부 막내로서 온갖 허드렛일을 도맡게 돼 힘이 빠지는 데다 수입이 너무도 적어 생계가 막막했다. 충무로는 그가 꿈꾸던 '시네마 천국'과 멀었다. 충무로 현실에 회의감이 생기면서 결국 정지영 감독의 연출부 생활을 중간에 그만두게 된다. 이후 과외 교사로 생활비를 벌면서 영화를 할 수 있는 다른 길을 모색할 수밖에 없었다.

신철이 다시 충무로에 발을 딛게 된 것은 1985년이었다. 이번에도 연결고리는 장길수(감독)였다. 장편 데뷔작 〈밤의 열기 속으로〉(1985)를 준비하던 장길수가 제작사인 ㈜우성사의 기획실에서 근무할 수 있도록 주선해준 것이다. 기획실 업무는 기존 충무로에서 밑바닥 생활을 체험할 때와는 다른 것이었다. 보도자료를 만들어 언론사에 돌리고 광고·홍보 방안·전단·포스터 등을 만드는 등의 일이었는데, 신철은 "처음 해보는 기획실 일이 흥미로웠고 재밌는 일이었다"고 회상했다. 게다가 〈밤의 열기 속으로〉가 흥행에 성공하면서 보람도 크게 생겼다. 대종상 신인감독상·녹음·음향효과상, 한국영화평론가협회상 촬영상, 황금촬영상 은상을 수상하는 등 흥행성과 작품성을 인정받으면서 보람이 컸다고 했다.

우성사에 있던 신철은 1986년 피카디리극장에 스카우트됐다. 신철은 "피카디리에서 일할 때는 기존에 하던 방식과 다르게 했다고 세 시간 동안 야단을 맞기도 했다"고 회상했다. 그 후 1987년 명보극장을 거쳐 1988년 자신의 영화사인 '신씨네'를 설립하게 된다.

신씨네는 영화사 황기성사단의 사무실 구석에서 영화를 만들었다. 이때 제작한 영화가 강우석 감독이 연출한 〈행복은 성적순이 아니잖아요〉였다. 이른바 기획영화 시대를 연 첫 작품이었다. 신철은 "건강한 이야기를 가지고 재밌게 가자는 방향을 정한 것이다"라고 말했다. 신철은 "당시 교육문제에 관심이 있었다"면서 "청소년의 유서를 보고 기획했고, 학생 50명을 인터뷰했다"고 말했다. 한국영화아카데미 1기 김의석(감독)이 연출한 〈결혼 이야기〉 때는 신혼부부 200쌍을 취재해 영화를 만들었다.

당시 신철이 제작한 영화들은 하나같이 사회성 짙은 영화들이었다. 〈단지 그대가 여자라는 이유만으로〉는 여성 문제를 다룬 작품이었고, 〈베를린 리포트〉는 통일에 대한 주제를 담고 있었다. 〈행복은 성적순이 아니잖아요〉는 교육 문제로 관심의 폭이 확대된 것이었다.

한국영화기획실모임의 탄생

1980년대 중반 한국영화 세대교체의 원동력이 됐던 기획영화는, 새로운 영화를 추구했던 영화운동 출신들에게 잘 들어맞는 옷이기도 했다. 새로운 제작사들이 생겨나는 것과 맞물리며 영화운동 출신과 충무로의 결합은 한국영화 도약의 발판이 됐기 때문이다. 충무로라는 주류 시스템에서 영화운동이 주도할 수 있는 영역이 생겨난 것이다. 이때 태동하게 된 것이 한국영화기획실모임이었다. 1987년 안동규와 신철, 유인택, 권영락 등 서울 시내 극장의 기획실 직원들이 어울리며 시작된 이 모임은, 1980년대 말 한국영화의 비중 있는 모임으로 성장하면서 영화운동의 전선 확대에 중요한 역할을 한다.

당시 한국 영화계에는 영화기획을 담당하던 이들이 거의 없었다. 이춘연에 따르면 "영화기획자라고 하면 황기성(황기성사단 대표), 김갑의(프로듀서, 전 영화기획협회 대표) 정도였다." 이런 시기 전문기획자의 중요성을 부각한 것이 바로 이춘연이었다. 핵심은 관객이 원하는 영화가 어떤 것이냐였다. 이춘연은 『매일경제』(1996.11.23)와의 인터뷰에서 "영화를 기획할 때 가장 고려할 사항은 관객의 흐름이다"라며 "관객의 취향을 무시하거나 잘못 짚으면 흥행에 실패할 수밖에 없다"고 제작 경험을 전했다.

신철의 생각도 비슷했다. "제작을 하면서 관심을 둔 것은 관객들이 원하는 영화였다. 우리 영화 관객들은 '어떤 것을 원하고 있는지'를 찾았다"고 말했다. 당시 할리우드 영화가 영화시장을 장악하고 있었기에 젊은 기획자들에게는 어떤 절박함 같은 것이 있었다.

친목 모임처럼 운영되던 기획실모임은 채윤희(전 영상물등급위원장), 심재명(명필름 대표) 등 영화기획을 담당했던 젊은 여성 영화인들이 하나둘 합류하며 확대됐고, 1991년 2월 정식으로 발족하게 된다. 대표 역할은 이춘연이 맡았다.

이춘연은 1987년 황기성사단 제작 담당 상무로 스카우트된 이후 도종환 시인(국회의원, 전 문체부 장관)의 베스트셀러 시를 원작으로 박철수 감독이 연출한 〈접시꽃 당신〉(1988)을 비롯해 장선우 감독 〈성공시대〉(1988), 김성홍 감독 〈그래 가끔 하늘을 보자〉(1990) 등을 제작하며 기획자로서의 입지를 굳히고 있었다. 신철이 기획한 강우석 감독의 〈행복은 성적순이 아니잖아요〉도 이춘연의 손을 거쳐 만들어진 것이었다. 사회문제와 함께 당시 전교조 결성이 바탕이 됐던 교육문제 등 주제의식이 선명한 영화들이었다.

이때부터 이춘연의 역할은 도드라진다. 후배들과 함께 기획영화의 새바람을 주도하면서 큰형으로서 역할을 맡기 시작한 것이다. 1987년 이후 기획자들이 삼삼오오 모이며 시작된 한국영화기획실모임은 1991년 정식으로 창립총회를 열면서 영화운동과 충무로를 아우르기 시작했다. 창립회원이었던 채윤희는 "당시 주로 식당에서 모임을 했고, 기획실모임이 주는 상도 받았다"고 말했다.

심재명은 "각 영화사 기획실에 근무하는 젊은이들이 모여 여행도 가고 운동회도 여는 말 그대로 친목을 도모하는 모임으로, 회원들은 일가친척들보다 더 자주 얼굴을 보던 사이였고, 퇴근 무렵 충무로 한복판에 있던 '베어가든'에 들르면 누구든 몇몇은 모여 앉아 맥주를 마시고 있었다"고 회상했다. 또 기획실모임 회원들이 당시 신철과 오정완(제작자)이 데이트할 때 같이 따라가기도 할 만큼 친하게 지냈다"고 덧붙였다.

1991년 5월 발행된 한국영화기획실모임 부정기 소식지『기획시대』에서 이춘연(제작자)은 회지 머리말에「알찬 기획실을 위하여」라는 제목으로 이렇게 소회를 밝혔다.

가장 중요한 일을 하면서도 언제나 외로운 사람들이었습니다. 항상 최일선 현장에서 뛰면서도 보이지 않는 사람들이었습니다. 그렇다고 우리의 존재를 나타내려는 목적으로 모이는 것이 아닙니다. 오히려 더욱 겸손해지고 더욱 열심히 일하기 위한 모임입니다. 서로가 위로하고 용기 주고 중요함을 확인하고자 합니다.

우리는 무엇을 참견하고 견제하고 누구를 미워하는 그런 일은 절대 하지 않을 것입니다. 다만, 스스로들의 능력 개발에 전력할 것이며, 소속된 회사의 특징적 발전을 도모할 것입니다. 이러한 우리의 작은 힘으로 전체 영화계의 미래가 조금이나마 올바른 방향으로 발전해갈 수 있다면 우리는 너무 행복할 것입니다. 정직하고 성실하며 진지한 자계로 일할 것이며, 모든 문제를 논리적으로 합리적으로 연구하고 발표해서 끈질기게 추구할 것입니다.

혹시 우리들의 이런 진지한 움직임에 부담을 느끼시는 분들이 계시다면, 이 순간 시각을 바꿔주시기 바랍니다.

한편, 우리 모임 발족 이후 다수의 영화인들과 관계자들께서 격려와 칭찬과 기대를 아끼지 않으셨습니다. 그분들의 관심이 우리 모임을 더욱 빛나게 해주신 점 아울러 감사를 드립니다. 지금 우리는 한국영화의 심장부에서 일하면서 참 많은 우려를 하게 됩니다. 당장 해결되어야 할 작은 문제부터 큰 문제들이 너무 많기 때문입니다.

하나하나 연구 분석하여 최상의 대안을 여러 관계자분들께 부탁을 드리고 건의하겠습니다. 한국영화를 위해서 말입니다. 계속 지켜봐주시고 도와주시기 바랍니다.

한국영화기획실모임 초기 회원은 모두 48명으로 외대 영화서클 울림을 만든 김태균(감독)과 이대 영화서클 누에에서 활동했던 김수진(제작자)을 비롯해 민족영화연구소에서 활동했던 김준종(전 부천영화제 사무국장) 등 영화운동 출신들과 충무로의 젊은 기획자들이 참여하고 있었다. 창립 회원 명단과 당시 소속회사는 다음과 같다.

곽옥자(UIP), 권영락, 김경식(현진필름), 김미희(동아수출공사), 김상홍(범진영화사), 김수진(영화기획정보센터), 김영철(대동흥업), 김은경(다남흥업), 김준종(모가드 코리아), 김태균(영화공장 서울), 남훈(시네포럼), 노종윤(영화기획정보센터), 모창균(우진필름), 박미희(서울필름), 박은경(시네피아), 박현우(서울극장), 소병무(옴니시네마), 손윤, 신철(신씨네), 심재명(극동스크린), 안동규(성일시네마트), 송영진(디자인플라자), 유인택(판영화사), 오정완(신씨네), 윤명오(화천공사), 윤종찬(하명중영화제작소), 이은(애니기획), 이경미(미도영화사), 이광희(동보흥행), 이문형(신씨네), 이성자, 이수정(영화기획정보센터), 이원기(명보극장), 이춘연(황기성 사단), 임상수(영화기획정보센터), 임충렬(남동흥업), 정승혜(신씨네), 정태진(길 영화사), 조철현(오픈시네마), 지미향, 채윤희(삼호필름), 천규정(삼영필름), 최보근(동아수출공사), 한민정(판영화사), 현남섭(영화공장 서울), 홍승훈(우진필름), 홍진웅, 황인웅(프레임영화제작소).

한국영화 뉴웨이브 등장

1987년 3월 충무로 영화사인 동아수출공사(대표 이우석)는 1986년 5월부터 연우무대가 공연하고 있던 연극 〈칠수와 만수〉를 영화화하기로 결정했다. 관객몰이하던 흥행연극이 영화로 재탄생하게 된 것이었다. 이때 감독으로 결정된 것이 박광수였다. 1978년 극단 연우무대의 〈조각가와 탐정〉에 단역배우로 출연하고 이후 미술을 담당하며 활동한 것이 작용했다. 1980년 한국 영화운동이 본격적으로 전개된 이후 첫 감독 탄생이었다.

박광수는 1979년 시작된 서울대 얄라셩이 1980년 정식 서클로 등록할 때 주축이었고, 서울영화집단을 거치면서 20여 편의 단편영화를 연출한 경험이 있었다. 얄라셩에서 만들었던 〈그들도 우리처럼〉과 〈섬〉은 1982년 영화진흥공사가 주최했던 청소년영화제(현 서울독립영화제)에서 각각 촬영상(김인수, 김정희)과 특별상 등을 받았다.

1983년부터 2년간 프랑스로 유학해 영화교육 특수학교인 ESEC 영화학교에서 제3세계 영화를 전공하고 귀국한 박광수는 이장호 감독 밑에서 〈어우동〉〈나그네는 길에서 쉬지 않는다〉 등의 제작에 참여했고, 〈이장호의 외인구단〉(1986) 조감독을 맡아 충무로 경험을 쌓는다.

『동아일보』1987년 6월 9일자 기사에서 박광수는 "영화의 성패는 재미에 달려 있는 만큼 재미 속에 진한 감독과 메시지가 담겨져 있는 원작과는 전혀 다른 영화를 선보이겠다"고 첫 영화에 임하는 각오를 전했다.

〈칠수와 만수〉는 1985년 한국영화아카데미를 발판으로 영화운동 출신들이 충무로 활동을 시작한 이후, 영화운동을 했던 청년 영화인이 처음으로 감독을 맡아 연출 역량을 발휘했다는 점에서 상징성이 큰 작품이다. 1년 정도의 사전 준비 작업을 거쳐 이듬해인 1988년 봄 촬영에 들어갔고, 1988년 11월에 개봉했다. 제작 초반에 조감독으로 참여했던 권영락은 "프리 프로덕션 기간이 요즘처럼 3~4개월이 아닌 1년 정도가 걸렸다. 처음 퍼스트(조감독)를 내가 맡았고 세컨드가 얄라성 출신 김동빈(감독)이었다. 그런데 아내의 출산에 따른 병원비 마련 등에 어려움이 생기면서 7회 정도 촬영에 참여한 이후 황규덕(감독)에게 내 자리를 넘겼다"고 말했다.

〈칠수와 만수〉는 전투경찰(전경)이 처음 등장하는 한국영화라는 이유로 화제가 됐다. 1970~1980년대 시위 진압에 주로 나섰던 전경이 영화 속에 등장하는 것은 당시 사회 분위기에서 상상하기 힘들었다. 이런 금기를 깨면서 자연스럽게 제작 과정이 언론의 주목을 받게 된 것은, 1987년 6월항쟁 이후 변화에 들어선 한국사회의 단면이기도 했다.

〈칠수와 만수〉는 영화운동 출신의 역량이 드러난 영화였다. 사회문제를 짚으면서 기존 충무로 영화와는 다른 문법으로 신선한 자극을 줬다. 1988년은 장선우의 〈성공시대〉와 장길수의 〈아메리카 아메리카〉에 이어 〈칠수와 만수〉까지 호평을 받으면서 새로운 영화와 변혁운동으로서의 영화를 지향했던 영화운동의 능력이 주목받게 된다. 이전과는 다른 형식을 선보인 새로운 감독과 작품이 등장하는, 이른바 '한국영화 뉴웨이브'의 시작이었다.

서울대에서 문화패 활동을 하며 문화운동을 했던 장선우, 1970년대 '영상시대'에 선발됐고 1980년대 단편영화 〈강의 남쪽〉을 제작해 프랑스문화원에서 주목받았던 장길수, 그리고 얄라셩과 서울영화집단을 거친 박광수는 영화운동의 각 흐름을 대표하고 있었다. 『조선일보』(1988.10.30)는 "이들은 대학 영화운동에 참여해 학구적인 영화 수업을 쌓았고, 날카로운 현실 인식에 영화작업의 바탕을 두고 있으며, 한국영화를 비판적으로 보고 있다는 공통점이 있다"고 평가했다.

충무로 영화의 한계를 새로운 영화를 통해 비판하면서 미국영화 직배 저지 투쟁에 나선 것도 공통된 부분이었다. 박광수는 1988년 민족영화연구소 개소식에도 참석하는 등 기존 충무로 밖 영화운동과의 교류도 꾸준히 이어나갔다. 『한겨레신문』(1988.11.5)은 이들이 "『새로운 영화를 위하여』『영화운동론』 등 책을 통해 기존 상업영화의 한계와 모순을 분석 비판하는 한편 현실과 적극 반응하는 새로운 영화의 가능성을 탐색하고 나섰다"면서 "영화와 저질 상업적 오락물을 등식화하던 기존 개념을 도리어 뒤집고 영화가 수많은 대중에게 엄청난 효과를 미치는 현대사회의 가장 중요한 예술임을 발견해 냈다"고 호평했다.

이 기사에서 박광수는 "〈칠수와 만수〉는 촬영에 앞서 리얼리즘으로 가겠다고 못 박았다"면서 "전체적 영화 구조는 쉽게 이야기하듯 풀어 나가려고 했다"고 밝혔다. 또한 "김득신의 풍속도 가운데 고양이는 닭을 물고 도망가는데 병아리는 삐약거리고 영감은 맨발로 담뱃대를 들고 섬돌을 뛰어내리는 그림이 있다"며 "전범으로 삼고 싶은 한국적인 화면은 이런 평이한 이야기다"라고 덧붙였다.

사회적 이슈를 영화로 풀어낸 반골 정지영

1980년대 후반 한국영화의 변화는 1987년 6월항쟁의 흐름과도 맞닿아 있었다. 1980년 전두환 정권의 광주학살 이후, 파쇼적 통치에 억눌렸던 민중의 분노가 폭발한 것이다. 헌법 개정을 거부하고 장기집권을 꾀한 4·13 호헌조치와 서울대생 박종철의 고문치사가 도화선이었다.

영화인 투쟁의 중심에는 정지영(감독)이 있었다. 충무로에서 활동하던 영화운동 출신들은 정지영이 주도했던 영화인 시국선언에 참여하는 방식으로 반독재 민주화 투쟁에 동참했다. 정지영은 1973년부터 프랑스문화원을 드나들며 영화에 심취했던 이른바 문화원 세대의 출발점이었다. 대학에서 영화운동을 했던 충무로의 청년 영화인들이 자연스럽게 의지하며 따르던 선배였다.

정지영은 고등학교 1학년이었던 1961년 유현목 감독의 〈오발탄〉을 본 이후 영화에 대한 꿈을 키운다. 충무로에 발을 딛게 된 것은 1974년 한국영화인협회 감독위원회가 신인 육성을 위해 마련한 6개월 과정의 워크숍에 선발되면서였다. 이때 영화인협회 감독위원회 위원장은 유현목 감독이었다. 신인을 자체 육성하겠다는 목적으로 대학 재학생이나 졸업생 가운데 영화 동호인을 대상으로 워크숍을 개최한 것이었다. 면접 실기 등의 심사를 거쳐 감독 5명, 연기 10명, 기술 5명, 시나리오 5명 등 25명을 선발해 현역 감독 등 전문가들이 무료로 교육을 해주었다. 1974년 9월부터 1975년 2월까지 교육을 진행했고 5분 분량의 실습영화와 30분 분량의 단편영화를 제작하게 했다. 지금의 한국영화아카데미와 성격이 비슷하다. 당시 지원자가 모두 300명 정도였는데, 최종 선발된 25명 중에 정지영이 포함돼 있었다. 정지영은 "워크숍은 계속 이어지지 않고 일회성 행사로 끝났는데, 함께했던 동료 중 영화를 계속한 사람은 나와 배용균(감독, 〈달마가 동쪽으로 간 까닭은?〉) 둘뿐이었다"고 말했다.

워크숍 수료 후에는 1975년 한국의 뉴시네마를 선포했던 변인식(평론가), 이장호(감독), 하길종(감독), 김호선(감독) 등의 영상시대 동인들이 신인 양성을 위해 연출 지망생 등을 모집할 때 신승수(감독), 장길수(감독) 등과 함께 발탁되기도 했다.

1975년 김수용 감독의 〈내일은 진실〉 연출부 막내로 들어간 그는 1977년 김수용 감독의 〈가위, 바위, 보〉 퍼스트(조감독)를 거쳐 1982년 〈안개는 여자처럼 속삭인다〉로 감독 데뷔한다. 1980년대 초반에는 로맨스와 멜로영화 등을 연출하며 기존 충무로 흐름을 따르는 모습을 보였다. 그러나 1987년 한국영화의 첫 시국선언을 주도한 이후, 영화적으로도 본인의 색깔을 본격적으로 드러내기 시작했다. 1987년 이후부터 사회성 짙은 소재의 영화를 기획하고 연출하면서 반골 기질을 발산했다.

대표적인 영화가 한국전쟁 당시 남한 빨치산을 소재로 한 〈남부군〉과 월남전 이야기를 담은 〈하얀전쟁〉이었다. 두 작품 다 한국영화 뉴웨이브로 분류되는 작품으로, 한국 현대사의 아픔과 미국의 용병 성격으로 참여했던 월남전의 상처 등 정치 사회적 문제를 영화로 풀어낸 것이다.

정지영은 "어려서부터 책을 많이 읽어 사회적 문제에 관심이 많았기에 정치·사회적인 주제의 영화를 만들고 싶었다"고 말했다. 하지만 시대적인 상황은 그런 영화를 만들 엄두를 내지 못하게 했다. 박정희 유신독재에 이어 1980년 5월 광주학살로 권력을 찬탈한 전두환 군사독재 치하의 숨 막힌 현실에서 문제의식 다분한 영화를 만들기는 불가능했다. 검열의 칼날이 마구 춤추던 시대였기 때문이다.

1987년 한수산의 소설을 원작으로 연출한 〈거리의 악사〉 역시 10분 분량이 검열로 삭제돼야 했다. 원작자 한수산은 1981년 5월 일간지에 연재 중이던 소설이 전두환을 비유했다는 이유로 보안사(현 국군방첩사령부)에 끌려가 고문당한 필화 사건의 당사자였다.

정지영은 "1987년 6월항쟁 이후가 영화의 전환점이 됐다"면서 "국민이 권력을 밀어낸 항쟁에 참여하면서 내 뒤에 국민이 있다는 생각을 하게 됐다"고 말했다. 이어 "〈남부군〉 기획에 들어간 것이 이때부터였다"며 "정부 당국이 시비를 걸 수 있다고 생각했으나 국민이 도와줄 거라 믿었다"고 회상했다. 처음 영화를 시작할 때부터 꿈꾸던 작품을 6월항쟁이라는 정치·사회적 변화가 생기면서 제대로 만들 수 있게 된 것이다.

정지영은 1988년 UIP 직배 반대 투쟁에서도 가장 앞에 나서서 젊은 감독들을 선도했다. 미국의 문화 침략을 막아야 한다는 의지가 작용한 것이었다. 이 과정에서 1989년 9월 〈남부군〉 촬영 중 구속돼 옥고를 치른다. 당시 직배 영화를 상영하던 명동 코리아극장과 신촌 신영극장에 뱀을 풀어 넣도록 사주한 혐의였다. 물론 실정법을 위반한 것이었지만, 한국영화가 전두환 군사독재 타도에 나선 데 이어, 미국에 굴종하던 노태우 군사독재에도 맞섰던 강렬한 투쟁이었다. 정지영은 영화인들의 탄원 속에 구속 후 52일 만에 보석으로 석방돼 〈남부군〉 촬영을 마무리하게 된다.

이후 정지영은 굵직굵직한 시국 사건과 영화에 사회적 메시지를 강하게 담으면서 사회변혁 의지를 충무로와 연계시켜 나갔다. 2000년대 스크린쿼터 사수 투쟁 등은 앞선 1988년 직배 반대 투쟁의 경험과 역량이 쌓인 것이기도 했다.

영화인들의 목소리를 대변하는 『충무로 영화』

1987년 6월항쟁 이후 충무로 변화의 단면 중 하나는 일시적이지만 영화인신문인 『충무로 영화』가 만들어진 것이었다. 한국영화의 변화를 요구하는 목소리를 담은 『충무로 영화』는 양윤모(영화평론가)가 제작한 것으로 진보적 영화인들의 대변지 역할을 담당했다.

양윤모는 서울예대 조교 출신이었다. 양윤모의 뒤를 이어 1984년부터 조교를 맡았던 게 권영락(제작자, 시네락픽쳐스 대표)이었다. 한국영화에서 가장 진보적인 활동가이기도 한 양윤모는 1987년 영화인 시국선언에 참여한 이후, 1987년 9월 7일 『충무로 영화』를 만들어 충무로 개혁 요구를 담아냈다.

『충무로 영화』는 창간사를 통해 '이 땅에서 영화를 한다는 것은 가시덤불을 맨몸으로 헤쳐나가는 것 같다'면서 충무로의 현실을 거론한 뒤, '이제 더 이상 우리는 사회적 멸시와 경제적 궁핍, 정치적 소외를 참을 수 없다. 누가 우리의 입장을 대변해주기를 기다려서도 안 된다'

1987년 발행된 〈충무로 영화〉 _주진숙 제공

고 강조했다. 이어 '영화신문은 가시덤불 같은 영화 현실의 표지판이 되어야 하고, 영화가 관객을 대상으로 하듯 영화신문도 영화인을 대상으로 하는 신문이 되도록 노력할 것이고, 영화인들 공통의 문제와 정당한 요구를 여론화시켜 영화인의 주체적 입장에서 엄정히 다루는 진정한 정보지가 되도록 노력하겠다'고 다짐했다.

『충무로 영화』는 창간호에서 영화인 시국선언에 서명했던 김현 편집기사의 인터뷰를 통해 시국선언 참여 이후에는 의뢰 들어오는 작품이 한 편도 없었다는 이야기를 전하면서, 영화인의 권익을 대변해야 하는 영화인단체가 이런 영화인들의 어려움을 외면하고 있는 현실에 대해서도 비판했다. 또 민주화 열기가 뜨거웠던 당시 사회 분위기에 발맞춰 영화계 현실 문제와 함께 영화법 개정 등 현안에 대한 입장을 밝혔고, 현장 스태프들의 낮은 임금과 부당노동행위 강요 등에 대해 다루기도 했다. 1987년 6월항쟁과 7월 · 8월 · 9월 노동자 대투쟁으로 이어지던 정세 속에서 당시 충무로의 문제의식을 담아낸 것이었다.

양윤모는 1988년 김호선 감독의 〈서울무지개〉에 조연출로 참여했고 서울예대와 한양대 등에서 강사로 활동했다. 영화평론가로서 일간지에 영화평을 연재하며 활발한 비평 활동을 펼쳤다. 일본어에 능통

충무로, 새로운 물결

해서 볼리비아의 우카마우 집단이 쓴 『혁명영화의 창조』의 일본어판을 중역해 소개하기도 했다. 2005년 처음으로 경선을 통해 선출된 한국영화평론가협회장이었다.

미국영화 직배 반대 투쟁

1987년 6월항쟁 이후 재야 영화운동이 제도권 충무로의 연대에 적극성을 띠게 된 것은 정치적 상황 변화 때문이었다. 대표적인 것이 1988년 미국영화 직배 저지 투쟁이다. 정부가 미국 메이저 영화사 연합 배급사인 UIP(유나이티드 인터내셔널 픽처스) 직배 허용 방침에 영화계가 반발하는 가운데 재야 영화운동의 투쟁력이 결합한 것이다. 충무로 안에 있던 영화운동 출신들의 움직임도 탄력을 받게 된다.

1988년 미국영화 직배 반대 투쟁은 외화 수입으로 수익을 추구해온 한국 영화계의 입장에서는 결코 용납할 수 없는 사안이었다. 사실상 외국영화 수입으로 먹고살았던 영화업자들에게는 생존권이 달린 문제나 다름없었다. 영화운동의 관점에서는 1980년대 후반 반미의식이 고취되던 시기적 상황과 맞물려 '미 제국주의의 문화 침탈'이라는 중차대한 문제였다.

1980년대 후반은 변혁운동 진영 내부에서 한국 사회를 이른바 '식민지 반(半)자본주의(식민지 반봉건사회)'로 보는 관점과 '신식민지 국가독점자본주의'로 보는 관점이 '사회구성체 논쟁'이란 이름으로 충돌하고 있었다. 전자는 민족해방(NL) 계열이었고, 후자는 민중민주(PD) 계열이었다. 변혁운동 진영의 기본적인 인식은 한국 사회가 미 제국주의의 식민지 또한 신식민지라는 것이었다. 이 관점에서 미국영화 직배 허용은 제국주의의 식민지적 지배질서에 따른 결과물이기도 했다. 충무로에 전선을 넓히고 있던 영화운동 입장에서도 결코 좌시할 수 없는 사안이었다. 한국의 영화산업이 미 제국주의 식민지로 전락하는 것과 다름없었기 때문이다.

서울영화집단의 파랑새 사건 이후 충무로에서 연출부 등으로 활동하고 있던 이효인(경희대 교수, 전 한국영상자료원장)과 이정하(전 영화평론가)가 미국영화 직배 반대 투쟁 과정에서 핵심적인 기획자로서 역할을 담당하게 된 것은 당시 흐름에서 당연한 일이기도 했다.

영화계 전체가 들고일어난 가운데 1988년 10월 8일 발행된 미국영화직배저지 · 영화진흥법쟁취영화인투쟁위원회 소식지『우리영화』1호는 직배 반대 투쟁에 나선 한국 영화계의 철야농성과 결의를 이렇게 전하고 있다.

> 9월 19일부터 시작된 감독위원회의 철야농성은 그동한 굴종과 태만, 패배주의에 찌들은 80년 한국 영화계를 과감히 깨부수고 자주적 자립적 민주적 영화 풍토를 조성하기 위한 영화계 혁신의 신호탄이 되었다.
>
> 이강천, 유현목, 김기영 감독을 비롯한 원로 감독, 최금동 씨 등 원로 시나리오 작가, 감독, 조감독, 청년 영화인, 영화과 학생에 이르기까지 한국 영화계의 전 세대가 적극 동참하는 경이로운 장면을 연출해낸 5일 동안의 철야농성 중 연인원 400여 명이 합세하여 '한국영화 압살하는 미국영화 물러가라', '영화진흥법 쟁취하여 우리 영화 되살리자' 등의 구호를 외치고 전 영화인 단결을 다짐하였다.
>
> 계속되는 투쟁은 영화인 내부에도 반성의 계기를 마련하여 보다 좋은 영화를 만들자는 다짐이 이루어졌고, 그러한 각성은 강철같은 결속을 통해 투쟁을 더욱 심화시켜 나갔다. 박철수 감독이 스스로 무릎을

우리영화
창간호
1988년 10월 8일
(비매품)

발행처 : 미국영화직배저지 영화
진흥법쟁취범국민투쟁위원회
발행인 : 조 운 일
주　소 : 100-271
서울시중구충무로1가51-11(4층)
TEL : 275-6639

직배저지, 영화진흥법 쟁취운동 범국민적 확산

▲ UIP한국지사앞에서 UIP 추방을 위한 범국민규탄대회를 진행하는 열-우-위.

뜨겁게 달아오른 투쟁의 열기

근본적인 해결책, 영화진흥법 쟁취를 위해

가폭제가된 감독위원회 철야농성

영화투쟁경과일지

〈우리영화〉 1호
_주진숙 제공

꿇고 단결된 영화인들에게 경의를 표한 것이라든지, 이태원 태흥영화
사 사장이 "내가 여러분들을 위해서라면 무슨 일이든 하겠다"고 울먹
인 사실 등은 영화인 스스로 이번 투쟁을 얼마나 자랑스럽고 떳떳하게
느끼는가에 대한 명백한 증거가 될 것이다.

　이효인과 이정하는 이 시기 민족영화연구소를 만들었지만, 충무로
와의 연대를 중시하고 있었기에 UIP 직배 반대 투쟁 과정에서 적극
역할을 한 것이었다. 1990년 민족영화연구소 해소 이후 회원들이 충
무로 활동을 시작한 것에서 볼 수 있듯, 직배 반대 투쟁을 거치면서 충
무로에 대한 인식은 변화돼 있었다.

　영화운동 초기 충무로로 상징되는 제도권을 적대적으로 바라보던
시선은 1980년대 말과 1990년대 초반으로 이어지는 시기, 제도권과
비제도권으로 구분 짓던 관점이 바뀌었다. 더는 변절이나 투항으로
보는 것이 아닌, 적극적인 연대를 통해 활동 폭을 넓혀야 할 전선으로
서 목적의식이 뚜렷해진 것이다.

　1990년 2월 계간지 『민족영화』 대담에서 이효인은 당시 영화운동의

새로운 매체로 부상한 비디오 영화를 언급하며 "영화 전체가 실제 대중들을 상대로 일방적으로 때로는 관념적으로 선전 선동하는 차원에서 벗어나 과감한 질적 전환을 꾀해야 할 때라고 본다"고 말했다.

이어 "애초부터 제도권 비제도권 영화를 구분하여 시간의 길이뿐만 아니라 제도권 영화는 비판적 사실주의 차원에서 만족하고 비제도권 영화는 선전 선동의 목적성만을 요구하는 것은 서로를 위해서 전혀 도움이 안 된다"면서 "오히려 서로 다른 대안을 보여줌으로써 자극받고 공동의 길을 모색하는 것이 필요하다"고 강조했다. 당면한 현실과 흐름을 제대로 인식한 방향전환 제시였다.

충무로의 핵심 의제가 된 '민족영화'

6월항쟁 이후 불붙었던 충무로 개혁에 대한 의지는 군사독재 연장이 이뤄진 1987년 12월 대선 직후에도 표출된다. 1987년 12월 28일 당시 영화인협회 감독위원회에 소속된 이장호, 이두용, 유현목, 김수용, 김정현, 김성수, 서윤모, 이혁수, 정인엽, 정지영, 조문진, 이황림, 홍파, 송영수, 박용준, 하명중, 김원두, 김호선, 배창호 감독과 시나리오 작가위원회에 소속돼 있던 최금동, 이희우, 윤삼육, 이문웅, 유동훈(전 영화인협회 이사장), 지상학(전 영화인협회 이사장), 백결 등 28인의 영화인들은 한국영화 개혁 선언문을 발표한다.

이들 28인은 '한국영화개혁실천준비위원회 발기인 일동' 명의로 낸 성명에서 스크린쿼터 사수, 영화진흥 5개년 계획 수립, 창작 표현의 자유 보장, 영화진흥공사 해체, 영화인협회의 예총에서 독립 등을 요구했다.

이듬해 1월에는 전국영화학과연합과 각 대학 영화서클 연합체인 대학영화연합, 영화마당 우리가 외국영화 수입 개방 철회, 영화진흥공사 해체를 통한 민간 차원 진흥기구 설립, 8mm/16mm 영화의 자율상영 등을 요구하는 한국영화 개혁을 위한 영화 청년 결의문을 발표했다.

이런 의지는 1988년 하반기 들어 기존 충무로 영화단체들과는 다른 새로운 조직의 결성으로 이어지게 된다. 영화운동의 전선이 조직화를 통해 구체화되기 시작한 것이다.

당시 영화인들의 조직은 연합체로서 한국영화인협회(한국영화인총연합회 전신)가 있었고 그 안에 감독, 기술, 기획, 시나리오, 연기, 음악, 촬영, 조명 등 8개 분과위원회가 자리 잡은 형식이었다. 하지만 영화인협회가 정부의 통제를 받는 한국예술인총연합회(예총)의 산하단체로서 영화계의 현안에 대해 능동적 대처보다는 사실상 정부의 눈치를 볼 수밖에 없어 한계가 명확했다. 군사독재가 전두환에서 노태우로 연장된 현실에서, 충무로의 구체제를 상징하는 영화인협회의 자체적인 개혁을 기대하기는 어려웠다.

당시 충무로 기득권을 장악하고 있는 일부 영화사와 상영관 대표 등은 미국영화 직배 반대 투쟁 과정에서 개인의 이익을 추구하려는 행태를 엿보이다 불신을 사기도 했다.

이때 주도적으로 나선 것이 감독들이었다. 1988년 11월 15일부터 16일까지 서울 수유리 아카데미하우스에서는 20명이 넘는 감독들이 모여 '우리영화연구 감독모임'이란 이름으로 한국영화의 현실을 점검하고 타개책을 논의하는 토론회를 개최했다. 이 토론회는 사회성 있는 소재의 영화가 억압당하고 성(性)개방을 부추기는 이른바 '벗기기

영화'로 한국영화의 저질화에 대한 비판이 높은 현실에 대해 감독들이 함께 비판하고 반성하며 서로 간의 고민을 토로하는 자리였다. 참석한 감독들은 이장호, 정지영, 김유진, 김현명, 장선우, 신승수, 박광수, 이미례, 강우석, 장길수 등 행사를 주도한 젊은 감독과, 뜻을 같이하는 원로감독 김기영, 박상호, 중견 감독인 변장호, 이두용 등이 있다.

이 자리에서는 장영일 감독의「음란영화는 왜 판치는가」, 박광수 감독의「민족영화라는 무엇인가」, 이상언 감독의「한국영화의 나아갈 길」등에 대한 주제발표를 듣는다. 이를 통해 성적 표현은 허용한 채 다양한 사회적 주체를 다룰 수 없도록 한 검열 문제 등에 대해 비판하고 영화정책의 이중구조에 대해 논의했다. 여기서 기존 영화감독조직과는 별개의 한국영화감독협회 창립이 결의된다.

『한겨레신문』(1988년 11월 19일)에 따르면 박광수(감독)는 "영화인들이 이렇게 민족영화에 대해 토론하고 연구하는 자리를 가진 적이 이제껏 없었던 것으로 압니다. 이 단어를 쓰기 시작한 지도 얼마 안 됩니다"라는 말로 주제 발제를 시작했다. 한국영화 현실에 대한 비판과 반성을 바탕으로 충무로 상업영화 감독들이, 영화운동이 내건 민족영화라는 개념을 공유하는 시간이었다.

발제와 토론을 거친 20여 명의 감독들은 '민족현실로부터 출발한 민족영화를 한국영화의 과제로 삼고 영화진흥법 제정을 위한 법적투쟁, 예총에서 독립한 영화감독의 자율기구인 한국영화감독협회 구성' 등을 내용으로 한「한국영화가 가야 할 길을 밝히는 한국 영화감독들의 성명」을 채택했다. 여기에는 '민족영화라는 개념이 운동권적 저항운동으로만 인식될 수 없다는 것, 다시 말해 억눌린 인간의 해방이라는 총체적이고 보편적인 틀 속에서 재정립돼야 한다는 것 그러면서 동시에 항상 우리 사회의 가장 구체적인 억눌린 현실로부터 출발해야 한다는 새로운 인식에 합의했다'는 내용이 담겼다.

미국영화 직배에 반대하는 분위기가 강해지면서 '민족영화'라는 개념이 당시 영화운동의 의제에서 충무로의 핵심 의제로 강화된 것이었다. 당시 대학 서클이나 영화운동 행사 등에서도 민족이 강조될 만큼 민족영화는 영화운동의 주요 테제였다.

한국영화감독협회의 탄생

보름 뒤인 11월 30일 영화계 민주화와 새로운 민족영화 건설을 기치로 한 한국영화감독협회의 창립총회가 서울YWCA에서 개최됐다. 이 자리에서 유현목 감독이 명예회장에, 권영순 감독이 회장에 추대됐고, 이장호와 김정현 감독이 부회장에 선임됐다. 감독협회 창립회원은 이장호, 배창호, 김기영, 김수용 등 선배 감독들과 박철수, 장선우, 정지영, 김현명 등 80년대 등장한 젊은 감독들로 구성돼 있었다.

한국영화감독협회는 박정희 군사독재정권의 문화통치 수단의 일환에 의해 타율성으로 구성돼 정부의 시녀 노릇을 해온 한국예술단체총연합회(예총) 산하 영화인협회를 탈퇴한다고 선언했다. 이들은 선언문에서 '독재의 억압 속에서 잠들었던 영화인들의 의식이 이제 전 국민의 민주화로 가고자 하는 열망과 함께 깨어나, 새로운 영화 건설의 기반을 닦기 위해 영화계의 뿌리 깊은 비민주적 요소를 척결할 것이다"라고 밝혔다.

영화감독협회는 '미국영화 직배 저지, 영화진흥법 제정, 영화감독의 텔레비전 비디오 저작권 확보, 스크린쿼터 감시기구 조직' 등을 활동

방향으로 설정해 한국영화의 개혁 의지를 담는다.

영화감독협회의 창립은 1988년 해방 이후 최초로 진보적 예술인들의 연합조직으로 결성된 민족예술인총연합(민예총) 창립과 시기적으로 비슷했다. 앞서 1988년 11월 26일 민예총 발기인대회가 열리는데, 영화에서는 정지영, 이장호, 장길수, 장선우, 박철수, 박광수, 이미례, 신승수, 홍기선 감독 등 101명이 발기인으로 참여했다.

1988년 12월 17일에는 민족예술인총연합회 산하에 민족영화위원회가 설립된다. 민족영화를 지향하는 충무로 상업영화와 재야 영화운동이 연대한 것으로 초기 영화운동을 아우르는 단체가 없던 상황에서 민예총을 기반으로 영화운동진영의 조직이 구축된 것이다. 영화감독협회가 감독들을 대상으로 했다면, 민족영화위원회는 전체 진보적인 영화인을 대상으로 하고 있었다.

민족영화위원회는 창립선언문에서 '비제도권과 제도권에서 상업영화와 비상업영화에서 각기 진행되던 민족영화에의 지향의 결합'을 선언하고, 민주변혁의 전환기를 맞고 있는 시점에서 '민족영화운동이 자주 민주 통일을 향한 전 국민의 염원을 담아낼 것이다'라고 밝혔다. 또한 '민족영화'라는 개념과 관련해서는 "민중들의 삶을 반영하고 나아가서는 민중들의 삶을 변혁하는 계기로 작용할 것"이라고 설명했다.

민족영화위원회 위원장은 이장호(감독), 부위원장은 정지영(감독)이 맡았다. 위원회 안에 연출, 시나리오, 비평, 촬영, 조명, 연기, 독립영화 8개 소위원회가 구성됐다. 연출소위원회에는 이장호, 정지영, 박철수, 장선우, 이미례, 신승수, 박광수 등 24명 감독으로 구성됐고, 독립영화 소위원회에는 이정하, 김동원, 배인정, 이효인, 낭희섭, 공수창 등이 위원이었다.

당시 민족영화위 운영위원은 박철수 · 장선우 · 이미례(감독), 최사규 · 임종재 · 유혁주(조감독), 홍기선(시나리오), 전양준(비평), 김동원 · 이정하(독립영화) 등 10인이었다.

창립 준비위원회에서부터 활동했던 정병각(감독)은 "준비단계부터 간사로 참여해 초대 사무국장을 맡았고, 감독과 조감독 중 참여한 인원은 30~40명 정도로 적었다. 이장호, 정지영 감독과 함께 장선우 감독이 열정적으로 활동했다"고 말했다. 이어 "이 체제가 몇 년 가다가 문민정부로 변하게 되면서 제도권 영화인들보다는 영화운동진영이 중심에 서게 되고 낭희섭이 후임 사무국장을 맡게 됐다"고 설명했다. 또한 "진보적 예술인 대중조직을 표방하는 민예총이었지만 미국영화 직배저지 투쟁과 영화법 개정 운동에 공감한다고 해도 참여하는 영화인들이 그렇게 많은 편은 아니었다"면서 "기존 예총에 대항하는 성격이다 보니 다소 예민함이 있었다"고 덧붙였다.

정병각의 뒤를 이어 사무국장을 담당한 낭희섭은 "민족영화위원회는 위원장-사무국장 체제로 운영됐고 단체들끼리의 협의체 성격이었다"며 "시간이 흘러 상업영화 쪽이 빠지면서 지금의 독립영화를 중심으로 활동했고, 정지영 감독과 김동원 감독이 위원장을 이어 맡다가 1990년 후반 한국독립영화협회가 만들어지면서 활동이 자연스럽게 넘어가게 됐다"고 말했다.

이듬해인 1989년 3월 24일에는 영화운동 출신들의 주도로 60여 명 조감독들이 참여한 가운데, 한국영화조감독협의회가 동국대에서 결성됐다. 이 역시 1968년 발족한 기존 충무로의 조감독동인회를 벗어난 조직으로 한국영화 최초의 독립적인 조감독단체였다. 도제식 제도와 노동 착취 구조에 대해 반발하던 젊은 영화인들의 문제의식이 작용한 결과였다.

이들은 결성 선언문에서 "모든 반민주적인 구제도와 반영화적인 제세력에 과감히 맞서 시급한 청산을 위해 최대한 노력하고, 이를 위해 모든 영화인들과 대동단결할 것"을 천명했다. 또한 "도제식 제도 폐지, 도급제 척결, 정당한 임금획득, 직배독점의 근본적 봉쇄, 영화진흥법 쟁취, 반민주적 조직과 제도의 개혁연대와 단결 그리고 민족영화를 건설하기 위해 헌신할 것"을 강령으로 채택했다.

회장은 한국영화아카데미 1기 임종재(감독)였고, 부회장은 한국영화아카데미 3기 정병각(감독, 전 전주영상위원회 운영위원장)과 김강숙, 감사 이민용(감독), 홍보부장 김동빈(감독) 등이었다. 이들은 직배저지·영화진흥법쟁취·영화계민주화투쟁위(3투위)와 노동대책위원회(노대위)를 운영위원회 산하에 설치했다.

정병각(감독)은 "당시 창립총회 과정에서 민예총 쪽의 도움을 받았다"며 "김경형(감독)과 허동우(감독)가 열심히 참여했고, 촬영과 조명도 함께 끌어들일 생각이었으나 그렇게 되지는 못했다"고 말했다. 이어 "취지에 공감하면서도, 실제 일은 시위를 벌이는 것이라서 이름만 올려놓고 활동이 거의 없었던 사람들도 있었다"고 회상했다.

독립프로덕션의 등장

1980년대 후반 충무로의 변화를 이끌었던 새로운 요소는 독립프로덕션이었다. 1985년 이후 충무로 활동을 시작한 영화운동 출신들이 점차 늘어나던 상황에서, 1985년 영화법 개정으로 시작된 충무로 2.0 시대는 독립프로덕션의 역할과 비중이 늘어나며 충무로 구조를 일부

바꿔놨다.

당시 개정된 영화법에는 '영화 제작을 위한 영화업자가 아닌 자로서 판매 또는 공연장에서 상영할 목적으로 영화를 제작하고자 할 때 문화공보부 장관에게 영화 제작의 신고를 하면 된다'는 '영화의 독립제작'에 대한 내용이 포함돼 있었다. 다만 독립프로덕션은 기존의 영화사와는 다르게 1년에 1편만 만들 수 있는 것이 차이였다.

충무로 제작 방식에 변화가 생긴 것이었다. 기존 영화사들이 외화수입을 통한 이익 증대에 관심을 뒀다면 독립프로덕션은 철저하게 새로운 한국영화를 추구하며, 저질 시비를 일으켰던 한국영화의 질을 높이는 데 주안점을 뒀다.

『매일경제』(1986.9.23)는 '제작 자유화 이후 영화사가 20개에서 50개로 늘었으나 대부분의 제작사들이 한국영화 제작보다는 외화 수입에 열중하고 있는 반면, 독립프로덕션의 등장으로 우수한 한국영화가 늘어나게 됐다'고 긍정적으로 평가했다.

이장호 감독 〈이장호의 외인구단〉이나 이두용 감독 〈돌아이〉를 비롯해 정지영 감독 〈남부군〉을 만든 남프로덕션 등 독립프로덕션의 활약이 늘어났다. 1989년 로카르노 국제영화제에서 최우수작품상인 황금표범상 등을 수상한 배용균 감독의 〈달마가 동쪽으로 간 까닭은?〉도 독립프로덕션인 배용균프로덕션에서 만들어진 영화였다.

또 5·18 광주민중항쟁을 다룬 첫 상업영화인 이정국(감독)의 〈부활의 노래〉와 황규덕(감독)의 데뷔작인 〈꼴찌부터 일등까지 우리 반을 찾습니다〉 등 사회성 짙은 영화들 역시 각각 독립프로덕션인 새빛영화제작소와 물결을 통해 제작된 작품이었다. 충무로의 변화를 원했던 진보 개혁적 영화인들에게 제작에 조금이나마 활로를 모색할 수 있게 된 환경이 마련된 것이다.

1989년 9월에는 한국외국어대 영화서클 울림 출신으로 한국영화아 카데미 4기인 김태균(감독)이 중심이 된 독립프로덕션 '영화공장 서울' 이 만들어진다. 김태균은 "한국영화아카데미 4기 오석근(감독, 전 영진 위원장), 현남섭(감독, 시나리오 작가), 조명남(감독), 김형구(촬영감독), 진영 환(촬영감독), 3기 박기용(감독, 전 영진위원장) 그리고 아카데미 출신이 아 닌 차승재(프로듀서, 동국대 교수), 남재봉(감독), 방혜경(기획) 등이 함께 의기투합한 것이었다"면서 "아카데미 4기 전찬호(감독)은 후반에 합류 했다"고 말했다.

남재봉(감독)은 "아카데미 출신들에 더해 충무로를 기반으로 연출부 에서 활동하던 서울예대 영화과 출신들인 정홍순, 김용석, 이동원, 서 준원 등이 합류했다"며 "60년생으로 대학 79학번들이 중심이 됐었다" 고 말했다. 또한 "박현원(조명감독)의 경우 후배들을 도와주겠다고 돈도 못 받으면서 지원을 아끼지 않았고, 조동관(촬영감독)의 도움도 받았으 며, 차승재(프로듀서)도 적극적으로 영화공장 서울 활동을 도왔다"면서 "사무실이 충무로 한국의 집 뒤편에 있다가 약수동으로 옮겼을 때 한 결(프로듀서)이 합류했다"고 덧붙였다.

영화공장 서울은 대학에서 영화운동을 했던 청년 영화인들이 만든 독립프로덕션이라는 상징성에 더해 한국영화를 해외에 소개하는 데 도 중요한 역할을 감당했다. 해외의 영화 관계자들이 한국영화를 보 기 위해 많이 찾았기 때문이다.

영화공장이라는 이름은 영화를 수공업이 아닌 산업적 방식으로 만 들겠다며 지은 이름이었다. 첫 작품인 〈네 멋대로 해라〉는 장 뤽 고다 르의 〈네 멋대로 해라〉를 한국판으로 각색한 영화로, 부산 영화운동의 중심이었던 오석근(감독)의 감독 데뷔작이기도 했다. 오석근은 "어떤 절차가 있었던 게 아니고 일단 시나리오부터 준비하자고 시작한 것이고 내가 시나리오를 쓰다 보니 자연스럽게 연출까지 맡게 된 것이다"라고 말했다.

김태균은 "비디오 보급이 활성화되던 상태에서 영화법 개정 등이 작용해 독립프로덕션이 생겨났다"며 비디오의 역할을 강조했다. 당시 비디오 문화의 등장은 한국 영화산업에 2차 판권을 만들어내면서 영화 수익 외에 새로운 수입원이 됐다. 기존 8mm 카메라가 대중화된 것과 마찬가지였고, 젊은 감독들에게 기회를 제공한 것이었다.

남재봉은 "영화공장 서울은 충무로에서 전문적인 제작시스템의 출발로도 평가할 수 있다"며 "당시 삼호필름에서 이명세 감독의 〈나의 사랑 나의 신부〉를 제작할 때 영화공장 서울이 전반적인 책임을 맡아 진행했다"고 설명했다.

충무로로 향한 홍기선

한국 영화운동의 상징과도 같은 홍기선(감독) 역시 1991년 독립프로덕션을 바탕으로 첫 상업영화 제작에 들어가며 충무로 활동을 시작한다. 1989년 〈오! 꿈의 나라〉를 제작한 이후 장산곶매 활동을 정리하고 충무로의 새로운 전선에 합류하게 된 것이다. 홍기선이 1984년 서울영화집단 황규덕(감독)의 한국영화아카데미 입학을 변절이라고 비판했던 것에 비춰보면, 시간이 흐르면서 충무로에 대한 인식이 바뀐 것이었다.

이은(명필름 대표)은 "홍기선이 장산곶매를 정리하며 '충무로에 가서 사회적으로 의미 있는 영화들을 만들겠다'고 했고, 그 약속을 일관되고 꾸준하게 지켜냈다"고 평가했다.

홍기선은 1990년 계간지『민족영화』에 실린 대담에서 당시 "제도권과 비제도권을 나누는 방식 자체가 문제가 있다"면서 이렇게 지적했다.

> 상업영화냐 아니냐보다는 현 체제에 대해 어떤 입장을 갖고 있으며 실천하느냐가 구분되어야 한다고 생각한다. 우리들의 공통된 과제를 자주·민주·통일이라고 할 때 이에 반대하는 입장, 즉 기득권자의 입장에서 이뤄지는 영화 활동을 비제도권이라고 불러야 한다.

홍기선의 충무로 활동은 역량을 인정받았으나 순탄한 것은 아니었다. 그를 바라보는 당시 노태우 군사독재의 시선은 곱지 않았다. 시나리오 작가와 평론가로도 활동했었으나, 한국 영화운동 출발의 주역이었기에 요주의 인물로 본 것이었다.

첫 작품인 〈가슴에 돋는 칼로 슬픔을 자르고〉의 제작 준비부터 논

〈오! 꿈의 나라〉 촬영을 지켜보고 있는 홍기선 ⓒ 장산곶매

란이 일어났다. 당시 영화진흥공사(영진공, 현 영화진흥위원회)가 창작지원작으로 선정했음에도 불구하고, 이를 며칠 만에 번복하면서 한바탕 풍파를 일으킨 것이다. 노골적인 정치적 탄압이 작용했던 결과였다.

1991년 5월 4일 홍기선은 영화진흥공사로부터 5천만 원의 사전 제작 지원을 받게 됐다는 통보를 받았다. 사전 제작 지원은 상하반기 다섯 편씩 선정해 지원하는 사업으로 시나리오 상태의 영화를 심사해 5천만 원 제작비를 지원해주는 것이었다. 30편의 작품이 경합할 만큼 경쟁이 치열했는데, 홍기선의 첫 작품이 선정된 것은 그만큼 역량을 인정받은 것과 다름없었다. 그런데 사흘 만에 어처구니없는 일이 발생했다. 5월 7일 영진공이 발표한 91년 극영화 사전 제작 지원 작품 중에 〈가슴에 돋는 슬픔을 칼로 자르고〉 대신 〈살어리랏다〉가 들어간 것이었다. 당시 영화진흥공사 사장은 김동호(전 강릉국제영화제 이사장) 였다.

『한겨레신문』(1991.5.12) 보도에 따르면 '영화진흥공사는 문화부에 제작신고가 되지 않았기 때문에 어쩔 수 없이 지원 작품을 바꾼 것'이라고 해명했다. 이에 대해 문화부는 '4월 18일 접수된 〈가슴에 돋는 슬픔을 칼로 자르고〉 제작신고를 영필름의 대표 홍기선 씨가 영화법상 영화제작자로서 결격사유자이므로 받아들일 수 없다'는 핑계를 댔다. 당시 영화법 4조 2항에는 '영화법을 위반하여 벌금 이상의 형을 선고받고 그 형의 집행이 종료되거나 집행을 받지 아니하기로 확정된 뒤 1년이 지나지 않은 사람은 영화 제작을 할 수 없다'는 내용의 규정돼 있기는 했다. 홍기선은 1989년 10월에 〈오! 꿈의 나라〉를 문화부에 제작 신고하지 않고 제작했다는 이유로 영화법에 따라 1심에서 100만 원의 벌금형을 선고받았다. 그러나 항소한 상태였다. 재판이 끝나지 않은 상태에서 무죄 추정의 원칙이 무시된 것으로 위법적 결정이었다. 영진공과 문화부의 해명 자체가 앞뒤가 안 맞는 말이었다. 문화부는 영진공이 사전 제작 지원을 발표한 뒤에야 홍기선의 제작신고를 수리했다.

김동호 사장 재임 시절 영화진흥공사는 1989년 한국영화아카데미 졸업작품의 시나리오를 검열해 제작을 막아 아카데미 학생들의 반발을 사기도 했다. 당시 국가안전기획부(현 국가정보원)에 학생들의 시나리오를 제출해 사전검열을 받아 실종된 청년노동자, 학원 프락치, 전대협 대표로 방북했던 임수경 가족 소재 관련 작품을 반려한 것이었다. 홍기선 영화에 대한 제작 지원이 뒤집힌 것도 비슷했다. 영화계는 거세게 반발했다. 한 달 뒤인 6월 9일 영화인협회 감독위원회(김호선 감독)는 "영화진흥공사의 결정이 다분히 정치적인 것으로 이러한 우회적인 탄압은 한국영화 전반으로 확산될 수 있다"고 비판했다. 이어 "홍기선이 감독위원회 회원은 아니지만, 이번 문제는 영화감독들이 지나칠 수 없는 것이다"라며 규탄대회까지 개최했다.

하지만 영화진흥공사는 억지를 부렸다. 처음에는 문화부를 핑계 대던 것과는 다르게 홍기선의 작품이 『조선일보』 신춘문예 희곡 부문 당선작 『화도』의 표절이라고 주장한 것이다. 홍기선의 〈가슴에 돋는 슬픔을 칼로 자르고〉가 원명희 작가의 『먹이사슬』을 모티브로 삼아 원작자와 논의해 시나리오를 완성했다는 것은 알려진 사실이었다. 홍기선의 부인인 이정희(시나리오 작가)는 "당시 문화부가 자신들의 제시한 논리에 문제가 있자 영진공이 직원과 친분이 있는 어떤 사람을 내세웠던 것으로 안다"고 말했다. 이어 "(표절을 주장한 당사자가)자기가 소설 쓰는 사람이라면서 우리 시나리오가 자신의 초고를 훔쳤다는 주장을 했는데, 누군지도 모르는 사람의 초고를 어떻게 볼 수 있나?"면서, "원작자와 협의를 통해 만든 시나리오였는데, 억지 주장을 펴서 황당했던 기억이 난다"고 회상했다.

충무로 안과 밖의 영화운동 출신들은 함께 모여 대응책을 논의했다. 이춘연이 이끌던 한국영화기획실모임과 민예총 민족영화위원회 등은 '사진 제작 지원을 심사 결과대로 집행해야 한다'고 주장하면서 대책모임을 열고 서명을 진행했다.

자본주의와 사회주의의 결혼

여기서 1990년대 이후 한국영화의 중심으로 부상한 두 영화인의 운명적 만남이 이뤄진다. 이은(명필름 대표)과 심재명(명필름 대표)이었다. 이은은 "홍기선 감독 문제를 논의하기 위해 한국영화기획실모임에서 열린 회의에 갔다가 그 자리에서 심재명(명필름 대표)를 처음 보게 됐다"고 말했다. 이은이 본 심재명의 첫인상은 '충무로에서 마케팅 잘하는 사람'이었고, 심재명이 본 이은의 첫 인상은 '독립영화계에서 열심히 하는 사람'이었다.

한국영화기획실모임에서 활동했던 안동규(제작자)는 이후 이은과 심재명의 만남에 대해 이렇게 기억했다. "당시 이은이 결혼을 해야겠다며 사람을 소개해 달라고 했다. 영화사에서 일하던 어떤 사람을 이야기했으나, 싫다면서 심재명을 만나게 해달라고 하는 거다. 그래서 따로 심재명과 약속을 잡은 후 이은에게는 '지나다가 우연히 만나는 식으로 합류'하라고 했다, 계획대로 심재명과 만나고 있을 때 이은이 등장했고, 둘이 시간을 가질 수 있게 자리를 피해줬다."

장산곶매에서 〈오! 꿈의 나라〉와 〈파업전야〉를 만들며 재야 영화운동의 최전선에서 활동하던 이은과, 충무로 상업영화에서 빼어난 역량을 발휘하던 심재명의 만남은 화제였다. 두 사람이 결혼할 때 정지영 감독은 이렇게 말했다고 한다.

"자본주의와 사회주의가 결혼한다."

영화법을 개정하라!

한국 영화운동에서 제도 개혁을 위한 싸움은 매우 중요했다. 무엇보다 표현의 자유를 옥죄던 영화법은 직접 부딪쳐야 했던 가장 큰 장벽이었다. 온갖 통제와 조건을 붙인 까다로운 영화법은 창작 욕구를 가로막았을 뿐만 아니라, 1970년대 이후에는 한국영화 저질화를 촉진한 핵심 원인이기도 했다. 궁극적으로 한국영화의 경쟁력 저하를 초래한 것이 영화법이었다.

한국영화의 출발은 공식적으로는 일제강점기인 1919년을 기점으로 하고 있다. 하지만 당시는 조선총독부의 관리를 받는 일본영화의 한 부류로서 조선영화에 불과했다. 역사적으로 1926년 나운규의 〈아리랑〉이 민족영화를 상징하고 있었으나, 총칼로 억압하는 일제의 눈치를 보던 시기였기에 대부분이 친일 영화였다.

일제강점기 검열의 역사

검열의 본격적인 시작은 활동사진(필름)이 등장하면서였다. 『동아일보』는 1922년 6월 25일자 기사에서 '영화 검열 개시'라는 제목으로 '경찰에서 검열을 실시한다'고 보도했다. 또한, 2년 뒤인 1924년 2월 22일자 기사에서는 '소관 경찰서의 보안계 순사들이 현장에 가서 필름을 한 번씩 비춰본 후 직접 허가를 하였으나, (앞으로는) 보안과에서 검열을 맡는다'고 전했다. 4개월 뒤인 1924년 6월 30일자 기사에는 '활동사진(필름) 검열을 경성(서울), 부산, 신의주로 통일한다'고 보도했다. 당시는 미국 할리우드 영화들이 중국과 일본 등을 거쳐 조선에 들어오던 시기로, 관문과도 같은 세 곳이 외국영화 검열의 주요 장소가 된 것이었다.

1935년 개관한 광주극장에 남아 있는 임검석.
경찰이 영화를 검열하던 자리였다.

1926년에는 조선총독부가 '활동사진 검열 규칙'을 제정해 8월 1일부터 시행한다. '활동사진의 필름은 본령에 의하여 검열을 받은 것이 아니면 영사를 통한 다중의 관람을 허락하지 않는다'는 것이었고, '검열을 받으려면 규정된 서류를 조선 총독에게 제출하라'고 규정했다. 가벼운 내용을 담고 있는 필름은 조선 총독의 검열을 받을 필요가 없고, 대신 도지사나 경찰서장에게 검열을 위임하도록 했다.

반도에서 첫 영화법은 1939년 4월 만들어진 조선영화령이었다. 일본의 영화법을 근거로 한 조선에서의 시행령으로 10월 1일부터 시행됐다. 구체적인 취체(규칙이나 법령, 명령 따위를 지키도록 통제함)가 실시된 것은 1940년 1월 3일이었다.

핵심은 조선총독부에 의한 검열과 규제였다. 26조로 구성된 일본의 영화법은 태평양전쟁에 들어서며 국가 차원의 통제와 검열을 규정한 법이었다. 영화 제작과 배급이 허용됐으나 감독과 배우는 등록을 해야 했고, 제작된 영화도 대본 단계에서 검열됐다. 이 법에 따라 일본에서도 일부 영화의 상영이 금지됐다.

주요 내용으로는 '영화 제작업자는 주무대신이 지정하는 종류의 영화를 제작하고자 하는 때에는 촬영 개시 전에 주무대신에게 신고하고, 주무대신은 필요하다고 인정되는 때에는 영화 배급업자에게 외국 영화의 배급에 관하여 종류 또는 수량의 제한을 할 수 있다'는 내용이었다. 또 '행정관청의 검열에 합격한 것이 아니면 수출하지 못하고, 주무대신은 특별한 사정이 있는 경우에는 검열에 합격한 영화의 수출을 제한 또는 금지할 수 있도록 했다, 행정관청의 검열에 합격한 것이 아니면 공중의 관람에 제공하기 위하여 상영하지 못한다'고 제한했다. '허가를 받지 아니하고 영화 제작 또는 영화 배급업을 한 자는 6월 이하의 징역 또는 2000원 이하의 벌금'에 처하도록 했으며, '임검을 거부·방해 또는 기피 또는 규정에 의한 보고를 하지 아니하거나 허위로 보고한 자는 500원에 벌금'에 처하도록 했다. 영화의 모든 것을 간섭하겠다는 것이었다.

조선에서의 시행령이었던 조선영화령 전문은 '영화의 제작·배급·

상영 기타 영화에 관하여는 영화법 제19조의 규정을 제외하고 동법에 의한다. 다만, 동법 중 칙령은 조선총독부령으로, 주무대신은 조선총독으로 한다'는 짧은 내용이었다.

당시 일본 영화법 제19조는 '이 법 시행에 관한 중요 사항에 대하여 주무대신의 자문에 응하기 위하여 영화위원회를 설치하고, 영화위원회에 관한 규정은 칙령으로 정한다'는 것이었는데, 조선에서는 영화위원회 설치가 필요하지 않았다.

조선영화령 대체한 미군정법령 115호

1945년 8월 일본이 패망하고 한반도에 미군이 진주하면서 조선영화령은 6년 만인 1946년 10월 8일 폐기된다. 그리고 열흘 뒤인 10월 18일 이를 대체할 미군정법령 115호가 공포된다.

미군정법령 115호의 핵심은 검열이었다. '영화의 허가관청을 조선정부 공보부로 정하고 영화 공연 전 그 적부를 검사하여 공보부 소정 표준에 해당한 영화를 허가할 권리와 의무가 있다'고 규정했다. 불허가 영화의 금지에 대해서는 자연인, 법인을 막론하고 자신 또는 타인을 통하거나 규정에 따라 허가되지 않은 영화를 공연의 목적으로 배급 또는 공연함을 금했다. 이를 위반하여 배급 또는 영사한 영화는 몰수한다고 했다. 다만 미국 군부 또는 그 대행기관이 상영하는 영화에는 적용치 아니함이라고 예외를 뒀다. 공연의 정의에 대해서는 '입장료의 유무와 관계없이 15인 이상 집회에 대하여 영화를 영사하는 것'으로 규정했다. 또한 '공보부는 영화의 전부를 허가 또는 불허가할 수 있으며 경우에 의하여 특수 부분을 삭제 또는 변경하여 허가할 수 있고, 본

령의 규정을 위반한 자는 육군점령지재판소의 판결에 의해 처단한다'
명시했다.

군정법령은 1948년 제헌의회를 통해 남한의 단독정부가 수립된 이
후 소멸됐다. 이후 별도의 영화법이 만들어지지 않았으나, 검열은 이
어져 공보처 영화과가 담당하게 된다.

『동아일보』 1948년 10월 10일자는 '영화 재검열'이라는 제목으로
'대한민국 정부의 새로운 시정 방침에 의하여 영화가 가진 문화의 양
양과 영화예술만이 가지고 있는 특이한 사명을 완수하고자 다음과 같
은 표준에 의하여 국내외를 막론하고 구 군정청 과도정부 공보부에서
검열을 받고 상영 중에 있는 영화를 재검열하기로 했다'고 보도했다.
'전에 받은 검열증과 영화 프린트를 공보처 영화과로 제출해 새로 검
열을 받아야 하며, 2월 20일 이후의 재검열에 있어 합격한 영화는 상
영허가증만을 교환 발부하고 만일 소정 기한 내에 제출하지 않으면 앞
으로 영화 상영 공개권을 실권하게 될 것이다'라는 내용이었다.

한국전쟁 휴전 이후인 1955년 검열 업무는 대통령령에 따라 문교부
가 관장하는 것으로 규정된다. 1960년 이승만 독재를 무너뜨린 4·19
혁명 이후에는 검열이 폐지되고 민간 심의기구인 영화윤리전국위원
회(영륜)가 만들어진다. 일제강점기부터 이어지던 검열이 일순간 멈춘
것이었다.

『동아일보』 1960년 8월 10일자는 '관영 검열제 폐지에 따른 민간인
들에 의한 자율적인 영화 윤리 운영을 목적하고 준비 중이던 영화윤리
전국위원회가 8월 5일 창립했다'며 '영화가 국민의 일상생활에 미치
는 영향력을 중시하여 영화의 윤리성을 자율적으로 유지하기 위해 국
산영화와 수입 외국영화를 심의하고 영화 창작 표현의 자유와 예술성

을 보장하는 테두리 안에서 영화윤리를 건강하게 육성하는 사업을 시작했다'고 보도했다.

1961년 한국영화가 첫 번째 중흥기를 맞았던 데는 검열 폐지 영향이 일정 부분 작용한 것으로 볼 수 있다. 1960년 11월에는 김기영 감독의 〈하녀〉가 개봉했고, 1961년 5월 23일 개막한 11회 베를린영화제에서 강대진 감독의 〈마부〉가 은곰상을 수상했다. 1961년 4월에 개봉한 유현목 감독의 〈오발탄〉이나, 같은 내용의 영화로 흥행 대결을 펼친 홍성기 감독의 〈춘향전〉과 신상옥 감독의 〈성춘향〉이 화제를 모았다.

하지만 검열 폐지는 한순간일 뿐이었다. 1961년 박정희가 무력으로 권력을 찬탈한 5·16 군사쿠데타는 이를 다시 되돌려놓는다. 〈오발탄〉의 경우 1961년 7월 19일 재검열을 통해 상영이 중단되는데, 관계 기관의 고발에 따른 조치였다. 〈오발탄〉은 1963년이 돼서야 겨우 상영을 재개할 수 있게 된다.

일본 영화법 베낀 박정희의 영화법

영화법이 본격적으로 등장한 것은 5·16 군사쿠데타 다음 해인 1962년이었다. 쿠데타 세력은 통치기구였던 국가재건최고회의를 통해 당시 공보부 산하에 국립영화제작소를 만든 데 이어 1962년 1월 20일 처음으로 영화법을 제정했다. 표면적으로는 군소 제작사들이 난립하고 있다는 것을 이유로 들었다. 촬영 장비와 시설을 갖춘 업자들만 영화를 제작할 수 있게 한 것이다. 그러나 제작자와 배우의 등록을 규정한 것은 일제강점기 통제의 수단으로 활용했던 일본의 영화법을 본뜬 것과 다름없었다.

영화 제작업자는 촬영기 1대 이상, 조명등 5kw 이상, 5년 이상 경험이 있는 제작 기술자 1인, 기성 배우 2인의 전속 고용계약서, 5천만 원 이상의 자본금을 적립하는 등의 조건을 갖추어 공보부에 등록하고 등록증을 받도록 규정했다. 영화법 제정으로 인해 64개였던 영화사는 17개사로 통합됐다. 배우 전속제가 시행되면서 신상옥 감독의 신필름에 최은희, 도금봉, 남궁원 등이 전속 배우가 됐고, 한양학원 김연준이 설립한 한양영화사에는 김지미와 최무룡 등이 전속 배우로 등록했다.

검열도 되살아났다. 당시 상영 허가를 않거나 장면을 삭제할 수 있는 검열 기준은 국헌을 문란하게 하거나 국가 위신을 손상하였다고 인정되는 때, 국기 또는 국가를 경공(공손히 받들어 모심)하게 취급하지 아니하였다고 인정되는 때, 자유 우방의 관습 또는 민족감정을 존중하지 아니하여 국제간의 우의를 훼손할 염려가 있다고 인정되는 때, 미신을 존중하였다고 인정되는 때, 복수를 정당하게 취급했다고 인정하는 때 등 15개 조항에 달했다.

영화법 시행 이후 1년 뒤 박정희 군사정권은 한국 영화산업 육성과 영화 수입 억제를 위한다는 방편으로 당근책을 제시하면서 1963년 영화법을 1차 개정한다. 국내 제작사의 제작 실적과 수출 실적에 따라 외화 수입 쿼터를 배정하고, 외화의 국내 상영 수익은 제작에 투자해 우리 영화의 질과 양을 향상 발전시키겠다는 것이 목적이었다. 제작자는 3~5편 제작에 영화 1편, 수출업자는 1편 수출에 1편을 수입할 수 있게 하는 것이었다. 하지만 법 개정의 핵심적 이유 중 하나는 제작 조건의 강화였다. 촬영 스튜디오와 현상소를 갖춰야 하고 연간 15편 이상의 극영화 제작 실적도 첨가하는 조항을 추가한 것이다. 규정된 시설을 갖추지 않으면 영화를 만들 수 없게 한 것으로, 자유로운 창작을 제한하는 법이었다.

개정된 영화법 시행령에서 정한 기준은 만만치 않았다. 35mm 이상의 촬영기 3대 이상, 조명기 200kw 이상, 내화 구조로서 방음 장치가 완비된 건평 200평 이상의 견고한 스튜디오, 동시녹음기 1대 이상, 5년 이상의 영화감독 경험을 가진 전속 영화감독 3인 이상, 5편 이상 극영화에 출연한 경험을 가진 남녀 전속 배우 각 10인 이상, 5년 이상 영화 촬영 경험을 가진 전속 촬영기술자 3인 이상, 5년 이상의 녹음 경험을 가진 전속 녹음기술자 1인 이상 등이었다. 이 조건을 충족할 수 있는 영화사가 많지 않았기에 소수 규모 있는 제작사만 배려한 것이었다. 정진우 감독에 따르면 당시 흑백영화 한 편을 촬영하는 데 필요한 조명은 50kw면 충분했는데도 과도한 시설을 요구한 것이었다.

이 기준에서는 기존 제작업자들 외에 새로 영화사를 차리는 것 자체가 불가능했다. 군소 제작자들의 불만이 표출되고 논란이 크게 일자 일부 조건이 완화된다. 조명기 200kw 이상은 조명기 50kw 이상으로, 동시녹음기 1대 이상, 녹음기 1대 이상으로 변경됐다. 내화 구조로서 방음 장치가 완비된 건평 200평 이상의 견고한 스튜디오 조건은 삭제됐다.

제작사를 줄여라

그렇지만 완화된 조건은 3년 뒤 영화법 2차 개정에서 원상회복된다. 1966년 1월 공보부는 연간 제작 편수를 120편으로 제한하고 우수 국산영화에 보상하는 영화 시책을 발표한다. 군소업체들이 연합해 영화사 등록을 하면서 1965년 한국영화 제작 편수가 189편에 이를 정도로 양산된 것을 원인으로 제시한 것이다. 영화 시책은 매년 발표하는 영화 정책의 운용 방안이었으나, 이때는 영화법 개정의 전조였다.

1966년 7월 15일 전면 개정된 영화법은 제작 편수를 줄이기 위해 제작사를 줄이는 방법을 선택했다. 기존 영화법 시행규칙에 상영 허가 기준으로 명시했던 검열 조항은, 개정 영화법에서는 '검열 기준'으로 본문에 자리를 잡는다. 또한, 국산영화 장려 방안으로 외화만 상영하던 개봉관도 일정 편수의 국산영화를 상영토록 하고 국산영화가 합작영화를 수출하고 수입하는 편수는 그해 상영된 국산영화의 3분의 1을 넘지 않도록 규제했다. 이른바 '스크린쿼터제'의 시작이었다. 당시 한국영화만 상영하던 극장은 국도극장, 명보극장, 아카데미극장, 국제극장, 아세아극장 등이었고, 외국영화만 상영하던 곳은 스카라극장, 피카디리극장, 단성사 등이었다.

구체적인 시행령은 12월에 확정된다. 촬영 스튜디오는 300평을 갖춰야 했고, 총 성능 50kw 조명기가 있어야 했다. 국산영화가 수출될 때는 외화를 변작 또는 모방한 부분이 없는 것에 한하도록 했고, 외화 수입은 국제영화제 출품 한국영화 편수, 국제영화제 수상 상장 개수, 공보장관으로부터 수상한 영화 편수에 따라 수입권을 1대 1로 정했다.

이듬해인 1967년 3월, 이 기준에 따라 26개 제작사 가운데 13개사에 대해 등록 요건 완비를 인정한다. 이후 추가로 요건을 완비한 제작사 12개가 추가돼 포함해 모두 25개사가 등록한다. 한양영화(주민규), 한국영화(성동호), 신필름(신상옥), 한국예술(박원석), 세기상사(우기동), 대한연합영화(홍의선), 합동영화(곽정환), 연합영화사(주동진), 제일영화(홍성철), 안양필름(이수길), 대광영화(김봉주), 새한필름(황의식), 태창흥업(김태수), 극동필름(차태진), 대양영화(김형근), 중앙영화흥업(이수희), 아세아필름(이지룡), 동양영화흥업(이종벽), 동인영화(장동휘), 덕성필름(이민덕),

덕흥필름(지우성), 동남아영화공사(이병인), 대지영화사(김길용), 유한산업(유재훈), 독립필름(박구) 등이었다.

하지만 제작사를 줄이려는 의도로 법을 개정한 것이었기에 25개 제작사도 많은 편이었다. 이때 제작업자들 간 협회 구성을 통한 다툼이 생기면서 정부가 개입할 여지가 생긴다. 주류 11개사 중심으로 한국영화업자협회(회장 주동진) 구성된 것에 대해 나머지 14개사가 따로 한국영화제작자연합회로 나눠 대립한 것이다.

문화공보부는 불시에 시설 점검을 통해 2개사의 등록을 취소하더니, 9월에는 제작사를 아예 절반으로 줄인다. 영화법 개정 실효를 거두지 못하고 25개사가 난립한 것은 영화법 정비에 실패했다는 것을 자인하는 현상이라며 영화사들의 통합을 종용한 것이었다. 이때 통폐합으로 남은 12개 영화사는 대양영화, 세기상사, 신필름, 안양필름, 연합영화, 연방영화, 제일영화, 태창흥업, 한국영화, 한국예술, 한영영화, 합동영화사 등이었다.

이때 영화법의 문제는 제작을 12개사가 독점한 것이었다. 당시 제작사들은 연간 제작 편수가 150편을 초과할 수 없다는 이른바 제작쿼터제를 결정했다. 내부 카르텔이었다. 수입쿼터, 스크린쿼터에 이어 제작쿼터까지 등장하면서 영화인들 사이 대립도 심해졌다.

1966년 영화법 개정 이전만 해도 마음대로 영화를 제작할 수 있었던 작은 규모 영화사의 프로듀서들은 12개 제작회사로부터 쿼터를 100만 원~150만 원에 사서 제작해야 했다. 이른바 이름을 빌려서 한다는 대명(代名) 제작이었다. 개별 제작사가 1년에 12편을 만들어야 했으나 70%밖에 소화할 능력이 없는 상태였다. 제작자들은 나머지 제작쿼터를 팔아서 막대한 이익을 챙겼다. 굳이 영화를 안 만들어도 수익이 되는 것이었다.

이 같은 문제점에 불을 지른 것은 1968년 7월 개봉한 〈미워도 다시 한번〉이었다. 정소영 감독 연출에 신영균, 문희, 전계현 배우가 출연했는데, 당시 국도극장에서 30만 관객이 들며 크게 흥행한 것이다. 당시 흥행 기준은 서울 관객 2~3만이 손익분기점을 넘기는 수준이었고, 10만 이상이면 대박으로 평가됐다. 제작은 대양영화사가 했으나 실제로는 TV 프로듀서 출신이었던 군소 제작사 피디 정소영(감독)이 기획과 연출을 담당한 영화였다. 〈미워도 다시 한번〉의 흥행은, 능력은 있으나 직접 제작을 할 수 없어 분통한 마음이던 영화인들을 자극했다.

영화 제작 독점에 대한 반발이 일면서 1968년 8월 31일 영화인협회(회장 김승호)가 주최한 한국영화 50년 사상 최초의 영화인 궐기대회가 남산드라마센터에서 열린다. 영화인협회 감독 · 시나리오 · 기술 · 연기 · 기획 · 음악 등 분과위원회는 성명을 발표해 '영화법이 제작업자 등록의 시설 기준을 강화하는 동시에 제작쿼터제를 실시케 함으로써 영화 제작권을 10여 명의 업자에게 독점시키는 체제를 확립했다'고 비판했다. 영화인 궐기대회는 배우 신성일, 윤정희, 김지미, 남정임, 김진규, 신영균, 황정순, 복혜숙, 장동휘, 구봉서, 허장강, 서영춘, 문희, 감독 유현목, 최무룡, 이만희, 정진우, 박상호, 강범구, 임권택, 강대진 등 영화인 1천여 명이 참석한 대규모 집회였다.

신상옥 · 우기동 · 주동진 · 서종호 · 성동호 · 한갑진 · 곽정환을 대표단으로 한 한국영화업자협회와 유현목 · 김강윤 · 최수용 · 이강천 · 이봉래 · 정진우가 대표단으로 나선 영화인협회는 협상을 통해 제작쿼터 폐지에 합의한다. 영화인협회 협상 대표 중 한 사람이었던 정진우 감독은 "내가 영화인 궐기대회 비용을 냈고 영화인협회 회장을 맡은 김승호(배우)가 실무를 주관하느라 고생을 많이 했다"고 회상했다. 정진우 감독은 영화법 개정 이후 영화 제작 독점 등의 배경을 이렇게 설명했다. "그때 영화계의 가장 실력자가 신상옥 감독이었고, 곽정환(합동영화 대표)도 실세 중 한 사람이었다. 이들은 제작사가 많은 것보다는 적어야 영화사를 운영하기 편하니까 시설 강화를 통해 제작사를 줄이려 한 것이다. 제작쿼터까지 만들어서 이익을 챙기니 영화인 궐기대회가 열린 것이었고, 신상옥 감독 화형식까지 했다. 두 분 다 한국영화 발전에 공이 지대한 사람들이지만 당시에는 영화계에서 그렇게 대립하기도 했던 관계였다."

정진우 감독은 또한 "영화법 개정에 역할을 한 정치인은 민주공화당 강상욱 국회의원이었다"며 "영화에 관심이 많았고 당시 홍종철 문공부 장관도 같은 육사 출신이다 보니 영화법 개정에 적극적인 역할을 했다"고 말했다. 강상욱은 육사 9기로 박정희의 국가재건최고회의 최고위원과 청와대 대변인을 거친 쿠데타 세력의 일원으로 1963년 국회의원이 됐다.

스크린쿼터 강화

독점 체제에 대한 논란이 일면서 '영화사업의 부실과 혼란을 타개하고 시정하기 위한다'는 목적으로 영화법은 1970년 다시 개정된다. 주요 골자는 영화제작자는 제작에 있어 전속된 자에게 제작을 위탁할 수 있게 했고, 영화진흥조합은 제작자 실적에 따라 보조금을 지급할 수 있게 한 부분이었다.

개정 때마다 가장 중요한 부분 중 하나였던 외화 수입은 우수 영화,

국제영화제 출품 수상 등에 의한 외화 쿼터 보상 제도를 지양하는 대신 외화 수입 추천을 새로 설치되는 영화진흥조합 제청에 따라 문화공보부 장관이 하도록 했다. 외화 수입을 위해서는 조합에다 국산영화진흥기금을 내야 하는 조건을 강제 규정으로 만들었다. 외화의 흥행 성과가 좋았기에 수익 일부를 기금으로 내라는 것이었다.

한국영화의 실세였던 신상옥 감독은 개정 영화법이 1970년 7월 16일 국회를 통과한 이후 『조선일보』 인터뷰에서 "개정 영화법은 나의 지론이고 독립피디 참여 또한 피디 제작 양성화라 환영한다"며, "한국영화 가장 큰 원인은 생산 과잉이고 영화가 귀하면 양상이 달라진다"고 말했다. 또 "제작자들이 TV 프로듀서들만큼 관객 심리를 파악하지 못하고 있다"고 지적했다.

1970년 당시 영화사는 모두 22개였다. 1966년 영화법 개정 이후 12개로 재정비됐다가 다시 늘어난 것이었다. 이 시기 한국영화의 문제는 제작사들이 지방 흥행사들의 선금을 밑천으로 작품을 제작하다 보니 돈을 댄 쪽에서 배우 캐스팅은 물론 작품 내용에까지 간섭하는 부분이었다. 이 때문에 작품의 질적 수준이 떨어지는 현상이 계속되고 있었다.

1968년 제작쿼터가 사라지면서 영화가 양산됐고, 상영할 극장이 부족해졌다. 지금처럼 복합상영관이 있던 시절이 아니기에 한 편의 영화는 하나의 극장에서만 개봉할 수 있었다. 제작사들은 평상시는 50만 원, 명절 대목에는 100만 원 웃돈을 줘야 극장에서 영화를 개봉시킬 수 있었다. 당시 한국영화 1편의 제작비는 1,000만 원~1,200만 원 정도였다.

1970년 개정 영화법은 이런 문제에 대한 영화계의 여론이 작용한 것이기도 했다. 많은 영화사가 도산하던 가운데, 한국영화의 살길을 찾도록 한다는 것이 법 개정의 방향이었다. 그렇다고 영화계 전반의 요구가 크게 반영된 것은 아니었다.

다만 스크린쿼터는 한층 강화된다. 문공부 장관이 조합 의견을 들어 연간 제작 및 상영 편수를 조절하게 했다. 외화 수입 편수는 한국영화 상영 편수의 3분의 1을 초과할 수 없고, 방화 보호와 육성을 위해 필요하다고 인정할 때는 3분의 1의 10% 범위 안에서 외화 수입 편수를 추가할 수 있게 했다. 국산영화 상영 의무도 신설해 국산영화를 상영 안 하거나 영화업자로 등록 안 한 사람이 영화 제작을 했을 경우 50만 원 이하의 벌금과 과태료를 물게 벌칙도 강화했다.

시행령을 통해 외화 수입 추천 자격을 영화 수출업자에게도 부여하기로 하면서 1971년에는 세기상사(우기동), 합동영화(곽정환), 안양필름(신상옥), 동아수출공사(이우석), 우성영화사(김용덕), 화천공사(박연목) 등 12개 제작사가 수입 자격까지 얻게 된다. 외화가 돈이 되던 시기였기에, 제작과 수입을 병행할 수 있게 된 것은 제작사에게 호재였다.

하지만 1970년 개정 영화법의 문제는 한국영화의 질을 떨어뜨리는 역할을 한 것이었다. 한국영화가 외화 수입을 위한 방편으로 활용되면서 날림으로 제작되거나 대충 만들다 보니 흥행에도 큰 관심이 없었다. 한국영화 제작은 오직 외화 수입 쿼터를 목적으로 하고 있었다.

표현의 자유에 대한 제약 또한 심해져갔다. 1971년 4월 직선제로 치러진 대통령선거에서 박정희가 김대중을 누르고 3선 연임에 성공한 이후인 12월, 박정희 독재정권은 안보와 관련한 영화의 제작과 상영을 의무화하면서 제작 편수를 줄인다. 1971년 180편이 제작됐으나 1972년에는 150편으로 축소하고, 외화 수입도 1971년 60편에서 1972

년에는 50편으로 한정한다는 방침을 발표했다. 안보영화 역시 15편 내외를 수입 상영할 수 있도록 했다. 검열 기준도 강화해 영화광고물 정화, 부실영화업체 정비 등 과거부터 실시해온 규제를 더욱 **빡빡하게** 조였다.

검열을 강화한 유신 영화법

검열 강화의 본색은 1973년 2월 영화법 전면 개정으로 나타난다. 1966년에 이은 두 번째 전면 개정이었다. 1972년 10월 선포된 유신헌법에 따라 서울 장충체육관에서 치러진 대통령선거에서 장기집권을 다진 박정희 군사독재는 영화 제작을 허가제로 바꾼다. 기존 정해진 기준을 충족하면 되던 등록제에서 사실상 정부가 영화사 설립 결정권을 틀어쥔 것이다. 표면적으로 제시한 이유는 예전과 다를 게 없었다. 군소업자의 난립을 방지하기 위해 등록제에서 허가제로 바꿨다는 것이었다. 그러나 실제로는 인위적 통제를 가하겠다는 점을 강조한 것이었다.

영화업자로 등록하기 위해서는 5천만 원을 적립금으로 예치해야 했다. 이는 당시 국산영화 두 편 제작 또는 외국영화 한 편 수입할 수 있는 금액으로, 대형 제작사들만 유리한 조건이었다. 또 1970년 개정 때 포함됐던 영화진흥조합을 1973년 개정에서는 영화진흥공사(현 영화진흥위원회)를 설립하는 것으로 바꿨다. 영화진흥공사는 대작 영화의 진흥을 추진한다는 이유로 제작에 뛰어들어 막대한 제작비를 사용해 제작자들의 불만을 사기도 한다.

개정 영화법에 따라 기존 영화업자 자격을 백지화한 후 새로 허가해준 제작사는 12개사였다. 합동영화(곽정환), 동아흥행(이재훈), 대영흥행 (김인동), 우성영화사(김용덕), 동아수출공사(이우석), 연방영화사(주동진), 화천공사(박연목), 세경흥업(김화식), 국제영화사(황영실), 삼영필름(이상희), 한진흥업(한갑진), 안양필름(신상옥) 등이었다. 이들 중 세경흥업은 제작 시설 미비에 이중 계약에 의한 영화의 형식적 매매를 하는 영화법 5조 1.2항 규정을 위반했다는 이유로 이듬해인 1974년 4월 8일 허가가 취소됐다.

영화 제작은 신고제로 했으나 영화는 상영 전 문화공보부 장관이 검열하도록 했고 외국영화 상영 일수를 제한했다. 영화업자와 공연장 경영자로 영화배급협회를 구성해 영화 배급 업무를 담당하도록 했다. 국산영화 의무상영일수는 120일로 정해졌다.

강화된 조건으로 인해 기존 영화사의 텃세가 이어지면서 신규 영화사가 허가받기는 쉽지 않은 일이었다. 그나마 외화쿼터를 배정받게 된 태창흥업(김태수), 우진필름(정진우), 남아흥악(남아진흥, 서종호) 등 3개 영화사가 1974년 10월 신규 허가를 받을 수 있었다.

당시 외화 한 편을 수입하기 위해서는 한국영화 세 편을 제작해서 상영해야 했다. 극장의 사정은 한국영화는 관객이 없고 외국영화는 관객이 많아 흥행이 되는 상태였다. 영화 제작을 하는 목적은 오직 수익이 되는 외국영화 수입권을 얻기 위한 것이다 보니 편법과 여러 문제가 등장했다. 위장 수출이 드러나는 일도 발생했다.

세기극장이 합동영화사의 곽정환 대표에게 넘어가며 서울극장으로 바뀐 것도 위장 수출 문제가 작용했다. 대한극장과 세기극장을 운영하던 세기상사의 실질적 소유주 국쾌남 대표가 관세법 위반과 위장수출 문제 등으로 사법처리를 받은 것이었다. 『경향신문』 1972년 7월 15

1974년 신규 영화사로 허가받은 우진필름 정진우 감독 ⓒ 우진필름

일자 기사에 따르면 국쾌남 대표는 관세 포탈과 허위 수출 혐의 등의 혐의로 구속된다. 벤츠 자동차 밀반입과 장남이 대표로 있는 미국 회사에 상영 불가능한 필름을 수출한 것처럼 허위 계약서를 꾸며 수출 금융 자금을 융자받은 혐의였다. 『동아일보』는 한 해 뒤인 1973년 4월 26일자에서 '페루 명예영사였던 국쾌남이 일본주재 페루영사가 기증한 것처럼 꾸며 벤츠600을 들여오는 과정에서 관세를 포탈한 것이 인정돼 징역 3년에 집행유예 5년을 선고받았다'고 보도했다.

정진우 감독은 당시 전해 들은 이야기라며 국쾌남 대표가 구속된 과정을 이렇게 전했다. "국쾌남 대표가 타고 다니던 벤츠600 승용차는 당시 국내에 박정희 대통령 의전 차량과 재벌이 보유하고 있는 것을 포함 세 대 정도로 알려져 있었다. 그런데, 대통령이 이동하다가 같은 차가 옆에 지나가는 것을 봤다는 거다. 누군데 저렇게 비싼 차를 타고 다니는지 알아보라는 지시를 내렸고, 이 과정에서 정상적이지 않은 방법으로 차를 들여온 것에 더해, 폐필름을 수출해 이익을 본 사실이 드러난 것이다."

정진우 감독은 "국쾌남이 이후 사업 운영이 어려워지면서 극장 인수를 제안했다"며 "1966년 개봉했던 〈하숙생〉과 프랑스 배우 장 폴 벨몽도가 주연한 〈밤의 추적자〉(1975)가 대한극장에서 흥행해 극장의 수익이 컸기에 내게 빚진 마음이 있어 낮은 가격에 인수를 권유한 것이다"고 말했다. 하지만 "당시에는 내가 극장을 운영해본 경험이 없어 곽정환 대표와 상의하게 됐고, 나를 통해서 매각 정보를 알게 된 곽정환 대표가 세기상사와 접촉해 극장을 최종 인수하게 된 것이다"라고 덧붙였다.

세기극장이 서울극장으로 바뀌던 1978년에는 6개의 신규 영화사가 허가됐다. 김기영 감독의 신한문예와 정창화 감독의 화풍흥업을 비롯해 대양필름(한상훈), 동협상사(김치한), 한림영화(정웅기), 현진영화(김원두) 등이었다. 이때까지 영화사는 모두 20개였는데, 이후 영화법이 개정되는 1985년까지 독점적으로 한국영화의 제작을 책임지게 된다.

박정희의 유신 체제를 뒷받침하기 위해 1973년 개정된 영화법은 국산영화의 저질화를 개선하지 못하고 더욱 촉진했다. 외화는 높게 떠받들고, 방화라고 불렸던 한국영화는 경시하는 풍조가 이어졌기 때문이다. 외화 수입권을 얻기 위한 수단에 불과했던 한국영화 제작은 형식적이었고 부실했으며, 우수 영화 심사 역시 쿼터를 얻기 위해 마지못해 제작한 국산영화가 선정될 정도였다. 그나마 우수 영화에도 들지 못하는 한국영화의 질은 형편없는 수준이었다. 우수 영화 선정 기준도 '10월 유신의 구현과 민족 문화 예술에 기여할 수 있는 작품' 등 독재정권 홍보성 영화를 원하고 있었다.

이 당시 한국영화 수준에 대해 『중앙일보』(1974.7.26)는 '대만 타이베이에서 열린 아시아영화제에 참석하고 귀국한 강대선 감독이 "한국영화는 동남아에서 가장 낮은 수준임이 이번 영화제에서 드러났다"고 말해 영화계에 충격을 던졌다'고 보도했다. 이 기사에서 강대선 감독은 "한국 작품이 11개 부문에서 수적으로는 2위지만 본상인 최우수상은 한 개도 수상하지 못했으며 한국이 출품한 영화들은 그곳 팬들로부터 냉담한 반응을 받아 어떤 작품이 신세계극장에서 상영됐을 때는 일부 관람객들이 스크린에 콜라병을 던지는 소동도 있었다"고 전했다.

제약과 통제가 심해지면서 수준 높은 한국영화가 나올 수 있는 여건이 되지 못했고, 이는 문제의식이 있던 영화 청년들이 1970년대 저질 영화가 양산되는 현실을 비판하며 새로운 영화를 추구한 배경이 되기도 했다.

1979년 10월 26일 박정희가 김재규의 총에 맞아 유신의 종말을 고한 이후 민주화의 기대가 높아지면서 영화계에도 자율화 바람이 불어 닥친다. 1980년에 들어서며 시나리오 심의가 잠시 폐지되기도 했고, 영화법 개정 요구도 터져 나왔기 때문이다.

1980년 3월 제3영상그룹 발기인으로 참여한 김호선·홍파·이황림·정인엽 감독 등과 최인호 소설가, 이영하·장미희·정윤희 배우, 변인식 평론가 등이 영화법 개정을 요구한다. 이들은 "영화법을 영화예술과 영화인들을 위한 실질적 정책으로 전환시켜야 하고, 영화작가 중심의 프로듀서 시스템으로 영화를 제작할 수 있는 제도가 확립돼야 한다"고 주장했다. 또한 "영화법 개정은 시대적 요청이라면서 일방적으로 행해지는 필름 삭제 풍토는 반강탈적 행위"라고 비판했다.

그렇지만 이런 분위기도 잠시였다, 1980년 광주를 피로 물들이며 권력을 찬탈한 전두환 정권 치하에서 영화는 국민을 우민화시키려는 수단으로 전락했다. 박정희 유신독재정권이 만든 영화법이 변함없이 이어지면서 변화의 욕구를 억누른 것이다. 한국영화의 질적 하락은 시간이 갈수록 더욱 심해졌다.

영화 제작 독점으로 인한 민중과의 괴리

영화법에 문제의식을 나타낸 것은 1980년대 초반 영화운동에 나선 청년들이었다. 서울영화집단의 홍기선(감독)은 『새로운 영화를 위하여』에서 "1960년대 이래 영화의 숨통을 누르는 영화법이 계속 이어져오고 있고, 거기에 성적인 표현의 검열 완화가 주어졌다"며 "이는 근본적으로 우리 영화를 제한하고 있는 문제점들을 해결해주는 것이 아니라 포르노로의 타락한 길로 영화를 충동질한 격이었다"고 비판했다. "영화운동이 활성화되기 위해선 누구나 영화를 만들 수 있도록 현행 영화법이 개정되어야 한다"는 것이 서울영화집단을 비롯한 영화청년들의 공통된 인식이었다.

당시 영화계는 10년 가까이 이어지고 있는 영화법 개정이란 큰 틀에 동의하고 있었다. 그러나 구체적인 내용에서 입장 차가 있었다. 제작자들은 "영화사가 허가제에서 등록제로 바뀌면 혼란이 야기된다며 제작 자유화를 하면 외국인의 업계 진출을 막을 길이 없게 된다"고 우려했다. "제도상 문제로 제작에 참여하지 못하는 우수 영화인은 피디 시스템을 부활하면 될 것"이라는 대안을 제시했다. 이는 1960~1970년대식 사고를 벗어나지 못한 것으로 독점적 제작 구조를 포기하기 싫은 것이었다.

반면 감독들은 "문호 개방이 필요하고 일부 업자에게 독점권을 주고 외화 수입권을 주는 것은 모순"이라고 비판했다. 평론가들은 "영화법은 자유 제작으로 개정, 시설 기준은 폐기, 수입쿼터는 공영화, 수급과 유통은 시장에 맡겨야 한다"는 주장을 폈다.

1981년 6월 영화인협회는 감독위원회의 건의를 받아들여 영화법 개정과 검열, 극장 시설, 영화인 복지 등 문제를 다루는 핵심 기구로 기획실을 발족했다. 기획위원으로 김호선 감독, 강대선 감독, 정일성 촬영감독 등 13인을 선임했다. 1982년에는 영화법개정추진위원회를 구성해 결의문 발표, 국회의원 면담 등을 통해 법안 개정을 촉구했다. 하지만 논의만 활발할 뿐 구체적 작업은 더디게 진행됐다. 그러다가 1984년 2월 13일 전두환이 "영화예술의 육성을 지시하고 획기적 발전 방안을 강구하라"고 하면서 힘을 받게 된다. 공교로운 것은 전두환이 갑작스러운 지시를 내리기 직전에 정진우 감독의 면담이 있었다는 점이다.

이에 대해 정진우 감독은 "1984년 2월 초에 청와대 상춘재에서 경호실장, 대변인 등이 배석한 가운데 영화계 현안을 건의했다"며 "영화법보다는 주로 권력기관이 대종상 심사에 간섭하지 말 것을 요구해 허락을 받았다"고 말했다. 이어 "당시 정보기관인 국가안전기획부(현 국가정보원), 국군보안사령부(현 국군방첩사령부) 치안본부(현 경찰청) 등이 대종상 심사에 개입하고 있는 데 대해 문제 제기를 통해 근절을 요구한 것이다"라고 덧붙였다. 면담 직후 영화예술 육성 지시가 나온 부분에 대해서는 "영화 제작을 20개사가 독점하면서 당시 사회적으로 여러 문제가 제기되다 보니 복합적으로 작용해 나왔던 이야기로 이해한다"고 회상했다.

정 감독은 "전두환과 만남은 청와대에서 먼저 제안을 해 이뤄진 것이었다"며 배경을 이렇게 설명했다. "1978년 일본에서 제작비가 모자라 교포에게 빌린 뒤 서울에서 이를 갚았는데, 이게 외화를 허가 없이 밀반출한 것이 되면서 1981년 3월 촬영 도중 구속됐다. 하지만 실질적으로는 당시 내가 어떤 모임 자리에서 대통령을 비난했다는 이야기가 들어간 것이고, 구체적인 혐의가 드러나지 않자 3년 전 일을 꺼낸 것이었다. 대통령 가까이에 있던 사람이 개인적으로 관계성이 있는 특정 배우 캐스팅을 원했으나 이를 거부한 것도 빌미로 작용했다. 구속 한 달 만에 보석으로 석방됐는데, 정보기관으로부터 관련 보고를 받아 내용을 알고 있던 전두환이 이때 일을 미안하게 생각한다며 한번 보자고 부른 것이다."

검열 폐지의 실상

1984년 12월 18일 지지부진했던 영화법 개정안이 국회를 통과한다. 1985년 7월 1일부터 발효된 개정 영화법은 1973년 이후 12년 만에 바뀐 것이었다.

1985년 개정된 영화법은 제작 자율화가 가장 핵심이었다. 영화 제작이 허가제에서 등록제로 전환됐다. 한국영화 제작업과 외국영화 수입업이 분리됐고 영화 제작과 수입을 위해서는 일정 예탁금을 내고 법인체로 등록하도록 했다. 또 법인체로 등록하지 않는 독립영화제작자는 문공부의 허가를 받아 연 1편 정도로 영화를 제작할 수 있게 했다. 독립프로덕션이 허용된 것이었다. 외국인이나 외국 법인 단체는 등록이 불가했다. 영화 검열은 폐지되고 심의로 바뀌었다. 그러나 형식적이었다. 실질적으로는 공연윤리위원회(공륜)가 공연법에 따라 심의하는 것으로 규정하면서, 검열 폐지가 아닌 검열 주체의 이름만 바꾼 것에 불과했다.

영화운동 입장에서는 만족할 수 없는 법이었다. 1985년 10월 발행된 계간지 『열린영화』 4호가 이를 비판적으로 평가한 것은 당시 영화 청년들의 정서를 드러낸 것이기도 했다. 편집 책임자였던 안동규(제작자)는 영화법 개정에 대한 글을 통해 '외국영화 수입 자유화와 스크린 쿼터 하향 조정 움직임에 대한 문제'를 비판했다.

새로운 영화법이 발효되면서 시작된 충무로 2.0 시대는 작은 변화에 불과했다. 하지만 그 틈새를 영화운동은 놓치지 않았다. 신규 영화사로 하명중 감독의 하명중영화제작소가 가장 먼저 등록한 데 이어, 황기성사단, 이춘연과 김유진 등이 함께 만든 대진엔터프라이즈가 생겨난 것이다. 이들은 5천만 원을 예치한 후 영화사를 등록했다. 이춘연(제작자)과 함께 영화사를 만들었던 김유진(감독)은 "직장 생활을 하면서 영화사에 일하던 이춘연과 계속 소통하고 있었고, 이춘연이 영화사를 만들자고 해서 어차피 나중에 돌려받는 돈이라 내가 갖고 있던 5천만 원을 내고 영화사 등록을 했다"고 말했다.

1년에 1편만 제작할 수 있는 독립프로덕션은 새롭게 부상했다. 영화계의 변화는 독립프로덕션의 증가로 나타났다. 1989년 9월 23일 『한겨레신문』 기사에 따르면 1987년 69개, 1989년에 18개 프로덕션이 새로 생겨났다. 영화운동은 이를 적극적으로 활용했다. 사회문제를 다룬 영화가 독립프로덕션을 발판으로 나오기 시작했다.

전보다 개선된 것처럼 보인 영화법이었지만 서울영화집단 홍기선(감독), 이효인(경희대 교수, 전 한국영상자료원장), 변재란(영화평론가) 등이 경찰에 체포된 1986년 파랑새 사건에서 문제가 드러나게 된다. 억지

해석을 통해 탄압의 도구로 사용됐기 때문이다. 당시 이들에게 적용된 영화법 12조 1항은 '영화는 그 상영 전에 공연법에 의하여 설치된 공연윤리위원회의 심의를 받아야 한다'였다. 32조 5항은 '규정에 의한 심의를 받지 아니하고 영화를 상영한 자에 대한 벌칙' 내용이었다. 8mm와 16mm 영화에 대한 규정이 없는 상태에서 무리한 법 적용으로, 검열받지 않은 것을 억지로 문제 삼은 것이었다.

이때의 문제의식으로 인해 1987년 7월 영화법 개정 이후 미국영화 직배반대 운동 과정에서 영화법 개정 문제가 주요한 이슈로 부상하게 한다.

영화진흥법 쟁취 투쟁

1985년 개정된 영화법은 2년 만에 다시 바뀌게 된다. 오로지 미국의 요구 때문이었다. 영화시장 개방을 요구했던 미국은 통상법 301조 발동으로 한국 정부를 협박했고, 군사독재는 여기에 굴복했다. 미 제국주의의 노골적인 문화 주권 침해였다. 안동규가 『열린영화』에서 우려했던 문제 제기가 현실로 확인된 것이었다.

1987년 영화법의 핵심은 영화업자의 결격 사유에서 외국의 법인 또는 단체를 삭제하는 것이었다. 기존에는 대한민국의 국적을 가지지 아니한 자와 외국의 법인단체는 영화업을 할 수 없었다. 외국 국적자와 외국 법인단체 대표자로 돼 있거나 의결권을 행사할 수 있는 법인 또는 단체도 마찬가지였다. 영화법에서 이 조항을 없앤 것이다.

1987년 6월항쟁 이후로 민족자주에 대한 의식이 높아진 상태에서 외국영화 직배를 반대하는 투쟁은 힘을 받게 된다. 여기에 영화법 개정 요구가 곁들여졌다. 영화운동을 바탕으로 하는 영화인들이 영화법이 아닌 영화진흥법 제정과 검열 철폐에 대한 목소리를 높이며 투쟁을 선도해 나간 것이다.

'미국영화 직배 저지와 영화진흥법 쟁취 영화인 투쟁위원회(영투위)' 소식지로 1988년 10월 8일 발간된 『우리영화』 1호에서 당시 투쟁에 임하던 영화운동의 결연함을 엿볼 수 있다. 「직배 저지 투쟁에서 영화진흥법 쟁취 투쟁으로 떨쳐나가자」는 제목의 글을 통해, '영화투쟁 평가와 앞으로의 방향'에 대해 제안하고 있다.

미국영화의 직배라는 것이 우리 영화를 말살하기 때문인가? 물론 그렇다. 하지만 그에 못지않게 그동안 영화인들의 억압과 굴종, 예속, 자학, 우리 영화계의 온갖 모순 제도적 법적 억압, 가난 등 모든 응어리진 한이 이 투쟁의 동력인 것이다.

이것은 제대로 된 환경에서 마음 놓고 영화 한번 만들어봤으면, 우리 이익을 대변해주고 영화 만드는 데 도움 주는 우리의 조직을 가져봤으면 하는 영화에 대한 억압된 정열의 표출인 것이다. 바로 이 모순된 영화 환경과 꺾여버린 영화의 정열이 미국영화의 직접 배급이란 계기를 통해 표출된 것이 지금까지의 투쟁 과정이었다.

이제 우리 투쟁을 보다 목적의식이 강한 투쟁으로 발전시키기 위해서는 영화인들의 이 좌절된 정열과 한을 보다 조직화시키고 논리화해야 한다. 그 요점은 바로 자신들의 조직을 건설하는 것과 낡고 반영화적 반민족적 영화 제도를 허무는 것으로 집약된다.

곧 민주적이고 민족적인 영화인의 참 권익을 옹호하는 영화인 대중 조직을 획득하는 일과 영화 창작의 여러 조건을 보장해주고 반민족적인 영화시장 개방을 근본적으로 철회시키는 영화진흥법을 쟁취하는 것이 이 투쟁에서 우리가 획득해야 할 과제인 것이다.

이 글은 또한 당시 영화진흥법 쟁취 투쟁과 미국영화 반대 운동에 대해 이렇게 평가하고 있다.

극장 앞 농성에서 우리의 주요한 적이 누구이고 우리 투쟁이 어떻게 발전해야 하는가보다는 손님 쫓기, 제작업자와의 실랑이에 급급한 면도 있었다. 영화시장 개방의 본질적 의미가 우리 영화에 대한 미국 영화 자본의 침략이고 우리 경제에 대한 미국의 침략이라면 당연히 미국의 제국주의적 침략에 분노의 칼끝이 모아져야 하고 우리 영화인을 외면하고 미국영화를 도와주는 현 정권과 현재의 영화 악법에 규탄의 화살이 날아가야 함에도 불구하고 그보다는 매판극장이 주요한 적이 되어 있다.

물론 극장 앞 농성 시위가 영화인 대중의 투쟁 의지를 다지는 데 큰 성과를 거두었지만, 매판극장 성토는 곧바로 대미 성토, 대정부 규탄, 영화 악법 개폐 요구로 발전되는 것이 올바른 투쟁 방향이었던 것이다. 영화인과 매판극장과의 싸움, 이것은 우리의 적이 바라는 이번 싸움의 양상이고, 대부분 영화업자들이 원하는 방향이기도 하다.

우리의 순결한 투쟁 의지를 선명하게 가다듬자! 그러면 이 투쟁은 어떻게 발전해야 하는가. 당연히 영화진흥법 쟁취 투쟁과 미국영화 반대 운동으로 발전해야만 한다. 앞서 지적했듯이 미국영화 직접 배급을 근본적으로 저지하기 위해 또 민족적인 우리 영화가 존재할 수 있는 조건을 창출하기 위해서는 반드시 영화에 대한 제도적 법적 억압의 표현인 현행 영화 악법을 철저히 폐지하고 영화진흥법을 쟁취해야 한다.

그리고 우리에 대한 미국의 제국주의적 침략의 본질을 제대로 규탄하기 위해서는 미국영화 직배 반대가 아니라 그동안 우리 영화시장을 미국영화 일변도로 식민화시키고 우리 문화, 우리 정서를 송두리째 강탈해온 미국영화 전부에 대한 규탄, 반대 운동으로 전국민적 확산이 요구된다.

이것은 영화에만 한정된 것이 아니고 직배 저지를 위한 전술적 투쟁 방법에만 한정되는 것 또한 아닌 근본적으로 민족의 자주성을 지켜나가는 투쟁, 곧 한미 간의 예속 관계를 청산하려는 현재의 민족운동으로 강고하게 결합되지 않으면 안 되는 중요한 문제이다.

소식지 『우리영화』 발간의 실무를 책임졌던 것은 민족영화연구소의 이효인(경희대 교수, 전 한국영상자료원장)과 이정하(전 영화평론가)였다. 편집장이기도 했던 이효인은 "대부분 기사 작성과 기획, 청탁 등을 나와 이정하가 했다"고 말했다.

이효인과 이정하는 직배 저지 투쟁이 영화진흥법 제정 투쟁으로 이어져야 한다는 전술적 방향을 제시했는데, 조직적 단결과 국회와 사회단체, 정당 등에 대한 홍보전, 어용적 영화인협회에 반대하는 참된 영화인 조직 건설 등을 제안했다.

이들은 영투위 이름으로 영화진흥법 개정안을 제시해 '소형영화'와 '단편영화'를 별도로 구분할 것을 요구했다. 8mm 영화를 규정한 조항도 없는 영화법이 심의 미필을 이유로 〈파랑새〉 영화 제작자를 구속했던 모순을 경험했기 때문이었다.

이 같은 요구는 1996년 영화진흥법이 제정되면서 일정 부분 실현된다. 다소 시간이 걸렸으나 선진적인 안목과 지속적인 투쟁으로 새로운 영화법을 통해 충무로 변혁을 선도한 것이었다.

한국 영화운동에서 1980년 후반 영화법 개정 투쟁이 갖는 의미는 제도 개혁을 위한 선도 투쟁으로서, 재야 영화운동과 충무로라는 제도권의 경계를 허물기 시작했다는 점이다. 이때부터 쌓이기 시작한 역량은 1990년대 조직화를 통해 2000년대 이후 새로운 영화법 제정과 스크린쿼터 사수 투쟁의 동력으로 작용하면서 한국영화의 발전에 기여한다.

검열의 종말

이효인과 함께 파랑새 사건으로 옥고를 치른 홍기선(감독)도 영화법에 균열을 내기 위한 투쟁을 마다하지 않았다. 홍기선은 1989년 〈오! 꿈의 나라〉를 제작했다는 이유로 당시 영화를 상영했던 예술극장 한마당 유인택(제작자, 예술의전당 대표)과 함께 벌금형을 받았다. 그러나 두 사람은 굴복하지 않고 1990년 3월 영화법의 검열 조항에 대해 위헌 심판을 신청하며 부당한 제도에 맞선다.

이때 홍기선은 1990년 4월 5일자 『한겨레신문』 인터뷰 기사에서 "공연윤리위원회(공륜)의 영화 심의는 영화예술을 철저한 국가의 감독과 통제 아래 놓아두기 위한 전체주의적이고 반민주적인 제도로 영화에 대해 문화부 장관이 위촉한 위원들로 구성된 공륜의 사전심의를 받도록 한 영화법 제12조 1항은 예술과 언론의 자유를 명시한 헌법에 위배된다"고 강조했다. 또한 "영화는 대중예술이라고 말하는데, 말 그대로 대중이 주인이 되는 예술이 되기 위해서는 당국이 자의적으로 재단해 낸 영화가 아닌 영화인들의 자유로운 창작 의지와 표현 역량의 결과물로서의 영화가 만들어질 수 있어야 한다"며 "정부에서 가위를 들고 나서서 영화를 자르는 민주국가가 요즘 어디 있습니까?"라고 항변했다.

겉으로는 심의기관임을 내세웠지만 실제로는 검열기관이었던 공연윤리위원회는 1989년 6월에는 박종원 감독의 〈구로아리랑〉 검열 과정에서 야만적 검열을 자행해 논란을 일으킨다. "가장 피땀 흘려 일

충무로, 새로운 물결

하는 노동자, 농민들이 가장 가난하게 살 수밖에 없는 이 현실이 문제야" "부자새끼" 등 대사와 단어를 포함해 스물한 군데를 잘라낸 것이다. 1990년 완성된 이정국 감독의 5·18 광주를 소재로 한 첫 상업영화 〈부활의 노래〉도 공륜이 자행한 검열의 칼날에 100분 영화에서 25분이 잘려나가야 했다.

하지만 홍기선이 제기했던 영화 사전심의 조항 위헌 신청은 아쉽게도 1991년 법원에서 기각되고 만다. 그렇다고 포기하거나 멈출 영화운동이 아니었다. 이번에는 장산곶매 대표를 지낸 강헌(문화평론가, 전경기문화재단 대표)이 나섰다. 1992년 4월 〈닫힌 교문을 열며〉를 공륜의 심의를 받지 않고 상영한 혐의로 불구속된 강헌은 1993년 담당 재판부에 영화법 해당 조항에 대한 위헌심판 제청을 요구한 것이다. 재판부가 이를 받아들이면서 헌법재판소로 향한다.

당시 재야 영화운동이 만든 〈오! 꿈의 나라〉 〈파업전야〉 〈닫힌 교문을 열며〉 등은 대한 미학적 성과와 함께 16mm 영화에 대한 관심을 높였다. 영화인들의 투쟁이 강화되자 김영삼 정권은 1995년 소형영화와 단편영화 등을 정의한 내용의 영화진흥법 제정안을 마련한다. 하지만 검열의 문제가 해소되지 않았기에 영화운동은 이를 시큰둥하게 받아들인다. 당시 민족예술인총연합 영화위원회 김동원 위원장과 한국영화제작가협회 김혜준 연구관 등은 심의를 완전등급 심의로 전환하고 소형·단편 등 극장 상영을 하지 않는 영화에 대한 심의 철폐, 비상업적 영화에 대한 정부의 구체적 지원책을 제시하는 영화진흥법을 요구했다.

물론 정부가 이 요구를 받아들인 것은 아니었으나, 강헌이 제기한 사전심의 조항에 대한 위헌법률심판제청이 헌법재판소에서 받아들여겨 사전검열이 위헌으로 결정된 것은 전혀 예상하지 못했던 반전이었다. 한국영화의 흐름을 바꾼 역사적인 판결이기도 했다.

이후 공연윤리위원회 폐지 후 대체 기구로 1997년 10월 한국공연예술진흥협의회가 만들어졌으나, 공륜과 다를 게 없다는 비판이 계속됐다. 1997년 대선에서 승리한 김대중 정권이 정식 출범한 이후인 1998년 영화진흥법이 전면 개정되면서 영상물등급위원회가 출범한다. 1922년 시작된 사전검열의 역사가 76년 만에 종지부를 찍은 순간이었다.

1987년 6월항쟁 이후 시나리오 검열 폐지에 이어 영화운동의 끊임없는 투쟁이 이뤄낸 가치 있는 성과였다. 등급 심의가 검열의 변형으로 작용하려는 과정에서도 영화인들의 결연한 투쟁은 멈추지 않는다.

다만 당시는 대기업의 영화산업 진출이 시작되던 초기였기에, 영화운동은 이후 전개된 거대 자본 문제의 심각성을 예측하지 못했다. 자본권력이 정치권력을 대체해 영화산업에 지대한 영향을 끼칠 수 있다는 점을 깊게 인식하지 못한 것이다. 안동규(제작자)는 "영화법이 영화진흥법으로 바뀐 이후 중소기업 고유업종인 영화제작업에 대한 배려가 사라지고, 대기업의 영화산업 장악이 점차 늘어났다"고 말했다.

한편, 기존 영화법에 있던 예탁금 제도는 사라졌다. 폐지된 영화법 시행령의 등록 기준에는 5천만 원 예탁금에 대해 '중소기업협동조합법에 의하여 영화 제작업자 등을 조합원으로 하여 설립된 협동조합의 조합원으로서 종합촬영소의 건립 목적을 위하여 출자하는 자인 경우에는 예탁금의 2분의 1까지 이와 동액의 당해 출자금의 출자로써 예탁한 것에 갈음할 수 있다'고 규정돼 있었다. 그러나, 영화진흥법에서는 이 조항 자체를 없앴다. 자유로운 제작의 길이 열린 것이었다.

영화제작소 청년의 〈어머니, 당신의 아들〉

1987년 6월항쟁 이후부터 1990년대 초반으로 이어진 시기는 충무로 안과 밖에서 군사독재에 맞서 치열한 싸움을 전개하던 때였다. 충무로 안에서는 미국영화 직배 반대 투쟁이 전개됐고, 충무로 밖에서는 민중영화를 지향하는 재야 영화운동이 절정기를 맞고 있었다.

장산곶매의 3부작이었던 〈오! 꿈의 나라〉 〈파업전야〉 〈닫힌 교문을 열며〉는 군사독재의 탄압 속에서도 굽히지 않는 투쟁으로 맞서며 영화 '운동'의 지평을 연 민중영화의 대표적 작품으로 꼽힌다. 여기에 한 작품을 더 추가한다면 대학 영화운동 역량이 결집된 〈어머니, 당신의 아들〉을 빼놓을 수 없다. 앞선 영화들이 5월 광주와 반미, 노동운동, 전교조 문제를 조명했다면 〈어머니, 당신의 아들〉은 1990년대 대학가 통일운동을 담아낸 작품이었기 때문이다.

1980년 5월 광주민중항쟁 이후 1987년 6월항쟁까지 학생운동을 중심으로 한 민중 운동진영의 기조는 반제 반파쇼 투쟁이었다. 1987년 12월 대선에서 민주진영의 분열로 군부독재가 연장됐으나 1988년 4월 13대 총선에서 여소야대 국회가 탄생하면서 대선 패배에 따른 상실감이 다소 회복된다. 물론 민의를 무시하고 1990년 보수정당이 야합한 3당 합당은 이런 흐름을 다시 뒤바꿔놓게 된다. 이 시기 부상한 것이 통일운동이었다. 1988년 서울대 총학생회 선거에 출마한 김중기(배우)가 남북청년학생회담을 제안하면서 처음 불을 지폈다. 자주·민주·통일이 남한 사회변혁운동의 기조가 된 것이다. 학생운동 진영은 통일선봉대를 조직해 판문점을 목표로 전국을 순회했고, 이를 막아서는 공권력과 곳곳에서 충돌했다. 대학 영화운동은 통일선봉대의 활동을 영상으로 담았는데, 여기서 한 발 더 나간 것이 장편 극영화 제작이었다.

비록 노태우 정권의 제지로 남북학생회담이 성사되지 못했으나 1989년 평양에서 열린 세계청년학생축전에 전국대학생대표자협의회(전대협) 대표로 비밀리에 선발된 임수경(전 국회의원)의 방북 성공은 국내외적으로 큰 파장을 일으켰다. 학생운동과 민중운동 단체들은 해마다 8월 15일에 맞춰 범민족대회를 개최했고, 이는 민간 차원의 통일논의를 활성화하는 동력으로 작용했다. 〈어머니, 당신의 아들〉은 이런 시대적 흐름을 배경으로 하고 있다. 1987년 6월항쟁 이후 고조되던 통일운동과 분단 조국에서 살아가는 청년들의 시대적 고뇌와 결의를 영화로 표현한 것이었다.

영화제작소 청년으로 결집한 대학 영화운동

출발은 이상인(감독)이 주도해 결성한 '영화제작소 청년'이었다. 이상인은 1988년 민족영화연구소 활동을 시작하며 영화에 뛰어들었으나, 1985년 대학 입학 전후 매주 주말 프랑스문화원 '토요단편'을 오가며 영화에 빠져들었던 문화원 세대였다. 토요단편은 프랑스 단편이나 학생 제작 단편을 상영했던 프로그램이었다. 군대에서 보직이 '비디오병'이었을 만큼 영상에 관심이 많았던 이상인은 1986년에는 신촌의 문화공간 우리마당 대표 김기종(문화운동가)이 만든 영화마당 우리에서 활동했고, 작은영화워크숍 초기 강사를 맡기도 했다. 1988년 이효인의 민족영화연구소(민영연) 활동 때는 주로 시위 현장을 촬영했으며, 김영식(사회사진연구소), 이창원과 함께 노동자들의 투쟁을 담은 다큐멘터리 〈깡순이, 슈어프로덕츠 노동자〉와 정치 다큐 〈5공이 6공인데〉를 연출하기도 했다.

이상인은 "이론보다는 제작 현장에 관심이 많았다. 1990년 민족영화연구소 해소 이후 청년들이 주도하는 영화를 만들어보고 싶었던 뜻

민족영화연구소 활동 당시 이상인(오른쪽), 이수정 감독(가운데) ⓒ 이수정

영화제작소 청년의 〈어머니, 당신의 아들〉

을 실현하기 위해 1990년 6월 대학생 중심의 영화단체를 만든 것이었다"고 말했다. 또한 "대학 초기에는 찾아다니며 영화를 보고, 영화 만드는 재미에 푹 빠진 순수 영화 마니아였을 뿐 사회문제에 대한 인식이 약했다가 1987년 박종철 열사 고문치사 등으로 6월항쟁이 일어나는 과정에서 세상을 보는 눈이 달라졌다"고 회상했다.

영화제작소 청년은 4개 대학(한양대, 경희대, 서울대, 서울예전)에서 대학 영화운동과 영상 제작을 위해 대학생 14명이 모여 만든 집단이었다. 민영연에서 활동한 김응수(감독)와 남궁균(시나리오작가), 김인수(감독), 김용균(감독), 이선미(프로듀서), 김경실(전 스크린 편집장), 최순열(사진작가), 이영식, 정진아, 최문희, 조현일, 심원준, 김용근 등이 참여했다. 이들 중 김응수는 서울대 총학생회 홍보부장을 하며 학생운동을 했고, 김인수는 경희대 그림자놀이 회장과 대학영화연합 2대 의장을 역임했다.

〈어머니, 당신의 아들〉은 영화제작소 청년의 첫 작품으로 기획됐다. 막심 고리키의 소설 『어머니』와 1980년대 학생운동사를 결합하는 아이디어로 출발했다. 이상인은 "초기 신영호, 김을란과 시나리오를 구상하다가 최종적으로 김응수와 시나리오를 완성했다"고 말했다. 제작비는 기본적으로 구성원들이 등록금과 독립영화인들의 모금으로 마련했다.

한양대 프락치 사건을 소재로 한 이상인의 16mm 단편영화 〈친구여, 이제는 내가 말할 때〉가 좋은 평가를 받았던 것도 도움이 됐다. 〈친구여, 이제는 내가 말할 때〉는 1990년 10월 한국창작단편영화제(현 부산국제단편영화제)에서 작품상인 동백대상과 연출상을 받았다. 심사위원단은 "사회성 영화가 범하기 쉬운 소재주의적 급진적 오류에서 탈피, 진보적인 내용을 담은 완성도 높은 영화"라고 평가했다. 심사위원 중에는 전양준(전 부산영화제집행위원장)과 김지석(전 부산영화제 부집행위원장, 작고), 김사겸(감독)이 포함돼 있었다. 이상인에 따르면 이때 받은 상금이 300만~500만 원 정도였다고 한다. 영화제 수상에 이어 대학 오리엔테이션 등에서 상영됐고, 상영료로 30만~40만 원 정도 들어오던 게 종잣돈 역할을 하게 된다.

영화의 소재가 된 '한양대 프락치 사건'은 1989년 10월 경찰의 프락치라고 양심선언을 한 10대 청년이 이를 번복한 사건이었다. 학생들의 폭행으로 허위 자백을 한 것이라며 고소장을 제출해 총학생회 간부 등에게 구속영장과 수배 조치가 내려졌다. 10대 청년은 "절도 사건으로 연행돼 경찰에서 조사를 받다 프락치 활동을 요구받았다"고 공개적으로 밝혔으나, 하루 만에 강제 폭행에 의한 허위 자백이라고 말을 뒤집었다. 당시 군사독재정권은 이를 학생운동 탄압의 도구로 활용했다.

촬영과 동시에 감독이 수배되다

〈어머니, 당신의 아들〉은 시장통에서 장사하는 어머니와 학생운동을 하던 아들의 이야기로 대학가 통일운동의 내면을 그려낸 작품이었다. 1988년 5월 명동성당에서 투신한 고 조성만 열사와 민주화 투쟁 과정에서 희생된 여러 민주열사의 이야기가 혼합됐다.

실제 학생운동을 하고 있던 한양대 공대생 최로사를 주연배우로 캐스팅했고, 〈오! 꿈의 나라〉 주연이었던 홍정욱 배우와 〈파업전야〉에 출연했던 엄경환 배우 등이 배역을 맡았다. 어머니 역은 고 김지영 배우가 맡았는데, 영화가 권력의 탄압을 받게 되면서 상영 이후 경찰서에 불려 다니는 등 고초를 겪었다고 한다.

음악은 윤민석(민중가요 작곡가)이 담당했다. 당시 전국대학생대표자협의회(전대협)에서 활동하던 김조광수(감독)는 총학생회 간부 역할로 깜짝 등장했다. 대학 영화운동 초기 학내에서 영화제를 개최하며 기획력이 좋았던 한국외국어대 울림 출신 장기철(감독, 한국영화아카데미 6기)도 적지 않은 도움을 줬다.

제작 과정에서는 1980년 중반 이후 구축된 영화운동의 역량을 잘 활용했다. 여성영화집단 바리터에서 활동하고 있던 변영주(감독)에게 촬영 카메라를 빌렸고, 카메라 이외의 촬영 기자재는 낭희섭의 독립영화협의회에서 도움을 받았다. 우여곡절이 있었던 편집 등의 후반 작업도 마찬가지였다.

〈어머니, 당신의 아들〉은 프리 프로덕션 단계부터 공안기관의 주시를 받고 있었다. 제작비 마련을 위해 시나리오를 일부 대학 총학생회에 돌렸는데, 이게 당시 국가안전기획부(안기부, 현 국가정보원)에도 들어간 것이었다. 이상인은 "당시 경찰에게 연락이 와서 만났다"며 "형사가 '너는 운동권도 아니고 성적 장학금도 받고 하는데, 왜 그런 걸 만들려고 하냐, 하지 말라'고 설득했다"고 기억했다. 또 "경찰은 이미 아버지가 군무원인 것 등 가족들에 대해서도 다 파악해놓은 상태였다"면서 "결국, 촬영에 들어가는 순간부터 수배 생활이 시작됐다"고 덧붙였다.

영화제작소 청년은 대부분 대학 1~2학년으로 구성돼 현장 경험이 많이 부족했다. 이상인은 "촬영감독은 처음에는 이시명(감독, 〈2009 로스트메모리즈〉)을 고려했으나 학생운동을 다룬 내용에 부담을 느껴 김용균(감독)이 담당했고, 16mm 제작 경험이 부족했던 제작진은 카메라의 초점이 맞지 않아 1주일 촬영 분량을 다시 찍는 등의 소동도 겪어야 했다"고 말했다.

촬영은 1990년 10월부터 12월까지 60회차로 마무리됐다. 하지만 이상인은 계속 수배자였고, 경찰에게 여러 차례 가택수색을 당하고, 친형이 연행되는 등 압박을 받는 과정에서 끝까지 남은 사람은 남궁균(기획/배급)과 이선미(편집)뿐이었다. 편집 작업을 해야 했으나 장소도 마땅치 않았다. 이때 도움을 준 것이 김대현(감독)의 '영화제작소 현실'과 장산곶매였다. 김대현(감독)은 "1988년 여름 낭희섭이 조교를 맡았던 작은영화워크숍을 수료했는데, 이때 강사가 전양준과 이상인 등이었다"며 "1990년 3월 우리마당 영화분과에서 활동하다 민병진, 이장서(조감독, 작고) 등과 영화제작소 현실을 만들었고, 이 장소를 영화제작소 청년이 이용한 것이었다"고 말했다.

김대현에 따르면 영화제작소 현실은 다섯 명 정도가 모여서 활동했고 사무실은 홍대 입구 쪽에 있었다. 의문사 대학생에 대한 단편 극영화 〈서울길〉 등을 제작했으나 외부에 알려진 공간이 아니었다. 하지만 〈어머니, 당신의 아들〉 편집이 끝난 이후에 안기부(현 국정원)에 노출되면서 1주일 이상 사무실에 들어가지 못했다고 한다.

이상인은 "영화제작소 현실이 공간 전체를 쓰게 해줬다"면서, "공간이 노출된 이후 수배 과정에서 장산곶매 대표였던 강헌(음악평론가, 경기문화재단 대표)과 이은(제작자, 명필름 대표)을 만나 도움을 요청해, 봉천동인가 신림동 쪽 사무실에서 편집을 마무리 지었다"고 말했다.

〈어머니, 당신의 아들〉은 후반 작업을 마친 후 1991년 4월 9일 영화평론가를 위한 시사회를 이언경의 영화공간1895에서 개최하기로 예정돼 있었다. 당일 이효인(경희대 교수, 전 한국영상자료원장) 등이 미리 도착해 시사회를 기다리고 있었다. 그러나 노태우 군사독재의 치졸한 방해와 탄압은 이마저도 허락하지 않았다. 시사회 20분을 남겨놓고 경찰이 들이닥쳐 다섯 벌의 필름을 압수했고, 이에 항의하던 이진욱과 이하영(프로듀서)도 연행한 것이었다. 당시 이언경은 부재한 상태였기에 연행되지 않았다고 한다.

이상인은 "인근 다방에서 대기하고 있었는데, 전경버스 두 대가 와 있었다"며 『한겨레신문』 안정숙 기자와 통화하게 됐는데, '영화공간 1895로 오지 말고 피신하는 게 좋겠다'고 해서 봉고차를 이용해 연세대학교로 들어갔다"고 말했다. 이후 여러 대학을 옮겨 다니며 상영 투쟁과 수배 생활을 이어간다.

『한겨레신문』(1991.4.14)은 "이어령 문화부 장관이 91년 문화정책 안에서 대학가의 소형영화 서클 활동을 지원하고 활성화하겠다고 약속했는데, 첫 소형영화 관련 사업이 필름 압수로 나타난 것은 역설적"이라고 비판했다.

이상인은 당시 시사회 공간을 빌려줬던 이언경(감독, 작고)에 대해 고마움을 나타냈다. "영화마당 우리에서 활동하면서 알게 됐는데, 학생운동을 한 것은 아니었고, 당시 분위기에서 위험한 일이었음에도 불구하고 '상관없다'면서, 영화공간1895를 사용할 수 있게 해줘 큰 힘이 됐다"고 회상했다. "덕분에 러시필름(편집하지 않은 촬영 원본)으로 먼저 시사회를 하고, 기자시사회도 준비한 것이었다"라고 말했다.

이적 표현물이 된 영화

상영을 위해 준비했던 촬영 프린트가 모두 압수당하면서 다시 막막한 상황이 됐다. 갈수록 첩첩산중이었다. 처음에는 영화법으로 수배

충무로, 새로운 물결

〈어머니, 당신의 아들〉 제작
상영 자료집 | 이상인 제공

됐으나 영화가 완성됐을 때는 국가보안법으로 바뀌어 있었다.

남은 제작비도 없는 상황에서 이상인은 민중운동단체와 영화단체 등을 불러 모아 도움을 요청한다. 영화를 보고 가능성이 있으면 돈을 내고 가져가라는 것이었다. 네가(원본)필름을 갖고 있었기에 단체 활동가들을 불러 러시필름 시사회를 열었고, 이를 통해 프린트(상영용 필름) 비용이 마련됐다. 이상인은 "김동원(감독) 형을 비롯해 여러 단체 분들이 미리 돈을 준 덕분이었다"고 말했다. 당시 경찰이 영화 제작 과정을 잘 알지 못했던 듯 현상소를 막지 않으면서 프린트 제작은 순조롭게 이뤄진다. 상영은 남아 있던 남궁균(기획/배급)과 이선미(편집)가 각 대학 총학생회에 연락해 배급을 진행하면서 풀리기 시작했다. 이상인은 "16mm 단편 〈친구여, 이제는 내가 말할 때〉를 만들 때 시위 장면을 촬영하다 경찰에 잡혀간 적이 있는데, 필름을 내놓으라고 해서 촬영 안 된 필름을 주고 촬영된 필름은 수업에 필요한 거라고 주지 않았더니, 형사가 '이거 맡기면 사진이 나오는 거냐?'고 물었을 정도였다"며 "경찰이나 안기부 모두 영화에 대한 개념 자체가 없었다"고 말했다. 필름 작업을 해서 영사기에 튼다는 게 전문적인 작업이다 보니 현상소에 압박 전화 한 통 간 게 없었다는 것이다.

이상인은 본격 상영에 들어가면서 펴낸 〈어머니, 당신의 아들〉 자료집에서 험난했던 제작 소회를 이렇게 밝히고 있다.

영화운동의 새 세대 주역을 자처하며, 청년학생운동의 예술적 형상화를 첫 기획으로 작품을 시작한 지 10개월이 지났다. 창립 당시 대부분의 구성원이 학생으로 조직되었던 '청년'은 이제 많은 일꾼을 군대로, 학교로 보내지 않으면 안 되었다. 나 또한 이제는 대학을 나와 사회인으로 신분이 바뀌어진 입장이 되었다. 무엇이 우리들로부터 학업을 중단하고 등록금을 출자해가며 영화에 매달리게 했던 것일까?

작업이 마무리되는 시점에서 다시 한번 왜?라는 문제를 생각해 본다. 어느 선배의 비판대로 운동에 대한 확실한 사상과 방법론을 틀어쥐지 못한 채 대중들로부터 인정받고자 하는 조급한 성과주의의 망령 때문이었을까? 아니며, 영화 창작에 대한 순수한 열정 때문이었을까?

분명하게 느끼는 점은 우리들은 격변의 80년대 상황 속에서 학생운동이 대중화되는 시기, 즉 중반부터 후반까지 대학에서 활동하였던 세대라는 점과 민족민주운동의 선봉 역할을 해온 청년학생운동을 영상화하고자 하는 강한 욕구를 가지고 있었다는 것이다. 현 단계 독립영화운동이 대중으로부터 검증받는 실천적인 창작 방법을 획득해야 한다는 인식의 공유 속에 작업에 임하였다는 점이다.

〈어머니, 당신의 아들〉의 제반 작업 과정을 점검해볼 때 의욕 과잉에 의한 무리한 설정과 경험 부족의 제작 방식으로 매 단계의 작업에 있어 우왕좌왕할 수밖에 없었다. 우리의 계획은 4개월 이상 지연되게 되었다. 한 스태프의 말처럼 영화 작업에 있어 범할 수 있는 오류는 다 범해보지 않았나 생각된다. 다행히 작업의 공개화로 시나리오 과정에서 세 차례의 수정본을 낼 수 있었고, 러시필름 시사회를 통하여 객관적인 안목을 갖게 된 점은 다행이라 생각된다. 또한, 이번 작업의 소중한 경험은 다음 작업의 튼튼한 소재가 될 것이라고 확신한다.

연출 작업에 있어 특별히 주안점을 두었던 사항은 첫째, 현재 청년 학생의 대중화된 투쟁 정서에 80년대의 치열한 투쟁 과정을 하나의 축으로 연결시키는 것이다. 이를 위하여 역사적 사건을 고증한다는 측면보다는 현재적 상황에서 과거의 사건을 연상할 수 있게끔 이야기를 전개하였다.

둘째, 어머니의 의식 변화 과정을 설득력 있게 전달하는 것이었다. 아들에 대한 어머니의 사랑이 조국의 현실에 대한 큰 사랑으로 변화되는 과정을 짧은 시간에 보여주는 것은 어려운 과제였다. 단편적인 에피소드의 연결로 묘사된 후반부의 과정은 다소 설득력이 부족하였던 것 같다.

수년 전 민가협의 의문사 유가족 농성을 취재할 때, 통한의 눈물을 흘리며 이 땅의 진실을 파헤쳐달라던 한 어머니의 뜨거운 손길을 결코 잊을 수가 없다. 우리들의 조그마한 한 편의 영화가 이분들의 울분을 풀어드렸다고, 또한 처절히 투쟁했던 선배 열사들의 삶을 제대로 표현했다고 생각하진 않는다.

어렵고 힘겨웠던 이번 작업을 통하여 우리는 많은 과제를 안게 되었다. 전문적인 창작 집단으로서의 청년의 위상 설정, 구체적이고 실천적인 전망의 수립. 안으로는 구성원의 역할 강화, 조직창작방법론의 수립 등… 진정한 의미의 청년은 이제부터 시작할 것이다.

상영은 제작 과정의 어려움 이상으로 더욱 힘들었다. 공안통치를 자행하고 있던 노태우 군사독재가 〈어머니, 당신의 아들〉을 국가보안법 상 이적 표현물로 규정한 것이다. 당시는 노태우 정권이 공안정국을 조성하는 과정에서 경찰의 폭력적인 시위 진압으로 강경대 열사가 사망하면서 이에 항의하는 시위와 대학생들의 분신이 이어지던 시기였다. 수세에 몰린 군사독재는 국면 전환을 위해 영화를 북한의 선전물로 덧칠하면서 이념 공세를 펴려고 했던 것이었다. 뭐든 마음에 안 들면 '빨갱이'를 강조하던 수구 세력의 전형적인 행태였다. 앞서 〈파업전야〉에 자행했던 영화 탄압의 연장선이었기에, 상영 자체가 거센 투쟁이었다. 상영을 막기 위한 노태우 군사독재의 무리한 행보는 거의 발악하는 수준이었다.

이상인은 "5월 8일 어버이날 부모님 손잡고 보는 영화로 만든 건데, 극심한 탄압에 당황했다"고 말했다.

이 때문에 〈어머니, 당신의 아들〉은 당시 '입체영화'로 평가받기도 했다. 요즘식으로 말하면 '3D영화'로 영화 속 등장하는 시위 장면이 눈앞에서 구현됐기 때문이었다. 영화가 상영되는 도중 이를 막기 위해 경찰이 학내로 투입되는 순간, 영화 속 시위를 하다 경찰에 쫓기는 학생들의 모습은 실제 상황이 됐다. 상영을 막기 위해 경찰이 학교로 치고 들어오면 사수대들이 이에 맞섰고 격렬한 충돌이 이어졌다. 1991년 외대 상영 때는 경찰 1천여 명이 포클레인을 동원해 철제 교문을 무너뜨리고 진입해 상영을 막기도 했다. 학생들의 저항에 경찰이 철수하면 중단됐던 영화가 다시 상영됐으나, 경찰의 침탈은 다시 이어졌고, 상영은 중단과 재상영이 끊임없이 반복됐다. 상영하는 쪽이나 막는 경찰이나 자존심 싸움하듯 한 치도 물러서지 않으려고 했다. 이 때문에 〈어머니, 당신의 아들〉은 수십만이 봤는데도 끝까지 본 사람이 얼마 안 되는, 특이한 영화가 됐다.

당시 상영 방해는 무분별하게 자행한 공권력의 만용이었다. 재상영을 막기 위해 실내 상영 장소에 사과탄이나 최루탄을 터뜨리는 야만적인 행태도 있었다. 영화 상영을 막기 위한 충돌은 〈파업전야〉와 비슷했으나, 탄압의 강도는 더 셌다. 〈파업전야〉와 마찬가지로 헬기가 동원됐고 상영 사수에 나선 대학생이 경찰의 직격탄에 실명하는 사태까지 발생했다. 〈파업전야〉 때 상영을 막지 못했던 것을 만회하려는 태도로 비칠 정도였다.

노태우 군사독재는 영화를 이적 표현물로 규정한 것도 모자란 듯 이상인(감독, 한양대 교수)에게 다른 국가보안법 조항을 적용하기 위해 갖은 노력을 기울였다. 북한의 자금으로 영화를 제작한 것으로 의심하며 수사한 것이다. 하지만 당시 공안 기관의 의심과는 다르게 북한 자금은 전혀 들어온 것이 없었다. 영화제작소 청년에 참여한 학생들이 집에서 받은 등록금을 제작비로 내놓고 휴학했고, 김동원(감독)이 300만 원과 영화운동을 하던 인사들이 십시일반 지원해준 정도였다. 낭희섭(독립영화협의회 대표)은 "제작비를 50만 원 정도 빌려줬고, 이후 영화가 잘 돼 돌려받았다"고 말했다. 이상인은 "영화마당 우리 김기종 대표도 돈을 빌려줬다"며 "영화가 흥행해 모두 갚을 수 있었다"고 밝혔다.

대학 영화운동의 역량

이상인은 영화 상영이 시작된 이후인 1991년 6월 구속된다. 정작 적용된 법은 국가보안법이 아닌 영화법 위반이었다. 문화부에 영화제작 신고와 독립프로덕션 등록을 하지 않고 영화를 만들고, 한국공연윤리위원회의 심의를 받지 않고 상영함으로써 영화법 4조와 12조를 위반했다는 것이었다. 그러나 〈오! 꿈의 나라〉와 〈파업전야〉 상영으로 홍기선(감독)과 이용배(교수, 계원예술대학교)가 불구속 기소로 벌금형을 받았던 것에 비하면 구속은 이례적이었다. 이상인은 1991년 9월, 징역 10개월에 집행유예 2년을 받고 석방되지만 16mm 영화에 영화법을 적용한 것 자체가 진보 영화운동을 억누르려는 노태우 군사독재의 만행이었다.

이상인은 "공안기관은 1991년 봄의 분신 정국을 북한과 연계된 것처럼 몰았다. 경찰 조사 과정에서 안기부가 작성한 것으로 보이는 자료를 봤는데, 거기에는 전남대학교에서 분신한 박승희 열사 일기장에 〈어머니, 당신의 아들〉을 봤다는 내용이 있었다"고 말했다. 박승희 열사의 분신은 경찰의 폭력 진압으로 숨진 강경대 열사 타살과 군사독재의 공안통치에 온몸으로 항의한 것이었다. 이를 빌미로 공안기관은 〈어머니, 당신의 아들〉에 나오는 분신 장면을 트집 잡아 북한과 관계 있는 것처럼 엮기 위해 애쓴다. 당시 한 신문사 기자에 의해 입수된 '서울대공전술연구소' 명의의 영화 감정서는 〈어머니, 당신의 아들〉을 '김일성 교시에 의해 전대협 등 불순단체가 제작한 영화로, 현 체제 전복 투쟁을 선동한 친북 이적 선전 영화물'로 규정하고 있었다. 이상인은 "이적성 논란 속에 〈어머니, 당신의 아들〉 이적성 공개 감정 공청회에서 이정국(감독), 전양준(전 부산영화제 집행위원장), 여성민우회 등이 '국가보안법 적용은 억지'라고 비판한 것이 재판 과정에서 도움이 됐다"고 말했다. 이상인의 단편 〈친구여, 이제는 내가 말할 때〉를 수상작으로 선정해 〈어머니, 당신의 아들〉 제작에 기여(!)했던 전양준(전 부산영화제 집행위원장)이 위기 상황에서도 도움을 준 것이었다.

이상인은 재판 과정에서 최후 진술을 통해 국가보안법으로 영화를 옭아매려 했던 공안기관의 행태를 비판하면서 사상의 자유와 예술 표현의 자유의 중요성을 이렇게 강조했다.

저는 현재 엄청난 탄압의 근거가 되었던 국가보안법의 이적 표현물 제작 배포로 이 자리에 선 것이 아닌, 영화법 위반으로 재판을 받고 있습니다. 이는 영화를 관람한 많은 대중들에 의하여 내용이 갖는 사실성이 획득되었음을 의미하며 동시에 영화 상영 탄압과 저의 구속은 해를 거듭하여 발전하는 민족영화운동에 대한 탄압에 기인한 것임을 증명하는 것입니다.

올해 들어 당국은 영화제작소 청년에 대한 탄압뿐만이 아니라 미술, 음악, 출판, 학문 등 전 분야에 걸쳐 문학예술운동을 탄압하고 사상의 자유를 저지해왔습니다. 저는 현행 영화법은 일제와 군사독재정권에 의한 영화예술 말살과 대중 우민화 정책을 위하여 제정된 법으로서 탄압의 빌미가 되고 있는 사전심의제도와 제작신고 제도는 예술과 표현의 자유를 보장한 헌법에 정면으로 위배되는 사항이라고 생각합니다.

마지막으로 저는 어떠한 의도이건 간에 개인 혹은 집단에 의하여 창작되는 시, 노래, 그림, 영화에 가해지는 탄압은 인간의 기본권을 침해하는 행위이며, 예술작품에 대한 평가를 다른 누구에 의해서도 아닌 그것의 주인인 대중들에 의하여 이루어짐을 말하고 싶습니다.

〈어머니, 당신의 아들〉은 1979년 서울대 얄라셩의 태동을 시작으로 1985년 서울의 여러 대학에서 영화서클(동아리)이 만들어진 이후 축적된 대학 영화운동 역량을 보여줬다는 점에서 영화사적 가치가 큰 작품이다. 특히 당시 대학가에서 펼쳐지던 통일운동을 사실적으로 담아내 변혁운동 영화로서 소재의 폭을 넓혔고 주로 단편영화의 틀 안에 있던 대학영화의 범위를 장편으로 확장시켰다. 장산곶매가 5월 광주와 노동해방, 교육 문제 등 주로 민중민주(PD) 노선이 지향하던 영화를 만들었다면, 〈어머니, 당신의 아들〉은 학생운동의 주류였던 민족해방(NL) 노선이 다분한 영화기도 했다.

전문배우에 더해 학생운동을 하고 있던 대학생이 비중 있는 역할을 맡았고, 영화에 나오는 시위 장면에는 학내에서 시위를 한 학생들에게 협조를 요청해 이들이 당시 시위대와 경찰 체포조였던 백골단 복장으로 등장한 것도 특징이다. 이상인은 "출연에 응해준 학생들에게 출연료를 대신해 술을 사줬다"고 회상했다.

〈어머니, 당신의 아들〉은 지난 2019년 11월 서울독립영화제에서 30년 만에 재상영이 이뤄졌다. 영화 상영 후에는 당시 영화의 주역들이 나와 제작 과정의 어려움과 후일담을 나눴다. 사회를 맡은 김조광수(감독)은 "영화를 만든 사람조차도 끊김 없이 보는 건 처음이었다"고 말했다.

이상인은 "영화가 만들어진 후 처음으로 관객들과 만나 이야기를 나눠보는 자리"였다며 "영화 촬영이 끝나고는 도망 다니는 신세였기에 공대에서 학생운동을 했던 최로사 배우도 촬영 때 이후 30년 만에 처음 본 것이었다"고 말했다.

통일영화 탄압 속 진행된 남북 영화 교류

〈어머니, 당신의 아들〉이 본격적인 제작에 돌입하던 1990년 10월, 남북 간의 영화 교류가 처음 시작된 것은 공교로운 지점이다. 통일을 염원하는 마음을 담은 대학영화는 심한 탄압을 당했으나, 남북 간의 영화 교류가 첫 물꼬를 튼 것은 역설적인 모습이었다. 남북 영화 교류는 1990년대 후반 민주정부가 수립된 이후 영화운동에 참여했던 인사들이 주도하게 되지만, 1950년 한국전쟁 이후 첫 영화인들 간의 교류로 성사된 것은 1990년 10월 뉴욕 남북영화제였다.

여기에는 특별한 계기가 작용했다. 1970년대 한국영화의 대표적 제작자였던 주동진의 역할이 있었다. 주동진은 평양 출생으로 1945년 해방과 함께 월남한 후 1964년 연방영화사를 설립했다. 1966년 남정임이 주연한 〈유정〉을 제작하는 등 1970년대 중반까지 100편이 넘는 작품을 만들었고, 1973년에는 영화업자협회 대표로 선출되기도 했다. 하지만 당시 영화계 실세는 신상옥 감독이었다. 주동진이 영화업자협회 대표를 차지하자 신상옥 감독을 지지하는 영화사들이 별도로 제작자 단체를 만들어 갈등이 생겼다. 결국, 문공부가 개입해 25개 영화사를 12개로 강제 통폐합하는 구실로 작용했다. 신상옥 감독에 도전할 정도의 제작자였으나, 이를 넘어서지는 못한 것이었다.

그런데 잘 나가던 제작자였던 주동진은 1976년 이후 한국영화에서 사라진다. 한국영상자료원의 '구술로 만나는 영화인-주동진'에 따르면 1976년 부사장이던 최춘지에게 사업을 물려준 후 갑작스럽게 미국으로의 이민을 택했다. 이민을 택한 원인에 대해 잘 알려져 있지 않으나, 한양영화사 시절부터 함께했던 양춘은 주동진의 형 때문이라 증언한 바 있다. 양춘에 따르면 주동진의 큰형 주동인은 1953년 북조선 영화촬영소 부장과 1964년 조선작가동맹 상무위원을 역임한 북한 영화계의 거물이었다. 당시 정보기관들은 그의 형 때문에 주동진을 지속적으로 감시했고, 주동진은 이러한 상황을 견디다 못해 이민을 택했다는 것이다. 이에 대해 정진우(감독)는 "1976년 주동진이 갑자기 장충동 집에서 만나자고 해서 갔더니, 앞으로도 영화사를 최춘지 이사가 맡게 됐으니 계속 도움을 달라고 했다"며, "바로 다음 날 새벽 가족들과 함께 바로 미국으로 떠난 것이었다"고 말했다.

정진우에 따르면 야반도주하듯 갑작스러운 주동진의 이민은 가족사 때문이었다. 영화 촬영을 위해 하와이에 갔다가 이복누나를 만나게 된 것이 발단이었다. 주동진은 1966년 김진규, 김희라, 남정임 주연의 〈하와이 연정〉 제작을 위해 한국영화 최초로 하와이 호놀룰루에서 현지 촬영을 진행했다. 이때 하와이에 거주하며 친북인사로 활동하고 있던 이복누이를 만났다고 한다. 이 과정에서 이복형인 주동운이 북한 영화계에서 일하고 있는 것을 알게 됐다는 것이다. 정진우 감독은 "주동진이 이후 누이와 지속적 연락을 하던 게 중앙정보부(현 국가정보원)에 의해 포착됐고, 조사를 위해 출두하라는 연락이 오자 급하게 미국으로 떠난 것이다"라고 설명했다. "중앙정보부 직원이었던 이은봉(전 영진필름 대표)을 통해 주동진에게 큰 문제가 있다는 이야기를 들었다. 주동진이 '중앙정보부에 잡혀 들어가면 언제 세상 구경할지 모르고, 살기 위해 떠난다'고 했다"고 회상했다. 정진우는 또한 주동진이 배우 남정임을 발탁한 배경에 대해서도 "주동진의 어머니와 남정임 어머니가 평양에서 친한 언니 동생 사이였던 것이 작용했다"고 덧붙였다.

1976년 이후 사라진 주동진의 이름이 다시 언론에 등장한 것은 1990년이었다. 뉴욕 남북영화제 집행위원장을 맡아 남북 교류의 가교역할을 한 것이었다. 주동진은 『동아일보』(1990.10.19)와의 인터뷰에서 "영화 교류를 통해 조국 통일을 앞당길 수 있도록 미력이나마 최선을 다하겠다"고 말했다.

남북영화제 남한 측 대표단은 강대선(단장), 곽정환, 강대진, 윤일봉, 신성일, 태현실, 장미희, 소설가 홍국태 등이었고, 북한 측 대표단은 조선예술영화촬영소 부총장 엄길선 감독을 단장으로 부단장 주동운, 인민배우 홍영희, 오미란, 조경순, 조선국가영화문헌고 총지배인

충무로, 새로운 물결

박순태, 조선대외영화합작사장 박찬성, 평양예술교류협회 지도원 이명수가 참가했다. 이들은 4일 동안 남북의 영화를 보며 교류의 시간을 갖는다.

정진우(감독)가 주동진을 다시 만난 것은 1994년 12월 〈무궁화꽃이 피었습니다〉 촬영을 위해 뉴욕에 갔을 때였다. 정진우는 "거의 20년 만의 만남이었다"며 "당시 북한의 김일성이 등장하는 재료 필름이 필요한 상태였는데, 주동진이 도움을 주겠다고 했고, 유엔 주재 북한대표부 직원을 소개해줬다" 말했다. "이후 연락이 와서 김일성의 모습이 담긴 필름을 받았다면서, 당시 주동진이 사례를 하라고 해서 5천 달러를 줬다"고 회상했다.

영화운동단체에서 영화제작사로

〈어머니, 당신의 아들〉은 1980년대 말과 1990년대 초로 이어진 재야 영화운동의 절정을 상징하는 작품인 한편으로 마지막 장편 극영화였다. 재야 영화운동이 이후 총무로 활동에 주안점을 두면서 무대를 옮겨 갔기 때문이다. 영화운동 출신들이 설립한 새로운 영화사들이 생겨나던 시기였다.

영화제작소 청년은 〈어머니, 당신의 아들〉 이후 창작 활동을 꾸준히 이어가다 마침내 충무로의 영화사로 발전하게 된다. 한국 영화운동에서 사회변혁의 도구로서 영화를 목적으로 했던 단체가 영화제작사로 성장한 유일한 사례였다.

〈어머니, 당신의 아들〉 탄압으로 인해 와해된 형태로 소수만 남았던 영화제작소 청년은 정지우(감독)가 새로 합류하면서 유지된다. 이상인은 출소 후 뿔뿔이 흩어졌던 영화제작소 청년을 재건하는 과정에서 유학으로 방향을 정했고, 1993년 말쯤에 정지우가 영화제작소 청년의 책임을 맡게 된 것이다. 이상인은 "영화법 위반에 따른 2년간의 집행 유예 기간으로 영화 활동을 할 수 없게 됐는데, 미국에서 상영을 주선했던 분이 제안해 유학 가게 된 것이다. 극심한 탄압과 함께 사건이 커지다 보니 부담을 느끼면서 구성원들이 뿔뿔이 흩어졌고 남자들의 경우 군에 입대하던 시기였다"고 말했다. 그래서 조직 재건을 위해 학습 모임을 꾸리게 되는데 이때 합류한 사람이 정지우(감독), 오정훈(감독, 전 인디다큐페스티발 집행위원장), 정윤철(감독) 등이었다. 영화공간1895처럼 비디오를 복사하고 세미나와 스터디를 하는 게 주된 활동이었다. 이상인은 "정지우가 학생운동을 한 것은 아니었으나 책임감이 강해 대표를 맡아달라고 했고, 이후 영화운동 단체들을 돌면서 인사를 시키게 된 것이었다"고 말했다.

영화제작소 청년이 새롭게 정비되면서 합류한 사람이 학생운동을 했던 김조광수(감독)였다. 한양대 연극영화학과 83학번인 김조광수는 대학 입학 후 선배를 통해 5월 광주항쟁 비디오를 보고 나서부터 학생운동에 참여했고, 인문대 학생회장과 전국대학생대표자협의회(전대협) 중앙집행국에서 활동하던 골수 운동권이었다. 1989년 8월 11일에는 한양대 교내에서 전대협 임종석 의장(전 청와대 비서실장)이 임수경 평양축전 전대협 대표에게 보내는 글을 대신 발표하는 기자회견을 하다가 학내에 진입한 경찰들에게 연행됐다. 3일 뒤인 14일 20여 차례에 걸쳐 교내 과격시위를 주도했다며 집시법과 폭력행위 등 처벌에 관한 법률 위반혐의로 구속돼 재판에서 징역 2년에 집행유예 3년 형을 받고 풀려났다. 김조광수는 "1992년 졸업할 때까지 10년 동안 학생운동을 했다"며 "전대협을 발전적으로 확장한 한국대학총학생회연합(한총련) 중앙집행국에서 활동하다 1993년 1기 한총련 출범식 이후 학생운동을 정리했다"라고 말했다. 이어 "1990년부터 1992년까지 3년간 졸업앨범에 등장한다"며 "영화 〈여고괴담〉이 내 이야기와 비슷하다"고 덧붙였다.

김조광수는 〈어머니, 당신의 아들〉에서 단역으로 나오는데, 이때는 총학생회 간부로 잠시 카메오로 등장한 것이고 영화제작소 청년에서 활동하던 것은 아니었다고 한다. 대학 졸업 후 뭘 할까 고민하고 있었는데, 1993년 정지우가 "창작자들이 있지만, 기획자가 필요하다. 영화를 가르쳐줄 테니 같이 하자"고 제안해 영화로 방향을 정하게 된다.

1993년은 새로 들어온 정지우(감독)를 중심으로 영화제작소 청년이 재정비에 들어간 시기였다. 〈어머니, 당신의 아들〉 제작에 함께했던 이선미(프로듀서)와 이경희(프로듀서), 장희선(감독), 장기수, 이철민 등이 합류했고, 〈어머니, 당신의 아들〉 초반에 카메라를 잡았던 김용균(감독)도 군 제대 후 1994년에 가세했다. 임필성(감독, 〈마당 빵덕〉 〈페르소나〉)과 박찬옥(감독, 〈파주〉 〈질투는 나의 힘〉)도 들어왔다. 김조광수가 맡은 일은 신입생 오리엔테이션 등에서 상영하는 옴니버스 영화 〈스무 살 젊은이에게〉(정지우, 이철민, 장기수 감독) 제작을 기획하고 배급하는 일이었다. 하지만 김조광수는 "1년 정도 활동하다가 건강이 안 좋아서 그만두고 쉬었다"며 "1996년 12월 동숭씨네마텍에서 '동네영화제'라는 이름으로 진행된, 1주일간 상영한 작은 영화제(영화제작소 청년 기획전)를 기획하며 다시 합류하게 됐다"고 말했다.

변혁운동 수단 대신 영화를 통한 사회참여

이상인의 유학 후 영화제작소 청년은 정지우가 단편으로 방향을 잡고 있었다. 1996년 서울단편영화제 대상을 수상한 〈생강〉(정지우 감독)과 1997년 서울단편영화제 우수상을 수상한 〈그랜드 파더〉(김용균 감독)는 대표적 작품이었다. 자립을 위한 수익사업에도 적극적으로 나서 결혼식 비디오, 각종 집회 현장 촬영, 국회의원 홍보물 제작까지 돈 되는 일은 마다하지 않았고 이를 통해 촬영 장비 등을 구입했다. 변화가 생긴 것은 1997년 11월이었다. 장편영화 제작을 위한 팀을 새로 만들게 되는데, 이것이 청년필름으로 발전한 것이다. 충무로에 진출할 기회가 생기면 영화제작소 청년의 작품을 만들기로 했던 김조광수, 이선미, 신창길, 곽신애(제작자, 〈기생충〉) 등이 정지우, 김용균, 심현우 등과 결합한 것이었다.

『동아일보』(1999.11.5)는 청년필름에 대해 "〈어머니, 당신의 아들〉을 연출한 이상인 감독과 장산곶매의 이은 감독 등 운동권 출신 감독들이 개별적으로 충무로로 데뷔한 것과 달리 집단적으로 진출한 첫 사례"라며 "이들은 93년 영화를 '사회변혁의 수단'으로 여기는 대신 '영화를 통한 사회참여'로 시각을 바꿨다"고 소개했다. 이 기사에서 정지우는 "영화가 수단은 아니지만 그래도 세상과 사람들에게 변화의 계기를 마련해줄 수도 있다는 생각에는 변함이 없다"고 밝혔다. 김조광수는 "당시에 영화를 정치적 수단으로 집중하는 것은 협소하다고 생각해 운동의 수단으로서 생각하게 된 것이다"라고 말했다.

이상인은 영화제작소 청년에 합류하지 않고 개별적으로 활동한 것에 대해 "귀국 후 다시 합류하려고 생각하고 있었으나 초기와는 분위

『동아일보』 1999년
11월 5일 자에 실린
청년필름 기사
_김조광수 제공

기가 달라져 있었다. 내가 활동할 때는 시위 촬영을 하며 연행돼 맞기도 했는데 그런 흐름과는 달랐고, 애초에 생각했던 운동 방향이 아니었다"고 말했다. 또 "남은 사람들은 어떻게든 버티기 위해 애쓰면서 유지한 것이었고, 책임이 있는 나는 어려울 때 지키지 않고 떠난 셈이 된 것이어서 부담을 주는 것 같아 참여하지 않고 독자적으로 작품 제작을 한 것이었다"고 덧붙였다.

청년필름의 첫 작품은 정지우가 연출한 〈해피엔드〉였다. 단편영화와는 다르게 충무로 상업영화는 투자를 받고 배우를 선정해 출연시키는 것이 만만치 않았는데, 이때 손을 잡아준 것이 명필름(이은, 심재명 대표)이었다. 프로덕션과 마케팅의 전체적인 실무 운영만큼은 청년필름에게 맡겨달라는 제안을 수락한 것이었다. 영화운동단체가 영화사로서 제대로 첫발을 내딛는 순간이었다.

김조광수는 "당시에는 동아리 같은 느낌이었다"며 "1999년 〈해피엔드〉를 만들 때도 청년필름 이름으로 정식 사업자 등록이 되지 않은 상태였고, 2000년 1월에 회사 등록을 하게 되는데, 나이가 제일 많은 데다 선배다 보니 대표라는 자리를 맡게 됐다"고 말했다.

학생운동과 영화운동 함께한 정윤철

영화제작소 청년에서 활동한 것은 아니었으나 이상인의 스터디 모임에 참여했던 정윤철(감독)도 1990년대 대학 영화운동에서 빼놓을 수 없다. 학생운동을 하면서 영화운동에도 참여했기 때문이다.

정윤철은 김조광수(감독)이 인문대 학생회장으로 있을 당시 총학생회 산하 애국한양팀에서 활동했고, 주로 시위 장면을 촬영해 영상으로 만드는 일을 담당했다. 당시 애국 한양 팀에서 있었던 김명준(다큐멘터리 감독, 〈우리학교〉)은 대학 생활을 "4년간 데모만 했던 시기"로 회상했다. 이상인은 당시 애국한양팀 고문을 맡고 있었다.

정윤철은 "대학 입학 전인 1990년 1월부터 영화공간1895를 오간 것이 영화의 출발점이었다. 막내인 대학 1년 차가 끓인 라면을 전양준(전 부산영화제 집행위원장)과 김영진(명지대 교수, 전 영화진흥위원장)에게 갖다 바치고 함께 맛나게 먹었던 때였다"고 추억했다. 정윤철은 영화공간 1895 대표였던 이언경에 대해 "게으른(?) 아재들 속에서 빛나던 정겨운 이모 같은 존재였다"며 "이언경 누나가 돌아가셨다는 게 아직도 안 믿긴다"고 안타까움을 나타냈다.

1990년 1월에는 이언경이 주관한 영화마당 우리 워크숍에 참여해 단편영화를 제작하는데, 이때 함께 참여했던 워크숍 동기가 부산에서 영화운동을 했던 최낙용(제작자, 백두대간 부대표)이었다.

영화운동단체를 오가며 학생운동에도 참여했던 정윤철은 대학 졸업 후 1997년 성수대교 붕괴 사건을 소재로 한 〈기념촬영〉이 제4회 서울단편영화제 최우수작품상과 시네마테크상을 수상하며 주목받게 된다. 1999년에는 SF 단편 〈동면〉이 클레로몽페랑 영화제 초청되는데,

이후 충무로 연출부 활동 없이 장편영화를 준비하다가, 2005년 〈말아톤〉으로 데뷔해 한국영화의 주목받는 신인 감독으로 부상했다.

〈말아톤〉은 주연배우였던 조승우가 대종상, 백상예술대상, 황금촬영상, 부산 영평상에서 최우수 남자연기상을 휩쓸었고, 정윤철은 대종상 신인감독상과 각본상, 청룡영화상 신인감독상, 백상예술대상 시나리오상과 대상 등을 수상했다.

02

충무로 헤게모니 경쟁

기획영화와 프로듀서 시스템

1991년 〈어머니, 당신의 아들〉 이후, 장편극영화를 제작하던 재야 영화운동의 역량은 점차 충무로로 옮겨온다. 민중영화 제작 경험이 새로운 영화를 추구하던 충무로의 변화된 흐름과 맞닿으며 한데 섞인 것이었다. 물론 여전히 충무로 밖에서 재야 영화운동의 가치를 중시하는 움직임도 진행됐다. 그러나 큰 틀에서 영화운동의 주력은 충무로라는 제도권을 중심으로 확장된다.

1990년대의 변화는 1985년 영화법 개정으로 영화운동의 입지를 넓히는 발판으로 작용한 독립프로덕션의 역할이 확대된 것이었다. 1992년부터 영화운동 출신들이 설립한 영화사는 1년에 한 편만 제작할 수 있는 독립프로덕션의 한계를 벗어나 본격적인 충무로의 세대교체를 이끌었고, 1995년 이후 한국영화 르네상스 기운을 불어넣는 데 일조한다. 이 바탕에 있었던 게 기획영화의 성공이었다. 이춘연(제작자, 작고)이 이끌던 한국영화기획실모임이 뒷받침 역할을 했다.

1980년대 후반 한국영화 뉴웨이브의 출발은 기존 충무로 영화와는 다른 형태의 작품을 선보여 주목받은 것이었다. 이를 확장한 기획영화의 성공은 소재의 다양성을 추구하며 한국영화에 새로운 힘을 불어넣었다. 대학에서 영화운동을 펼쳤던 이들에게 충무로는 새로운 '기회의 땅'이 됐다.

1980년대 중반부터 영화기획자로 활약했던 이춘연은 넓은 포용력을 발휘하며 충무로 활동을 시작한 후배들을 아울렀다. 1991년 공식 단체로 출범 전까지 삼삼오오 친목 형태로 모이던 한국기획실모임은 영화운동의 충무로 전진기지였다. 1990년대로 들어서면서 영화사 기획실에 있던 이들이 독립해 나와 하나둘 영화사를 설립한 것은 주로 연출 쪽에서 두각을 나타내던 영화운동의 변화였다. 여기에 더해 좋은 작품이 나오는 데 프로듀서의 역량이 중요해지면서, 충무로에서 계속 영역을 넓혀 나가던 영화운동 전선은 제작 분야로 확대됐다.

1988년 신씨네 이후 1993년 1월 유인택(전 예술의전당 대표)이 설립한 '기획시대'는 1990년대 들어 영화운동 출신이 만든 첫 영화사였다. 신촌의 예술극장 한마당 대표 시절 〈오! 꿈의 나라〉 상영이 계기가 돼 영화로 옮겨온 유인택은 모가드코리아, 판시네마, 신씨네를 거치며 경험을 쌓은 뒤 독립을 선택한다. 신씨네에서 신철과 함께한 〈결혼 이야기〉, 강우석 감독과 함께 기획한 〈미스터 맘마〉 등을 성공시키는 수완을 발휘한 것이 영화사를 만든 바탕이 됐다.

유인택의 뒤를 이어 1993년 4월에는 안동규(제작자)가 '영화세상'을 설립했다. 두 영화사는 한 건물에 자리 잡게 된다. 두 사람 모두 이춘연과 함께 한국영화기획실모임을 이끌던 충무로의 젊은 기획자로, 기획 역량을 쌓은 뒤 제작에 뛰어든 것이었다. 이들 영화사는 기존 독립 프로덕션이 아닌 5천만 원의 자본금으로 설립한 주식회사로 별도의 예치금도 냈기에 연중 제작 편수 제한을 받지 않았다.

프로듀서 시스템의 등장

1990년대 한국영화 르네상스의 토대가 된 프로듀서 시스템은 영화 운동과 기획영화가 결합하면서 생겨난 것이었다. 제작자들이 제작비를 끌어와 영화 제작의 전반적인 것을 총괄하던 구조에서 프로듀서 영역이 차츰 구체화 된것이다.

『한겨레신문』은 1992년 6월 6일자 기사에서 "〈그대 안의 블루〉의 심재명·안동규, 〈결혼 이야기〉 신철 등이 작품 구상에서 시나리오 완성, 제작 진행에서 영화 홍보까지를 맡아 하고 있다. 할리우드식으로 부르자면 프로듀서(제작자)가 되겠지만 당시 자본과 제작 기획 등이 분리되지 않은 영화계에서 제작자는 영화의 자본을 대는 사람을 가리킨다며 사소한 오해를 부를 수 있는 직함이다"라고 소개했다. 또한 "이들 젊은 전문 기획자의 출현은 영화시장 개방과 영상매체의 다변화라는 시대적 변화 속에서도, 도약하려면 한국영화는 기획 능력을 보강해야 한다는 현실적 필요성과 맞물린 것이다"라고 평가했다.

처음 프로듀서 영역을 개척한 것은 1970년대 독일문화원 동서영화 연구회에서 활동했던 신씨네의 신철(제작자, 부천영화제 집행위원장)이었다. 1988년 설립한 영화사 신씨네는 장산곶매의 〈오! 꿈의 나라〉 제작비를 지원했고, 충무로 활동을 시작한 영화운동 출신들을 품어내는 역할을 담당했다. 이언경과 함께 영화공간1895에서 활동했던 이하영(프로듀서, 전 시네마서비스 배급이사)이 처음 들어간 영화사가 신씨네였다.

신씨네가 제작해 1992년 7월 개봉한 〈결혼 이야기〉는 프로듀서란 이름을 엔딩크레딧에 처음 올린 영화였다. 당시 신철의 부인 오정완 (제작자)이 프로듀서였다. 프로듀서 시스템이 구체화되던 시기는 신철이 기획해 1989년 김유진(감독)이 연출한 〈단지 그대가 여자라는 이유만으로〉였다. 이때 신철은 투자자를 끌어오고 영화의 전 과정을 이끌게 된다. 이전까지만 해도 제작자는 감독에게 제작비를 주는 영화사 사장이었는데, 프로듀서로 그 역할까지 감당한 것이었다.

프로듀서 시스템은 일찍부터 영화에 대한 깊은 관심으로 자발적으로 영화를 공부했던 영화운동 출신들이 두각을 나타낸 분야였다. 제작 현장과는 다르게 여성의 접근 문턱이 낮았던 데다, 영화 제작의 전반을 총괄한다는 점에서 기획력과 창의성이 요구되는 자리였다.

1990년대 외국영화와의 경쟁에 자신 없어 하며 위기의식이 높았던 한국영화 상황에서 프로듀서 시스템은 이를 반전시킨 중요한 활로로 작용했다. 한국영화 뉴웨이브 흐름을 이어가면서 할리우드 영화에 밀렸던 한국영화가 르네상스의 시대를 여는 데 원동력이 된 것이다.

1990년대 한국영화는 1985년 영화법 개정으로 인해 20개 영화사의 독점 구조가 깨진 이후 제작사가 늘어나며 경쟁이 치열해지고 있었다. 게다가 영화계의 거센 반대에도 불구하고 해외 영화, 특히 할리우드로 대표되는 미국영화가 직접 배급되면서 위기의식이 커졌다. 외국영화와 비교할 때 한국영화의 경쟁력은 매우 약했기 때문이었다. 1960년대부터 한국영화보다는 수입한 외국영화 흥행으로 수익을 내고 있었던 기존 충무로 영화사들 입장에서 늘어난 제작사와 미국영화 직배 구조는 매우 불리한 조건이었다. 변화된 환경에 자신감이 약하다 보니 충무로 자본을 쥐락펴락했던 영화사들은 발을 빼려는 분위기가 역력했다.

이 위기 상황을 돌파하는 선봉장 역할을 한 것이 한국영화기획실모임의 신철, 오정완, 안동규, 유인택 등이었다. 신씨네는 1989년 황기성사단이 제작하고 강우석 감독이 연출한 〈행복은 성적순이 아니잖아요〉 성공을 통해 프로듀서의 역할을 각인시켰다. 영화운동 출신들이 설립한 새로운 영화사들은 바로 신씨네 신철의 주도로 구축된 프로듀서 시스템을 바탕에 둔 것이었다.

유인택의 기획시대

유인택의 기획시대는 첫 작품으로 한국영화아카데미 2기 김정진 감독의 〈우연한 여행〉을 제작한다. 한지승(감독), 김명곤(배우, 전 문화체육부 장관), 장산곶매에서 〈파업전야〉 시나리오를 썼던 공수창(감독)이 시나리오 작업에 참여한 영화였다. 김정진(감독)은 "당시 이미 여러 편의 영화를 연출한 상태였는데, 유인택 대표의 제안을 받고 맡게 된 것이었다"라고 말했다.

두 번째로 만든 작품이 〈너에게 나를 보낸다〉였다. 감독은 유인택과 대학 시절 마당극, 탈춤운동 등을 함께 했던 장선우였다. 1990년 개봉한 장선우의 〈우묵배미의 사랑〉 제작사가 당시 유인택이 기획부장을 맡고 있던 '모가드코리아'였다. 유인택은 "예술극장 한마당에서 영화 쪽으로 방향을 전환할 때 모가드코리아를 소개해준 것이 장선우였다"고 말했다.

〈너에게 나를 보낸다〉는 배우 문성근, 정선경, 여균동 출연에 민족영화연구소에서 활동했던 구성주(감독)가 시나리오 작업에 참여했다. 영화가 주목받으며 1994년 대종상영화제 각색상(장선우, 구성주), 신인 여우상(정선경)을 수상했고, 1994 청룡영화상 감독상(장선우), 신인남우 상(여균동), 신인여우상(정선경), 남우주연상(문성근) 등 주요 부문을 휩쓸 면서 탄력을 받게 된다.

통일운동가 문익환 목사의 자제인 문성근(배우. 전 평창국제평화영화제 이사장)은 주로 영화운동 출신 감독들의 작품에 출연하며 배우로서 주 목받기 시작했다. 서울영화집단 출신 황규덕(감독)의 〈꼴찌부터 일등까 지 우리 반을 찾습니다〉(1990)에 첫 출연 이후 박광수(감독)의 〈그들도 우리처럼〉(1990)과 〈베를린 리포트〉(1991), 오석근(감독)의 〈백한번째 프 로포즈〉(1993), 장선우(감독)의 〈너에게 나를 보낸다〉(1994) 등이 초기 작 품이었다. 대학로 극단 연우무대에서 연극을 했던 문성근은 강신일과 함께 공연했던 〈칠수와 만수〉로 1980년대 연극판을 휘어잡기도 했다.

연극에서 영화로 옮겨온 배우들

한국영화에는 1990년대 전후로 연우무대 등을 중심으로 한 연극배 우 출신들이 연극판에서 다져진 연기력을 바탕으로 두각을 나타냈다. 대표적인 배우가 송강호다. 홍상수 감독의 〈돼지가 우물에 빠진 날〉 에 단역으로 출연했고, 이창동 감독의 〈초록 물고기〉와 서울대 얄라성 출신 송능한 감독의 〈넘버 3〉를 통해 대중에게 각인됐다. 김의성 배우 역시 1987년부터 극단 한강 · 한양레파토리 · 연우무대 · 학전 등에서 활동했다. 장산곶매의 〈닫힌 교문을 열며〉를 통해 영화에 데뷔한 정진 영 배우는 극단 한강에서 김의성 배우와 공연을 했었다.

1994년 임권택 감독의 〈태백산맥〉의 외서댁을 맡아 영화에 첫발을 디딘 방은진(감독)도 연극배우 출신이다. 방은진에 따르면 1989년 민중극단에서 데뷔해 1년 정도 활동하다가 나온 후 혼자서 여러 극단을 찾아다니며 무대에 섰다. 1994년에는 김민기의 극단 학전이 〈지하철 1호선〉을 초연할 때 출연했다가 〈태백산맥〉으로 임권택 감독과 연을 맺게 된다. 당시 연극배우들을 캐스팅한 덕분이었다.

　　〈지하철 1호선〉 초연 당시 방은진의 연기는 꽤 주목받았다. 당시 『중앙일보』(1994.6.3)는 "극단 학전의 록뮤지컬 『지하철 1호선』에 창녀, 노파, 사채업자, 수녀 등 1인 다역으로 출연 중인 방은진(28)의 자유자재한 변신은 천연덕스럽다 못해 뻔뻔스러울 정도다. 보통 사람 같으면 옷 갈아입기도 바쁜 짧은 극 장면 전환 시간에 그녀는 완벽히 다른 분위기, 다른 사람이 되어 무대에 등장한다"고 극찬했다. 이 기사에서 방은진은 "캐스팅 때 극단 측은 주인공 역을 제의해 왔으나 대본을 보니 주인공이 너무 얌전한 성격이라 이것저것 닥치는 대로 하는 다역(多役)을 자원했다. 뮤지컬 무대에선 얌전빼는 것보다 신나게 노는 게 훨씬 재미있잖아요."라고 말했다. 『중앙일보』는 "5년도 안 되는 경력의 방은진이 지금은 어느 연출가나 자기 작품에 세우고 싶어 하는 만능배우로 불리는 것도 바로 이처럼 무대에서 놀 줄 아는 타고난 끼 때문이다"라고 분석했다. 1992년 제16회 서울연극제 연기상, 1993년 제29회 백상예술대상 연극 부문 여자 신인연기상을 데뷔 3년 안에 받은 것도 방은진을 영화계 쪽에서 주목하게 된 요인이었다.

　　방은진은 "당시 한국영화의 작품이 다양해지면서 캐릭터 강한 배우들을 찾게 됐고, 연극계에서 수혈을 받으면서 연극배우들이 기성 충무로 배우들을 밀어내게 된 계기가 됐다"고 말했다. 또한 "당시에는

1999년 〈이재수의 난〉에 특별출연한 방은진
_방은진 제공

연극을 하다가 방송이나 영화를 하면 연극인들 사이에서 변절했다는 말이 나오던 때였는데, 연극배우들이 연기력을 바탕으로 충무로에 자리를 잡으면서 이런 시선을 불식시켰다. 서로 시너지가 됐다"고 설명했다.

연극무대에서 다져졌던 방은진의 빼어난 연기력은 영화에서도 인정받았다. 1995년 박철수 감독 〈301, 302〉로 청룡상 여우주연상을 수상했다. 연기에만 만족하지 않고 2005년에는 문성근이 주연한 장편영화 〈오로라 공주〉(2005)를 연출하면서 감독으로 데뷔했다.

뒤늦게 영화로 옮겨온 강신일은 박광수 감독 〈이재수의 난〉(1999)으로 영화에 발을 들여놓았다.

1990년대 영화운동의 영향이 확대되는 과정에서 연극배우 출신들이 충무로로 옮겨온 것은 특징적인 현상이었다. 이들은 대부분 진보적인 시각으로 세상을 바라보며 스크린쿼터 폐지 문제가 불거졌을 때 영화인들과 함께 전면에 섰다. 연극배우들의 영화 출연은 2000년대 이후 두드러졌다.

충무로, 새로운 물결

안동규의 영화세상

기획시대와 같은 건물에 있던 안동규의 영화세상은 1994년 장길수 (감독)의 〈나는 소망한다 내게 금지된 것을〉을 창립작품으로 내놓는다. 장길수(감독)는 1970년대 김호선·이장호·하길종 감독 등이 주도한 영상시대에서 활동했고 1980년 후반 한국영화에서 주목받는 감독으로 박광수·장선우와 함께 한국영화 뉴웨이브 시대를 선도하고 있었다. 안동규는 "당시 장길수 감독이 영화 원작에 관심을 많이 나타내 연출을 맡긴 것이다"라고 말했다. 원작은 양귀자 작가의 소설이었다.

두 번째 작품은 정지영(감독)의 〈헐리우드 키드의 생애〉였다. 안동규는 "당시 원작자인 안정효 작가와 친해 정지영 감독과 자주 오가는 과정에서 안정효 작가가 함께 해보라고 권유해서 만들어진 영화였다"고 회상했다. 정지영 감독은 앞서 1992년 대일필름이 안정효 작가의 또 다른 소설 『하얀전쟁』을 영화로 제작할 때 연출을 맡기도 했다. 안동규는 "〈헐리우드 키드의 생애〉는 원작의 영화화에 관심을 나타내는 사람들이 많았던 작품이었다"고 말했다.

이 작품으로 정지영 감독은 1994년 청룡영화상 대상과 1995년 백상예술대상 영화 부문 감독상을 수상했다. 〈헐리우드 키드의 생애〉에는 이 외에 청룡영화상 촬영상과 백상영화예술 대상, 작품상, 인기상(독고영재) 등 상복이 이어졌고, 제작자인 안동규는 1995년 대종상 기획상을 수상하게 된다.

안동규는 이후 외대 영화서클 울림 출신으로 한국영화아카데미 4기인 김태균(감독)의 데뷔작 〈박봉곤 가출사건〉(1996)과 김의석(감독)이 연출한 〈북경반점〉(1999)도 제작한다. 안동규는 김의석의 한국아카데미

김의석 감독의
한국영화아카데미
졸업작품 〈창수의
취업시대〉에 출연한
안동규 대표(오른쪽)
_김의석 제공

졸업작품인 〈창수의 취업시대〉에 출연한 인연이 있었는데, 김의석은
"당시 배우가 안 와서 급하게 안동규에게 부탁한 것이다"라고 말했다.

안동규는 영화운동 출신들이 충무로 영화사에 자리 잡는 데 도움을
주기도 했다. 민족영화연구소에서 활동했던 김준종(프로듀서, 전 평창영
화제 사무국장)이 유인택의 뒤를 이어 모가드코리아 기획실에 입사할 수
있도록 소개해준 것도 안동규였다. 김준종은 "민족영화연구소 대표였
던 이효인이 대학에서 함께 영화서클 활동을 했던 안동규에게 충무로
활동을 연결해달라고 부탁한 덕분에 모가드코리아에 들어갈 수 있었
다"며, 여기서 "제작부로 참여한 첫 영화가 대학 선배였던 신씨네 신
철 대표가 기획한 〈베를린 리포트〉였다"고 말했다. 이어 "〈헐리우드
키드의 생애〉 때 본격적으로 프로듀서 역할을 맡았고, 안동규 대표와
김태균 감독, 나까지 세 명이 제작 전반을 책임졌다"고 덧붙였다.

신철이나 안동규, 김의석 등은 문화원 세대라는 공통점이 있었다.
1980년대 프랑스문화원과 독일문화원을 다니며 친분을 다졌고, 1984
년 '작은영화를 지키고 싶습니다. 8mm 16mm 단편영화발표회(작은영
화제)'도 함께했다. 신철의 첫 기획영화인 〈결혼 이야기〉가 김의석(감

독)의 감독 데뷔작이 된 것도 이런 인연이 작용했다.

김의석(감독)은 "임권택 감독 영화 〈아제아제 바라아제〉〈장군의 아들〉 등에서 연출부 조감독 등으로 역량을 쌓다가 생계를 위해 학교 선배의 광고회사에 들어갔는데, 얼마 지나지 않아 신철에게 연출 제안을 받게 된 것이다"고 말했다. "당시 신철 대표가 새로운 감독에게 연출을 맡기고 싶었던 생각이 작용한 결과였고, 광고회사 대표였던 선배가 '영화를 해야 하지 않겠냐'며 다시 영화로 돌아가는 것을 양해해 줬다"고 덧붙였다.

차승재의 우노필름

차승재(제작자, 동국대 영상대학원 교수)가 프로듀서로 데뷔한 곳도 신씨네였다. 한국외국어대학교 졸업 뒤 동대문에서 의류가게를 운영했던 차승재는 외대 영화서클 울림 출신 김태균(감독) 등 친구들이 영화공장 서울을 만들었을 때 영화 제작을 지원한 것이 계기가 됐다.

영화공장 서울에서 뭉쳤던 젊은 영화인들은 1980년 5월 광주 학살로 권력을 찬탈한 전두환 치하의 숨 막히는 시대에 대학을 다녔던 만큼 군이 학생운동을 하지 않았더라도 기본적으로 군사독재 체제에 대한 반감 등 사회적 비판의식이 있었다. 차승재 역시 "학생운동권은 아니었으나 대학 시절 시위에 참여해 짱돌을 여러 번 던졌다"고 회상했다.

영화공장 서울을 통해 영화 제작의 전반에 대해 눈여겨본 차승재는 1991년 세경영화사가 〈터미네이터 2〉를 수입해 개봉하던 때 제작실장을 맡아 본격적으로 영화 일을 시작한다. 자신에게 맞는 제대로 된 옷을 입게 된 것이다. 1992년에는 한국영화아카데미 1기 장현수 감독의 〈걸어서 저 하늘까지〉 제작에 참여했고, 신씨네로 옮겨서는 제작실장을 맡아 〈미스터 맘마〉를 담당했다.

프로듀서를 맡은 첫 작품은 오석근(감독, 전 영진위원장)의 〈101번째 프로포즈〉였다. 김지석과 함께 부산 영화운동을 이끌었던 오석근은 "한국영화아카데미 4기 졸업 이후 영화공장 서울 창립작품 〈네 멋대로 해라〉를 연출하고 나서, 이명세 감독 연출부로 들어가 있었다"며 "영화공장 서울 대표였던 김태균(감독)이 이명세 감독 제작실장으로 일하고 있을 때였다"고 회상했다. 오석근은 "일본 드라마 〈101번째 프로포즈〉를 신씨네 제작부장으로 있던 차승재에게 보여주고, 이를 차승재가 다시 신씨네 신철 대표에게 보여준 것이 제작에 들어간 배경이었다. 차승재가 프로듀서로 데뷔하는 작품이 되면서 연출을 의뢰받은 것이다"라고 말했다.

차승재는 1995년대 우노필름을 설립한 후 제작자로서 능력을 보여준다. 만드는 영화마다 흥행하며 한국영화의 힘 있는 제작자로 부상한다. 제작한 영화 여덟 편 중 일곱 편이 흥행할 만큼 작품을 보는 안목이 특별했다.

우노필름의 첫 작품이 김상진 감독이 연출한 〈돈을 갖고 튀어라〉였다. 원동연(제작자, 리얼라이즈픽쳐스 대표)이 시나리오를 쓴 첫 영화였다. 원동연은 대학 졸업 후 모래와 자갈을 취급하던 부친의 골재 사업을 도와주고 있었는데 무료함을 달래기 위해 처음 시나리오를 쓴 것이었다. 내용이 재밌자 광고 계통에 있던 선배가 강우석 감독의 조감독으로 있던 사촌동생에게 전했고, 창립작품을 준비하던 차승재의 손에 들어가면서 우노필름의 첫 영화로 인연을 맺는다.

영화 일을 하기 전 동대문에서 옷 장사를 했던 차승재와 잠실에서 부친을 도와 골재상으로 모래와 자갈을 팔았던 원동연이 손을 잡은 것이라는 점에서 특별했다. 시나리오 원작자인 원동연을 직접 찾아가 만나고 온 차승재는 주변에 이렇게 이야기했다고 한다.

"그 사람 말 엄청 많더라."

당시 노태우 전 대통령의 비자금 문제가 터진 시기였다. 최고 권력자의 숨겨둔 돈을 소재로 한 〈돈을 갖고 튀어라〉는 흥행 요소를 갖추고 있었다. 차승재는 "원작 시나리오를 박기용(감독, 영화진흥위원회 위원장)과 김만곤(작고)이 각색했다"고 말했다.

명필름의 출발

1990년대 초반 영화운동을 해온 젊은 기획자나 감독의 작품이 주목받은 것은, 사회변화에 따른 흐름을 영화에 잘 접목한 덕분이기도 했다. 1987년 이후 검열과 통제가 다소 약해진 틈을 활용했고, 뻔한 내용이 아닌 새로운 소재에 예술적 감각이 더해진 것이었다. 여기에 사회문제에 대한 비판의식을 담아내면서 한국영화는 예전과는 달라져 있었다.

2000년대 이후 한국 대표적 제작사로 입지를 구축한 명필름도 이 시기에 설립됐다. 명필름은 합동영화사와 극동필름을 거친 심재명(제작자)이 1992년 설립한 명기획이 출발점이었다. 장산곶매 활동을 정리한 이은은 함께했던 장윤현(감독), 오창환 등과 함께 세 사람의 이름 앞 글자를 딴 장이오 프로덕션을 만들어 새로운 활동을 하고 있었다. 결혼 이후에도 각각 따로 영화 일을 하던 이은과 심재명은 1995년 명필름을 통해 두 사람의 역량을 하나로 합친다. 창립작품은 〈코르셋〉이었다. 정병각(감독, 전 충남영상위원장)의 첫 연출작이었다.

1983년 고려대 돌빛 창립회원으로 대학 영화운동에 참여했던 정병 각은 1980년대 후반 영화계의 각종 투쟁의 전면에서 나선 중심인물 중 하나였다. 장선우 감독의 〈서울황제〉 연출부에 있다가 한국영화아 카데미에 입학해 3기로 졸업했고, 이후 장길수 감독 〈밤의 열기 속으 로〉 조감독을 거쳤다. 1988년 미국영화 직배 반대 투쟁에 앞장서는 과 정에서 한국영화조감독협의회 부회장을 맡는 등 영화운동에 적극적 이었다. 민족예술인총연합회 민족영화위원회가 만들어질 때는 초대 사무국장이기도 했다. 정병각은 "대학 때 제대로 못 한 학생운동의 아 쉬움을 영화계에 들어와 제대로 한 것이었다"고 말했다.

정병각은 조감독 활동 이후 정식 감독 데뷔가 늦은 편이었다. 김유 진 감독의 〈단지 그대가 여자라는 이유만으로〉 조감독을 거쳐 1990년 장선우 감독 〈화엄경〉 프리 프로덕션에만 참여한 뒤 하차해 감독 데뷔 를 준비했다. 유인택의 기획시대에서 기획을 담당하는 피디를 맡기도 했다. 정병각은 "기획시대에서는 당시 어린이 영화 프로젝트 진행을 맡았는데, 감독 데뷔 생각을 하고 있던 차에 명필름 이은 대표가 시나 리오 모니터를 요청한 게 기회가 됐다. 시나리오가 좋다고 말하자 이 은 대표에게 연출 제안이 온 것이었다"고 말했다.

〈코르셋〉은 그렇게 데뷔작이 됐다. 코르셋을 벗어던지자는 여성해 방 주제를 담은 영화로 흥행에도 성공을 거두면서 명필름 첫발에 힘을 실었다. 정병각은 "실제 작품 제작에 들어가서는 경험 많은 심재명 대 표가 시나리오 수정과 제작 방향을 주도했다"면서 "당시 명필름은 두 번째 작품인 〈접속〉 제작도 준비하는 중이었다"고 말했다.

〈접속〉은 장윤현(감독)의 데뷔작이었다. 한양대 영화서클 소나기 출신으로 단편영화 〈인재를 위하여〉를 연출했고 장산곶매에서 활동했던 장윤현이 충무로에 첫발을 디뎌 이름을 알린 작품이었다. 한석규와 전도연 배우가 주연으로 나섰고, 당시 PC통신을 통한 채팅을 소재로 한 영화로 시대적 분위기를 잘 담아내면서 큰 성공을 거뒀다.

명필름은 영화운동 출신 감독 지망생들을 끌어주며 충무로에 안착시키는 데 큰 역할을 했다. 그리고 이들과 함께 1990년대 후반에서 2000년대로 이어진 한국영화 르네상스를 선도했다. 영화제작소 청년이 청년필름으로 발전해 첫 작품으로 정지우 감독의 〈해피엔드〉를 손을 맞잡아준 것은 영화운동 동지들의 연대였다. 명필름 영화들은 작품성과 연출력을 바탕으로 시대적 흐름에 더해 남북 문제와 노동 문제 등을 품었고, 정치 사회적인 이슈를 잘 녹여내며 메시지를 담았다는 점에서 늘 화제가 되며 많은 영화가 흥행으로 이어졌다.

이은이 대학 시절 영화운동으로 사회변혁을 이루고 실천하겠다는 다짐을 묵묵히 실현해낸 것이고, 여기에 심재명의 뛰어난 기획 역량이 더해지며 빛을 발한 것이었다. 2000년대 이후 한국 영화운동의 역사를 품은 상징적인 영화사로 자리 잡는다.

강우석 영화론, "영화는 재밌어야 한다"

1990년대 소재와 표현의 폭을 넓힌 새로운 한국영화의 잇따른 등장은 기존 충무로 영화에 대한 문제의식과 함께 1980년 이후 축적된 영화운동이 이뤄낸 중요한 성과물이었다. 당시 한국영화를 보는 인식은 젊은 영화인들 대부분이 비슷했다. 〈투캅스〉를 통해 흥행감독으로, 이후 영향력 있는 제작자로 부상한 강우석도 마찬가지였다.

1988년 제작된 〈달콤한 신부들〉로 데뷔한 강우석은 신철이 기획한 〈행복은 성적순이 아니잖아요〉를 연출했고, 이 과정에서 만난 황기성 사단 상무 이춘연(제작자, 작고)과 친형제처럼 가깝게 지내며 한국영화를 한 단계 성장시킨다. 강우석(감독)은 이춘연에 대해 "내가 집안에서 형이 있지만, 밖에 나오면 진짜 형 같은 분이었다"며 "〈행복은 성적순이 아니잖아요〉가 흥행했을 때 직원이 강우석이었지만 이춘연 대표가 선배였기에 마치 그 회사의 주인인 것처럼 행동했다"고 회상했다.

강우석은 "당시 한국영화가 외국영화에 밀리는 가장 큰 문제점은 재미로 인식했다"며 "그래서 다른 어떤 것보다 재미있는 영화를 추구한 것이다"라고 말했다. 이는 이춘연과 신철이 '관객이 원하는 영화'와 '관객이 보고 싶은 영화'에 초점을 맞춰 영화를 기획한 것과 비슷했다.

예나 지금이나 재미를 위해 사회에 대한 풍자와 해학은 기본이었다. 강우석이 연출한 〈투캅스〉(1993)는 부패한 공권력(경찰)을 소재로 재미에 방점을 찍은 영화였다. 경찰의 비리와 위선 문제를 다루면서도 모두가 공감할 수 있는 웃음으로 시대상을 담은 덕분에 1990년대 대표 흥행작에 오르게 된다. 1980년대 권위적인 군사독재 시절이었다면 결코 만들어질 수 없는 영화였다.

강우석 프로덕션 창립작품으로 제작된 〈투캅스〉에는 영화운동 주역들의 참여가 두드러졌다. 권영락(제작자, 시네락픽쳐스 대표)이 제작을 담당하는 이사로 총괄 프로듀서 역할을 맡았고, 얄라성 대표를 지낸 김인수(전 부산영상위원회 운영위원장)가 제작실장으로 현장 프로듀서를 담당했다. 전양준(전 부산영화제 집행위원장)은 카메오로 출연했다.

권영락은 서울예대 조교 시절 각 대학의 영화운동을 지원한 데 이어 한국영화 뉴웨이브의 시작이었던 〈칠수와 만수〉, 그리고 〈투캅스〉 등 충무로에서의 활동 폭이 상당히 넓었다. 이를 바탕으로 영화운동 후배들을 보듬었고, 한국영화제작가협회 부회장을 역임하며 충무로 변화 과정에서 일정한 역할을 담당한다.

서울대 알랴성과 서울영화집단 활동을 마치고 군에 입대했던 김인수가 1987년 군에서 제대하고 충무로 활동을 시작한 이후 프로듀서로 자리를 굳힌 곳이 강우석 프로덕션이었다. 하지만 충무로의 첫 현장은 1987년 변장호 감독 〈감자〉의 촬영을 맡은 정일성 촬영감독의 촬영부였다. 김인수는 알랴성 활동 당시 만든 〈그들도 우리처럼〉으로 1982년 청소년영화제(현 서울독립영화제)에서 촬영상을 받은 경력이 있었다. 김인수는 충무로 활동 초기에 대해 "당시 촬영 막바지라 2~3회 차 현장에 참여하고 끝났으나 촬영 퍼스트였던 구교환 기사가 임권택 감독 〈연산일기〉 구중모 촬영감독의 세컨드 카메라를 맡아 거의 모든 현장에 출동하고 있을 때여서, 그 현장에서 촬영부 막내로 발바닥에 땀 나게 뛰어다녔다"고 회상했다.

촬영 쪽에 있던 김인수의 방향이 전환된 것은 1990년대 들어서였다. 1992년 후리기획에서 제작한 SBS 시추에이션 드라마 〈제3극장〉 13부작에서 총괄 프로듀서로 현장 진행을 하면서 제작으로 방향이 바뀐 것이다. 1993년 강우석 프로덕션을 시작으로, 1995년 8월 강우석 프로덕션에 김의석(감독)과 김성홍(감독)이 합류하면서 시네마서비스로 이름을 바꾼 이후로는 제작과 투자를 맡게 된다. 1997년 개봉된 〈넘버 3〉의 기획과 제작을 담당했는데, 김인수 직전 알랴성 회장을 지낸 송능한(감독)의 데뷔작이었다.

달라진 충무로

1990년대 한국영화의 흐름에서 볼 수 있듯, 영화운동이 한국영화의 발전을 견인했던 중요한 요인은 세상을 보는 관점이었다. 해방 이후 한국전쟁을 거쳐 1980년대까지 한국영화의 중심에서 활동했던 영화인들은 통제의 시대를 살아왔기 때문에 심리적 제약이 있었다. 1950년대 충무로에 들어온 정진우 감독은 "우리 때는 시나리오부터 검열하고, 작품을 완성해도 잘려나가기 일쑤였다"며 중앙정보부가 장면을 잘못 이해해 북한을 미화했다고 나를 끌고 갔고, 고문을 당하기도 했다"고 말했다. 김호선 감독은 "〈영자의 전성시대〉에서 경찰에 대드는 장면이 삭제됐는데, 공권력에 반항하면 안 된다는 것이 이유였다"고 당시 사회 분위기를 전했다.

오랜 기간 억압된 독재체제 속에 길들여진 한국영화는 1980년대 군사독재가 벗기기 영화에는 관대한 모습을 보이면서 여성을 상품화한 영화들만 양산해 저질화 논란이 끊이지 않았다. 이런 구조 안에 있었던 정지영(감독)의 영화가 6월항쟁의 영향을 받아 내면에 숨겨왔던 사회비판 시선을 강하게 드러낸 것은 매우 이례적이면서 획기적인 변화였다.

반면 영화운동은 이런 온갖 제약에 맞서 굴하지 않고 지속적인 투쟁을 전개했다는 것이 큰 차이점이었다. 영화법을 위반했다는 이유로 〈오! 꿈의 나라〉〈파업전야〉〈닫힌 교문을 열며〉〈어머니, 당신의 아들〉이 군사독재의 극심한 탄압을 받았으나 흥행에 대성공을 거두면서, 소재 제한을 뚫고 민중의 삶을 그린 영화가 성공할 수 있다는 자신감을 얻게 된 것이었다. 수많은 투쟁 속에서 영화의 힘이 살아 있다는 것을 온몸으로 느낀 것으로서, 사회적으로 부담을 갖는 민감한 소재도 어떤 식으로든 다뤄보고 싶은 욕구가 강했다.

또한, 6월항쟁 이후 1988년 미국영화 직배 반대 투쟁 등으로 이어지는 과정에서 쌓인 투쟁력은 통제와 검열에 대한 저항의식을 강하게 만들었다. 민주화 바람의 영향으로 투쟁 역량이 커지는 시점에서 표현의 자유 확장을 위한 시도들이 잇따랐고, 정치 사회적인 문제에 대해 영화인들의 단결된 목소리들이 공개적으로 표출됐다.

〈어머니, 당신의 아들〉이 개봉하던 1991년 봄, 노태우 군사독재의 공안 통치에 반발하다 강경대 열사가 백골단의 폭행으로 사망하며 민중 투쟁이 격화됐던 때, 당시 영화인들은 성명을 발표해 노태우 정권을 강력히 규탄한다. 1991년 5월 17일 정지영, 박철수, 박광수, 장선우, 이미례, 문성근, 김진희, 이용관, 양윤모 등 감독 배우 평론가들이 포함된 영화인 129명은 '현 시국에 대한 우리의 입장'이란 제목으로 시국선언을 발표했다. 이들은 "노태우 정권의 강압과 물리력에 의한 통치를 중단하고 수감 중인 민주인사를 석방하는 등 민주개혁 조처 없이는 지금의 난국을 타개할 수 없다"며 "사회 경제 정의 실현과 민주화를 위해 각고의 노력을 다할 것을 엄숙히 선언한다"고 밝혔다. 긴 시간 권력에 굴종한 영화계였으나, 1987년 6월항쟁 직전 전두환 호헌 유지에 반발해 첫 시국성명을 낸 이후 영화운동 전선이 확대되면서 달라진 충무로의 단면이었다.

1991년 노태우의 공안 통치에 반발하며 시위에 적극적으로 참여한 대학생 중에는 졸업 후 영화계에 들어와 두각을 나타낸 인물이 있었다. KT&G 상상마당 영화사업부를 이끌었던 채수진(프로듀서, 전 부산영화제 아시아필름마켓 전문위원)이었다.

1991년 당시 대학 1학년으로 대한극장 앞 시위에 참여했던 채수진은 5월 25일 성균관대생 김귀정 열사가 경찰의 진압과정에서 압사 사고를 당하던 순간 그 무리에 섞여 있다가 부상을 당한다. 자칫 또 다른 희생자가 나올 수도 있었던 아찔한 순간이었다.『한겨레신문』과『경향신문』은 1991년 5월 26일자 기사에서 "백골단의 토끼몰이 진압에 건너편 진양상가 골목으로 달아나는 과정에서 시위대 50명과 함께 쓰러졌고, 채수진이 경찰이 던진 사과탄 파편에 어깨 부위가 2cm가량 찢어지고 오른쪽 목에 찰과상을 입어 병원으로 옮겨졌으나 생명에는 지장이 없다"고 보도했다.

채수진은 1998년 부산영화제 초창기 부산프로모션플랜(PPP)이 시작할 때 함께했고, 백두대간 〈아름다운 시절〉을 비롯해 오퍼스픽쳐스, 아이필름, KT&G 상상마당 등을 거치며 독립예술영화 기획과 제작을 담당했다.

충무로 영화인들의 사랑방, 노동인

영화운동이 일으킨 변화의 바람은 오랜 시간 굳어져 있던 충무로 구조에도 균열을 냈다. 일제강점기부터 수십 년 동안 이어져온 도제식이 흔들린 것은 대표적이었다. 기존에는 감독이 되려면 10년 이상 연출부와 조감독으로 일해야 했던 구조가 고착돼 있었다. 하지만 대학 연극영화과와 한국영화아카데미, 해외 유학 등을 통해 체계적 영화 수업을 받고 배출된 신예들이 등장하면서 도제식에 변화가 생겼다.

1990년대 중반에 나타난 신인 감독들은 1985년 이후 대거 생겨난 각 대학 영화서클(동아리)에서 활동하면서 단편영화를 제작하는 등 일

정한 영상 체험을 공유한 세대들이었다. 한마디로 감각이 달랐다. 이들은 반독재 민주화운동이 한창이던 때 대학을 다녔기에 충무로의 검열 반대 등 영화법 개정 투쟁에도 적극적이었다. 표현의 자유에 대한 갈망이 강했고, 영상에 대한 이해력도 어느 정도 갖추고 있었다.

1988년 영화법 개정과 미국영화 직배 반대 투쟁 과정에서 결성된 조감독협의회는 개혁의 목소리를 높였고, 도제식과 노동 착취 등 충무로의 고질적 문제 해결을 위한 투쟁에 앞장섰다. 조감독협의회 부회장이었던 정병각은 "1988년 조감독협의회가 만들어진 이후 감독 연출료에 포함돼 있던 조감독 인건비를 별도 계약으로 지급해달라고 요구했고, 실행에 옮겨질 수 있었다"고 말했다. 당시는 감독 연출료에 연출부의 인건비까지 포함돼 있어 아래로 내려갈수록 받는 돈이 현저히 줄어드는 구조였다. 이정향(감독, 〈집으로〉)은 "연출부 식대 등도 조감독이 감당해야 했기에 받는 돈이 많이 줄었다"고 말했다. 조감독협의회를 중심으로 지속적인 투쟁을 통해 결국 조감독에 대한 별도 계약이 성립됐고, 이는 2000년대 이후 표준계약서와 영화인 처우 문제 개선 등으로 이어진 초석이었다.

충무로의 처우가 열악한 때였지만 영화 현장에 발을 디딘 젊은 영화인들을 보듬고 챙겨주는 곳도 존재했다. 당시 활동했던 영화인들에게는 아련한 추억으로 남아 있는 '노동인'이었다.

1988년 충무로 대한극장 별관에 있었던 노동인은 노효정(감독, 한국영화아카데미 2기), 정동환(감독, 서울예대 영화과), 권칠인(감독, 한국영화아카데미 2기, 전 인천영상위원장) 3인의 사무실 공간으로 이들 세 명의 이름을 한 글자씩 따서 붙인 것이었다. 권칠인의 한국영화아카데미 동기 노효정과 박철수 감독 연출부에 있었던 동료 정동환이 영화 작업을 위해 얻어놓은 사무실이 충무로의 사랑방 역할을 하게 된 것이다.

이정향은 노동인에 대해 "대한극장 우측 골목 안쪽의 오른편 낡은 건물의 2층인가 3층의 좁은 방 한 칸으로, 1955년생부터 1970년생까지 충무로에서 감독의 꿈을 품었던 이들은 이곳이 마음의 고향 같은 사랑방이었다. 세 명의 가난한 조감독들이 어떻게 월세를 내며 운영했는지 불가사의할 정도"라고 말했다. 또 "정보가 필요하거나 조언을 구하고자 할 때는 콜센터 같은 곳이었고, 끈끈한 의리와 동지애도 있었다. 지금의 젊은 영화인들은 결코 상상하지 못하는 인간미가 넘치는 곳이었다"고 회상했다.

이정향에 따르면 노동인은 충무로 소식과 각종 정보를 알 수 있는 쉼터와도 같았다. 늘 사람이 있었고, 학연이나 지연 등을 가리지 않았다. "데뷔 전 시절을 떠올리면 이곳이 제일 먼저 생각나는 곳으로, 거쳐 가지 않은 영화인들이 드물 정도였다"고 추억을 되새겼다. 또한 "한국영화아카데미를 졸업하고 다소 막막한 기분이었는데, 노동인을 통해 격려와 위로를 받으면서 큰 힘을 얻었다"며 "돈 없고 미래가 막막했으나 오직 꿈 하나로 먹고살던 영화인들에겐 마음의 고향 같은 곳이다"라고 말했다. 이어 "피디들도 많이 왔고 간만에 계약금을 받으면 노동인에서 술을 샀다. 몇 달간 준비하던 작품이 돈 한푼 못 받고 엎어져도, 여기 와서 술을 얻어먹었다. 항상 누군가는 술을 샀고, 누군가는 얻어먹던 곳"이라고 덧붙였다. 이정향은 "가장 많이 챙겨줬던 분들이 한국영화아카데미 3기로 들어왔다가 조감독을 맡아야 할 영화가 있어 중퇴한 이민용(감독)과 권칠인 감독의 부인(그 당시엔 애인)이었다"고 말했다.

권칠인(감독, 전 한국영화감독조합 대표)은 한국영화아카데미 졸업 후 화천공사 기획실을 거쳐 1987년 박철수 감독의 〈안개기둥〉 조감독으로 충무로 활동을 시작해 1994년 김형준(제작자)이 설립한 한맥엔터테인먼트 창립작 〈사랑하기 좋은 날〉로 데뷔했다. 정병각(감독)은 "1990년대 후반 스크린쿼터 사수 투쟁 이후 권칠인 활약이 돋보였고, 2005년 한국영화감독조합이 만들어지는 과정에서도 헌신이 컸다"고 말했다.

1994년 데뷔한 늦깎이 신인 감독들

권칠인이 데뷔한 1994년은 30대 중반의 나이 든 신인 감독들이 주목받던 시기였다. 홍기선·문원립과 함께 서울대 얄라셩의 출발이었던 김동빈(감독)도 〈엄마에게 애인이 생겼어요〉를 첫 연출작으로 내놓았고, 여균동(감독) 역시 〈세상 밖으로〉를 통해 데뷔한다. 당시 이들은 대학과 한국영화아카데미에서 영화 교육을 받았고, 임권택, 박철수, 박광수 감독 같은 유명 감독의 조감독으로 현장 경험을 쌓은 공통점이 있었다.

얄라셩 출신 김홍준(감독)도 1994년 〈장미빛 인생〉을 통해 감독으로 첫발을 내디뎠다. 1976년 대학 2학년 때 8mm 영화 〈서울 7000〉을 만들어 서울의 풍경을 담았을 만큼 일찍부터 영화에 관심을 기울였으나, 박광수, 황규덕 등에 비해 늦은 데뷔였다.

얄라셩과 서울영화집단을 거쳐 1983년 미국으로 유학을 떠났던 김홍준은 1989년 귀국해 임권택 감독 〈개벽〉 연출부 막내로 영화 현장에 발을 딛게 된다. 김홍준이 처음 맡은 일은 소품 담당 연출 조수였다. 서울대 출신에 미국 유학까지 다녀온 인재가 충무로 도제식 밑바닥을 자청한 것은 특별했다. 대학 영화서클 활동과 유학 경험을 바탕으로 데뷔해 새로운 영화를 선보이던 젊은 감독들의 흐름과는 다른 것이었다. 김홍준은 "한국 상업영화를 하려면 좋든 싫든 충무로 시스템으로 들어가야 한다는 생각이었다"고 말했다. 기존 충무로 시스템을 존중한다는 의미였다.

김홍준이 1992년 구회영이란 필명으로 출판한 『영화에 대하여 알고 싶은 두세 가지 것들』은 영화 해설서로 당시 영화 관객들에게 꽤 인기 있던 서적이기도 했다. 미국 템플대에 유학하면서 학교 극장에 틀어박혀 닥치는 대로 영화를 본 마니아로서 이론적 바탕으로 쓴 책이었는데, 영화 입문에 도움이 되는 책으로 평가받았다.

『한겨레신문』 1993년 6월 9일자 김선주 칼럼은 고급 인력들이 영화 등 대중문화에 활발히 활동하고 있는 상황을 긍정적으로 평가하면서 임권택 감독이 사석에서 김홍준에 대해 "쟤가 내 선생이다"라고 했다는 일화를 전하기도 했다. 『조선일보』 1993년 9월 10일자 기사에 따르면 임권택은 "어려운 미국 유학 가서 박사 학위를 눈앞에 둔 때에, 영화가 하고 싶어 모든 것을 던질 정도라면 우리가 기대할 만한 사람 아닌가"라고 김홍준에 대한 기대를 나타냈다.

데뷔작인 〈장미빛 인생〉은 가리봉동 만화방을 중심으로 다양한 계층과 성격이 다른 인물들을 통해 당시 사회를 묘사한 영화였다. 여성영화집단 바리터 출신으로 1993년 첫 여성영화제인 '스핑크스 수수께끼-페미니즘 필름 페스티벌'를 개최했던 김영(프로듀서)이 연출부(스크립터)로 참여한 첫 작품이기도 했다. 김영은 "〈장미빛 인생〉을 시작으로 〈박하사탕〉 때도 공동조감독을 맡아 후반 작업을 주도했다"고 말했다. 김홍준은 "박승배 촬영감독(〈난장이가 쏘아올린 작은 공〉 등)과 조동

　　　　　　　　　　　　　　　　　충무로, 새로운 물결

익 음악감독(〈넘버 3〉 등)에게 많은 것을 빚진 영화였다"고 회상했다. 〈장밋빛 인생〉은 1994년 12월 프랑스 영화진흥공사가 후원하는 조르주 사둘상 외국어영화상을 수상했고, 주연배우로 출연했던 최명길은 낭트영화제 여우주연상 수상으로 화제가 됐다. 1987년 이후 임권택 감독, 신승수 감독, 장길수 감독 등의 영화가 베니스, 몬트리올, 모스크바국제영화제 등에서 잇따라 수상한 가운데, 신인 감독이 이뤄낸 주목받는 성과였다.

이 시기 임순례(감독)도 단편영화 〈우중산책〉으로 충무로에 이름을 알린다. 1983부터 프랑스문화원을 다니며 영화에 심취했던 임순례는 문화원 세대였는 데, 뒤늦게 첫 연출작을 만든 것이었다. 학부를 마치고 대학원에 진학했다가 영화에 대한 갈증으로 1988년 파리 8대학으로 유학을 떠났고, 4년 뒤인 1992년 귀국해 이듬해 충무로에 발을 딛는다. 임순례는 여성영화인모임이 펴낸『영화하는 여자들』(사계절출판사, 2020) 인터뷰에서 "임권택 감독 연출부에 들어가고자 했으나 기회가 안 된 상황에서, 여균동 감독의 제안을 받고 1993년 제작에 들어간 〈세상 밖으로〉 스크립터로 참여하게 됐다"고 밝혔다. 촬영이 끝난 후 이 스태프들과 함께 만든 영화가 〈우중산책〉이었다. 당시 삼성영상사업단에 주최했던 서울단편영화제에서 대상과 비평가상 수상으로 재능을 인정받는다. 충무로 도제 시스템을 거치지 않은 여성 감독이 부상하는 순간이었다.

영화비평의 새로운 전환

1990년대 영화운동 출신들이 충무로의 제작, 프로듀서, 감독 등을 맡으면서 두각을 나타냈으나 가장 활발하게 활동했던 것은 평론 분야였다. 1979~1980년으로 이어지는 시기 문화원에서 영화를 보던 세대는 동인지 『프레임』을 발행해 영화 비평에 나섰고, 『열린영화』와 『영화언어』 『민족영화』 등의 발행도 이 흐름이 이어진 것이었다. 비평 활동과 이론적인 연구를 통해 영화운동의 방향성을 제시한 것이다. 중심에는 이용관, 전양준, 이정국 등이 있었다.

1979년 동서영화연구회 시절부터 영화 학습을 지도했던 전양준은 대학 영화운동이 활성화되던 1985년 『열린영화』에 게재한 「작은영화는 지금」이라는 글에서 '작은영화의 개념은 미래지향적이고 긍정적인 것'이라며, 당시 단편영화의 제작 기조와 질적 수준에 대한 비판과 함께 구호가 아닌 실천으로 연결될 필요성을 강조했다. 1990년 계간지 『민족영화』 2호 대담에서는 비제도권 영화로 불렸던 재야 민중영화제에 대해 "기득권자들의 사회적 통제와 억압으로 말미암아 자연스럽게 비제도권 영화가 생성되었다며, 제도권 영화는 그러한 압력에 종속됐다며 비제도권 영화의 역할이 증대될 것"으로 전망했다. 다만 전양준은 "기존 충무로의 제도권 영화에 비관적인 생각을 갖고 있다"면서도, "모든 일은 사람이 하기에 현재 젊은 영화인들의 작업에 기대를 걸고 있다"며 작은 희망을 나타내기도 했다.

이들의 활약은 충무로의 비평 판도에 신선한 자극이 된다. 당시 충무로에는 상업자본에 종속된 글들이 이어지면서 영화평에 대한 관객의 불신을 조장하고 있었기 때문이다. 신문에 나오는 영화평 기사도 마찬가지였다.

정진우 감독은 "당시 영화기자 중에 내 돈을 안 받은 사람이 극히 일부에 불과하다"며 "촌지를 얼마를 주느냐에 따라 기사가 달라졌다"고 말했다. "몇몇 기자들은 필요할 때 용돈 받듯 돈을 받아가면서도 기사를 안 써 줬다"고 덧붙였다.

한국 영화운동에서 비평의 한 축을 담당했던 이들 대부분은 1980년대 문화원과 대학 영화운동, 서울영화집단, 바리터 등 영화운동의 최전선에서 활동했다는 공통점이 있었다. 1990년대 들어 학계와 평론계로 옮겨오면서 충무로 활동의 이론적 토대를 제공하고 운동의 방향성을 제시한 것이다. 이들이 펴낸 책은 영화운동의 발전에 좋은 자양분을 제공한다. 이용관의『전위영화의 이해』, 이용관·김지석이 함께 쓴『할리우드』, 이효인의『한국영화역사강의』등 젊은 평론가들이 쓴 책은 주로 외국 영화 서적 번역이 중심이던 환경에 변화를 가져왔다. 전양준은 영화 입문서『레디고』, 비평서『새로운 한국영화를 위하여』『닫힌 현실 열린 영화』, 감독론을 다룬『가치의 전복자들』등 다양하면서도 가장 많은 책을 저술했다.

영화운동의 성장 과정에서 평론의 역할에 대해 김인수(부산영상위원회 운영위원장)는 "제작과 비평이 잘 조화를 이뤘던 것이 영화운동의 발전에 기여했다"며 "1980년대 초반부터 크고 작은 영화들을 꾸준히 만들어내면 이론을 담당했던 쪽에서 다양한 형식을 통해 비평했고, 상호작용을 하면서 진보적 영화운동이 성장했다"고 평가했다.

영화마당 우리와 영화공간1895, 바리터 등에서 활동하다 비평으로 방향을 정했던 권은선(영화평론가, 중부대 교수)은 "김소영(한예종 교수)의 영향을 받은 게 영화평론가로 들어선 계기가 됐고, 전양준이 발행하던『영화언어』를 보면서 비평에 대한 영향을 받기도 했다"고 말했다. 이어 "영화마당 우리나 영화공간1895는 이론 공부를 한 곳이었다면, 바리터는 만드는 쪽이었다"고 구분했다.

1990년대 중반 이들 젊은 평론가들이 나선 비평 강좌는 많은 관심을 받았다. 권은선은 "1996년 민예총에서 주관한 문예아카데미 영화비평교실 담임이 김소영(한예종 교수)이었고 이용관 등이 강사였다"며 "김소희(전 씨네21 기자), 백문임(연세대 교수), 이정하(단국대 교수) 등이 같이 공부했고, 영화비평교실 간사는 이순진(영화사 연구자)이었다"고 말했다. 당시 민예총 문예아카데미는 조한기(문재인정부 청와대 비서관)가 설립을 주도한 것이었다.

충무로, 새로운 물결

대종상, 충무로 구체제와 영화운동의 충돌

1990년대 들어 세력을 확대한 한국 영화운동이 기존 주류였던 충무로 구체제와 본격적으로 대립하게 된 지점은 대종상이었다.

기획영화를 통해 충무로의 신예로 부상한 영화운동 세력은 차별화된 작품으로 흥행에도 두각을 나타내면서 존재감을 확대해갔다. 오랜 시간 기득권을 갖고 있던 충무로 구체제는 영화운동의 성과를 인정할 수밖에 없었으나, 일정 부분 견제 심리도 작용하고 있었다. 충무로의 새로운 세대의 성장은 개혁의 목소리가 높아지는 것으로, 이는 기득권을 위협받는 것이었기에 젊은 세대의 도전이 달가울 수 없었다.

그렇다고 충무로에 새로운 바람을 일으키는 세대를 마냥 무시할 수는 없다 보니 충무로 구체제는 젊은 세대가 기존 틀을 인정하고 존중하길 원했다. 그러나 한국영화를 바꾸고 싶은 변화의 욕구가 강했던 젊은 영화인들은 애초부터 적당히 타협할 생각이 없었다. 충무로는 이들에게 개혁의 대상이었다.

　사실 영화운동이 성장하면서 두 세력이 맞부딪히는 것은 피할 수 없는 현실이었다. 그 직접적인 전선으로 작용한 것이 1990년대 대종상이었다. 대종상은 충무로 구체제 입장에서 낡은 기득권을 수호하려는 도구였다. 반면 영화운동 진영은 여기에 균열을 내고 새롭게 바꾸길 원했다. 이 차이가 충돌로 이어지게 된 것이었다.

　결과적으로 신구세대의 충돌은 치열한 다툼을 거쳐 1990년대 충무로 구체제의 입지가 점차 약화하는 결과를 초래했고, 2000년 초반 이후 영화운동의 충무로의 주도권을 강화하게 된다. 대종상이 그 역할을 한 것이었다.

　여기서 대종상이 갖는 역사와 의미 가치를 살펴볼 필요가 있다. 대종상의 출발은 1959년과 1960년 문교부의 우수국산영화상 제도를 공보부가 이관받아 1962년 11월 2일 1회 대종상영화제를 시작한 것이었다. 5 · 16 군사쿠데타로 정권을 찬탈한 박정희 군사독재가 영화법을 만들어 통제를 강화하던 시기에 첫발을 내디딘 것이다. 이후 예총과 한국영화인협회 등으로 이관돼 진행되던 대종상은 대한민국문화예술상 영화 부문에 흡수돼 8회(1969)와 9회(1970)는 열리지 못했고, 10회 이후 영화진흥조합, 문공부, 영화진흥공사(현 영화진흥위원회)가 15년간 주도해오다가 1986년에 이르러서 한국영화인협회(현 영화인총연합회)가 주도하게 된다.

　대종상 사무국장을 역임했던 최석규(전 시나리오작가협회 부회장)는 1994년 대종상 백서에서 "영화제 개최 예산을 국고에 의존하고 있었기 때문에 독자적 자율성에 한계가 있다는 평가를 받았다"고 지난 시간의 대종상을 평가했다. 실제로 대종상은 영화인협회로 넘어오기 전까지는 정부기관의 입김이 강했다. 정진우 감독은 "작품상은 안기부(국가안전기획부, 현 국가정보원), 감독상은 보안사(국군보안사령부, 현 국군방첩사령부), 배우상은 치안본부(현 경찰청) 등에서 개입해 결정했을 정도로 실세 권력 기관들의 입김이 강했다"고 증언했다.

문제는 1986년 이후 영화진흥공사에서 주관하던 대종상이 영화인협회로 넘어왔음에도 불구하고 이런 식의 외부 개입이 완전히 근절되지 않았다는 점이다. 개입하거나 간섭하는 게 오랜 관행이 되면서 충무로 구체제는 익숙하게 받아들인 것이었다.

다만 영화운동을 기반으로 한 충무로의 새로운 세대들은 구습에 강한 거부감을 나타내고 있었다. 1987년 6월항쟁 이후 민주화가 진척되는 과정에서 안 좋은 관행들이 되풀이되는 것에 문제의식이 상당했기 때문이다. 구시대의 관습을 유지하려는 충무로 구체제와 개혁을 원하는 새로운 세력의 갈등이 필연적일 수밖에 없는 이유였다.

대종상 실무 책임을 맡은 이정하와 김혜준

1994년 32회 대종상을 주목할 이유는 한국영화의 새로운 피로 등장한 젊은 영화인들의 존재감이 커지면서, 신구세대의 갈등이 두드러졌기 때문이다. 1994년 대종상은 1993년 12월 영화인협회 내부에 대종상 사무국이 꾸려지면서 시작됐다. 사무국장이 최석규(전 시나리오작가협회 부대표)였고, 기획홍보 담당이 이정하(전 영화평론가), 행정 담당이 김혜준(전 영진위 사무국장)이었다. 이정하와 김혜준은 1991년 해소된 민족영화연구소 출신으로 충무로에서 인정받던 정책전문가들이었다. 이들이 충무로 구체제의 본산 격인 영화인협회에서 업무를 시작한 것

재야단체에서 활동하던 시절의 김혜준 전 영진위 사무국장(오른쪽) _김혜준 제공

은, 매우 이례적으로 보이는 부분이다. 물론 민족영화연구소에서 활동했던 이정하가 제도권의 상징이었던 충무로와 연대를 주장해왔다는 점에서 운동 기조에 어긋난 것은 아니었다. 그렇더라도 운동으로서 영화를 중시하며 이론과 정책에 탁월한 역량을 갖춘 두 사람이 대종상 실무를 맡았다는 것은 특별했다.

김혜준에 따르면 형식적으로는 최석규가 대종상 사무국장이었지만 실질적인 책임을 맡은 것은 이정하였다. 이정하와 김혜준은 영화인협회 기획조사실에 속해 있었는데, 이 조직이 다름 아닌 스크린쿼터감시단이었다. 재정적인 이유 등으로 인해 감시단과 대종상 일을 병행한 것이다.

영화인협회 안에서 스크린쿼터감시단 활동을 시작하기 전에 진보정당에서 활동했던 김혜준은 민영연 해소 이후 대종상 사무국 업무를 맡기까지의 과정을 이렇게 설명했다. "1990년 11월 10일 진보정당인

민중당 창당 과정에서 민족영화연구소와 한겨레영화제작소 구성원들이 적극적인 연대와 참여를 결의했다. 홍보 활동이 필요한 영상 작업을 돕는 방식으로 적극 연대하면서 정책 쪽 작업도 함께 하려 했었다. 연결고리는 장기표와 이효인이었다. 민영연이 전태일 영화를 제작하려던 생각이 있기도 해서 전태일 열사가 분신했을 때 가장 먼저 병원으로 달려가 대학생 친구를 자임했던 장기표와 깊이 교류하고 있었고, 당시 장기표는 민중당의 주축이었다. 하지만 실질적으로 민중당 활동에 참여한 것은 나뿐이었다. 민족영화연구소 활동과 병행하면서 이재오가 의장이었던 서울민중연합에서 잠시 사무처장 등을 했던 것이 계기가 됐다. 실제 당에서 맡은 업무는 민중당 사무처 재정국 부국장이었다. 당 운영비를 마련하고 집행하는 역할로, 후원회 관리와 함께 북한 술과 대량 주문 연하장을 팔거나 논란거리였던 가수 민해경 힐튼호텔 콘서트 등의 재정 사업을 진행했다."

진보정당을 표방했던 민중당은 1992년 국회의원 총선거에서 당시 정당법에 따라 정당 존립에 필요한 2% 이상을 득표하지 못하면서 해산했다. 고 김낙중 대표 등 민중당에서 활동한 일부 인사들이 당시 안기부(현 국정원)가 발표한 간첩단 사건에 연루된 것도 영향이 있었다.

김혜준은 "당 해산 이후 임권택 감독과 이효인(전 영상자료원장, 경희대 교수) 등이 공동출자에 참여했던 타블로이드판 영화 매체『영화저널』의 관리부장으로 있다가 영화인 출자자들이 운영에서 손을 떼면서 다시 스크린쿼터감시단으로 와서 활동하게 된 것이었다"고 말했다. 이어 "이정하가 책임을 맡아 막 스크린쿼터감시단을 출범시키던 참이어서 자연스럽게 자리를 옮긴 것이고, 당시 스크린쿼터감시단이 영화법 폐지와 영화진흥법 제정 준비 같은 영화인협회 기획조사실 업무를 담당하면서, 동시에 대종상 관련 업무를 병행했다"고 설명했다.

유동훈과 정지영의 연대

여기서 당시 영화인협회를 이끌고 있던 유동훈 이사장(제작자, 작고)은 '왜 영화운동의 중심적인 인물들을 끌어들였을까?'라는 의문이 생긴다. 김혜준은 "유동훈 이사장과 당시 영화운동 진영을 대표했던 정지영 감독의 동상이몽이 있었을 것이다"라고 유추했다. "스크린쿼터 감시단 활동을 효과적으로 진행하기 원했던 정지영(감독)의 생각과 적절한(?) 수준의 영화인협회 개혁을 원했던 유동훈의 생각이 맞아떨어졌다고 볼 수 있다"면서 "스크린쿼터감시단의 운영비를 따로 조달하기가 어려웠으므로 영화인협회를 통해서 급여 등을 해결하는 방식으로 활동에 필요한 물적 기반을 마련했던 것"이라고 회상했다.

정지영(감독)은 1987년 6월항쟁 직전 영화인 시국선언을 주도한 이후 사회성 짙은 〈남부군〉〈하얀전쟁〉 등을 연출하며 영화운동 진영의 좌장 역할을 맡고 있었다. 충무로에서 역량을 인정받는 감독으로 젊은 영화인들의 정신적 지주이자 맏형이기도 했다. 정지영은 "당시 유동훈 이사장이 연대제안을 했던 것이었다"며 그 이유를 이렇게 설명했다. "유동훈 이사장이 충무로 구체제의 하수인이었으나, 세상이 변하는 흐름을 인식하고 있었기 때문에 젊은 영화인들에게 자기편이 돼달라고 손을 내민 것이다. 다소 약은 면이 있었다고 봐야 하지만 세상이 바뀌고 있음을 인지하고 있었다는 점은 기존 구체제 영화인들과는 많은 부분 달랐다."

다만 정지영은 "유동훈 이사장이 충무로 구체제의 하수인이라는 생각이 강했기 때문에 처음에는 제안을 의심했다"고 말했다. 그러자 유동훈이 "진정성을 믿어달라"면서 스크린쿼터감시단을 영화인협회 내부에 두겠다는 제안을 먼저 해 왔고, 신뢰가 생겼던 것이었다"고 옛 기억을 떠올렸다.

스크린쿼터감시단은 젊은 영화인들이 충무로 구체제를 견제할 수 있는 중요한 도구였다. 1980년대 후반 미국영화 직배 반대 투쟁을 주도했던 영화운동은 직배 문제에 대해 끊임없이 목소리를 내고 있었다. 이 과정에서 스크린쿼터 감시 활동을 강화하는데, 유동훈이 이를 충무로의 대표인 영화인 조직 안에 품은 것이다. 정지영과의 약속대로 유동훈 이사장은 1993년 1월 29일 영화인협회 이사회를 열어 스크린쿼터감시단을 발족했다.

정지영은 "비록 구체제 사람이지만 유동훈 이사장과 연대함으로써 영화인협회라는 조직을 영화운동 쪽이 활용할 수 있게 된 것이고, 손을 맞잡음으로써 극장을 갖고 있던 기존 구체제에 도전장을 내는 의미도 있었다"고 말했다.

김혜준은 "유동훈 이사장이 '나를 49%만 믿으라'는 말을 했다"면서 "정치적인 감각도 있고 기존 충무로 구체제와는 다른 길을 걷고 싶었던 생각도 있었다"고 기억했다. 이어 "기존 체제에 함몰되어서는 곤란하다는 생각이 있었을 것이고, 그래서 1992년 겨울 나름의 조직쇄신을 단행한 것으로 본다"고 평가했다. 특히 "삼성문화재단에서 대종상 후원자로 나선 상태였으므로 유동훈 이사장이 기부금을 안정적으로 끌어들이기 위해서 일정한 수준의 합리성을 확보하는 차원의 조치로서 영화 정책적인 부분과 함께 대종상 기획 운영까지 맡긴 것이었다"고 덧붙였다.

당시 삼성이 대종상을 후원한 것에 대해 1994년 삼성전자에 근무하며 1회 서울단편영화제를 기획했던 김은영(영화제작자, 추계예대 교수)은 "당시 삼성문화재단 손기상 상무가 영화에 조예가 깊어서 대종상을 조건 없이 후원해 도와준 것이었다"며 "이후 삼성전자 · 드림박스 · 제일기획 등으로 분산돼 있던 업무가 1995년 삼성영상사업단으로 모이게 됐다"고 말했다.

이정하와 김혜준은 1993년 영화인협회 업무와 대종상 관련 실무까지 맡으면서 두드러진 활약을 보인다. 사실 충무로 구체제 역시 이들의 역량만큼은 인정하고 있었다. 이정하는 1988년 미국영화 직배 반대 투쟁 당시 전면에 섰을 만큼 실천과 이론에 탁월했고, 김혜준 역시 민족영화연구소 활동 이후 영화법 개정 문제 등 현안 대응 과정에서 깊은 인상을 남기고 있었다. 정진우 감독은 "이정하나 김혜준이 상당히 똑똑했고 정책적인 면에서 능력이 뛰어났던 것은 사실이다"라며 "갈등도 있었으나 한국영화의 인재로 인정한다"고 평가했다.

시기적으로 스크린쿼터감시단 발족을 통해 유동훈-정지영 연대가 형성됐던 1993년은 노태우를 끝으로 기나긴 군사독재가 끝나고 문민정부를 표방한 김영삼 정부가 표방한 출범하던 때였다. 3당 야합 정권이라는 한계가 있었으나, 공안 통치를 자행하던 군사독재 시절이 끝나면서 이전과는 다른 유화적 분위기가 형성돼 있었다. 표현의 자유를 위한 투쟁은 계속됐으나, 〈파업전야〉를 제작한 이용배 장산곶매 대표에게 대법원의 유죄 판결이 났을 만큼 경직된 분위기는 풀리지 않았다. 그 와중에도 이언경(감독), 손주연(프로듀서), 김영(프로듀서) 등의 주도 아래 최초의 여성영화제인 페미니즘필름페스티벌이 개최되는 등 영화운동의 활동 폭이 제작 분야를 넘어 다른 방향으로도 두드러지고 있었다.

정부의 스크린쿼터 축소 방침에 영화계의 반발이 거세게 일었던 시기이기도 했다. 1993년 10월 한국영화 제작 편수 부족을 이유로 문화체육부 이민섭 장관이 법적 근거가 전혀 없는 쿼터 20일 단축 조정 고시를 하자 정지영을 운영위원장으로 한 '스크린쿼터 사수 범영화인 비상대책위원회'가 가동됐다.

영화계의 강력한 항의에 직면한 문체부가 사태 수습 차원으로 영화계가 요구한 대규모 토론회를 수용하면서 11월 30일부터 1994년 1월 20일까지 영상산업진흥법 제정 토론회가 세 차례에 걸쳐 영화진흥공사(현 영화진흥위원회)를 통해서 개최되기도 했다.

김혜준은 "1993년은 특히 우루과이라운드 협정 체결을 둘러싸고 미국과 프랑스를 주축으로 하는 〈쥬라기 공원〉과 〈제르미날〉의 맞대결로 상징되는 문화전쟁이 벌어지던 때였다"며 "한국 영화계로서는 문화체육부의 월권적인 스크린쿼터 20일 재량 단축 조치에 맞서던 비상한 시기였다"고 회상했다. 이어 "대종상 업무를 담당하기는 했으나 정책 대응 업무가 훨씬 크고 많은 상황이었다"고 덧붙였다.

심사위원으로 합류한 젊은 영화운동 세대

32회 대종상은 이정하와 김혜준이 실무를 담당하면서 영화운동의 주축들이 대거 심사위원으로 참여한 것이 특징이었다. 예심과 본심을 합해 심사위원 절반 가까이가 개혁적인 젊은 영화인들이었다. 이전에 볼 수 없었던 구성이었고, 구체제 중심을 탈피한 대종상의 신선한 변화였다. 여기에도 유동훈 이사장이 역할이 있었다. 정지영은 "대종상 심사위원 선정 때문에 유동훈 이사장이 충무로 구체제 윗사람들에게 비판을 받기도 했다"고 회상했다.

예심 심사위원 25인에 한옥희(감독, 평론가)를 비롯해 이충직(전 영진위원장), 이춘연(전 영화인회의 이사장, 작고), 이효인(전 영상자료원장), 김지석(전 부산영화제 부집행위원장, 작고), 김영진(명지대 교수, 전 영진위원장), 정재형(동국대 교수), 조선희(전 한국영상자료원장) 등이 포함돼 있었다. 당시 48세였던 한옥희와 43세였던 이춘연을 제외하면 대부분 30대였고, 김영진이 30세로 가장 어렸다.

본선 심사위원에는 이용관(부산영화제 이사장), 강한섭(전 서울예대 교수, 작고), 주진숙(전 한국영상자료원장) 3인이 참여했다. 한국영화 개혁을 외치던 젊은 영화인들의 참여가 두드러진 것이었으나, 충무로 구체제로서는 갑작스럽게 젊은 영화인들이 대거 대종상 심사위원으로 선정된 것이 못마땅할 법도 했다.

당시 젊은 평론가들은 날카로운 시선과 깊이 있는 비평을 통해 한국영화의 문제를 지적하며 대중의 주목을 받고 있었다. 학계에서 활동하며 영화운동의 이론적 터전을 다졌고, 『영화언어』 등 계간지 발행이나 언론 기고 활동으로 대중적 인지도도 높았다.

하지만 1990년대 충무로 구체제는 평론 등 학계 인사들을 따로 구분하는 태도를 보였다. 기득권자로서 똑같은 영화인으로 인정하기 싫었던 점도 있었다. 그래서 구분했던 게 '영화인'과 '영화 관계자'였다. 충무로 구체제 쪽 심사위원들은 영화인으로 규정했고, 그 외 젊은 평론가와 영화 관련 기관에서 선정된 심사위원들은 영화 관계자로 나눈 것이었다. 기준은 제작 현장이었다. 영화에서 현장 중심주의는 사실지금도 우선될 수밖에 없는 상황인데, 이를 통해 영화인의 정의를 강화하는 방식으로 젊은 비평가들을 비주류 취급했던 것이었다. 정진우 감독은 "현장을 알아야 영화인이지 제작을 경험하지도 않으면서 무슨 영화인이라고 말할 수 있냐"며 "감독, 제작자, 촬영 스태프 등 현장에서 일을 해본 사람들이 영화인이고 그 외 평론가 등은 영화 관계자일 뿐이다"라고 정의를 내렸다.

심사위원 구성은 영화인과 영화 관계자 비율이 균등했다. 예심이 영화인 12명과 영화 관계자 13명으로 구성됐다면, 본심은 영화인 6명과 영화 관계자 5인이었다. 본심 심사위원 중 영화 관계자는 이용관, 주진숙, 강한섭 외에 양성일 공연윤리위원회 사무국장과 이덕상 영화진흥공사 진흥부장이었다. 주로 이들은 30대 후반에서 40대로 젊은 축이었다. 반면 충무로 구체제가 중심이 된 영화인은 장일호 감독(심사위원장), 윤일봉 배우, 문상훈 시나리오 작가, 양영길 촬영감독, 정윤주 영화음악, 김석진 영화조명 등이었다. 이들은 주로 50대 후반에서 60~70대의 한국영화 원로 축에 속했다.

신구세대 충돌

1994년 대종상은 한국영화인협회라는 영화인 대표조직 안에서 영화운동 세력과 충무로 구체제가 처음으로 머리를 맞대고 함께 수상자를 논의한 시간이었다. 그러나 결과적으로 신구세대가 본격 충돌하는 장이 되면서 두 세력이 공식적으로 맞부딪힌 전선이 됐다.

표면적으로는 심사 과정에서 작품을 평가하는 신구세대의 의견이 달라 대립 양상을 나타낸 것이었으나, 실질적으로는 충무로 헤게모니 다툼의 신호탄이었다. 신구세대의 인식 차이가 컸고, 그 과정에서 나타난 갈등이 만만치 않았다. 영화운동 진영 시각에서 충무로 구체제는 낡은 인식과 기득권에 사로잡힌 개혁의 대상이었다. 반면 충무로 구체제 시각에서는 운동권 세력이었던 젊은 세대가 자신들이 만들어 놓은 틀을 흔들려는 도전이 불편할 수밖에 없었다.

양측의 대치 전선이 형성된 것은 본심 심사 과정에서였다. 심사가 진행될수록 보이지 않는 외부의 손길이 개입한다고 느낀 젊은 평론가들이 충무로 구체제의 방식에 반기를 든 것이었다. 그만큼 양측의 인식 차이는 컸다. 젊은 평론가들에게 구시대적 사고와 관행대로 행동하는 충무로 구체제의 방식은 가볍게 넘길 사안이 아니었다.

32회 대종상 시상식 당일인 1994년 4월 2일 앰배서더호텔에서 열린 3차 회의는 신구세대의 대립이 가장 치열하게 전개된 자리였다. 최종 수상작을 결정하는 자리에서 시상식 직전까지 무려 9시간 정도 회의가 이어졌을 만큼 진통이 계속됐다. 예심 과정에서는 볼 수 없었던 심각한 대립이었다. 심사 과정에서 적극적으로 문제를 제기한 것은 이용관(부산영화제 이사장)이었다. 부산 경성대 교수로 재직하며 부산 영화운동의 기틀을 다졌던 이용관은 1994년 말 중앙대 교수로 옮겨왔는데, 충무로 구체제와 충돌 과정에서 가장 전면에 선 것이다.

수상작 선정을 앞두고 균열이 드러난 것은, 남녀조연상, 기획상, 녹음상, 음악상, 편집상 등을 선정한 이후 점심식사 자리에서였다. 여기서 이용관, 강한섭, 주진숙 3인이 돌연 심사위원 사퇴를 선언한 것이다. 이들은 "지금까지 심사가 명백히 특정 영화를 둘러싸고 담합의 혐의가 짙고, 대체 토론에서 의견 집약과 반하는 기표 결과가 나왔다"는 이유를 들었다. 심사 과정에서 참았던 불만이 폭발하며 심사 과정 전반에 불신을 나타내는 방식으로 항의한 것이었다.

이들이 문제 삼은 특정 영화는 〈만무방〉이었다. 엄종선 감독이 연출한 〈만무방〉은 한국전쟁을 배경으로 낮에는 태극기를, 밤에는 인공기를 걸면서 생존을 위해 애쓰던 초가에 노인과 청년이 차례로 찾아오면서 벌어지는 일을 담고 있는 작품이다. 홀로 초가를 지키고 있던 주인 여자(윤정희)가 이들에게 피난처를 제공하고, 처음에는 노인(장동휘)이 초가와 주인 여자를 차지했으나 엄동설한 추위에 청년이 땔감을 구해온 후 주인 여자가 땔감과 젊은 남자의 육체에 흔들리면서 겪는 갈등이 줄거리다.

32회 대종상에서 〈만무방〉은 5개 부문을 수상했다. 그렇지만 심사과정에서 젊은 평론가 3인의 시선은 결코 호의적이지 않았다. 충분한 토론을 거치며 분명한 의견을 전했음에도 불구하고 후보에 오른 부문마다 표결을 통해 수상이 이뤄지자, 집단 사퇴 의사를 표명하며 제동을 건 것이었다.

시상식을 몇 시간 앞두고 갑작스러운 심사위원들의 집단 사퇴 표명은 전체를 술렁이게 했다. 유동훈 집행위원장과 대종상 사무국은 "심사가 절반도 진행되지 않은 시점이니 최선을 다해 논리적 합리적 의사 표출로 나머지 심사에 임하자"며 적극적으로 설득한다. 경고성 사퇴 선언이었기에 3인의 평론가는 설득을 받아들여 다시 심사에 복귀했으나 이용관은 작정한 듯 심사 과정에 문제를 제기하면서 더는 밀리지 않겠다는 뜻을 전달한다. 어떤 충돌도 마다하지 않겠다는 각오였다.

이용관이 비판한 심사 문제는 수상작 선정 결과가 표결을 통해 계속 11:0이나 6:5로 나오고 있다는 점이었다. 의사진행발언을 신청해 이렇게 유감을 나타냈다. "지금까지 진행해온 것을 보면 대체토론이라기보다는 그냥 기표 방식에 따른 것이 많습니다. 가능하면 좀 활발한 토론을 통해 좋은 의견을 모으자는 것이 이 대체토론의 취지인 것으로 알고 있습니다. 그런데 지금 나타난 결과를 보면 그것이 안 됐다는 것이고, 지금 메모하신 것을 보면 6:5 아니면 11대 0입니다. 이처럼 똑같은 표수가 나타나는 것은 자칫하면 담합의 오해를 살 여지가 있다고 생각합니다. 기획상 〈만무방〉의 경우 먼저 제가 제의를 해서 토론을 통해 결정되기도 했음에도 불구하고 일절 반구가 없으셨다는 거죠. 그런데 방금 끝난 편집상의 경우를 보면 저도 학교에서 편집 가르치는 사람으로 제 입장에서 충분히 말씀드렸고, 이의가 없었다고 생각합니다. 그런데 결과를 보면 그렇지 못하다는 게 드러났다는 거죠. 더 나아가 6:5 아니면 11대 0 숫자가 보여주듯 이것은 명백한 담합을 의미합니다."

강한섭도 지원사격에 나섰다. "편집상 부문에 있어 논리적으로 설득력 있게 발언했는데, 뚜렷한 반박 없이 토론이 종결된 다음 투표에 들어가서 〈만무방〉의 단점이 전혀 고려되지 않은 상태에서 투표 결과가 〈만무방〉이 되는, 그런 점에서 문제가 된다는 것이죠."

고성이 오간 심사 회의

이에 대해 정윤주 심사위원이 발끈한다. 정윤주 심사위원은 윤이상 작곡가의 초등학교 동창으로 작곡한 영화음악이 298편에 달할 만큼 1960~1970년대 한국 영화음악의 장인이었다. 젊은 평론가들의 비판이 못마땅했던 것이었다. "이것 참 내⋯ 이상한 질문 같은데, 투표가 6 : 5가 나오든지 4 : 5가 나오든지 11명이 투표해 11표가 나왔으면 다행이지. 나도 음악전문가 입장에서 음악상을 〈휘모리〉로 주고 싶었지만 다른 작품이 선정되니 승복하고 지나갈 수밖에 없었는데, 자기 개인 주장이 관철 안 되면 투표가 잘못됐다는 식으로 말하면 이거 뭐 얘기가 성립이 안 되는 거예요!"

하지만 이용관의 재반박이 나오면서 정윤주와 공방이 전개됐다.

"지금까지 투표 결과가 6 : 5, 6 : 5, 11 : 0, 6 : 5, 11 : 0. 11 : 0입니다. 7 : 4나 9 : 2 정도가 나와도……."

"그렇게 나오기 마련이에요! 남이 의사를 표명한 것을 갖다가 그렇게 말하면 인신공격이 되는 겁니다!"

"제가 말씀드리려는 것에 우선 대답을 해주십시오. 이것은 무슨 말이냐면 6표는 고정돼 있다는 거예요. 그렇지 않습니까?"

"그렇게 이야기를 하면 되나! 아이고 참!"

"그렇지 않다고 말씀하시는 근거가 어디 있는지 듣고 싶습니다."

"각자가 의사 표시를 한 건데!"

"그 의사 표시가 어떻게 5명, 6명으로 똑같이 나눠질 수 있냐는 겁니다. 이런 회의가 어딨고, 이런 심사가 어디 있으며 이런 토론이 어디 있냐는 겁니다!"

논쟁이 이어지자 유동훈 이사장이 끼어들었고, 예심 결과를 알려달라는 젊은 평론가들의 요청을 수용하게 된다. 각 작품이 얻은 표수를 발표한 후 다른 심사위원들이 발언이 이어지면서 진정 국면으로 흐르지만, 긴장은 내내 풀리지 않았다.

이날 사퇴 선언을 통해 심사 과정의 문제를 경고했던 이용관은 한 치도 물러서지 않았다. "의심이 계속되는 상황에서 토론을 하고 기표를 할 의미가 없다"고 말했고, 강한섭 역시 "투표를 해서 이기려면 대체토론에서 대세를 휘어잡아야 하지 그렇지 않은 상태에서 투표에서

만 이기는 것은 심사를 사시로 볼 수 있는 여지가 많다"고 동조했다. 이에 충무로 구체제 쪽 배우 윤일봉 심사위원은 "내가 4개 부문 수상에 던진 표는 교수들과 똑같았다면서 6표로 지적한 게 영화인 쪽으로 생각한 것 아니냐?"고 묻는다.

그러자 대종상 사무국 이정하가 끼어들어 평론가들의 심사 의구심에 힘을 싣는다.

"예심에서 1등으로 올라온 것은 본심에서 떨어진 것이 많지만 〈만무방〉은 예심에서 1등으로 올라온 것은 백발백중 다 됐습니다. 까놓고 이야기하면 초점은 이거입니다. 지금 보시면 알지만, 일단 〈만무방〉이 후보로 올라간 것은 계속 선정되고 있습니다. 해당자가 없었던 조연 남우만 빼고는 말입니다. 그리고 이것이 우연하게도 예심 결과와 맞춰보면 그런 문제들이 있다는 것으로 이해하고 있습니다."

결국, 심사위원장 장일호 감독이 충분한 토론을 통해서 진행하기로 약속하면서 다시 심사가 진행된다. 대종상 백서는 당시 안팎의 분위기를 이렇게 기록하고 있다.

> 이날 대종상 최종 토론은 9시간을 끌었다. 한 편의 영화에 대한 평가 때문이었다. 〈만무방〉이 그것이다. 영화의 작품성을 둘러싸고 심사위원들은 두 편으로 확연하게 갈렸다. 그것이 가장 집약된 부분이 감독상 선정 과정이었다.

〈증발〉 외압 논란

심사 과정 외적으로 신상옥 감독의 〈증발〉 역시 당시 대종상을 흔들어놓고 있었다. 〈증발〉은 박정희 정권에서 중앙정보부장을 했던 김형욱 실종 사건을 소재로 한 영화였다. 내용은 전 국가보안부 장관 박진욱이 충성 경쟁의 희생양이 되어 미국에서 반국가행위 및 회고록 집필 사건으로 납치되고, 대통령인 한성태는 박진욱을 48시간 안에 회유할 것을 지시해 옛 동료였던 이상규는 특수감방으로 연행된 박진욱에게 회고록 집필을 중지토록 요구하는 것이었다. 하지만 박진욱이 부패한 역사를 통감하고 참회하는 의미로 회고록을 쓸 수밖에 없다고 거절하면서 지난 18년을 회고하는 줄거리로, 박정희 독재를 비판하는 영화였다.

대종상 백서는 당시 안팎의 사정을 이렇게 기록했다.

> 4월 2일 오전 10시 각 부문 수상자 결정을 위한 본심 최종회의가 열리기 직전 대종상 사무국에는 한 장의 팩스가 날아들었다. 합동영화사에서 신상옥 감독이 〈증발〉을 출품 철회하겠다는 공문이었다. 신상옥 감독은 오전 11시경 내외신 기자회견을 열어 〈증발〉에 대한 외압이 있다고 주장했다. 이때는 본심 회의가 진행 중이던 시점으로 시상식을 대여섯 시간 남겨놓은 상황이었다. 미개봉작 문제와 예심에 대한 불만 표출 등 대종상 전반의 운영에 대한 비판의 목소리가 커지던 시점이었다.'

여기서 신상옥 감독의 〈증발〉과 관련된 논란을 주목할 필요가 있는 것은 당시 통제와 억압의 시대를 거쳐온 대종상의 안팎 상황을 엿볼 수 있기 때문이다. 보이지 않는 손이 일부분 드러난 것으로 대종상에 정치 권력이 개입했다는 의구심을 키웠다. 김영삼의 문민정부가 들어선 시기였으나 3당 합당으로 생겨난 민자당을 통해 군사독재 세력이 권력을 유지하고 있었기에, 박정희 독재의 핵심이었던 김종필의 정치적 힘은 여전했다. 박정희 독재에서 벌어진 의혹 사건을 소재로 삼은 영화가 대종상 후보에 오르자 외압 논란이 불거진 것은 그 이유에서였다.

신상옥 감독이 기자회견까지 열어 출품 철회를 밝히면서 논란이 커지자 심사위원 중 배우 윤일봉이 "참고 발언을 하겠다"고 나서 외압과 관련된 전후 사정을 밝혔다. "대종상 때문에 김종필에게 연락이 온 것은 없었고, 한 달 반 전에 최무룡 배우와 배우협회 사무국장을 통해 '영화인들이 너무하지 않느냐'는 (의견이 전달된) 것이다. (최무룡 배우가) '김종필과 그런 대화를 할 수 있는 것은 옛날부터 영화인들을 많이 보호해주고 그러다 보니 우리 연기자들하고 다른 정치인들보다 직업을 떠나서 가깝게 느껴지기 때문'이라고 했다. '이건 도대체 사실인 것을 묘사했으면 괜찮은데, 없는 것까지 이렇게 해서 나쁘게 만들었으나 대단히 난 섭섭하다'는 입장을 들었다." 윤일봉은 또한 "김종필 씨가 기분이 좋지 않았고, 아무리 픽션이라고 해도 정치적 묘사할 때는 정확히 해야 할 텐데, 뭐 그런 뜻으로 말을 들었다"고 덧붙였다. 하지만 "직접적인 연락은 없었다"고 거듭 강조했다.

최무룡 배우는 1988년 총선에서 김종필의 공천으로 국회의원에 당선됐기에 김종필과 가까운 인사였다. 외부 압박설이 전혀 뜬금없는 이야기는 아니었음을 확인해준 것이다.

이때 강한섭은 "이왕 이야기가 나왔으나 들은 이야기를 하겠다"면서 "김종필 개입설과 안기부 개입설, 가짜 안기부 개입설 등이 있다. 이런 혼탁한 상황이 발생하는 것에 대해 유감"이라고 발언했다.

다만 대종상 사무국은 백서에서 〈증발〉 논란을 이렇게 기록했다.

예심이 끝난 뒤 〈증발〉에 관한 이런저런 루머는 집행위원회와 사무국의 긴장을 부를 만큼 심각한 상태로 퍼져나갔다. 그것은 대체로 세 종류의 것이었다.

첫째, 〈증발〉이 본심에서 수상하지 못하도록 모 정치인과 기관이 압력을 넣었다는 외압설. 둘째, 집행위원장이 〈증발〉 출품사와의 사업상 관계 때문에 주요한 상을 줄 것이라는 예정설. 셋째, 〈증발〉에 대한 외압은 사실이 아니며 출품사가 증발을 떨어뜨리기 위해 퍼트렸다는 가짜 외압설이었다.

하지만 〈증발〉은 예심에서 결코 좋은 평가를 받지 않았다. 이 영화는 예심에서 조연남우상, 남우주연상, 감독상, 작품상 등 4개 부문에 올랐으나 1등으로 올라간 것은 조연남우밖에 없다. 그러니 예심 결과를 외압설과 연관 지을 수는 없다. 왜냐하면 예심 실사 과정에서 〈증발〉의 실사 심사가 끝났을 때 예심위원들의 평가가 그리 좋지 않았기 때문이었다.

감독상 격론

〈증발〉 외압설은 그리 심각하지 않았으나, 갈등의 근원이 된 〈만무방〉은 달랐다. 수상작으로 선정될 때마다 격론이 오가면서 찬반대립이 심할 정도로 〈만무방〉은 신구세대 충돌의 발화점이었다.

감독상에 앞서 여우주연상 수상자 선정 과정에서도 이견이 많이 표출됐다. 강한섭은 "작품의 격조가 오르지 못했다", 주진숙은 "작품성이 굉장히 취약하다" 이용관은 "격이 떨어지는 작품이다"라며 매우 박한 평가를 내리고 있었다. 반면 윤일봉 배우는 "〈만무방〉이 나쁜 시나리오라고 생각하지 않는다"고 옹호했다. 토론 끝에 표결에 부쳐졌고, 윤정희 배우가 6표를 얻으며, 4표를 얻은 〈나는 소망한다 내게 금지된 것을〉의 최진실을 누르고 여우주연상으로 결정된다.

〈만무방〉의 잇단 수상 결정은 감독상 선정 과정에 영향을 미치고 있었다. 장시간 격론을 통해 양측의 대립이 심화한 것은, 더는 충무로 구체제에 물러설 수 없다는 평론가들의 결연함이 작용했기 때문이었다. 처음의 의구심이 갈수록 확신으로 변하다 보니 담합 심사를 용납하지 않겠다는 의지가 강했다.

영화상에서 작품상 다음으로 비중 있게 평가되는 것이 감독상이다 보니 수상자 선정을 놓고 팽팽한 대립이 이어졌다. 충무로 구체제는 〈만무방〉을 수상자로 결정해 화룡점정을 찍으려고 했고, 영화운동을 대표하는 평론가들은 저지 작전에 돌입한다. 이때 감독상 후보작은 〈만무방〉 외에 신상옥 감독의 〈증발〉, 박광수 감독의 〈그 섬에 가고 싶다〉, 장선우 감독의 〈화엄경〉, 박철수 감독의 〈우리 시대의 사랑〉 등 5편이었다.

평론가 심사위원 3인은 선호 작품이 일치하지 않았다. 주진숙은 장선우 감독의 〈화엄경〉에 긍정적이었고, 이용관과 강한섭은 〈그 섬에 가고 싶다〉에 무게를 두고 있었다. 토론은 주로 〈그 섬에 가고 싶다〉와 〈만무방〉을 중심으로 가고 있었으나, 쉽사리 결론이 나지 않자 주진숙은 〈화엄경〉을 상기시키며 논의가 이어졌다.

〈그 섬에 가고 싶다〉와 〈만무방〉은 둘 다 한국전쟁을 배경으로 한 작품이라는 공통점을 갖고 있었다. 작품이 주는 메시지와 지향하는 바는 달랐는데, 심사위원들의 시선 차이도 컸다. 박광수 감독 〈그 섬에 가고 싶다〉는 문재구(문성근 분)가 자신을 고향 섬에 묻어달라는 유언을 남기고 죽은 아버지 문덕배의 상여를 배에 싣고 섬을 찾아오지만, 섬에 다가올수록 섬 주민들의 반발은 거세지고 배를 섬에 대지도 못하게 하면서, 재구의 친구 김철(안성기 분)이 혼자 섬에 도착해 지난 날을 회상하는 내용이다. 한국전쟁 시기 발생한 마을 주민들의 상처를 그린 영화였다.

강한섭은 두 작품을 비교하며 〈만무방〉에 대해 "〈변강쇠〉로 대중에게 알려진 엄종선 감독이 이번에 작가적인 시도를 한 것에 대해 높이 평가를 하고 싶으나, 민족분단을 남과 여로 풀어보겠다는 것이 중반 이후부터는 좀 풀어지지 않았다는 느낌을 받았다"고 평가했다. 또한 "〈만무방〉은 분단의 비극 전쟁의 상처를 원초적 본능으로 풀었고, 〈그 섬에 가고 싶다〉는 분단의 비극과 전쟁의 상처를 민족의 신화로 풀었다"고 덧붙였다.

〈만무방〉을 옹호했던 문상훈(전 시나리오작가협회 대표) 심사위원은 "연출자가 다소 미흡한 점이 있다 하더라도 전쟁의 사각지대에서 우리의 현실을 잘 나타낸 작품이다"라고 긍정적으로 평가했고, 심사위원장 장일호 감독 역시 "우리들의 아픔이 들어 있다. 라스트를 테마로 잡았다는 것이 높이 평가해줄 수 있다"고 호평했다.

주진숙은 "〈그 섬에 가고 싶다〉나 〈만무방〉 둘 다 똑같이 6·25로 인해 어떤 이데올로기의 문제를 그린 것인데, 감독이 어떻게 접근했느냐에 따라 깊이가 문제가 되는 것 같다"며 "〈만무방〉은 그런 것을 너무 단순화시킨 것 같고, 〈그 섬에 가고 싶다〉는 좀 애매모호하게 처리하고 우리가 풀 수 없는 그런 차원으로 이끌어간 것 같다. 섬과 여성 네 명을 합쳐 좀 더 다른 해석을 내린 것 같다"고 분석했다.

토론 진행 과정에서 이용관과 주진숙은 〈만무방〉 제외에 힘을 쏟았다. 이용관은 "대종상이 명예롭게 그야말로 대중적 지지를 받으면서 그 취지에 부합할 수 있는 작품이 되려면 적어도 〈화엄경〉이나 〈그 섬에 가고 싶다〉에 줘야 한다"고 주장했다. 주진숙은 "영화를 평가하는 객관성은 있는 것 같다면서 〈만무방〉은 연출력에 문제가 있는 작품" 이라고 비판적 시각을 나타냈다.

심사위원 사퇴라는 배수진

쉽사리 결론이 나지 않는 가운데 TV 중계 시간이 다가오고 있었다. 심사 장소를 행사장인 국립극장으로 옮겨서 논의가 이어지고 있었다. 행사 시간이 얼마 남지 않자 어떻게든 종지부를 찍어야 한다고 판단한 심사위원장 장일호 감독은 "감독상 후보를 〈화엄경〉과 〈만무방〉으로 압축하겠다"며 결론을 내리려고 했다. 하지만 이용관이 반발했다. "〈만무방〉 이야기가 나오는 걸 이해를 못 하겠고 〈그 섬에 가고 싶다〉와 〈화엄경〉으로 압축해야 한다"는 주장을 굽히지 않은 것이다.

격론이 이어진 끝에 최종적으로 세 편의 영화를 놓고 투표에 들어갔다. 결과는 〈화엄경〉 1표, 〈만무방〉 5표, 〈그 섬에 가고 싶다〉 5표였다. 〈화엄경〉 1표는 계속되는 6:5 문제 제기에 부담을 느낀 듯 심사위원장 장일호 감독이 던진 표였다. 그러나 〈만무방〉과 〈그 섬에 가고 싶다〉가 5 : 5 동률이 확인되는 순간, 장일호 감독은 캐스팅보트를 행사했다. 최종적으로 〈만무방〉을 선택하면서 감독상 수상작이 결정된 것이다. 젊은 평론가들의 격렬한 저지에도 불구하고 숫자로 밀어붙인 충무로 구체제의 뜻대로 귀결되는 상황이었다.

하지만 이때 또 한 번 이용관이 판을 뒤집는다. 더는 참을 수 없다는 듯 곧바로 의사진행발언을 신청하더니 단호한 어조로 심사위원 사퇴를 선언한 것이다. "지금까지 가능한 대종상의 명예를 위해 최대한 노력을 했습니다만, 최선을 다했음에도 제가 생각하는 영화 관점이나 이런 것을 생각해서 이런 결과를 받아들일 수 없습니다. 이것이 다른 부분에까지 영향을 미칠 것 같아서 심사위원을 사퇴하겠습니다."

옆에서 지켜보던 대종상 사무국 이정하도 나서 우려를 표명하며 이용관에게 힘을 실었다. "정치적인 사태에 휘말릴 경우 대종상이 개판이 됩니다. 1부 끝 순서 두 개의 시상이 〈만무방〉이고 2부 끝 순서 들어가면 두 개가 또 〈만무방〉이 나오는데 시상식이 제대로 될 것 같습니까?"

〈만무방〉은 여우주연상, 기획상, 편집상, 미술상, 녹음상 수상을 확정한 상태에서 감독상까지 포함하면 6개 부문 수상이었다. 강한섭도 "심사가 계속 이런 식으로 대종상의 명예를 지키지 못하고 수렁에 빠뜨린 상태로 가면 저도 이용관 위원과 같이 사퇴하겠다"면서 배수의 진을 쳤다.

순간 충무로 구체제 쪽 심사위원들은 당혹감을 감추지 못했다. 젊은 평론가들의 반대를 뚫고 표결에서 이겼다고 생각했는데, 이들이 또다시 심사위원 사퇴를 선언하며 결기를 세우자 당황할 수밖에 없던 것이었다.

이때 양쪽을 살피던 유동훈 이사장이 절충안을 제시하게 된다. 차라리 감독상 수상자를 없는 것으로 하자는 제안이었다. 어느 쪽도 편들어주지 못할 상황에서 낸 고육책이었다. 원로 심사위원들은 대부분 찬성이었고, 윤일봉 배우도 반대하지 않겠다고 하면서 '수상자 없음'으로 기우는 분위기였다. 심사위원장인 장일호 감독도 동조하면서 "〈화엄경〉을 썼으나 다른 분들이 〈그 섬에 가고 싶다〉를 썼기 때문에 나는 찬성할 수 없는 영화여서 〈만무방〉을 선택했다. 감독상을 해당 없음으로 하는 것에 찬성한다"고 숨겨왔던 본심을 드러냈다.

장일호 심사위원장의 말처럼 〈그 섬에 가고 싶다〉는 충무로 구체제의 시선에 있어 절대 상을 줄 수 없는 영화였던 셈이었다. 분단 문제를 새로운 형식으로 그린 박광수 감독의 영화는 그렇게 거부됐고, 의상상 수상으로 만족해야 했다.

감독상 수상작을 정하지 않는 방향으로 흘러가자 강한섭은 장일호 심사위원장에게 호소했다. "간곡하게 부탁드린다. 제발 대종상을 수렁에서 꺼내달라." 갑론을박이 이어지며 쉽게 결론이 나지 않자 윤일봉 심사위원이 한 발 빼는 자세를 취하면서 변화가 생겨났다. "작품상만을 남겨놓고 있는데, 심사위원이 사퇴하고 엉망진창이 됐을 때를 생각해서 유종의 미를 거두는 게 좋겠다"고 방향을 전환한 것이다.

최종 절충안을 내놓은 것은 강한섭이었다. "〈그 섬에 가고 싶다〉를 지지했던 분들은 〈화엄경〉을 같이 지지했다"며 다시 결론을 내자는 제안을 한 것이었다. 최종적으로 감독상 해당 없음과 재투표를 놓고 의견을 물은 결과 심사위원 8인이 재투표에 동의하면서 〈화엄경〉과 〈만무방〉을 놓고 재투표에 들어가게 된다.

결과는 〈화엄경〉 7표, 〈만무방〉 4표였다. 심사 내내 고착됐던 6 : 5 구조가 평론가들의 압박에 깨지면서 장선우가 감독상 수상자로 결정되는 순간이었다. 〈그 섬에 가고 싶다〉와 〈만무방〉의 대립에 〈화엄경〉이 어부지리를 얻은 모양새가 됐으나, 1994년 2월 베를린영화제 특별상인 알프레트 바우어상 수상작으로서 제대로 대우를 받은 것이었다.

32회 대종상의 의의

영화운동 진영의 〈만무방〉 수상 저지가 성공을 거두면서 작품상은 수월하게 결정됐다. 감독상이 극심한 진통을 겪은 여파로 인해 감독상기 싸움에 이긴 젊은 평론가들이 작품상 결정을 주도한 덕분이었다. 후보는 〈두 여자 이야기〉〈만무방〉〈휘모리〉〈증발〉〈화엄경〉 5편.

강한섭은 "감독과도 관련이 있다"며 "(이정국 감독이) 신인감독상을 탔고, 누가 보더라도 충분히 작품상을 받을 영화"라고 분위기를 띄웠다. 주진숙 역시 "대중적인 공감대를 형성하기 좋은 작품으로 미개봉 작이지만 흠잡을 데가 별로 없는 작품"이라고 거든다. 토론 없이 바로 투표에 들어가면서 8표를 얻은 〈두 여자 이야기〉가 〈만무방〉(2표)과 〈화엄경〉(1표)을 제치고 수상작으로 결정됐다.

주요 수상작 면면을 보면, 남우주연상은 〈투캅스〉의 안성기와 박중훈이 공동 수상했다. 강우석 감독의 〈투캅스〉는 당대 흥행 영화였지만 남우주연상 외에는 대종상에서 제대로 된 평가를 받지 못했다.

그렇더라도 32회 대종상은 영화운동 출신들이 처음으로 작품상과 감독상을 수상했다는 점에서 이전 대종상과는 달랐다. 광주항쟁을 소재로 한 첫 상업영화 〈부활의 노래〉를 만든 이정국 감독이 다음 작품인 〈두 여자 이야기〉로 신인감독상과 작품상을 받으며 연출 능력을 인정받은 점은 뜻깊었다.

장선우 감독은 문화운동을 거쳐 1980년대 초기 충무로로 옮겨온 영화운동의 선배로서 첫 대종상 감독상 수상이었으나 뒤늦게 제대로 된 평가를 받은 것이었다. 무엇보다 평론가들이 격렬한 논쟁을 거치며 충무로 구체제의 장벽을 뚫어낸 것 자체가 큰 성과였다.

비록 1987년 〈칠수와 만수〉로 대종상 신인감독상을 수상하며 영화운동 출신으로 첫 대종상을 받았던 박광수(감독)가 감독상을 수상하지 못한 것은 아쉬움이었으나, 수상작 면면은 대종상의 개혁을 충분히 보여준 것이었다.

32회 대종상 백서는 심사 과정을 이렇게 평가했다.

그 긴 시간을 두고 민주적인 방식으로 상을 결정한 것은 비록 과정이 험난하긴 했으나 대종상 심사의 성격이 바뀌는 데 있어 반드시 겪어야 할 진통이라 평가할 수 있을 것이다. 그러나 이런 차원이 진통이 앞으로의 대종상에서 되풀이돼서는 안 될 것이다.

대종상 충돌 2라운드

하지만 1994년 정치적 논란 상황에서 영화운동이 구해낸 대종상은 1996년 이후 다시 과거로 돌아간다. 다양한 이론으로 무장한 젊은 평론가들은 충무로 구체제의 구태를 호락호락 넘어가지 않고 계속 부딪혔다. 1996년 34회 대종상은 그 2라운드였다. 1994년에 이어 충무로 기득권 세력의 영화상 농단에 정면으로 맞선 것이었다.

이때도 앞장선 게 이용관(부산영화제 이사장)이었다. 당시 대종상 집행위원이었던 이용관은 개봉도 안 한 영화 〈애니깽〉의 대종상 최우수상 및 감독상 수상에 전면에 나서 문제를 제기했다. 1994년에 이어 반복된 구태에 항의의 목소리를 높인 것이었다. 투명성과 공정성을 보장받기 위해 대종상영화재단 설립 및 심사 과정 등에 대한 백서 발간을 요구했고, 여기에 강한섭, 이충직, 주진숙, 변재란, 김경욱, 이정하, 김혜준 등이 동조하면서 논란이 확대됐다. 이용관은 "1994년 〈만무방〉이 대종상 여우주연상과 기획상 등 5개 부문에서 수상한 것도 외부의 입김이 작용한 수상으로 알고 있는데, 1996년 또다시 비슷한 일이 되풀이돼 그냥 넘길 수 없어 목소리를 높인 것이다"라고 말했다.

1996년에 이용관은 심사위원이 아니었기에 외부에서 목소리를 끌어냈으나, 충무로 구체제는 이를 묵살했다. 이춘연(시네2000 대표, 작고)은 "당시 곽정환(합동영화사·서울극장 대표)이 찾아와 '이용관이 네 대학 후배 아니냐?'고 묻고는, 자꾸 쓸데없는 이야기를 한다"며 "대종상 문제를 제기하는 것에 불편함을 나타냈다"고 말했다. 이어 "이용관이 그때는 대학 후배라는 것만 알았지 직접 만난 적이 없었는데, 부산영화제 시작되는 과정에서 때 처음 만나게 됐다"고 덧붙였다.

〈애니깽〉 논란은 1998년 겨울 검찰의 수사 과정에서 비리 일부가 드러났다. 『한겨레신문』과 『조선일보』는 1996년 12월 11일자 기사에서 '영화계 비리를 수사 중인 서울지검 특수2부는 10일 합동영화사가 제작한 영화 〈애니깽〉을 대종상 수상작으로 선정하는 과정에서 심사위원인 촬영감독 이석기 씨가 영화사 쪽에서 3백여만 원을 받은 사실을 확인하고 조만간 배임수재로 불구속 기소하기로 했다'고 보도했다. 당시 구속 중이던 곽정환 사장 측근 김모 씨로부터 작품상 선정지지 부탁과 함께 돈을 받았고 대종상 심사위원 9명 가운데 이씨 외에는 금품 수수 여부를 확인하지 못했다는 것이 검찰 수사 결과였다.

김모 씨로 보도됐던 돈을 전달했던 인사는 1960년대 중반부터 충무로에서 한국영화 제작과 기획을 해왔던 김진문(제작자, 전 한국영화기획프로듀서협회 대표) 아트시네마 대표였다. 김진문 대표는 이석기 감독 기소에 대해 "당시 곽정환 회장이 구속된 상태에서 충무로의 한 감독이 제보한 것이었고, 내가 돈을 받거나 한 것은 없다"고 말했다. 이어 "1992년부터 곽정환 회장을 모시기 시작했고, 회장님이 수감 됐을 때는 수개월 동안 새벽에 일어나 아침마다 거르지 않고 면회를 다녔다"고 회상했다.

이용관에 따르면 1994년 대종상 심사 과정에서 김진문에게 호텔 앞에서 끌려갈 뻔한 일이 있었다. "김진문이 호텔 앞에 사람들과 승합차를 대기시켜놓고 끌고 가려고 해 바로 눈치채고 호텔 식당 주방 쪽 뒷문으로 피했다"는 것이다.

심사회의에서 〈만무방〉을 놓고 치열하게 격돌한 뒤 충무로 구체제가 다소 감정적인 대응을 한 것이었다. 김진문은 곽정환 회장 밑에 있었기 때문에 지시를 실행할 자리였지, 주도할 위치는 아니었다. 따라서 '직접 실행했다기보다는 회장님이 시켜서 한 것으로 보인다'는 물음에 가볍게 웃으면서 "그렇지"라고 짧게 답변했다. 다만 〈만무방〉 제작사가 변장호 감독의 대종필름이었다는 점에서 충무로 구체제 차원에서 다른 요소들이 작용했을 개연성도 있다.

곽정환 회장은 대종상에 대한 이용관의 잇따른 문제 제기를 매우 불편하게 생각했던 것은 분명하나, 부산영화제가 초기 안착하는 과정에서는 상영관 대관을 비롯해 여러 도움을 주기도 했다.

대종상의 침몰

1994년에 이은 1996년 대종상 논란은 기득권을 갖고 있던 충무로 구체제와 개혁을 강조하던 영화운동 진영 간의 충돌로서, 충무로 헤게모니를 놓고 신구세대의 대립이 본격화한 것이었다. 이는 2000년 이후 영화운동 진영이 충무로를 장악하는 과정의 서막이었다.

정진우 감독은 1996년 대종상 논란의 이면을 이렇게 설명했다.

"권력 실세로 있던 사람의 영향이 작용해 정보기관 쪽에서 제작비로 10억 정도를 대겠다면서 영화를 만들어달라고 했다. 시나리오를 공모했으나 심사 과정에서 당시 영화계 실력자들이 입김이 강하다 보니 내 시나리오도 떨어졌다. 문제는 〈애니깽〉 촬영 과정에서 사고도 있었던 데다, 주연배우가 영화가 완성되기 전 지병으로 타계하면서 영화가 제대로 마무리되지 않았다는 점이다. 그렇지만 영화가 만들어진 과정을 아는 충무로 실세들은 돈을 댄 정보기관을 고려해서 상을 준 건데, 이용관이 난리를 치니 곽정환은 불편할 수밖에 없었던 거다. 그때부터 대종상 추락이 시작된 것이었다. 나도 대종상 문제 때문에 당시 충무로 실세들과 한동안 소원한 관계가 됐다."

1996년 수상작 논란은 대종상 침몰의 시작이었다. 대종상은 이후 빈번하게 신구세대 충돌의 격전지가 됐고, 충무로의 보혁 갈등은 더욱 격화됐다.

부산국제영화제의 태동

한국 영화운동에서 가장 기본적인 행사는 영화제였다. 대표적으로 1984년 영화운동 청년들이 한자리에 모인 '작은 영화를 지키고 싶습니다 8mm/16mm 단편영화 발표회'(작은영화제)는 영화운동 역사에서 상징적인 첫 영화제였다. 당시에는 상영회라는 이름을 붙였으나, 충무로 영화가 아닌 새로운 영화의 존재를 알린 시간이었다.

1985년 동시다발적으로 생겨나며 영화운동의 주력이 됐던 대학 영화서클은 영화제를 통해 존재감을 드러냈다. 학생들이 어설프게 준비한 영화제였으나 당시 극장에서 상영되던 영화와는 다른 수준 높은 예술영화를 선보여 관심을 받기도 했다.

1980년대 대학에서 열린 영화제 중 가장 주목할 만했던 행사가 1985년 11월 8일부터 15일까지 한국외국어대 영화연구회 울림이 주최한 칸영화제였다. 이 영화제가 특별했던 것은 역대 프랑스 칸국제

충무로, 새로운 물결

영화제에서 수상한 영화들을 모아서 상영한 데다, 대학생들의 노력으로 당시 국내 환경에서 보기 어려운 영화를 한꺼번에 모았다는 점 때문이었다. 울림의 주축이었던 장기철(감독)이 기획하고 김태균(감독), 주경중(감독), 장광수(영화진흥위원회) 등이 함께 준비한 영화제는 당시에는 획기적인 행사여서 큰 호응을 얻어냈다. 천편일률적인 한국영화가 외면받고 할리우드 영화가 기세등등하던 시기에 새로운 영화에 대한 갈증을 해소할 수 있는 흔치 않은 장이었다. 학교가 미어터질 정도로 많은 관객이 몰리면서 상상을 초월한 흥행을 기록했고, 전체 대학영화운동에도 영화제가 활성화되는 첫걸음과 같은 행사였다. 상영작은 마틴 스코세이지 감독 〈택시드라이버〉, 코스타 가브라스 감독 〈미싱〉, 미켈란젤로 안토니오니 〈블로우업〉을 비롯해 〈양철북〉 〈욜〉 〈가게무샤〉 〈나라야마 부시꼬〉 등 1960년대에서 1980년대 초반 칸영화제 수상작들이었다. 작품에 따라 비디오나 16mm 필름으로 상영됐다.

영화제를 기획한 장기철(감독, 한국영화아카데미 6기)은 "1983년 서울영화집단이 펴낸 책 『새로운 영화를 위하여』의 영향을 받아서 준비한 영화제였다. '새로운 영화를 위한 실천'으로, 충무로나 할리우드 영화가 아닌 다른 영화를 보여주고 싶었다"고 말했다. 『조선일보』 1985년 11월 6일 기사에서 장기철은 "미국의 저급한 오락영화가 판을 치는 기존 상업영화계에 대항해 각국의 다양한 수준작으로 소개함으로써 영화를 통한 새로운 문화 인식의 계기를 마련하고자 했다"고 기획 취지를 밝혔다.

작품 수급과 16mm 영사는 서울예전(현 서울예대) 조교로 있던 권영락(제작자, 시네락픽쳐스 대표)의 도움을 받았다. 당시 해외에서 들여와 서울예전에 보관하고 있던 비디오를 대여해준 것이었다. 장기철은

1985년 한국외국어대 영화연구회 울림. 윗줄 오른쪽에서 세 번째 장기철(감독), 네 번째 장광수(영진위), 아래줄 오른쪽에서 첫 번째 이경기(전 〈스크린〉 기자), 문명희(영화마당우리) _장기철 제공

"〈블로우업〉은 KBS에 있던 선배가 무단 반출해준 필름으로 상영됐고, 터키 영화 〈욜〉은 이장호 감독이 소장하고 있던 필름을 물물교환 형태로 어렵게 구했다"고 말했다. 이장호 감독이 원하는 영화의 복사본을 만들어주는 조건이었다.

영화운동에서 한국외대 칸영화제가 중요했던 것은 새로운 영화에 대한 대중적인 갈망을 확인했기 때문이다. 울림 회원으로 실무적인 준비를 담당했던 장광수(영화진흥위원회)는 "1980년대 후반 이후 충무로 활동을 시작한 영화인들 대부분이 찾아온 행사로 보면 된다"면서 "입장료가 500원 정도였던 것으로 기억하는데, 수입이 1600만 원~1800만 원 정도로 영화제 운영에 들어간 경비 400만 원 정도를 빼고 천만 원이 넘는 수익을 올렸다"고 회상했다.

장기철은 "영화제 개최 소식이 알려진 후 한국외대 전화기가 불통됐을 정도로 문의가 엄청났다. 8일 동안 2만 명 정도가 관람했고, 영화제가 끝난 후 천만 원이 넘는 현금을 손에 쥐고 있었다"고 말했다. 이어 "돈이 생기니 학생운동 쪽에서는 수익을 감옥 간 학생들을 위해 쓰라고 요구했고, 울림에서는 영화를 직접 제작했다"면서 "이듬해 후지

필름과 계약해 모든 대학 영화서클에 영사기와 필름을 스폰서로 제공했다"고 덧붙였다.

장광수는 "장기철(감독)이 기획했으나 칸영화제 수상작 명단을 줄줄이 외우고 있던 이경기(영화칼럼니스트, 전『스크린』기자)의 역할도 컸다"고 말했다. 또한 "홍보를 위해 대학로로 포스터를 붙이러 갔는데, 한 장씩 붙이기가 힘들어서 열 장씩 붙여놨더니 주목도가 높아졌고, 이후 포스터를 한꺼번에 여러 장을 붙이는 방식이 유행됐다"고 옛 추억을 떠올렸다.

장기철은 1987년 12월 대선을 앞두고는 전두환 군사독재의 광주학살과 상계동 철거민 투쟁 영화를 상영한 '제5공화국 보도 영화전'을 한국외국어대와 연세대에서 진행하는 수완을 발휘했다. 이 역시도 서울시민 2만 명 정도가 관람할 정도로 성황을 이뤘다.

〈어머니, 당신의 아들〉을 연출한 이상인(감독, 한양대 교수)은 "영화 제작 과정에서 장기철의 도움을 받은 것도 대학에서 영화제를 여는 기획력이 놀라웠기 때문이었다"고 말했다.

벗기기 영화가 난무하며 한국영화의 질적 수준이 저하되던 시기, 문화원을 오가지 않았던 일반인들에게 대학 영화운동이 주도한 영화제는 새로운 영화에 대한 문화적 욕구를 채워준 시간이었다. 장기철은 "외대 칸영화제 이후 다른 대학에서도 비슷한 성격의 영화제가 이어지면서 서클 운영비를 마련하거나 독립영화를 만드는 기반이 된다"고 말했다.

영화운동 = 영화제

대학에서의 영화제뿐만 아니라 당시 충무로 영화의 잇따른 해외 영화제 수상은 영화제에 대한 대중적인 관심을 높이고 있었다. 저질 논란 속에서도 괜찮은 한국영화가 종종 등장했고, 해외에서도 인정받았다는 사실이 알려지며 국제영화제가 주목받은 것이었다.

1987년 임권택 감독 〈씨받이〉에 출연한 배우 강수연의 베니스국제영화제 여우주연상 수상을 시작으로, 1988년에는 배우 신혜수가 임권택 감독 〈아다다〉로 캐나다 몬트리올영화제 여우주연상을 받는다. 1989년에는 다시 강수연이 임권택 감독 〈아제아제 바라아제〉로 모스크바영화제 여우주연상을, 1990년에는 심혜진이 박광수 감독 〈그들도 우리처럼〉으로 낭트영화제 여우주연상을 수상했다. 1991년에는 장길수 감독 〈은마는 오지 않는다〉 배우 이혜숙이 캐나다 몬트리올영화제에서 여우주연상을 거머쥐었다. 이때 장길수 감독은 각본상을 받았다.

사실 한국영화가 해외에 소개되는 과정에서 국제영화제들의 도움이 적지 않았다. 1987년 베를린국제영화제 포럼에 초청된 이정국(감독, 세종대 교수)의 〈백일몽〉, 이은(명필름 대표)의 〈공장의 불빛〉, 김태영(감독, 인디컴 대표)의 〈칸트씨의 발표회〉 등 단편영화는 충무로를 벗어난 새로운 한국영화가 해외 관객에게 알려지는 순간이었다.

1989년 장선우 감독의 〈서울황제〉를 초청하는 과정에서 보인 베를린국제영화제의 적극성도 특별했다. 당시 베를린영화제에 참석했던 안동규(제작자)에 따르면 〈서울황제〉는 영화제 상영을 위한 프린트(상영본)를 새로 만들었다. 그러나 현상소 측은 예전에 미지급된 현상비용이 남아 있다며 프린트를 내주지 않고 외상미수금을 정리하라고 요구했다. 1986년에 개봉했던 영화라 제작사도 머뭇거리면서 베를린영화제 출품에 차질이 생겨났다. 이때 베를린영화제가 선택한 것은 판권 구매였다. 안동규는 "외상미수금을 베를린영화제가 지급하고 대신 판권을 사는 비용으로 상쇄해 필름을 베를린으로 가져갈 수 있었다"고 말했다. 새로운 한국영화가 해외에 알려지는 과정에서 외국의 국제영화제는 일등 공신 역할을 했다.

1980년대 중반 이후 대학가를 중심으로 개최된 다양한 영화제는 한국 영화운동의 가장 기본적이면서 필수적인 활동이었다. 다양한 예술영화와 직접 제작한 단편영화를 대중에게 선보일 수 있는 통로이자, 영화운동의 저변을 확대하는 마당과도 같았다. '영화운동＝영화제'였다.

1996년 한국에서의 첫 국제영화제로 막을 올린 부산국제영화제의 밑바탕에는 이렇듯 영화운동이 자리하고 있었다. 부산영화제는 1979년 서울대학교 얄라셩이 본격 태동한 이후 1980년 5월 광주항쟁을 거쳐 서울영화집단과 장산곶매, 민족영화연구소 등으로 발전했던 한국영화운동의 대표적인 성과물이었다.

충무로 영화와는 다른 새로운 한국영화를 꿈꿨던 '영화' 운동과, 사회변혁과 정치적 투쟁을 위한 운동으로서의 영화를 지향했던 영화 '운동'의 응축된 역량이 발휘된 자리가 영화제였고, 충무로에서 전선을 넓히고 있는 영화운동은 영화제를 통해 국제적인 연대의 틀을 확보하게 된다. 프랑스문화원과 독일문화원을 오가면서 영화를 공부하고, 다양한 예술영화를 접하던 영화 청년들의 땀이 이뤄낸 결실이었다.

한편으로 부산영화제는 국제영화제 출발의 신호탄이었다. 1997년 부천국제판타스틱영화제, 서울국제여성영화제, 2000년 전주국제영화제가 뒤를 이으면서, 바야흐로 영화제의 시대가 열린 것이었다. 영화운동의 거점이 된 국내 영화제들은 한국영화 르네상스를 북돋우며 한국영화의 세계화에 중추적인 역할을 담당한다.

페사로국제영화제의 한국영화 특별전

부산영화제 출발에 있어 가장 중요한 계기가 된 것은 영화비평지 『영화언어』와 1992년 이탈리아에서 열린 페사로국제영화제였다. 1992년 이탈리아 페사로영화제가 이장호 감독, 배창호 감독 등을 중심으로 하는 한국영화 특별전을 준비하면서 영화제 책자에 수록될 한국영화 리뷰를 전문 비평지『영화언어』에 요청한 것이다.

이효인(경희대 교수, 전 한국영상자료원장)은 저서『한국 뉴웨이브 영화』(2020)에서 "1991년 카를로비바리국제영화제 초대받았던 장선우 감독이 이탈리아 페사로국제영화제 집행위원장 아드리아노 아프라로부터 한국영화 특별전을 제안받았고, 장선우가 이효인을 소개했으며, 이효인은『영화언어』편집위원들과 의논해 작품 선정을 하고 영화제에 참가했다"고 밝혔다.

이용관, 전양준, 김지석의 페사로영화제 참석은 부산국제영화제 창설의 출발점이었다. 당시『영화언어』편집을 맡은 김지석은 부산영화제가 생겨나기 이전부터 해외 영화제를 찾아다닐 만큼 영화에 대한 열정이 뜨거웠다. 첫 해외 영화제 참석은 1991년 일본 야마가타국제다큐멘터리영화제였는데, 여기서 충격을 받게 된다.

김지석은 부산국제영화제 과정을 기록한 저서『영화의 바다 속으로』(본북스, 2015)에서 "『영화언어』편집인을 맡고 있었지만, 미국 홍콩 서유럽 영화 외에는 보기 힘들었던 국내 영화 문화 환경 때문에 우물안 개구리 신세를 면치 못하고 있었는데, 존재조차 알지 못한 다양한 나라의 영화들이 상영되고 수많은 해외 영화인들이 교류하는 모습은 큰 충격이었다"고 회상했다. 이후로 김지석은 자비를 들여 홍콩영화제와 싱가포르영화제를 다니며 국제영화제에 관한 연구를 시작하게 된다.

당시 해외 영화제에 초청받은 감독이나 배우, 제작자들 외에는 자비를 들여 영화제에 참석하는 경우는 매우 드물었고, 비용이 많이 소요되기에 간단치 않았다. 물론 1980년대 후반부터 매해 해외 영화제를 오간 영화인들도 있었다. 대학 영화운동을 지원했던 권영락(제작자, 시네락픽쳐스 대표)이 대표적이었다. 1988년부터 칸국제영화제에 14년 동안 꾸준히 참석하는데, 영화제 참관 외에 프레스카드를 받아 포토월에서 사진을 찍었다는 점이 특별했다. 권영락은 "칸영화제 프레스 자격을 얻은 것은 배용균(감독, 〈달마가 동쪽으로 간 까닭은?〉)의 덕분이었다"며 "프랑스에서 유학했던 배용균이 현지 사정을 잘 알고 있었기에 직접 나서 칸영화제 프레스카드를 받을 수 있도록 주선해줬고 부산영화제 전후로 국내 영화인들의 참석이 늘어나면서 매해 칸영화제에 참석하게 됐다. 1990년대 국내 사진기자들이 취재를 올 때 도움을 주기도 했다"고 배경을 설명했다.

1992년 6월 10일부터 18일까지 열린 페사로국제영화제는 한국영화가 해외에 소개되는 순간이면서 동시에 참석했던 영화인들에게는 충격을 안겨준 시간이기도 했다. 현지에서 한국영화가 미개한 변방 취급을 받고 있었기 때문이다. 페사로에 모인 영화인들은 속상해하며 술을 잔뜩 마실 만큼 울분을 느끼게 됐고, 어떻게든 만회하겠다는 다짐을 한다. 이용관, 전양준, 김지석 역시 한국에서의 영화제 개최 의지를 다지는데, 나중에 부산국제영화제 출범 때 도움을 받게 되는 영국 평론가 토니 레인즈와 임안자 평론가를 만나게 된 것은 수확이었다.

당시 미개한 변방 취급을 받은 데는 영화진흥공사(윤탁 대표, 현 영화진흥위원회)가 현지에서 보인 태도도 단단히 한몫했다. 한국영화를 대표하는 영화기관이 국제영화제에서 망신스러운 행동을 자초한 것이었다.

초청작 중에는 1990년대 민중영화의 대표작이었던 〈파업전야〉도 포함돼 있었다. 유럽에서 처음으로 한국영화가 대대적으로 소개되는 자리였던 만큼 다양한 한국영화를 초청한 것이었다. 그런데, 한국에서 군사독재의 탄압을 받았던 노동영화의 상영에 영화진흥공사가 문제를 제기한다. "〈파업전야〉는 불법영화로 상영을 중단해야 한다"며 페사로영화제 측에 거세게 항의하는 추태를 보인 것이다. 영화진흥공사는 1992년 페사로영화제에 초청 영화인과 영화진흥공사 대표 등으로 한국 대표단을 구성해 참가하고 있었다. 유럽에서 처음 열리는 한국영화 특별전이었던 만큼 정부 차원에서 성의를 기울인 것이었다. 하지만 페사로영화제 측에 "〈파업전야〉의 상영이 철회되지 않으면 대표단을 철수하겠다"고 안하무인 태도를 보이며 문화 후진국 수준을 노골적으로 드러냈다.

〈파업전야〉는 충무로 영화와는 다른 한국 영화운동의 성과물로 매우 중요한 영화였다. 여러 형태의 한국영화를 보여주고자 했던 영화제의 기획 의도에 맞는 작품이기도 했다. 따라서 영화진흥공사의 행태는 상식적으로 말도 안 되는 억지였고, 부끄러움을 자초한 행동이었다. 문제는 영화진흥공사가 다른 나라 영화제에 가서 초청 영화를 상영하지 말라고 요구하는 것이 무례라는 사실을 알지 못했을 만큼 무지했다는 것이다. 군사독재에 길들어 있던 한국영화 현실을 그대로 보여준 것으로서, 검열과 표현의 자유가 제약된 영화 제작 환경을 국제적으로 드러낸 공개 망신이기도 했다. 한마디로 군사독재정권의 문화적 무식을 표출한 것이었다.

그렇다고 페사로영화제가 이를 받아들일 리는 만무했다. "영화에 대한 정부기관의 통제를 인정할 수 없고, 영화제 프로그램이 이미 확정돼 상영 철회는 불가능하다"고 단호하게 맞섰다. '철수하려면 해보라'는 것으로, 국제영화제로서 지극히 당연한 태도였다.

결국, 뒤늦게 분위기를 파악한 영화진흥공사가 서울에서 급히 이사회를 열어 〈파업전야〉 상영 허가를 결정하는 형태를 취하며 한 발 뺐으나, 페사로영화제 아드리아노 아프라 집행위원장은 영화제가 끝난 후 〈파업전야〉 프린트를 한국에 다시 돌려보내지 않는다. 필름의 안전을 자신하지 못했기 때문이었다.

1992년의 페사로영화제 상황이 국내에서 재현된 것이 2014년 부산국제영화제 〈다이빙벨〉 논란이었다. 당시 독재자의 딸이었던 박근혜 정권과 같은 정당의 서병수 부산시장은 영화 상영을 막기 위해 온갖 압박을 가했다. 군사독재 시절 통제로 회귀한 어처구니없는 일이었다. 페사로영화제에서 보였던 영화진흥공사의 추태를 정부와 부산시장이 버젓이 자행한 것이었다. 부산영화제가 페사로영화제처럼 이를 거부한 것은 당연했으나, 이후 가해진 정치적 탄압은 극우적 시각을 가진 보수 세력의 민낯이기도 했다. 1970년대 유신독재와 1980년 군사독재의 수준이 21세기에 다시 드러난 것으로, 정치적 기소를 통해 부산영화제 흠집 내기에 혈안이 됐던 몰지각함은 국제적 망신을 자초했다. 페사로영화제에서 영화진흥공사가 보인 추태의 데자뷔였다.

역설적으로 당시 〈파업전야〉는 영화진흥공사의 몰지각한 행태로 인해 국제적인 관심을 받게 된다. 페사로영화제에 참가했던 이효인은 『한겨레신문』(1992.6.14)에 기고한 글을 통해 "한국영화를 보는 유럽 관객의 시선은 상업적이고 상투적인 표현에 대해 부정적이었고, 〈파업 전야〉의 진지함과 역동성은 긍정적 평가를 받을 수 있었다"고 전했다.

서울국제영화제가 창설되지 못한 이유

1990년대 초반 국제영화제에 대한 관심이 차츰 높아지면서 우리도 만들자는 여론이 형성된다. 당시 국제영화제는 숙원사업 중의 하나였다. 영화진흥공사(사장 김동호)는 1980년대 이후 제기된 국제영화제의 필요성에 공감해 1991년 12월 23일 영화진흥공사 회의실에서 '국제영화제 개최를 위한 토론회'를 열어 영화계 의견을 듣는다.『경향신문』(1991.12.24)에 따르면 20여 명이 참석한 토론회에서 1993년 대전 엑스포에 맞춰 영화제 개최를 원칙적으로 합의하고, 재벌 4~5개사를 비롯해 정부와 지자체를 주축으로 영화 후원회를 결성해 영화제 개최에 따른 재원을 마련하는 방식이 논의된다. 개최지는 제주도가 유력하게 거론됐다.

영화인협회로 대표되는 당시 충무로 주류세력 역시 국제영화제에 관심이 있었다. 영화시장의 3분이 2 이상을 외국영화가 장악한 상태에서 한국 영화산업의 살길은 해외시장 진출에 있었기에, 국제영화제가 발판이 될 수 있다는 생각이었다. 따라서 국제영화제 개최는 당위와도 같았다.

『한겨레신문』은 1994년 1월 14일자 기사에서 "1995년을 국제영화제 원년으로 살려보려는 움직임들이 민간 차원에서 다각적으로 일고 있다"면서 "회사원 등 다양한 경력의 젊은 기획자 6명으로 구성된 신명기획팀이 영화제 준비를 위한 공식 활동에 들어갈 예정이다"라고 소개했다. 당시 서울국제영화제에 대한 구상은 1995년 10월에 비경쟁 영화제로 개최하고 16mm나 35m 영화 100편 정도를 상영한다는 것이었다.

앞서 1993년에는 영화평론가 김대현과 영화 수입업자인 신동기(신톡 감독)가 영화계 및 정책당국과 다각적으로 접촉해 한국관광공사로부터 1억 원의 후원을 약정받는 등 실무 단계까지 가기도 했다. 김대현은 영화진흥공사의 용역을 받아 개인적으로 해외 20여 개 영화제를 방문한 경험을 바탕으로 자료를 수집하며 준비했다. 그러나 부정적인 반응이 많이 나오자 접게 된다. 부인인 채윤희(영등물등급위원장)는 "남편이 그 당시 가장 많은 영화제를 다녔다. 서울에서 공청회가 열리기도 했으나 칸영화제 같은 행사를 서울에서 만드는 건 어렵다는 의견만 나오면서 수집한 자료를 부산영화제를 구상하던 김지석에게 전해줬다"고 말했다.

신동기는 "대학 졸업 후 미국에 이민 가서 선댄스영화제와 토론토영화제 등을 다니며 영화제의 매력을 알게 됐다. 한국에 돌아와 해외 영화 수입 일을 하면서 서울이란 대도시에 영화제가 필요하다고 생각해 추진한 것이었다"라고 말했다. 이어 "한국관광공사 담당자와 대화가 잘 통해 후원 약속을 받았으나, 그분이 시카고로 인사 발령이 나면서 후원이 예정대로 이뤄지지 않아 무산됐다"고 덧붙였다.

1993년 7월 문화체육부의 문화 체육 청소년 진흥 5개년 계획 중 문화 부문에는 영화법 정비를 통한 영상산업진흥법 제정과 제주국제영화제 격년 개최 등의 내용이 포함돼 있었다. 1994년 2월 문화체육부와 영화진흥공사는 민간과는 별도의 서울국제영화제 창설 계획을 내놓는다. 광복 50주년과 세계 영화 100년을 맞는 1995년을 목표로 정부 지원금 및 민간 자본 30억 원을 투입해 세계적인 규모의 영화제를 열겠다는 것이었다. 해외 영화상 수상작, 신진감독 데뷔작, 외국 독립 제작 영화, 아시아 영화, 여성영화를 선정하고, 영화제에 출품되지 않은 영화와 한국영화 회고전 및 그해 한국영화 대표작과 토론회 등으로 프로그램을 구성하겠다는 계획이었다.

1996년에는 서울시도 격년제 영화제를 1997년부터 열겠다는 개최 안을 확정한다. 『조선일보』는 1996년 1월 27일자 기사에서 "서울시가 극영화와 애니메이션 등 3~4개 분야에서 30여 개국으로부터 1백 편을 출품받고 당분간은 2년마다 열 계획이다"라며 "비영리재단법인인 조직위원회가 사업을 맡아 주관하고 서울시는 예산만 지원하겠다는 방침"이라고 전했다.

그러나 1993년부터 여러 그룹에서 진행된 서울국제영화제 구상은 하나같이 실패했다. 영화계 내부의 광범위한 합의를 얻어내지 못한 데다, 국제영화제에 대한 충분한 인식 없이 하나의 이벤트 사업 개념에서 너무 손쉽게 도전한 결과였다. 충무로에서는 문체부의 계획조차 졸속이고 즉흥적이라는 비판이 나올 정도였다. 대종상영화제도 제대로 못 치르면서 무슨 국제영화제냐는 비아냥 섞인 지적이었다.

누가 주도권을 쥐고 움직이느냐에 생각이 달랐고, 한 번도 안 해본 국제행사를 만들어내는 데 있어 전문적인 인력이 없다는 것도 난제였다. 문체부 역시 이런 계획을 진행할 만한 전문가가 없는 현실을 인정할 수밖에 없었다. 해외 영화제를 부럽게 바라보기는 했어도 직접 만들 수 있는 역량을 갖추지 못한 것이었다.

사실 당시 준비가 진척돼 서울에서 정부 주도의 국제영화제가 개최됐더라도 성공하지 못했을 가능성이 더 컸다. 페사로영화제에서 〈파업전야) 상영 중단을 요구하며 추태를 부린 것이 정부와 영화진흥공사의 수준이었기 때문이다. 이에 대해 전양준은 "신동기(신독 감독)의 연락을 받고 웨스틴조선호텔에서 강한섭과 함께 조찬을 한 적이 있었다"며 "이때 국제영화제에 대한 구상을 듣고 공감됐으나, 검열이 존재하는 상황에서 제대로 된 영화제를 기대하기는 어려웠다"고 말했다.

1995년 5월 13일 영화진흥공사 주최로 세종문화회관에서 열린 '서울국제영화제 창설에 따른 공개토론회'에서 영화 관계자들은 "국제영화제 출품작까지 필름의 삭제를 강요할 수 있는 공륜의 검열제도가 국제영화제 개최국으로서는 결격 사유"라고 지적했다. 토론회 발제를 맡은 유지나(영화평론가, 동국대 교수)는 "세계적으로 350개 넘는 국제영화제가 존재하는 지금 어떻게 성공적인 영화제를 치를 것인지가 문제다. 칸이나 베를린 베니스와 경쟁하기보다는 특별한 영화를 대상으로 하는 비경쟁영화제가 현실적이다. 로카르노영화제, 낭트영화제, 선댄스영화제 등을 모델로 해야 한다"고 제안했다.

대출받아 개최한 서울국제독립영화제

국제영화제 논의가 지지부진한 사이, 1990년대 초반, 작은 규모의 국내 영화제들은 하나둘 생겨나고 있었다. 1994년 4월 26일부터 5월 6일까지 전위 영상 연구 작업을 해온 뉴이미지 그룹이 동숭아터센터에서 제1회 실험영화제를 개최했고, 1994년 11월 5일~11일 삼성영상사업단이 개최한 제1회 서울단편영화제가 막을 올렸다. 서울단편영화제를 기획한 김은영(영화평론가, 추계예대 교수)은 『문화일보』(1993.12.7)와의 인터뷰에서 "영화를 공부해온 사람들에게 상업영화계로 뛰어들기

1995년 1회 서울국제독립영화제에 참석한 이광모(백두대간 대표), 이용관(부산영화제 이사장), 최석규(한국시나리오작가협회 부회장), 유현목(감독), 이충직(전 전주영화제 집행위원장), 정재형(동국대 교수), 김대현(감독. 서울국제독립영화제 집행위원장) _김대현 제공

전 습작기를 주는 완충 시스템으로 작용하기를 기대한다"고 말했다.

국제영화제 준비가 말로만 왕성할 때 먼저 치고 나간 것은 독립영화 쪽이었다. 1995년 12월 2일부터 8일까지 대학로 동숭아트센터에서 개최된 서울국제독립영화제는 김대현의 인디라인이 주축이 돼 준비된 행사로서 국제영화제 이름을 앞세우고 있었다.

이란 압바스 키아로스타미 감독 〈내 친구의 집은 어디인가〉가 개막작이었고, 배용균 감독의 〈검으나 땅에 희나 백성〉이 월드 프리미어로 처음 공개됐다. 전체적인 프로그램은 1980년대 초반 만들어진 한국 독립영화 회고전을 비롯해 폴란드 키에슬롭스키 감독 특별전, 오버하우젠단편영화제와 클레르몽페랑단편영화제 등 해외 유수 단편영화제 수상작 20여 편과 국내의 주요 단편 20여 편으로 구성됐다.

김대현은 "별도의 외부 후원 없이 은행에서 500만 원을 대출받았다"며 "전양준(전 부산영화제 집행위원장) 등을 통해 국제영화제의 필요성

충무로, 새로운 물결

을 듣고 있었는데, 독립영화는 상대적으로 수월할 것 같아 행사를 연 것이었다"고 말했다. 상영작들은 김대현이 사비를 들여 오버하우젠영화제 등을 방문해 출품된 영화를 보고 선정한 것이었다.

고려대학교 총학생회 기획부장으로 학생운동을 했던 김대현은 "대학 졸업을 앞두고 사회운동을 계속할 수 있을지에 대한 회의가 들 때, 도피처가 아닌 또 다른 가능성으로 영화를 선택하게 됐다"고 말했다. 사회변혁 운동에서 영화의 역할을 인식한 것이었다.

김대현은 1988년 여름 낭희섭이 조교를 맡았던 영화마당 우리의 작은영화워크숍을 통해 영화운동에 들어섰고, 1990년 3월 신촌 우리마당 영화분과에서 활동하다 영화제작소 현실을 만들었다. 이때 제작한 의문사 문제를 다룬 단편영화 〈서울길〉은 1991년 대한민국창작단편영화제(서울독립영화제 전신)에서 우수동백상을 수상했다. 1991년 이상인이 〈어머니, 당신의 아들〉 제작으로 수배를 받으며 편집을 마무리하지 못했을 때 영화제작소 현실 전체를 편집 공간으로 제공하기도 했다. 이후 영화제작소 현실의 이름을 '인디라인'으로 바꾸고 독립영화제를 준비한 것이었다.

김대현은 언론 인터뷰에서 "일반인들에게는 독립영화에 대한 이해의 폭을 넓힐 수 있는 계기를, 독립영화 제작자들에게는 세계 독립영화의 흐름을 읽을 수 있는 기회를 주자는 뜻에서 영화제를 기획했다"며 "독립영화 활성화를 위해 새로운 영상 기술과 영화 문법으로 무장한 영화인들이 계속 등장할 때 한국 영화산업의 발전은 저절로 이루어질 것"이라고 말했다. 또한 "독립영화와 상업영화는 기초과학과 응용과학의 관계다. 한 나라의 산업이 발전하려면 기초과학이 융성해야하듯 영화가 발전하려면 그 토양이 되는 독립영화가 풍부하게 양산돼야 한다"고 강조했다.

서울국제독립영화제는 1만 5천 명의 관객을 동원하며 주목받게 된다. 인디라인은 여세를 몰아 1996년 3월 16일부터 22일까지 한국독립영화제를 개최한다. 김대현, 이상인, 헬렌 리 등 1965년생 감독 3인 초대전을 마련했고, 1996년 서울단편영화제 우수상 수상작인 곽경택 감독의 〈영창 이야기〉, 이지상 감독의 〈로자를 위하여〉 〈파업전야〉를 연출한 장동홍 감독의 초기 단편 〈그날이 오면〉, 전대협 대표로 방북했던 임수경 가족 이야기를 다룬 한국영화아카데미 6기 금보상 감독의 〈슬픔을 자르고〉 등 단편영화를 상영했다. 김대현은 "한국독립영화제는 영화제보다는 상영회 성격이 더 컸다"면서 "헬렌 리는 삼성영상사업단이 주최했던 서울단편영화제를 통해 만난 상영작 감독이었다"고 말했다.

하지만 이들 영화제들은 후원사 확보가 어려워지면서 길게 이어지지 못한다. 서울국제독립영화제는 격년제로 예정했으나 1997년 IMF 사태로 인해 1998년 3월에 2회 행사를 개최한 뒤 끝나게 된다. 재정적 문제는 전체적인 운영과 결부됐고, 자막 작업 등 실무적인 문제로 이어지며 부담이 된 것이었다. 독립적으로 영화제를 운영하기에는 기반이 너무 약했다.

"영화제 준비 잘 되고 있어?"

국제영화제 개최를 위한 노력은 1990년대 중반에도 계속 이어졌다.

1995년 8월에는 신촌 문화공간 우리마당을 꾸려온 영화마당 우리 설립자 김기종을 중심으로 광주국제영화제가 준비 모임을 구성한다. 대한극장을 운영하던 세기상사의 실질적 대표 국쾌남의 동생이면서 〈하

얀전쟁〉 제작자인 국종남(전 국회의원)이 준비위원장을 맡았고, 유현목
(감독), 임권택(감독), 이장호(감독), 정용탁(교수), 김대현(영화평론가), 정성
일(영화평론가), 홍성담(화가) 등이 준비위원으로 참여했다. 광주영화제
는 2000~2002년 개최를 목표한 경쟁영화제로 구상하고 있었다.

여러 영화제 계획이 나왔으나 당시에는 이용관·전양준·김지석
등 평론가들이 중심이 된 부산에서의 준비가 개인적인 역량 등에 비춰
볼 때 오히려 실효성을 크게 평가받고 있었다. 이용관은 "서울에 올 때
마다 '영화제 준비가 잘 되고 있냐?'는 이야기를 들었다"고 말했다. 김
지석은 경쟁영화제인 도쿄보다 비경쟁영화제인 홍콩영화제에 가까운
모습을 영화제 청사진으로 그리고 있었다.

하지만 대한민국 제2도시라고 해도 부산에서 개최되는 영화제를 생
각한 사람들은 많지 않았다. 1990년대 초반 서울과 지방에서 추진된
국제영화제 설립 논의에서 대체적인 초점이 '서울국제영화제'에 맞춰
진 것은 전통적으로 충무로를 기반으로 하고 있었던 한국영화에서 서
울에서 영화제 개최가 당위처럼 인식된 것이었다. 한국영화의 충무로
중심주의가 강고한 상황에서 부산이 아무리 지역의 영화 역사를 강조
한다고 해도 변방에 불과했기에 부산에서의 영화제가 현실감 있게 다
가오지 않은 것이었다. 이용관·전양준·김지석 등 영화학자들 역시
도 당시 한국영화 주류인 충무로의 중심이 아닌 소장파 학자이자 평론
가였다.

이용관을 중심으로 대학에서 강의하던 학자들이 충무로에서 주목
받기 시작한 것은 1990년대 중반으로 들어서는 시기였다. 1994년 대
종상영화제 본심 심사위원에 이용관(부산영화제 이사장), 주진숙(한국영
상자료원장), 강한섭(서울예대 교수) 등 3인이 참여했다. 이용관은 당시 대

종상 수상작 선정 과정의 문제를 비판하면서 심사 과정에서 기존 충무로 영화인들과 대립하며 백서 발간 등을 주도했고, 1996년에는 〈애니깽〉 수상 문제로 충무로 주류세력과 대놓고 충돌하면서 미운털이 박힌 상태였다.

다만 부산의 장점은 오랜 시간 구축해놓은 기반을 바탕으로 서울보다 영화제 준비가 착실히 진행됐다는 점이었다. 1984년 유일한 영화 전공 교수로서 부산 경성대에 부임한 이용관은 프랑스문화원 부산씨네클럽에 이어 씨네마테크 1/24 등의 미학적 영화운동과 함께 꽃다림을 중심으로 한 정치적 영화운동을 모두 지도하면서, 이들에게 영화제의 필요성을 각인시켰다. 꽃다림에서 활동했던 황의완(전 부산콘텐츠마켓 집행위원장)은 "이용관이 수준 높은 강좌 프로그램을 진행해주면서 부산에서 국제영화제가 필요하다고 강조했고, 부산 문화예술운동을 이끌었던 분들과의 술자리에서도 영화제의 중요성을 설파하며 토론을 이어가기도 했다"고 말했다.

부산 영화운동에서 이용관의 활동은 전방위적이었다. 『영화언어』 발간 비용뿐만 아니라, 김지석이 『영화언어』 편집 공간으로도 활용됐던 프라모델 완구점의 임대 보증금도 책임졌고, 씨네마테크 1/24을 시작했던 학생이 복학할 때는 등록금까지 빌려줄 정도였다. 부산 영화운동에서 이용관의 후원과 도움이 상당했을 만큼, 주머니에서 나간 쌈짓돈도 적지 않았다. 부산 경성대 시절 전양준, 이충직, 신강호 등 유능한 영화학자들을 강사로 초빙한 것은 결과적으로 부산영화제의 토대를 닦아놓은 것이기도 했다. 부산영화제가 자리 잡는 과정에서 이들은 많은 도움이 된다. 이용관은 1994년 말 부산 경성대를 떠나 1995년 모교인 서울 중앙대학교 교수로 옮기지만, 본격적인 부산영화제 준비는 이때부터 시작이었다.

서울을 제치고 부산영화제가 닻을 올릴 수 있었던 데는 영화제에 대한 전문성과 함께 신망받는 평론가로서 구축한 다양한 인맥 등이 작용했다. 김지석은 저서『영화의 바다 속으로』에서 "이용관, 전양준은 1980년대부터 한국 영화계와 평론계에서 활동하며 폭넓은 인적 네트워크를 구축해왔고, 이 네트워크 덕분에 부산영화제는 국내외 영화계로부터 폭넓은 지지와 후원을 받을 수 있었다"고 밝혔다.

이용관은 "영화제는 평론가들이 중심이 돼야 한다. 제작자들이나 감독 등이 주도하게 되면 자신들의 작품을 우선할 수 있다. 도쿄영화제가 부산영화제에 뒤처진 이유도 제작자들이 영화제를 운영하면서 자신들의 영화를 상영하기 위해 애쓰기 때문이다"라고 말했다.

전양준은 1970년대 말부터 프랑스문화원과 독일문화원을 다니며 새로운 영화에 대한 이론적 토대를 구축했던 초기 영화운동의 중심이었다. 전찬일(영화평론가, 전 부산영화제 프로그래머)은 "대학 시절 영화 세미나에서 전양준의 지도를 받았다"고 말했다. 전양준은 1980년대『프레임 1/24』『열린영화』『영화언어』의 발행과 편집을 맡았고, 다양한 영화이론서를 펴내 주목받았다. 1985년 계간『열린영화』에 쓴「작은영화는 지금」에서 8mm, 16mm 영화를 '작은영화'라고 정의하고, '구호가 아닌 실천으로 연결해야 한다'는 지향점을 제시했다. 1985년 영국에 유학해 런던영화제 등에 참가하며 영화제에 대한 여러 경험과 전문성을 쌓았고 풍부한 해외 인맥을 형성하고 있었다. 당시 국내에서 몇 안 되는 국제영화제 전문가였다.

신동기(신톡 감독)는 "1993년 전양준에게 서울국제영화제 구상을 이야기했던 것은 영화제에 대한 이해가 가장 깊고, 전문가이기 때문이었다"며 "당시 왜 여건도 안 좋은 부산에서 영화제를 하려고 하냐?고 물기도 했다"고 회상했다.

오석근(전 영화진흥위원장)과 함께 부산 영화운동의 대표주자였던 김지석은 부산대 영화연구회와 부산씨네클럽 등 부산에 기반을 둔 활동을 중시했다. 대학원을 다닐 때도 서울로 통학했고, 부산을 벗어난 영화제를 조금도 생각하지 않았던 철저한 '부산주의자'였다. 부산에서 촬영한 이명세 감독의 〈지독한 사랑〉 현장을 지휘하고 있는 오석근을 부산영화제 준비에 합류시킨 것도 김지석이었다. 오석근은 부산영화제 참여를 "김지석의 꼬임에 넘어간 것이었다"고 회상했다.

신강호(영화평론가, 전 대진대 교수)는 "부산 경성대로 강의를 오면 이용관 교수가 광안리에서 회를 사줬다"며 "부산에도 프랑스문화원에서 영화를 보는 이들이 있다고 해 김지석을 소개받았다"고 말했다. 이어 "김지석이 부산영화제의 설계자였고, 영화제에서 진행하는 각종 프로그램의 이름 등 세세한 부분들이 김지석의 손을 거쳐 결정됐다"고 덧붙였다.

김지석은 저서『영화의 바다 속으로』에서 "이용관이 경성대 교수였고, 전양준이 경성대로 강의로 내려오는 날은 오석근 등 네 사람이 술자리에서 영화에 대한 열띤 토론을 벌였다. 다음 날 새벽에야 끝을 보는 날이 허다했는데, 술을 전혀 못 하는 나는 고역이었다"고 회상했다. 이용관은 "술자리에서 영화제를 만들어 주겠다고 하자 김지석이 못 먹는 술을 벌컥 들이마셨던 일도 있었다"고 기억했다.

부산영화제 선장 김동호

영화평론가들이 중심이었던 부산영화제 기획 과정에서 행정관료였던 김동호(전 강릉국제영화제 이사장)를 집행위원장으로 영입한 것은 묘수였다. 이용관, 전양준, 김지석 등은 영화 전문가들로 전체적인 운영을 책임지기 어려웠다. 행정적인 부분을 처리하고 예산을 마련하기 위해서는 총괄할 사람이 필요했다. 김지석은 『영화의 바다 속으로』에서 "영화제 밑그림을 그리면서 선장을 영입하기로 했고, 후보는 자연스럽게 김동호로 압축됐다"고 밝혔다.

1995년 8월 18일 서울 프라자호텔에서 김동호와 이용관, 전양준, 김지석 3인이 마주하게 된다. 김동호는 2011년 『국민일보』에 연재한 「김동호의 씨네마 부산」에서 "처음에는 망설였다. 이유는 영화제를 만들겠다는 젊은 사람들 말만 믿고 참여했다가 망신만 당했던 일이 생각났기 때문이었다"고 밝혔다.

김동호에 따르면 공연윤리위원회(이하 공륜) 위원장이던 1994년 9월 어느 대학 영화과 교수의 요청으로 국제에버그린영화제 조직위원을 맡게 된다. 에버그린영화제는 환경영화제로 그린스카우트, 환경관리공단, 신명기획이 중심이 된 서울국제영화제조직위원회가 준비한 행사였다. 공륜 위원장이 영화제에 관여하는 게 부적절해 보일 수도 있었으나 전국극장연합회 강대진 회장, 서울시극장협회 곽정환 회장, 한국영화협동조합 강대선 이사장 등에게도 조직위원 참여를 부탁했고, 가장 우려하고 있던 초청 영화에 대한 공륜 심의 면제를 약속한 상태였다.

그런데 1994년 10월 29일 개막 예정이었던 국제에버그린영화제는 직전에 취소된다. 『동아일보』는 1994년 10월 24일자 기사에서 "영화제 집행위 측이 '공륜 심의와 관련 해외 출품 관계자들이 이미 국제영화제에 출품된 작품들에 대해 사전 심의를 하겠다는 것은 모독이라며 반발한 데다, 영화제 개막 후 출품자가 작품을 직접 가지고 오는 상황에서 심의를 위한 해외 작품 일괄 제출이 불가능하다'는 이유를 밝혔다"고 보도했다. 이에 대해 김동호는 "앉은 자리에서 벼락 맞듯 황당하기 짝이 없었고, 해명할 여유도 없었다"며 "취소의 주된 이유는 스폰서를 구하지 못한 채 졸속으로 추진했기 때문으로 국제적 망신이었다"고 회상했다.

그래서 1년 만에 또다시 젊은 교수들에게 비슷한 제의를 받다 보니 망설일 수밖에 없었던 것이었다. 그러나 세 사람의 집요한 설득에 승복하게 된다. 김동호는 "그들의 말에서 뜨거운 열정을, 표정에서 굳은 의지를 읽었다. 5억 원을 지원받는다면 거기에 조금만 보탤 경우 국제영화제를 개최할 수 있겠다고 단순하게 생각했다"고 설명했다.

문화공보부(문공부, 현 문화체육관광부)에서 최장수 기획관리실장을 지냈고 영화진흥공사 사장, 문공부 차관, 공연윤리위원회 위원장을 역임한 김동호는 박정희와 전두환 군사독재가 이어지던 시절 문화공보부에서 촉망받던 유능한 관료였다. 『매일경제』는 1973년 12월 10일자 기사에서 "보도국장에 임명된 김동호는 문공 행정의 엘리트"라고 소개했다. 이어 "1961년 문공부에 발을 디딘 후 공을 쌓아왔고, 문예중흥 5개년 계획의 성안은 빛나는 업적 중의 하나로 손꼽히고 있다. 1972년 근정포장 홍조근정훈장을 받을 만큼 문공 행정의 중추적 역할을 했다"고 호평했다.

독재정권 대변자에서 영화계 조력자로

하지만 그만큼 명암도 엇갈린다. 문공부 엘리트 공무원으로서 당시 박정희에서 전두환으로 이어진 군사독재정권의 입장을 적극적으로 대변했기 때문이다.

1973년 김대중 납치사건에 이어 유신체제를 구축한 박정희 군사독재의 중앙정보부는 1974년 4월 전국민주청년학생총연맹(민청학련)의 관련자 180여 명이 불온세력의 조종을 받아 국가를 전복하고 공산정권 수립을 추진했다는 혐의로 구속·기소했다. 유신독재에 항거한 민주화운동을 탄압한 것이었다. 윤보선 전 대통령, 지학순 주교, 박형규 목사, 김동길 교수, 김찬국 교수 등이 유죄 판결을 받고, 이철(전 코레일 사장), 유인태(전 국회의원) 등은 사형선고를 받기도 했다. 이를 북한이 비난하자 1974년 7월 19일 문공부 대변인으로서 정부 대변인 역할도 맡았던 김동호 보도국장은 "북한 공산집단은 그들이 통일전선전략의 일환으로 배후 조정했던 민청학련 사건의 공판이 열리자 노동신문, 평양방송, 통혁당 방송과 각종 군중대회 등을 총동원하고 심지어는 모스크바, 북경방송까지 이용 우리 정부에 대한 비방 중상에 광분하고 있다"고 비난했다. 반독재투쟁을 북한의 사주로 규정한 것이었다.

1975년 자유 언론 수호에 나선『동아일보』가 박정희 독재의 광고 탄압을 받을 때는 문공부 실무자이기도 했다.『동아일보』는 1975년 2월 26일자 기사에서 "2개월째 계속되고 있는『동아일보』광고 탄압 사태에 대해 문공부 대변인으로 나선 김동호 보도국장은 '나로서는 아는 바 없으며 알 수도 없는 일'이라고 주장했다"고 보도했다. 이어 "문공부는 영화사와 극장 측에 『동아일보』에 광고를 내지 말도록 종용했고, 유신체제 홍보를 위해 41개 주요국가에 파견된 해외 공보관들은 동아 사태와 관련 주재국 홍보활동상의 고충을 피력해 오는 사람도 있다"고 전했다.

또한 『동아일보』 1975년 3월 7일 기사에 따르면 기자협회에서 발행하던 기자협회보가 『조선일보』 기자 해임 소식을 호외로 발행한 직후로 폐간될 때, 사전에 전화로 폐간을 경고한 것도 김동호 보도국장이었다.

1976년 3·1 명동 사건이 발생했을 때도 정부를 대신해 민주화 요구에 대해 비난 입장을 발표했다. 3·1 명동 사건은 3월 1일 오후 6시 700여 명의 신자들이 참례한 가운데 20여 명의 사제가 공동 집전으로 미사를 봉헌한 후 개신교 목사 재야인사들이 서명한 민주구국선언문을 낭독했던 민주화 투쟁이었다. 함세웅, 김승훈 신부 등 일곱 명의 관련 사제가 전원 구속된 초유의 사건으로 독재체제를 공고히 하던 박정희 유신독재는 성직자 구속이라는 무리수로 지탄받았다. 그러나 3·1 명동사건에 대해 김동호 보도국장은 박정희 독재정권을 대신해 "종교 의식에 편승 악용하여 정부 정복을 선동한 사건이 발생한 것에 유감이고, 반정부 정치세력들이 총화와 안정을 바라는 국민적 여망과 종교와 정치는 분리된다는 헌법 16조의 기본정신을 무시하고 헌법 질서를 유린하는 불법행위를 자행했다"고 비판했다.

『한겨레신문』 1988년 11월 8일 기사에 따르면 1980년 군사쿠데타와 광주 학살로 등장한 전두환의 국가보위비상대책위원회(국보위) 입법회의에서 언론기본법을 마련할 때 실무 작업을 한 5인은 김동호 기획관리실장을 비롯해 허문도 전 청와대비서관, 이수정 전 청와대비서관, 허만일 문공부 공보국장, 박용상 판사 등이었다. 언론기본법은 전두환 군사독재의 대표적인 언론통제법이었다.

문화공보부 퇴직 후 영화진흥공사 사장으로 재직할 때는 1989년 한국영화아카데미 6기 재학생들의 졸업 작품을 사전검열해 반발을 사기도 했다. 전대협 대표로 방북했던 임수경 가족 등을 소재로 한 영화 등 세 편의 졸업 작품 제작을 막은 것이었다. 당시 장기철(감독, 한국영화아카데미 6기)은 1990년 졸업식 때 상복을 입고 나와 항의문을 낭독하고 김동호 사장의 퇴진을 요구하기도 했다.

1991년에는 홍기선(감독)의 첫 작품이었던 〈가슴에 돋는 칼로 슬픔을 자르고〉를 영화진흥공사 창작지원작으로 선정했다가 며칠 만에 번복하면서 정치적 탄압 논란을 일으켰다.

하지만 문공부를 나와 1988년 영화진흥공사(현 영화진흥위원회) 사장으로 임명된 이후, 문공부에서 언론 담당으로 있으며 맡았던 '악역'에서는 벗어난다. 물론 한국영화아카데미 검열과 홍기선 감독 탄압은 오점이었으나, 공직 경험을 바탕으로 능력을 발휘해 영화계에 큰 도움을 주는 캐릭터로 바뀐 것이다.

1988년 임권택 감독 〈아다다〉가 몬트리올영화제 수상 후보에 오르자 현지에서 한국의 밤 행사를 주관했고, 교민들에게 시사회 참석을 요청하며 여우주연상 수상을 측면지원했다. 1989년 모스크바영화제에 임권택 감독 〈아제아제 바라아제〉가 초청될 수 있었던 것도 김동호가 당시 소련(현 러시아) 측 인사와 친분을 갖고 있었던 게 작용한 것이었다.

영화인들의 인심을 얻은 대표적인 공적은 1991년 숙원사업이었던 남양주종합촬영소 착공이었다. 정진우 감독은 "역대 영화진흥공사(영화진흥위원회) 사장 중 김동호의 능력이 가장 뛰어났다"며 남양주종합촬영소 건립의 공로에 대해 이렇게 평가했다. "1990년 남양주종합촬영소를 건립을 구체화하는 과정에서 당시 국고 지원이 필요했으나 쉽지 않은 상태였다. 유명 배우들까지 동원해서 정부 쪽에 요청했으나, 불가능하다는 입장만 들을 수 있었다. 그때 영화진흥공사 사장이었던 김동호가 정부 요직에 있던 관료들에게 일일이 연락해 도움을 요청했다. 예전에 함께 근무한 인연이 있던 인사들이었다. 김동호의 부탁에 당시 정부 예산 담당자가 수백억 예산을 편성하라고 지시하면서 남양주종합촬영소 문제가 풀린 것이었다. 이후 영화진흥공사 사장과 영화진흥위원회 위원장으로 여러 사람이 거쳐 갔으나, 김동호만큼 예산 확보 능력을 갖춘 사람은 없었다."

정진우 감독은 또한 "1992년 이수정 문화부 장관이 '문화부 차관으로 어떤 사람이 좋을지 떠오르는 인물이 있냐'고 물어와서, 김동호가 관료 출신이라 조직 관리도 능숙하고 일도 잘하지 않냐고 했었는데, 여러 곳에서 좋은 이야기가 있었는지 실제 차관으로 임명됐다"고 말했다.

검열 완화한 공륜 위원장

김동호(전 강릉국제영화제 이사장)를 부산영화제 집행위원장으로 모시자고 한 것은 김지석이었다. 이용관은 "당시 정지영 감독 등은 임권택 감독을 추천했는데, 김지석이 김동호 위원장을 추천했다"고 기억했다. 이어 "전양준이 찬성하자 오석근, 박광수도 찬성했다. 오석근은 한국영화아카데미 재학 시절 김동호 위원장이 영화진흥공사 사장이었던 인연 때문에 찬성한 것 같았다"고 말했다. 모두가 찬성하면서 이용관은 김동호 위원장과 연락해 프라자호텔 약속을 잡게 된 것이었다.

김지석이 김동호를 집행위원장으로 적극적으로 추천한 이유는 '공연윤리위원회(공륜) 위원장'으로 있으면서 보인 소신 있는 행동'을 높이 평가했기 때문이었다. 이용관은 "김지석에게 추천한 이유를 물었더니 공륜 이야기를 꺼냈다"고 기억했다.

검열기관으로 표현의 자유를 제약하던 공연윤리위원회(공륜)는 영화계 안팎에서 온갖 비난을 받던 적폐 기관이었다. 1987년 6월항쟁 이후 민주화 요구가 커지던 시기에도 검열의 칼을 휘두르던 구시대의 잔재로 한국영화 발전의 걸림돌이었다. 김동호가 공륜 위원장으로 재임하던 시절에도 검열 문제에 대한 비판은 꾸준히 제기됐다. 그러나 예전과는 다른 모습을 보이면서 개선을 위한 노력이 엿보였다. 김동호는 "영화진흥공사에 있다가 영화를 심의하는 공륜으로 옮겨오면서 마음이 편치 않았다"면서 "하지만 심의 역시 영화를 진흥하기 위해 하는 것으로 생각하고 가능하면 문제가 되는 장면들도 그대로 상영될 수 있도록 결정을 내리곤 했다"고 회상했다.

대표적인 것이 1993년 〈크라잉 게임〉의 검열 최소화, 1994년 수입금지였던 〈데미지〉의 개봉 허용, 1995년 〈올리버 스톤의 킬러〉의 수입 허가 등이었다. 〈크라잉 게임〉은 성기 노출 장면이 잘리지 않았는데, 성기 노출을 금지하고 있었던 당시 규정에서 이례적이었다. 김동호는 "영화를 구성하는 정말 중요한 장면이었기 때문에 살려야만 했고, 해외 영화제에서 수상할 정도로 의미 있는 영화였다"고 설명했다. 비록 수초 분량이 1초 미만으로 짧게 순식간에 스치는 식으로 심의를 통과했으나, 삭제가 안 된 것 자체가 예전 공륜과는 다른 것이었다.

심의위원으로 당시 20대였던 한국영화아카데미 출신 김영(제작자, 미루픽쳐스 대표)을 발탁한 것은 파격이었다. 원래는 바리터 출신으로 유학을 다녀온 김소영(영화평론가, 한예종 교수)을 영입하려다 한예종 교수를 맡게 되면서 김영을 선임한 것이었다. 바리터에서 여성영화운동을 했고, 1993년 '스핑크스 수수께끼-페미니즘 필름 페스티벌' 주최와, 충무로 조연출 등을 거친 김영의 등장은 낡은 기관이었던 공륜의 변화를 위해 애쓴 김동호 위원장의 노력을 상징했다. 김영은 공륜이 민감한 결정할 때 김동호 위원장을 옆에서 적극 도왔는데, "당시 한국영화를 심의할 때는 거의 전운이 감돌았다"고 회상했다.

공륜을 바꾸기 위해 애썼던 김동호는 수입을 허가한 〈쇼군 마에다〉가 논란이 되자 1995년 3월 2일 공륜 위원장에서 물러났다. 미국 영화지만 일본 영화와 다름없다는 언론의 비판 보도가 원인이었다. 당시 일본 영화 수입이 막혀 있던 때, 공륜이 사실상의 일본 영화 수입을 허가했다는 비판이었는데, 영화제작사, 각본, 감독이 모두 미국인이었고, 주무대가 스페인이었다. 일본 막부 시대가 배경이라는 이유로 이중국적 일본 영화라는 주장은 무리가 있었으나, 미련 없이 사표를 낸 것이다.

부산국제영화제 집행위원장직을 수락한 김동호는 자신이 어떤 역할을 해야 하는지 알고 있었다. 작품 선정 등 전문성 있는 작업은 이용관·전양준·김지석 등에게 일임하고, 영화제 운영에 필요한 예산 확보에 전력을 기울였다. 영화진흥공사 사장 시절부터 보여준 탁월한 예산 확보 능력은 초기 부산영화제가 안착하는 데 큰 힘이 됐다. 폭넓은 인화력과 다양한 인맥을 동원해 예산 마련을 위한 후원 행사를 열어 서울극장 곽정환 대표와 김지미 배우 등 당시 충무로 주류가 선뜻

거액의 후원금을 내놓도록 유도했다. 부산영화제가 국고 지원을 받을 수 있었던 것도 전적으로 김동호의 능력 덕분이었다.

공직 사회 구조를 잘 알고 있었기에 당시 문정수 부산시장과 정기적으로 만나 영화제 준비 작업에 대한 결재가 빠르게 진행될 수 있도록 했다. 담당 공무원들이 일을 더디게 처리해 영화제 준비에 지장을 받는 상황을 최소화한 것이다.

영화운동 역량의 결집

부산국제영화제는 1996년 6월 4일 조직위원회를 출범시키며 본격 준비에 들어간다. 김동호 집행위원장을 필두로 부집행위원장은 영화제 준비 과정에 함께했던 박광수(감독)가 맡게 된다. 이용관은 한국영화 프로그래머, 전양준이 월드시네마 프로그래머, 김지석은 아시아영화 프로그래머를 맡는 식으로 역할 분담이 이뤄졌다.

이용관은 "박광수(감독)가 부산 경성대로 특강을 몇 번 오면서 영화제를 만드는 데 함께하기로 했다. 해외 영화제 초청을 받고 수상을 하면서 영화제에 대해 많이 알고 있었고, 준비 과정에서 큰 역할을 했다"고 말했다. 이어 "나는 뭐 하면 되냐고 물었더니 박광수가 한국영화 프로그래머를 맡으라고 했다, 처음에는 그게 무슨 역할인지도 정확히 몰랐다"고 덧붙였다.

사무국장은 오석근이 담당했으나 다른 사람들도 거론됐다고 한다. 이용관은 "사무국장은 처음에는 이효인과 이정하를 적극 추천했다. 그러나 김동호 위원장은 조직 구성의 초기여서 오석근이 맡는 게 좋겠다는 뜻이었다"고 회상했다. 이에 대해 이효인은『한국 뉴웨이브 영화와 작은 역사』에서 페사로영화제에서 돌아왔으나 부산영화제 준비에서 배제됐음을 설명하며 서운한 감정이 있었음을 술회했다.

우리는 그때 한국의 국제영화제를 꿈꾸었다. 그러나 돌아와서 보니 나와 이정하만 빼놓고 일을 진척시키고 있었다. 일을 성사시키기 위해서는 관의 힘이 필요하다 보니 김동호 전 영화진흥공사 사장을 유치하였고 그 과정에서 우리들은 배제된 것이었다. 충분히 이해할 만한 일이었다. 아쉬운 것은 나를 통하여 진행된 페사로영화제 참가였음에도 불구하고 귀국 후 진행된 일에 대해 어느 누구도 나에게 사정을 설명하거나 미안하다는 말을 하지 않았다는 점이다.

영화제 실무를 담당할 스태프는 중앙대, 경성대 등의 영화 전공 학생들을 비롯해 독립영화 쪽에서도 충원했다. 서울영상집단 대표였던 홍효숙(전 부산영화제 프로그래머)은 와이드앵글을 담당했고, 얄라셩 대표와 대학영화연합을 거쳐 대학원에 재학 중이던 정미(부산영화제 커뮤니티비프 프로그래머)는 월드시네마 코디네이터 역할이었다. 예술영화

1회 부산국제영화제 기자회견 _부산영화제 제공

충무로, 새로운 물결

관객 확대에 경험이 있었던 부산씨네마테크 1/24 대표 양정화(프로듀서, 영화사 해밀 대표)는 자원봉사팀을 이끌었다.

1980년 이후 오랜 시간 대학과 충무로, 재야 독립영화, 부산 등에서 구축된 영화운동 역량이 부산국제영화제를 통해 모두 결합한 것이었다. 그리고 1996년 9월 13일, 마침내 1회 부산국제영화제가 수영만 요트경기장에서 막을 올린다.

영화 해방구 선언한 부산영화제

1996년 9월 14일 토요일, 남포동 거리는 인산인해였다. 전날인 13일 수영만 요트경기장에서의 개막식을 시작으로 막이 오른 1회 부산영화제는 일반 상영이 시작된 첫날부터 몰려든 관객들로 북적이고 있었다. 극장 안과 거리 모두 관객의 물결로 넘실대는 중이었다.

신축 중이던 대영극장(롯데시네마 대영) 앞에는 관객들이 오가며 쉴 수 있는 편의시설로 파라솔과 의자가 설치돼 있었다. 하지만 감독과 배우가 나타나는 야외무대 행사 때면 몰려드는 엄청난 관객으로 인해 장애물 취급을 받을 정도였다.

일요일인 15일 야외 무대인사를 위해 남포동을 찾은 배우 조안 첸은 몰려든 인파에 놀라움을 금치 못했다. 이토록 많은 관객이 몰릴 줄은 상상하지 못한 것이었다. 1회 부산영화제가 국제영화제의 매력을 알려준 건 배우들의 잇따른 등장이었다. 영화제가 배우와 관객의 거

1회 부산영화제
남포동 광장에 등장한
조안 첸 배우
ⓒ 부산영화제

리를 좁히는 행사라는 것을 실감하게 해준 것이다.

9월 15일 일요일 오후 박광수 감독 〈아름다운 청년 전태일〉 주연인 배우 홍경인과 독고영재가 무대인사를 위해 나타나자 관객들은 환호했다. 간단한 인사말이 끝난 후 사회자는 "질문하고 싶은 사람은 손을 들라"며 배우와 직접적인 대화 기회를 제공했다. 가까이 보는 것만도 특별한데, 즉석에서 유명 배우에게 질문하고 답변을 들을 수 있는 것에 관객들은 들뜬 표정이었다. 홍경인은 질문 기회를 얻은 관객이 노래를 불러달라고 요청하자 즉석에서 노래를 불러야 했다. 독고영재에게는 "한국영화에 대해 어떻게 생각하나?"는 질문이 나왔다. 그는 "어려운 질문이다"라며, "한국영화를 많이 사랑해주고 많이 봐달라"는 요청으로 답을 대신했다. 처음 열린 국제영화제가 생소했으나 그만큼 관객들에게 특별하게 다가간 시간이었다.

첫 회 영화제를 찾은 관객은 모두 18만 7천 명이었다. 누구도 예상하지 못했던 관객 수였기에 부산영화제 조직위원회도 당황했다. 영화제를 시작하면서 예상했던 관객은 최소 3만 명에서 최대 5만 명 정도였다. 3만 명만 와도 충분히 성공한 것이었고, 장기적인 희망을 얻을 수 있었다. 예상 관객 수를 놓고 서로 내기를 했을 때 누구도 7만 명이상을 말하지 않았다. 그런데 결과는 크게 달랐다. 이용관(부산영화제 이사장)은 "우리 능력을 한참 벗어날 정도로 많은 관객이 온 것이었다"고 회상했다.

첫 회라 시행착오도 많았고, 곳곳에서 잡음이 생겨났다. 예상을 크게 넘은 관객을 감당할 수 있는 여건이 안 돼 있었기 때문이다. 영화표 발권 시스템이 제대로 작동하지 않는 등의 크고 작은 소동들이 잇따랐다. 하지만 20만에 가까운 관객 수는 1회 영화제의 모든 단점을 덮기에 충분했다.

외국에서 온 영화 관계자들 역시 놀라기는 마찬가지였다. 거리와 극장 안을 메운 관객들이 대부분 20~30대 청년들이라는 것에 탄성을 내질렀다. "전 세계 어떤 영화제보다 젊고 역동적인 영화제", 1회 부산영화제가 새긴 이미지였다.

젊고 역동적인 영화제

1회 부산영화제가 이른바 대박 흥행을 할 수 있었던 것은 시대적 분위기와 사회적 정서가 맞아떨어진 결과였다. 1960~1970년대 태어난, 당시 영화제 주축이었던 20~30대들은 어릴 때부터 영상문화를 접한 세대였다. TV가 보급되던 시기에 성장기를 보냈고, 극장도 많이 오가면서 이전 세대보다 영상문화에 친숙했다. 1985년 대학 영화운동이 주도한 학내 영화제들이 높은 관심 속에 흥행할 수 있었던 것도 이런 바탕이 작용한 것이었다. 1990년대 들어 영상문화의 중요성이 높아지면서 영화를 공부하는 학생도 많이 늘어나고 있었다. 『한겨레신문』

(1993.6.9)은 "미국 LA 근처 영화학교와 프랑스 파리에는 해마다 영화를 배우려는 한국 학생들이 수십 명씩 모여들고 있다"고 전했다.

이언경(감독, 작고)의 영화공간1895로 시작해 손주연(프로듀서)의 씨앙씨에, 최정운(한국시네마테크협의회 대표)의 문화학교 서울, 김희진(감독)과 양정화(프로듀서)가 이끈 부산의 씨네마테크 1/24 등은 영화에 관심 있는 청년들이 허전함을 채울 수 있던 소중한 공간들이었다.

당시 청년세대였던 1960~1970년대 생들은 여러 번 복사돼 화질이 흐린 비디오를 보며 영화를 공부할 만큼 열정이 뜨거웠다. 부산영화제 주축인 이용관·전양준·김지석 등은 이들에게 다양한 강의와 강좌를 통해 영화에 대한 전문 지식을 전달해준 대표적인 영화학자들이었다. 부산영화제는 영상문화 세대에게 그냥 지나칠 수 없는 기회였다. 상업영화가 할리우드로 치우친 현실에서 쉽게 보기 힘든 해외 명작들을 스크린에서 본다는 것 자체가 특별했다. 더구나 해방 이후 일본 영화 수입이 금지돼 있었기에, 자유롭게 볼 수 있는 유일한 예외공간이었다. 1980~1990년대로 이어지던 군사독재 시절 〈오! 꿈의 나라〉 〈파업전야〉 〈닫힌 교문을 열며〉 〈어머니, 당신의 아들〉 등 민중영화가 온갖 탄압 속에서도 꿋꿋하게 흥행을 한 것도 이들 영상문화 세대의 높은 관심이 작용한 덕분이었다.

다들 한국에서의 첫 영화제가 궁금했고, 부산영화제라는 장이 마련되자 너도나도 몰려든 것이었다. 남포동의 부산영화제 공간이 관객으로 폭발한 것은 필연적이었다.

1995년 창간된 영화 전문지 『씨네21』의 성공은 당시 영상문화를 향한 관심을 잘 포착해낸 결과였다. 주간지라고 하면 『선데이서울』로 대표되는, 연예인들의 신변잡기와 야사가 중심인 선정적 저널리즘이 일반적이던 때였다. 영화 주간지 존재가 낯설었을 때『씨네21』의 창간과 이후 성장은 그만큼 영상문화에 대한 대중의 관심 척도를 보여준 것이었다. 같은 시기 창간된 월간지『키노』역시 마찬가지였다. 프랑스 문화원을 다니던 문화원 세대 정성일(평론가)이 편집장이었던『키노』는 전문적인 비평으로 영화 잡지로서 명성을 떨치며 영화 마니아들의 뜨거운 사랑을 받게 된다. 구로사와 아키라, 미야자키 하야오, 왕가위 감독 등을 소개했고, 유럽 예술영화들에 대한 보석 같은 글이 지면을 가득 채웠다. 『영화언어』가 주도했던 깊이 있는 비평과 담론이 대중 속으로 한 발짝 더 들어간 것이었다.

영화 전문지들은 앞다퉈 해외 영화제를 소개했다, 덕분에 우리도 영화제가 필요하다는 인식이 커졌다. 기사나 화보로 접하던 국제영화제가 눈앞에 펼쳐지는 순간, 영상세대들이 반응한 것이었다. 삭제가 없는 원본 그대로의 영화, 거리에서 마주칠 수 있는 유명 감독과 배우 등 등 영화제가 주는 매력이 상당했다. 부산영화제는 출발은 한국영화 관객들에게 새로운 영화세상의 도래였다.

강의실에서 보던 영화를 스크린으로 보다

1회 부산영화제 상영작의 면면은 한국 영화운동의 성장과 발전을 확인해주고 있었다. 적극적으로 영화운동에 참여했던 신인 감독들의 등장이 두드러졌다.

1985년 한국외국어대 칸영화제를 개최한 주역으로 한국영화아카데미 6기 장기철(감독)은 〈홈리스〉를 완성해 월드 프리미어로 내놓는다. 제작에 들어간 지 6년 만의 완성이었다. 화교에 관한 이야기를 담은

〈홈리스〉는 1992년 6월 이용관, 전양준, 이효인, 박광수, 신철, 문성근, 김명곤 등이 신인 발굴을 위해 조직한 독립영화창작후원회 지원 작품이었다. 서울영화집단의 〈파랑새〉를 시작으로 장산곶매 〈파업전야〉 등 재야 민중영화들이 군사독재의 규제와 탄압의 대상이었던 것을 이겨내고자 충무로에서 활동하고 있던 진보적 영화인들이 후견인으로 나서 지원한 영화였다.

장기철과 함께 외대 울림 창립을 주도했고, 한국영화아카데미 4기인 김태균은 〈박봉곤 가출사건〉을 통해 감독으로서 부산영화제에 등장했다. 1989년 독립프로덕션 영화공장 서울을 만들어 제작과 기획 쪽에서 활동하다가 다소 늦게 첫 작품을 만든 것이었다.

김태균의 영화공장 서울에서 한국 독립영화를 보고 미국에 소개했던 뉴욕현대미술관(MoMA)의 영화 담당 큐레이터 래리 카디시는 1회 부산영화제 한국영화공로상 수상자였다.

한국영화조감독협의회 대표로 충무로 개혁을 선도했던 한국영화아카데미 1기 임종재의 〈그들만의 세상〉, 서울대 얄라셩 출신 김홍준의 〈정글 스토리〉, 서울대 문화패 출신 장선우의 〈꽃잎〉, 5월 광주영화 〈부활의 노래〉를 만들었던 이정국의 〈채널 69〉 등이 영화운동 감독들의 작품이었다. 노동운동과 양심수 어머니들을 다룬 다큐멘터리 영화 〈해고자〉와 푸른영상 김태일 감독이 만든 〈어머니의 보랏빛 수건〉은 재야 영화운동의 성과물이었다. 다큐멘터리 영화를 극장 스크린에서 볼 수 있다는 것도 당시에는 특별했다.

1991년 〈어머니, 당신의 아들〉 상영 투쟁에서 보듯, 민중의 삶과 노동자들의 투쟁 등을 담은 영화들은 극장 상영을 꿈꾸기 어려웠다. 변영주(감독)의 1995년 〈낮은 목소리─아시아에서 여성으로 산다는 것〉

이 극장에서 개봉했으나, 다큐멘터리의 첫 개봉으로 화제였을 만큼 극장의 문턱은 높았다. 재야 영화운동단체에서 만든 독립영화는 주로 대학 강의실이나 노동 현장 등에서 비디오를 통해 볼 수 있는 것이 일반적이었다. 1990년대 초반 〈파업전야〉도 학생회관이나 학내 건물 안에서 흰 천을 걸어놓고 16mm 영사기로 상영했다.

대학에서 제작된 단편 영화들도 비슷했다. 대부분이 대중과 만날 기회가 극히 제한적이었던 영화들인데, 영화제라는 울타리를 통해 접촉면이 넓어진 것이었다. 노동운동을 소재로 한 다큐멘터리 상영이 신선하게 다가올 수밖에 없었던 이유다. 영화제라는 영화의 해방구를 통해 새로운 영화와 대중과 거리가 좁혀진 것은 영화운동의 확장에 있어 영화제의 역할을 보여준 사례였다.

당시 대학생으로 1회 부산영화제에 초청받았던 박성호(부산영화제 프로그래머)는 "단편영화 〈K씨의 자극적인 하루〉 촬영을 맡은 덕분에 게스트로 참여했다"며 "대학 1학년으로 3학년 선배가 만든 영화를 도왔던 것인데, 이를 계기로 시간이 흘러 부산영화제에 공채로 들어가게 됐다"고 덧붙였다.

돼지와 세 친구는 오래 지속된다

첫 회 부산영화제에서 특별하게 주목받은 한국영화는 임순례 감독 〈세 친구〉, 홍상수 감독 〈돼지가 우물에 빠진 날〉, 김응수 감독 〈시간은 오래 지속된다〉, 3편이었다.

〈시간은 오래 지속된다〉는 1980년대 학생운동 후일담이었다. 서울대 총학생회 홍보부장이었고, 영화제작소 청년에서 이상인과 함께 〈어머니, 당신의 아들〉 시나리오를 썼던 김응수 감독의 삶이 투영된 작품이었다. 1991년 러시아 국립영화대학에 유학해 영화를 공부했기에, 모스크바를 배경으로 운동권 동기들의 추억을 그려낸 것이다. 이전 민중영화들이 전투적인 투쟁을 전면에 내세웠다면, 〈시간은 오래 지속된다〉는 다른 색깔로 미학적인 측면을 강화한 독립영화였다. 1988년 남북청년학생회담을 제안해 통일운동을 선도했던 김중기(배우)가 출연한 첫 영화기도 했다. 후반 작업비가 중간에 바닥났을 때는 안동규(제작자, 영화세상 대표)가 급히 도움을 줘서 완성될 수 있었다. 개봉할 때는 민족영화연구소에서 함께 활동했던 김준종(프로듀서, 전 평창국제평화영화제 사무국장)이 도왔다. 김준종은 "김응수가 대학 동기여서 도운 것이었다"고 말했다. 1980년대 학생운동과 대학 영화운동의 주역들이 함께 힘을 모은 것이다. 부산영화제 첫 상영 후 이용관이 사회를 맡았던 GV(관객과의 대화)에서 "지금까지 본 영화 중 최고"라는 관객의 찬사를 받기도 했고, 상영 때마다 감독과 관객들과의 대화가 가장 활발하고 뜨겁게 진행됐다.

임순례 감독 〈세 친구〉 역시 화제를 몰고 다녔다. 1994년 단편 〈우중산책〉으로 서울단편영화제 우수상을 받아 이름을 알린 임순례의 첫 장편 〈세 친구〉는 청소년 관객들이 뜨겁게 반응한 인기 영화였다. 고등학교 졸업 후 대학에 진학하지 못하고 사회에서 낙오된 청년들이 군 입대 문제로 평온한 삶에 파문이 일어나는 모습을 담아냈다. 임순례는 한국여성영화인모임이 펴낸 『영화하는 여자들』(사계절출판사, 2020)에서 "한국 사회가 대단히 폭력적이라는 말을 절감하게 됐다"며 "폭력성이 어디서 오는지 생각해보니 학교와 군대였고, 사회 폭력의 뿌리라는 생각으로 시나리오를 쓴 것이었다"고 말했다. 또한 "당시 〈우중

1회 부산영화제 상영작 〈세 친구〉의 임순례 감독 ⓒ 부산영화제

산책〉 수상 이후 첫 장편을 같이 하자는 제안이 여럿 와서 〈세 친구〉 시나리오를 썼으나 모두 안 하겠다고 한 영화"라며, "결국 서울단편영화제를 기획한 삼성영상사업단 김은영(프로듀서, 추계예대 교수)을 찾아가 1회 수상자가 잘돼야 서울단편영화제도 잘 될 수 있다고 설득해 제작비를 지원받았다"고 밝혔다. 〈세 친구〉는 1회 부산영화제 운파상을 수상하며 감독 임순례의 존재감을 알렸고, 부산영화제도 역량 있는 젊은 감독을 발견해냈다는 점에서 큰 수확이었다.

새로운 감독 홍상수

홍상수(감독)의 첫 작품인 〈돼지가 우물에 빠진 날〉은 영화제의 긍정적 역할을 보여준 사례였다. 부산영화제 개막 전인 1996년 5월 개봉했으나 관객의 관심을 끌지 못했는데, 부산영화제를 통해 해외 영화 관계자들에게 소개되면서 주목을 받게 된 것이다. 『한겨레신문』(1996.9.21)에 따르면 영국 평론가 토니 레인즈는 "독창적이고 도전적이며 새로운 영화"라고 평했고, 베를린영화제 영포럼 프로그래머 도로테 베어도 "한국에 대해 잘 모르지만 한국 대도시의 고독과 대화의 단절을 인상적으로 전하는 작품"으로 평가했다. 또한 뉴욕 현대미술관 래리 카디시와 칸영화제 아시아영화 선정위원 피에르 르시엥도 새롭게 찾아낸 감독이 홍상수라는 데 의기투합했다.

부산영화제를 발판으로 홍상수는 국제적으로 이름이 알려지기 시작한다. 당시 홍상수는 실력으로 촉망받는 젊은 감독이면서 배경도 든든했다. 홍상수의 부친은 대한연합영화사와 답십리촬영소를 만들었던 한국영화의 실력자 홍의선이었다. 모친은 1960년대『주간영화』를 발행하고 답십리촬영소장을 맡았던 전옥숙으로 대한연합영화사에서 〈추풍령〉〈나운규의 일생〉〈휴일〉 등을 제작한 한국영화의 첫 여성 제작자였다. 임권택 감독의 초기작 〈청사초롱〉(1967)를 제작하기도 했다. 홍상수의 가족사는 꽤 흥미로운 요소들이 많다. 특히 부친인 홍의선 대표보다 모친인 전옥숙 여사의 주목도가 높았다. 당대 한국 사회 주요 인사들이 인맥을 형성하고 있었고, 김영삼 전 대통령이 야당 당수를 맡고 있던 때 전화로 불러냈을 정도로 사교계의 여왕으로 평가받았다. 남재희(언론인, 전 국회의원)는 2013년『프레시안』에 연재한 회고 글에서 전옥숙에 대해 "경상남도 통영 출신인 전 회장은 대단한 미모로, 가냘픈 몸매, 약간 긴 얼굴, 오똑한 코, 절세의 미인까지는 아니더라도 당대의 미인이라고 할 수 있겠다"고 소개했다. 정계, 재계, 관계, 문화계 등 인맥이 상당히 폭넓었다고 한다.

2017년 부산영화제 회고전의 주인공이었던 배우 신성일은 기자간담회에서 출연 작품인 〈휴일〉을 아끼는 작품으로 꼽으며 홍의선과 전옥숙에 대해 언급했다. 특히 "홍상수의 어머니를 얘기하자면 김지하도 그 어머니 앞에서 무릎을 꿇었다. 이념적으로 강한 학생이었다. 전옥숙 여사는 이화여고에 다닐 때 '빨갱이' 공산주의 학생으로 으뜸이었다. 전옥숙 여사가 정치범으로 사형을 앞두고 있을 때 교도소장이었던 홍의선 씨를 만나 결혼에 이르게 됐다"고 밝히기도 했다.

일반적으로는 알려진 내용은 한국전쟁 당시 이화여대 국문과에 다녔던 전옥숙이 서울 수복 후 북한군에 쓸려서 의정부 쪽으로 후퇴하다 국군에 투항했고, 헌병대장의 배려 덕분에 화를 입지 않았다는 것이었다. 전옥숙의 이야기는 이병주의 소설 『남로당』에 김옥숙이라는 이름으로 등장한다. 김지미 배우는 "전옥숙은 이화여대 다니던 우리 언니의 친구였다"고 말했다.

정진우 감독은 "홍의선이 돌아가기 전 병원에 입원했을 때 문병 갔더니, 전옥숙을 만나게 된 과정을 자세히 이야기해줬다"면서 이렇게 전했다. "홍의선 말로는 한국전쟁 전후로 전옥숙이 이화여대 좌익 학생 조직의 핵심이었다고 한다. 인민군이 서울을 점령했을 때 적극적으로 활동하다가 인천상륙작전으로 서울이 수복되면서 도망치던 과정에서 미아리 방면에서 국군에 잡힌 것이었다. 전쟁 중이라 북한 협력자들을 재판 없이 즉결처분하던 때였다. 수색으로 끌려왔는데 즉결처분은 헌병대가 집행하고 있었다. 그런데, 미모가 상당히 빼어났던 탓에 다른 사람들은 즉결처분이 이뤄질 때 헌병 장교였던 홍의선이 전옥숙을 따로 빼돌렸다고 한다. 이때부터 같이 살게 됐는데, 당시 홍의선은 약혼자가 있었으나 파혼하고 전옥숙과 결혼한 것이다. 원래 약혼자는 유현목 감독의 처형이었다."

정진우 감독은 "홍의선이 당시 이야기를 해주면서 병원에 입원해 있는데 전옥숙이 자주 안 온다고 서운한 감정을 나타냈다"며 "'그때 즉결처분당하도록 놔뒀어야 했다'는 말을 화풀이하듯 했다"고 전했다.

1회 부산영화제
당시 관객과의 대화
진행하는 이용관
프로그래머(오른쪽)
ⓒ 부산영화제

뜨거운 호응을 받은 관객과의 대화

1회 부산영화제는 한국영화에 새로운 문화를 만들어낸 시간이었다. 대표적인 것이 영화와 관객의 거리를 좁힌 GV(감독과의 대화 또는 관객과의 대화)였다. GV는 영화 상영이 끝난 후 감독이나 배우가 나와 영화에 대한 질문을 주고받는 시간이었는데, 당시에는 관객과의 대화 외에 감독이나 배우가 영화 상영 전후 인사를 하는 것도 포함돼 있었다. 박성호(부산영화제 프로그래머)에 따르면 1995년 일본 야마가타영화제에서 GV를 본 홍효숙(전 부산영화제 프로그래머)이 영화제를 준비하면서 도입했다고 한다. 1994~1997년 개최된 서울단편영화제에서도 상영 후 관객과의 대화가 진행되기도 했으나, 2000년대 이후 일반화된 GV 문화의 본격적인 시작은 부산영화제였다.

영화제에 등장한 GV의 매력은 돋보였다. 당시는 영화를 본 후 감독과 배우가 나와서 관객들과 대화를 나눈다는 것 자체가 생소했기에, 영화 상영 전후로 감독이나 배우를 볼 수 있다는 건 관객의 호기심을 자극했다. 부산영화제 흥행 요인이기도 했다.

GV가 가장 많이 열렸던 것은 해외 작품보다는 감독과 배우의 참석이 당연했던 한국영화였다. 이때 GV 문화를 선도한 것은 당시 한국영화 프로그래머 이용관이었다. 이전부터 영화 강좌를 많이 진행했던 경험이 있다 보니 부드럽게 감독과 관객의 대화를 이끌었다. 이용관은 "당시 정확히 뭘 해야 하는지도 몰랐는데, 박광수 부집행위원장이 시키는 대로 한 것이었다"고 말했으나, 이용관의 진행은 부산영화제에서 시작된 GV의 표준 모델이 됐다.

1회 영화제 상영작인 임순례 감독 〈세 친구〉는 GV가 시작된 첫 영화였다. 매진으로 좌석이 가득한 가운데 관객들은 영화에 공감을 표했고, 감독의 말에 귀를 기울였다. 임순례 감독은 "가정과 학교, 군대 등 우리 사회 전체에 만연된 폭력과 경직된 가치관에 주목했다"며 "가정환경이나 사회조건이 낙오자들을 만들어내고 있다"고 설명했다. 아울러 "중고등학생들이 많이 봤으면 한다"는 바람을 나타내기도 했다.

김응수 감독의 〈시간은 오래 지속된다〉는 GV 열기를 보여준 대표적 작품이었다. 다음 작품의 상영 시간이 다가오는데도 질문이 이어지자 이용관은 관객들에게 밖으로 나가서 더 이야기를 나누자고 제안한다. 결국 남포동 야외무대 앞에서 감독과 배우를 붙들고 GV는 한 시간 정도 계속됐다. 영화제를 찾은 관객들의 열정과 영화제의 분위기를 엿보게 하는 한 단면이었다.

생전 김지석(전 부산영화제 부집행위원장, 작고)은 "부산영화제의 자랑"이라며 GV에 자부심을 나타냈다. "전 세계 영화제 중 이렇게 GV가 많은 영화제는 찾기 힘들고, '영화, 영화인, 관객과의 만남'은 부산영화제의 가장 중요한 지향점 중 하나"라고 강조했다.

GV는 부산영화제를 찾은 한국 관객들의 수준을 확인할 수 있게 해준 시간이기도 했다. 해외 영화인들은 "일반적으로 영화제에서 나오는 질문이라는 게 제작비가 얼마냐, 배우를 어떻게 캐스팅했냐는 등의 가십성 질문을 하는데, 한국의 관객들은 작품에 담긴 깊은 의미와 미장센이 어떻고 등등 전문적인 질문을 한다"며 놀라움을 금치 못했다. 질문 수준이 달랐기 때문이다. 또한, 이른 아침 첫 상영을 찾는 관객의 열정에 놀라움을 나타내기도 했다. 1997년 2회 영화제 때 상영작인 〈일요일〉은 상영 시간이 일요일 아침이었다. 선댄스영화제 대상 수상작이라 좌석 수가 가장 많은 부산극장 1관에서 상영됐으나 매진이었다. 예정된 GV는 상영 전 간단한 무대인사였다. 감독이 참석하지 못해 여성 프로듀서가 대신 나와 관객들에게 인사했는데, 좌석을 가득 채운 관객들의 모습에 흐뭇한 표정이 역력했다. 고맙다는 인사를 마친 프로듀서는 그냥 무대를 내려가기 아쉬웠던지 "감독이 오지 못해 이런 모습을 함께 못 보는 게 너무 안타깝다. 사진 한 장만 찍겠다"고 요청했다. 많은 관객이 큰 극장을 가득 채운 것을 감독에게 보여주겠다는 것이었다. 관객들은 박수로 화답했고, 프로듀서는 희색이 만연한 채 관객들의 모습을 담았다. 짧은 GV였으나 인상적인 장면이었다.

검열의 위협

파도처럼 밀려든 관객들로 인해 1회 부산영화제는 기대 이상의 성과를 내며 대성공을 거둔다. 안팎에서 호평이 이어졌다. 칸영화제 아시아영화 선정위원인 피에르 르시엥은 "어떤 지역 국가든 정부와 영화산업에 종사하는 사람 모두 할리우드 제국주의에 대항할 의무가 있고 그래야만 살아남을 수 있다. 문화는 모방하면 전망이 없다. 자신들의 정체성으로 작품을 만들어 경쟁력을 갖추는 것이 중요하다"고 조언했다. 미국영화 직배 문제로 미 제국주의의 문화 침략에 맞섰던 한국 영화운동에 주는 격려였다.

김홍준(감독)은 "아카데미영화제처럼 화려하게 차려입은 스타들이 나와 자기들이 상을 받는 게 영화제라는 우리 사회의 잘못된 인식을 바로잡을 좋은 기회가 됐으면 좋겠다"며 첫발을 뗀 국제영화제에 대한 기대를 나타냈다.

크고 작은 실수에도 불구하고, 한껏 고무될 정도의 칭찬을 받은 것이었지만 검열에 대한 우려는 가시지 않았다. 〈크래쉬〉 삭제 소동은 우발적인 일로 넘어갔으나 위험 요소이기도 했다. 당시 삭제된 부분은 영화 속 교통사고를 당한 직후 나오는 정사 장면이었다. 영화 수입사가 원본 필름 대신 삭제된 필름을 영화제에 제공한 실수였으나, 경직된 한국의 검열 분위기를 엿보게 해주는 사례였다. 1990년 중반 서울에서 국제영화제 논의가 한창일 때 전양준이 지적했듯 검열이 있는 나라에서 영화제를 제대로 치르기는 힘들기 때문이었다. 검열의 위협은 영화제의 가치를 언제든 땅에 떨어뜨릴 수 있었다.

부산영화제가 비슷한 시기 시작된 상하이영화제를 비롯해 중국의 영화제들을 경쟁 상대로 생각하지 않는 것은, 검열 문제에 있다. 이용관은 "영화제는 영화의 해방구로 모든 영화가 제한 없이 상영될 수 있어야 하는데, 중국의 영화제는 검열 때문에 부산영화제를 절대 따라올 수 없다"고 말했다. 아무리 많은 예산으로 물량 공세를 퍼붓는다고 해도 표현의 자유를 억압하는 검열은 영화제의 한계만을 드러낼 뿐인 것이다.

역대 부산영화제에서 초반에 열린 1~2회가 중요하게 평가되는 이유는 검열 문제에 있었다. 국제영화제로서 틀을 만들어가던 시기였기에

충무로, 새로운 물결

부산의 선택은 이후 생겨난 다른 영화제들에게 선례가 됐기 때문이다.

김동호 집행위원장이 공연윤리위원회(공륜) 위원장에 재임할 당시에는 변화를 위해 애쓰는 노력을 보이기도 했으나, 사퇴 이후 공륜은 다시 엄격해졌고 검열기관으로 가위질은 계속됐다. 1996년 영화법이 폐지되고 대체된 영화진흥법은 제12조에서 '단편영화, 소형영화 및 영화제에서 상영되는 영화로서 대통령령이 정하는 영화'는 심의를 받지 않아도 되는 예외로 규정하고 있었다. 하지만 영화진흥법 시행령 제13조는 '심의신청의 예외 기준으로 3개국 이상이 참가하여 3회 이상 개최하여온 영화제에서 상영하는 경우는 심의를 받지 않는다'고 명시했다. 따라서 1~2회는 검열을 피할 길이 마땅치 않았다. 김영삼 정권이 문민정부를 내세웠음에도 검열을 끊어내지 못한 것은 군사독재 세력과 야합을 바탕으로 하고 있었던 태생적인 한계이기도 했다.

그나마 부산영화제가 짜낸 묘수는 교란 작전이었다. 검열 담당자였던 심의위원을 부산으로 오게 해서 숙소에 출품작들을 산더미처럼 쌓아서 기를 죽이는 것이었다. 관련 업무에 대한 협의를 서류로 주고받거나. 술자리를 만들어 검열을 방해하는 것도 방법의 하나였다.

김동호(전 강릉국제영화제 이사장)는 『국민일보』에 연재한 「김동호의 씨네마 부산-PIFF 15년의 기록」에서 "예기치 못했던 난관으로 영화제에서 검열은 치명적이고, 부산영화제의 경우 출범과 동시에 좌초, 파선하는 것과 같았기에 공륜 심의위원들이 부산에 내려와 심의해줄 것을 요청했다"고 밝혔다. 이어 "모든 심의 결과는 공문으로 받도록 했다"면서 "심의 과정과 그 결과를 통보받는 시기를 최대한 늦추면서 검열의 예봉을 피해 나간 것이었다"고 덧붙였다. 심의 결과를 공문으로 주고받으면 2~3일 정도의 시간이 걸리고, 그사이 영화 상영은 진행된 상태라 심의 결과가 무의미해지기 때문이다.

사무국장이었던 오석근(전 영진위원장)은 "심의위원들이 보고자 하는 것은 성기. 음모 노출과 과도한 정사 장면이었고, 나머진 크게 문제 삼지 않았다"고 말했다. 또 "그분들이 내려올 때 대충 확인해야 할 작품에 대한 리스트가 만들어져 있었고, 우리도 그분들이 뭘 확인하려는지 알고 있었기에 옆에 앉아 시선을 돌리게 하거나 이해시키는 일을 했다"고 회상했다.

멱살잡이와 육탄 저지로 지켜낸 정치적 독립성

1회 영화제 성공 이후 닥쳐온 정치적인 문제는 국제영화제로서 통과해야 할 관문과도 같았다. 2회 영화제가 열린 1997년은 5년마다 치러지는 대통령선거가 있던 해였다. 1회 때 젊은 관객들이 몰리면서 주목을 받게 된 국내 최초 영화제를 당시 대통령 후보들은 그냥 지나치지 않았다. 그나마 1회 개막식 때 어떤 내빈도 별도의 축사나 인사말을 못 하게 한 것은 좋은 선례였다. 크고 작은 행사 때마다 정치인들이나 관료들이 나서 전하는 축사나 인사말 등은 사실 앞에서 말하는 사람을 제외하고는 대부분 관객에게 '지루한 순서'였다. 처음 막을 올렸던 1회 때도 김영삼 대통령의 축하 메시지 영상을 제외하고는 정치인인 부산시장조차 개막선언 외에는 별도의 인사말을 하지 않도록 제한을 둔 것은 현명했다. 깔끔한 개막식을 만든 것이었다.

하지만 부산영화제가 다른 행사들과 비교해 지극히 예외적인 모습을 만들어낸 것이었지, 여전히 다른 행사에서는 지루한 순서가 당연하게 인식되고 있었다. 그러다 보니 초기 부산영화제의 예외적인 모

　　　　　　　　　　　　　　　　　　　　　　충무로, 새로운 물결

습은 정치인들에게 불만의 대상이었다.

여기서 주목해야 할 부분은 영화제는 정치적 중립성이 아닌 정치적 독립성이 강조된다는 점이다. 정치적인 '중립'을 유지한다는 것 자체가 매섭게 비판할 수 있는 표현의 자유를 무디게 할 수 있기에, 영화제에 정치적 중립은 알맞지 않다. 보편적인 인권과 약자들에 대한 연대 등 다양한 시선을 갖는 것이 영화이고, 자본과 권력에 대한 비판적 시선은 독립영화의 특징이다. 이런 영화들이 모인 영화제는 기본적으로 정치적 문제에서 철저한 독립성 보장이 중요하다. 지난 2014년 '부산영화제 사태'를 보더라도 세월호 참사 다큐멘터리 영화 상영을 정치적 중립 위반으로 몰고 갔던 박근혜 정권의 편향적 행태는, 표현의 자유를 가로막던 박정희 군사독재 시대의 재현이었다. 군사독재 시절의 언어로 부산영화제를 찍어 누르려 한 것으로, 영화제가 갖는 정치적 독립성을 이해하지 못한 무지의 소산이었다. 부산영화제 바탕에 영화운동이 있고, 영화운동은 반제 반독재투쟁을 기조로 했던 변혁운동을 중심에 두고 있다는 사실을 인식하지 못한 것이었다.

2회 부산국제영화제는 정치적 독립성의 기조를 선명하게 각인한 계기였다. 여야 대선후보들과 부산영화제의 크고 작은 마찰이 이어졌기 때문이다. 당시 개막식에 참석한 것은 김대중 후보였다. 문화예술에 대한 애정과 관심을 개막식 참석으로 드러내 보인 것이었다. 일반적인 행사 같으면 후보자가 단상에 올라 인사말이라도 하는 기회를 주는 게 당연했다. 하지만 부산영화제는 그렇게 하지 않았다. 사전에 인사말이나 별도의 소개 기회를 주지 않겠다는 뜻을 전했고, 개막식에 들어올 때만 입장한다고 소개했을 뿐이었다. 정치인들에 대한 배려가 관례가 되면 쉽게 끊어내기 어려웠기 때문이다. 사무국장 오석근은

"당시 부산영화제가 사전에 정리한 입장은 후보 소개 및 의전을 최소화하는 것이었다"고 말했다.

개막식의 마지막 순서인 개막작 감독과 배우가 소개가 진행되자 수행 인사들의 불만이 터져 나왔다. 김한길 의원 등은 "후보가 인사할 기회는 줘야 하는 것 아니냐?"고 김동호 집행위원장에게 항의했다. 그러나 부산영화제 측은 "처음부터 불가능하다고 이야기했지 않았냐"면서 일축했다. 개막작이 시작되자 김대중 후보 일행은 기분 나빠하며 개막작 관람도 하지 않은 채 우르르 퇴장했다. 이 과정에서 배우 출신 정한용 의원과 이용관 한국영화 프로그래머가 정면충돌했다. 정한용 의원의 항의를 이용관이 가로막자 감정싸움이 벌어진 것이다. 정한용은 이용관을 향해 "넌 뭐야 자식아!" 하면서 불쾌감을 나타냈다. 이용관도 지지 않았다. 똑같이 "너는 뭔데?" 하면서 맞받았다. 정한용이 순간 멱살을 잡자 이용관도 맞잡았다. 일촉즉발의 순간, 주변에서 말리고 김대중 후보가 떠나면서 진정됐다. 정치인 홍보 무대로 변색할 뻔했던 상황은 막아낸 것이었다. 이용관은 "이후 멱살 잡은 게 인연이 돼 정한용과 상당히 친해졌다"고 말했다.

개막식 멱살잡이는 이용관의 기질을 보여준 것이었다. 부산영화제가 성장하면서 이용관은 해외에 조폭 같은 사람으로 알려져 있었다. 이용관은 "해외 영화제를 가면 전양준과 김지석이 유명 감독과 제작자 등에게 '우리 형'이라고 인사시켰다. 그럴 때면 당신이 그 조폭 같다는 형이냐는 반응이 나왔다"고 말했다. 부산씨네클럽에서 활동했던 방추성(전 부산 영화의 전당 대표)은 "잘못된 일을 보면 그냥 넘기지 않고 당당하게 맞서 나가는 것이 이용관의 스타일이다"라고 말했다.

김대중 후보가 첫 번째 높은 파도였다면 두 번째는 여당 후보 이회창이었다. 2회 영화제의 첫 주말이었던 10월 12일 일요일 어두컴컴한 저녁 야외무대 행사가 진행되고 있던 남포동에 대선 후보 이회창이 국회의원 등 수행원을 잔뜩 이끌고 나타난 것이다. 남포동은 야외무대 행사를 보기 위해 몰려든 인파로 가득했다. 남포동 입구인 부영극장 앞 피프광장(현 비프광장) 들머리에 등장한 이회창은 수많은 인파를 헤치며 앞으로 가기 시작했다. 운신하기도 힘든 상황에서 밀고 들어오는 이회창과 수행원들은 혼란을 유발하고 있었다. 일부 관객들은 야유를 보내기도 했다.

당시 야외무대에서는 이용관의 사회로 배우 김민종과 강수연의 무대 인사가 진행되고 있었다. 이용관은 "이회창 후보가 무대로 위로 올라오겠다는 말을 듣는 순간 마이크를 잡고 있던 손이 부르르 떨렸다. 올라오면 마이크를 넘겨줄 수밖에 없었지만, 무대에 올라오는 순간 표가 떨어질 것을 각오하라는 메시지를 전했다"며 "오석근 사무국장이 완강히 저지하자 어쩔 수 없이 물러났다"고 당시 상황을 기억했다.

이회창을 막아낸 것은 오석근의 육탄 저지였다. 남포동 야외무대 행사 진행을 지켜보고 있었던 오석근은 "이회창 후보가 방문할 거라는 소식은 사전에 듣지 못한 상태였다"며 "상당히 많은 인파가 모여 있었는데 이회창 후보 일행이 인파 사이를 뚫고 무대로 다가왔고, 문정수 부산시장도 함께 있었다"고 설명했다. 오석근은 무대를 막 올라오려는 이회창을 가로막고는 "부산에서 어렵게 시작한 문화행사. 여기 많은 내외신 기자들이 보고 있다. 지금 무대로 올라오시면 어렵게 시작한 문화행사가 왜곡된다. 다시 한번 생각해달라"며 정중하면서도 완곡하게 거부 입장을 전했다.

순순히 안내해주는 것이 아닌 단호한 거부에 이회창은 오석근을 향해 "자네 말이 맞아" 하고는 발길을 돌릴 수밖에 없었다. 거부 의사를 무시하고 무대로 올라갔을 경우 이후 벌어질 상황에 부담을 느꼈기 때문으로 보인다. 이날 육탄 저지를 계기로 이후 부산영화제에서 정치인이 행사장에 나타나 별도의 인사말을 하지 못하는 게 관행처럼 굳어졌다.

그러나 다소간의 여파(!)는 있었다. 문정수 부산시장은 그날 저녁 이회창 후보를 환영하는 만찬장에서 '당신은 어느 당 시장이냐? 우리 당 대선후보가 무대 한번 올라가려는데 그거 하나 못 만드냐?'며 심하게 공격을 받았다고 한다. 이 사건은 이후 다음 시장 선거에서 재공천을 못 받는 중요한 이유가 됐다. 후일 문정수 시장은 오석근에게 이렇게 말했다고 한다. "당시에 내가 올라가자고 할 수 있었는데, 나 역시 정치적으로 왜곡될 거 같아 가만히 있었다."

검열의 후폭풍

정치인과의 충돌로 시작된 2회 부산영화제는 역대 영화제와 비교할 때 매우 역동적이었다. 세계적 영화제로 성장하기 위한 통과의례를 거친 셈인데, 부산영화제의 정체성을 분명하게 확립했다는 점에서 가장 중요했던 영화제로 꼽는다.

정치인들 예우 문제가 어느 정도 가닥이 잡힌 사이, 이번에는 독립영화인들이 들고 일어났다. 끝내 피하지 못한 검열의 후폭풍이었다. 비록 형식적이라고는 해도 공륜의 검열을 피할 수 없는 상황이었다. 아무리 공륜이 심의라고 우겨도 영화인들에게는 엄연한 검열이었다. 비록 부산영화제가 검열의 칼날을 무디게 하는 여러 노력을 기울이며 심의를 형식적인 것으로 만들기는 했으나 독립영화인들이 이를 용인하기는 어려웠다.

독립영화인들은 반발했고, 항의의 뜻으로 직접 행동에 나선다. 영화제로 북적이는 남포동에서 검열 철폐의 목소리를 높이며 시위를 벌인 것이었다. 이 시위를 이해하기 위해서는 일단 1회와 2회 영화제가 열린 1996년부터 1997년까지의 상황을 살펴볼 필요가 있다.

첫 회 부산영화제 개막을 몇 달 앞둔 1996년 6월 14일 오전, 다큐멘터리의 고전 〈상계동 올림픽〉(1988)을 연출한 김동원(감독)의 푸른영상에 경찰이 들이닥쳐 압수수색 명목으로 15개 작품 1천여 개의 비디오테이프를 가져간다. 연행한 김동원에게는 구속영장을 청구했다. 경찰이 적용한 혐의는 당시 '음반 및 비디오물에 관한 법률'(음비법) 위반이었다. 1995년 개정돼 1996년 6월 7일부터 시행된 개정된 음비법은 '문체부에 등록하지 않은 업자가 한국공연윤리위원회의 심의를 받지 않고 비디오를 제작·복제·보급할 수 없다'고 규정했고, '위반 시에는 3년 이하의 징역과 2천만원 이하의 벌금'을 부과할 수 있게 했다. 기존 법의 2년 이하 징역과 1천만 원 이하 벌금을 강화한 것이다. 애초 목적은 '음란 비디오의 확산을 막아 청소년을 보호하기 위한 것'이라고는 했으나, 실제로는 비디오를 활용한 영화운동의 비판 정신을 봉쇄하기 위한 것으로 정치적 악용 성격이 더 컸다. 비디오가 대중화됐던 시기, 김동원의 푸른영상은 〈벼랑에 선 도시빈민〉 〈우리는 전사가 아니다〉 〈아시아에서 여성으로 산다는 것〉 등 인권, 빈민, 노동, 여성, 환경 등 사회문제에 대한 다큐멘터리를 집중적으로 제작했다. 이를 못마땅해 생각한 권력이 탄압을 가한 것이었다. 개정 음비법이 발효된 직후 바로 경찰이 들이닥친 것은 이를 방증한다고 볼 수 있다. 김동원은 구속

영장이 기각되며 다음 날 석방되지만, 독립영화단체들과 시민단체들은 사전심의 폐지를 위해 투쟁의 결의를 다지게 된다. 영화법 폐지와 영화진흥법 제정으로 사라진 것으로 생각했던 독립영화에 대한 검열이 새로운 법을 통해 변칙적인 방법으로 등장한 것이기 때문이었다.

그리고 4개월이 지나 1회 부산영화제가 끝난 직후인 1996년 10월, 장산곶매 강헌이 제기한 사전심의조항에 대한 위헌법률심판제청을 헌법재판소가 받아들인다. 검열이 헌법에 위반된다는 것으로, 줄곧 탄압받던 영화운동의 반격이 성공한 것이었다.

하지만 국가보안법과 마찬가지로 박물관의 유물이 돼야 할 검열의 악령은 여전히 창작의 자유를 위협하고 있었다. 검열 논란이 크게 불거진 것은 1997년 4월 18일~22일까지 열린 2회 서울다큐멘터리영상제였다. 1회 Q채널다큐멘터리영상제에서 이름을 바꾼 서울다큐멘터리영상제는 당시 삼성영상사업단의 다큐멘터리 전문채널인 Q채널에서 주관했다. 논란의 출발은 천안문 사태를 다룬 〈태평천국의 난〉이었다. 개막작으로 선정됐으나 상영이 취소된 것이다. 영화제를 주관했던 삼성 측은 배급권과 관련해서 발생한 문제라고 얼버무렸으나 중국에서 진행 중인 사업을 고려해 중국 정부의 압박을 받아들인 결과였다.

〈태평천국의 난〉 감독 겸 제작자인 리처드 고든과 카마 힌튼은 성명서를 통해 "영화제는 전 세계적으로 지배적인 해석에 도전하며 강력한 기득권을 위협하는 독립영화를 관객들이 감상할 수 있는 흔치 않은 공간으로 영화제가 외부의 압력에 의해 자기검열을 하게 되면 관객들도 변화의 기회를 박탈당하는 것이다"라고 유감을 표명했다. 또한 "〈태평천국의 문〉이 곧 중국의 정치적 통제를 받게 될 홍콩에서 매일

밤 객석을 가득 메운 관객 앞에서 상영되는 상황에서, 독립된 주권국가인 한국에서 외부의 정치적 이해가 그토록 강력하게 작용할 수 있는 사실이 놀랍다"고 비판했다.

개막작 취소 파문에 프로그램 어드바이저였던 서울대 얄라셩 출신 김명준(노동자뉴스 제작단 대표)이 항의 표시로 사퇴했고, 심사위원으로 참여했던 전양준, 이충직, 김동원 3인도 사의를 표명한다. 김명준은 『키노』 1997년 5월호에 기고한 글을 통해 "1997년 4월은 이 땅의 모든 양심적인 영화인들에게 가장 잔인한 봄으로 기억될 것이다. 한때 작은 희망의 상징으로 여겨졌던 서울다큐멘터리영상제는 권력과 자본의 가위손에 의해 갈가리 찢겨졌다"고 한탄했다.

4·3항쟁 다큐멘터리 수난

여기에 기름을 부은 것이 〈레드헌트〉의 상영 철회였다. 부산에서 영화운동을 하고 있던 조성봉(감독)의 〈레드헌트〉는 1948년 남한 단독정부 수립에 반대하는 과정에서 무수한 양민들이 이승만 정권에게 잔혹하게 학살당한 제주 4·3항쟁을 처음 다룬 역사적인 다큐멘터리였다. 당시 미국과 이승만이 제주에서 자행한 잔혹한 학살의 실태가 세세한 증언으로 공개된 것이었다. 그런데 정치적 성격을 갖고 있던 두 편의 영화가 모두 상영에서 제외되면서 검열 논란이 커졌고, 여기저기서 반발이 터져 나왔다.

조성봉(감독)은 "본선 경쟁에 출품됐다는 소식을 듣고 개막일에 맞춰 서울에 올라왔는데, 어처구니없는 이야기를 들은 것이었다"고 회상했다. 조성봉에 따르면 당시 프로듀서는 "〈레드헌트〉의 방송 심의가 어렵다. 그래서 난처하다"면서 절충안을 제시했다고 말했다. '이 다큐멘터리는 사실과 다를 수가 있습니다' 라는 내용을 넣자는 제안이었다. 자막만 들어가면 어떻게든 심의 신청을 넣어보겠다는 것이었다. 하지만 조성봉은 "이를 받아들이기 힘들었다"고 말했다. 다큐멘터리가 사실을 기반으로 하는 건데 사실과 다를 수 있다는 말을 넣는다는 것은 작품 전체의 진실성을 부정하는 것이기 때문이었다. 조성봉은 "차라리 처음부터 본선 진출작으로 선정하지 않았어야지, 서울에 올라와서 저렇게 되니 황당했다"면서 "고민 끝에 출품 철회를 결정했다"고 말했다. 담당 프로듀서에게 "이런 다큐멘터리 행사가 필요하고 계속 유지돼야 한다고 보기 때문에, 차라리 내가 출품을 철회하는 것으로 마무리하겠다"는 입장을 전한 것이었다.

조성봉이 그렇게 결정하고 돌아오자 민예총 영화위원회 사무국장으로서 대응을 모색하던 낭희섭(독립영화협의회 대표)이 발끈했다. "무슨 돈이라도 받아먹었냐?"면서 조성봉을 몰아붙인 낭희섭은 "당시 조성봉이 어리바리한 결정을 한 것이다. 그렇게 물러나면 안 되는 상황이었기에, 화가 많이 났다"고 회상했다.

심사위원으로 참여했던 이충직, 전양준, 김동원 3인도 "한국 현대사의 핏빛 나는 슬픔인 제주 4·3 항쟁에 관한 다큐멘터리인 〈레드헌트〉를 방송 부적합이라는 이유로 상영을 취소해버린 것은, 기업의 논리만을 생각한 영상제 주최 측이 끝내 도저히 있어서는 안 될 또 하나의 파행적인 행동을 야기한 것이다"라고 강하게 비판했다. 이들은 또한 "전 세계 어느 곳에도 예심에서 통과한 작품의 상영을 주최 측 일방의 판단으로 취소하는 영화제는 존재하지 않으며 이는 명백한 월권 행위로, 관객과 심사위원 모두는 본선 진출작을 보아야 할 권리와 의무가 있다. 이를 막는 어떠한 행위도 반영화적 행동임을 우리는 명백히 한다"고 행사 주최자인 삼성에 경고했다.

당시 서울다큐멘터리영상제 개최 준비 과정에서 독립영화인들은 1996년 검열 위헌 결정에 따른 변화의 기대감을 갖기도 했다. 노동자뉴스제작단의 〈총파업 속보 1호〉 〈총파업 속보 2호〉, 푸른영상의 〈풀을 풀끼리 푸르다〉는 독립영화로서의 원칙을 지키기 위해 공륜의 검열을 받지 않는 것을 전제로 초청에 응한 상태였다. 그러나 공륜이 영화제 측에 모든 작품의 제출을 요구하면서 국내 초청작 부문 자체가 전부 취소됐다.

엉망진창 수준이 된 서울다큐멘터리영상제는 시상식을 끝으로 막을 내렸으나, 영화운동 진영은 시상식이 아무 일 없던 것처럼 끝나게 놔두지 않았다. 〈스트라이커〉로 방송프로덕션 대상 수상자로 선정된 영화제작소 청년 김진상(감독)은 시상식장에서 독립영화의 결기를 내지른다. 단상에 오른 김진상은 "영상제 기간 여러 사람이 갖가지 검열로 피해를 입었다. 3회 행사는 좀더 자유로운 영화제가 되길 바란다"는 말을 남긴 후 상패와 상금을 단상에 내려놓고 자기 자리로 돌아갔다. 수상 거부였다. 관객들은 박수로 응원을 보냈다.

조성봉은 "당시 담당 피디가 2000년 이후 CJ엔터테인먼트 대표를 지낸 김주성이었다"며 "김주성과 대학 동기였던 지인을 통해 부친이 서북청년단 출신이라는 것을 알게 됐다"고 덧붙였다.

1997년 검열 논란 이후 서울다큐멘터리영상제는 몇 년 못 가서 막을 내리게 된다. 1999년 3회에 이어 2000년 4회를 끝으로 사라지고만 것이다.

당시 삼성으로 상징되는 자본의 검열은 상업영화에서도 문제가 됐다. 1997년 7월 17일 칸영화제 개막작 〈제5원소〉 개봉을 위해 한국을 찾은 뤼크 베송 감독은 8분이 삭제됐다는 소식에 모든 일정을 취소하고 출국해, 불쾌감을 표출했다. 수입사인 삼성영상사업단이 12세 등급을 받아 더 많은 관객을 유치하기 위해 임의로 가위질을 한 것이었다. 뤼크 베송 감독 기자회견에서 "검열된 사실을 알고 있냐?"는 질문을 통역하지 않자 기자가 직접 영어로 질문하면서 감독이 알게 됐고, 한국영화의 가위질 관행은 국제적인 망신거리가 됐다.

"영화제 보이콧 대신 시위를 하자!"

이런 검열 논란이 벌어진 직후 1997년 10월에 개최된 2회 부산국제영화제는 다큐멘터리 상영작들이 쟁쟁했다. 조성봉의 〈레드헌트〉를 비롯해 김동원의 〈명성, 6일간의 기록〉, 변영주의 〈낮은 목소리 2〉, 홍형숙의 〈변방에서 중심으로〉 등이었다. 하나같이 한국 독립영화의 대표주자들이었고, 검열에 맞선 투쟁을 지속하고 있었다.

〈명성, 6일간의 기록〉은 1987년 6월항쟁 중심이었던 명동성당 농성을 다룬 작품이었고, 〈낮은 목소리 2〉는 위안부 문제를 다룬 〈낮은 목소리〉의 속편이었다. 〈변방에서 중심으로〉는 1980년 영화운동 시작과 이후 전개된 독립영화의 역사를 담은 다큐멘터리였다. 그런데 이들의 작품이 공륜의 검열(심의)을 받았다는 사실이 알려진 것이다.

조성봉은 당시 상황을 이렇게 기억했다. "1997년 제2회 영화제 때 〈낮은 목소리 2〉의 변영주, 〈명성, 그 6일의 기록〉의 김동원, 〈변방에서 중심으로〉의 홍형숙, 〈레드 헌트〉의 나까지 네 명이 모여 모종의 결정을 해야만 했다. 지금은 사전검열제도인 영화에 대한 심의가 폐지되고 등급으로 나뉘지만, 그땐 소위 공륜에서 개별 영화에 대해 심의를 할 때였다. 당연히 우리는 표현의 자유를 침해하는 심의제도에 반대하는 입장이었다. 영화제가 시작되고 난 뒤 영화제 측에서 감독들의 의사와는 상관없이 공륜으로부터 일괄 심의를 받았다는 사실이 알려졌다. 우린 영화제를 보이콧하느냐 참가하느냐 하는 문제를 가지고 의견을 나눴다. 결국 이제 2회째인 영화제를 보이콧하는 건 국제영화제의 이미지에 큰 타격을 줄 것이라고 결론 내리고 상영은 하되 다음 날 남포동에서 '심의제도 철폐 시위'를 하는 것으로 정리를 했다."

당시 심의로 위장된 공륜의 검열은 영화계 곳곳에서 파장을 일으키고 있었다. 1997년 당시 동성애를 다뤘다는 이유로 공륜으로부터 수입 불가 판정을 받았던 왕가위의 〈부에노스 아이레스〉는 2회 부산영화제 최고 화제작이었다. 부산영화제가 3회째를 맞이하는 1998년부터 영화제 출품작에 대한 심의가 면제됨에 따라, 공륜은 한시적으로 1997년 〈부에노스 아이레스〉를 무삭제로 상영하도록 허가했다. 그러나 형평성에 어긋난다는 여론이 조성되자 문화체육부와 공륜은 언론과 영화 관계자들에게만 제한 상영하는 방침을 내걸었다. 개막식 때 '이 영화를 많은 관객이 봐주길 원한다'고 소감을 밝혔던 주연배우 양조위는 이 사실을 알고 아쉬워했다. 관객들의 입장권은 환불됐으나, 납득할 수 없는 당국의 조치에 대한 대중의 비난은 멈추지 않았다. 부산영화제를 방문한 양조위는 남포동에서 야외 무대인사를 가졌는데, 엄청나게 몰려든 관객들에게 대대적인 환영을 받을 만큼 높은 관심을 받고 있었다. 그런데, 출연 작품은 볼 수 없는 상황이 된 것이다.

부산국제영화제가 열리기 직전에 개최됐던 인권영화제와 퀴어영화제의 상황도 비슷했다. 심의를 받지 않았다는 이유로 공권력의 압력을 받아 정상적 개최에 어려움을 겪거나 취소됐다.

1997년 9월 27일부터 10월 4일까지 홍익대에서 예정했던 인권영화제는 검열(심의) 거부로 인해 상당히 거센 압박을 받아야 했다. 인권영화제 집행위원이었던 이충직(전 영진위원장)은 『한겨레신문』(1997.9.29)에 "뉴욕 인권영화제를 포함해 세계에서 열리는 각종 인권영화제 가운데 사전심의를 받는 곳은 한 군데도 없다. 심의를 받지 않았다고 학교 쪽에 압력을 넣어 영화제가 차질을 빚고 있지만 어떤 장소에서 어떤 형태로든지 예정된 영화를 모두 상영하겠다"는 각오를 밝혔다. 그러나 계속되는 압력에 인권영화제는 하루 일찍 막을 내린다.

1997년 9월 19일 연세대 동문회관에서 개최예정이던 퀴어영화제도 서대문구청이 '상영 예정 작품들이 공륜의 심의를 받지 않았고 공연신고도 접수되지 않았다'며 영화제 개최를 가로막아 결국 취소됐다.

"시위 아닌 영화제 행사다!"

1997년 10월 14일 오후 5시, 변영주의 기록영화제작소 보임, 홍형숙의 서울영화집단, 김동원의 푸른영상, 조성봉의 하늬영상, 문화학교 서울 등의 서울씨네마테끄연합, 퀴어영화제, 인권영화제 관계자 등 60명은 〈레드헌트〉와 〈명성, 6일간의 기록〉 상영관인 아카데미극장 앞에서 모여들었다. 〈명성, 6일간의 기록〉 상영이 끝난 직후였다. 함께 결의를 다진 이들은 남포동 부산극장 앞 야외무대를 향해 행진을 시작했다. 시위 주동자의 한 사람이었던 조영각(전 영화진흥위원회 부위원장)은 "아카데미극장 앞에 모여 구호를 외치고 있을 때 형사가 나를 연행하라고 소리 질러서 사람들 뒤로 빠졌다"고 기억했다.

2회 부산영화제
기간인 1997년 10월
14일 오후 남포동
독립영화인 시위
ⓒ 부산영화제

 부산영화제가 생긴 후 발생한 첫 시위였다. 검열 철폐 구호를 외치며 200미터 정도를 행진한 시위대는 야외무대 앞에 도착해 연좌시위에 돌입했다. 관객과 배우가 만나며 연일 함성이 나오던 남포동 피프 광장은 결의에 찬 독립영화인들 대오가 몰려오면서 주변의 시선이 집중됐다. 김동원(감독)은 "이 순간에도 감옥에는 독립영화 감독들이 있고, 인권영화제가 공권력의 압력으로 중단됐다. 퀴어영화제는 개막조차 하지 못했다. 인디포럼과 시민영화제의 독립영화 상영이 봉쇄됐다. 부산영화제는 멋진 영화제지만 영화 악법이 표현의 자유를 제한하는 우리 상황을 잊게 만들고 있다"며 검열 현실을 규탄했다. 퀴어영화제 준비위원이었던 서동진(문화평론가, 계원예대 교수)도 "표현의 자유가 제한되는 우리 영화 현실을 잊지 말자"고 호소했다.

 시위대가 집회를 이어가자 경찰 지휘관이 나타났다. 그는 독립영화인 시위대를 향해 "불법 집회다. 해산하지 않으면 강제 해산시키겠다"고 엄포를 놨다. 시위대가 꿈쩍 않자 경찰은 재차 해산을 압박했다. 졸지에 영화인들이 불법 시위자로 몰려 경찰차에 끌려갈 수도 있는 상황이었다.

이때 혜성과 같이 나타난 사람이 당시 한국영화 프로그래머 이용관(부산영화제 이사장)이었다. 남포동 야외무대 방향에서 허겁지겁 달려온 이용관은 강제 해산을 경고하는 경찰 지휘관에게 "이거는 시위가 아니고 야외무대에서 벌어지는 것과 똑같은 영화제 행사입니다. 왜 영화제 행사에 경찰이 개입하려 합니까?"라고 단호한 목소리로 항의했다. 경찰은 말문이 막힌 듯 황당하다는 표정을 짓다가 해산하라는 이야기만 되풀이했다. 시위대와 이용관을 향해 "20분 안에 해산하지 않으면 강제로 해산시키겠다"고 엄포를 났다. 이용관도 지지 않았다. "경찰이 영화제 행사를 방해하지 말라"면서 조금도 물러서지 않았다. 양측의 설전이 이어졌고, 김동원 감독은 매의 눈으로 이들을 지켜보고 있었다.

시위에는 김영덕(부천영화제 프로그래머), 김화범(인디스토리 이사), 황철민(감독, 세종대 교수), 표용수(영화음향), 강석필(감독), 오점균(감독) 등 독립영화인들이 참여하고 있었다. 시위대는 자진 해산을 거부하고 계속 자리에 앉아 검열 철폐를 외쳤고, 경찰과 이용관의 설전이 이어지면서 충돌이 불가피한 상황으로 몰리고 있었다. 이 모두를 구원한 것은 〈하류〉로 부산에 왔던 대만의 퀴어 영화인 차이밍량 감독과 이강생 배우였다. 〈하류〉는 부산영화제 화제작으로 매진된 상태였고, 두 사람은 2회 부산영화제의 인기스타였다. 두 사람의 등장에 주변으로 관객들이 몰린 것이다. 영화인들 역시 이들을 보기 위해 자리에서 일어나면서 시위 대오가 흐트러졌다.

조영각은 "시위 주동자들이 당시 최고 화제작이자 표 구하기 어려운 차이밍량의 〈하류〉를 보러 가기도 했다"면서 "영화인들은 역시 집회보다 영화!"라고 회상했다.

역대 부산영화제에서 2회 독립영화인들의 시위는 부산영화제 초기 정치적 독립성과 검열 철폐 의지를 분명하게 보여준 가치 있고 빛나는 투쟁이었다. 영화 해방구로서 검열과 싸움에서 부산영화제를 지켜낸 용기 있는 행동으로, 이후 부산영화제 현장에서 스크린쿼터 사수를 비롯한 시국 현안에 대한 시위가 이어진 출발점이 됐다. 정치 사회적 현안이 생길 때마다 부산영화제 현장에서 이어진 영화인 시위의 전례가 된 것이었다.

2014년 촉발된 부산영화제 사태 때 1997년 남포동 시위가 회자됐던 것도, 영화의 해방구를 사수하기 위해 싸웠던 영화운동의 정신 때문이었다. 1997년 당시 정치적 간섭과 검열에 맞서 결연하게 투쟁했던 영화인들은 독재자의 딸 박근혜 정권이 부산영화제에 정치적 탄압을 자행하는 과정에서 "절대 굽히거나 타협하지 말고 적극적으로 싸우자"는 의지를 표출했다.

부산영화제 사태 과정에서 보인 영화계의 저항과 연대는 끝내 승리했다. 전 세계 영화계와 연대해 창작과 표현의 수호에 앞장서고 있는 부산영화제에, 1997년 독립영화인들의 남포동 투쟁 정신이 깃들어 있는 것이다.

스크린쿼터 사수 투쟁과 신구세대 결별

1994년을 기점으로 영화운동과 충무로 구체제 사이에는 두 개의 전선이 형성된다. 하나는 대종상이었고, 또 하나는 스크린쿼터(한국영화 의무상영일수) 문제였다.

1987년 6월항쟁 이후 한국 영화계에는 영화운동과 충무로 구체제 사이의 크고 작은 연대와 갈등이 이어지고 있었다. 대표적인 것이 1988년 영화법 개정 요구와 외국영화 직배 반대 시위였다. 충무로 구체제와 영화운동 진영이 함께 손잡고 연대한 투쟁이었다. 아무래도 전술과 투쟁력에서는 1980년대 학생운동을 경험한 세대들이 월등했기에, 이를 바탕으로 영화운동의 입지가 강화된 것이었다. 이후 전개된 스크린쿼터 축소 반대 시위도 마찬가지였다. 1993년 10월 정부가 "올해만 스크린쿼터를 40일 줄이겠다"고 하자 영화계가 들고 일어선다. 영화운동과 충무로 구체제의 대동단결이었다.

하지만 이런 흐름 속에서 문제가 발생한다. 스크린쿼터를 놓고 신구세대의 인식 차이가 벌어진 것이다. 서울과 지방의 극장들은 전국극장연합회를 중심으로 충무로 구체제 내에서 중추적인 역할을 하고 있었다. 한국 영화산업에서 제작사보다는 상영관이 우위에 있던 시절이었다. 직배 문제는 어떤 위치에 있느냐에 따라 관점의 차이가 존재했다. 우선 한국영화를 제작하는 이들에게는 생존권에 대한 위협이었다. 직배 영화가 배급망을 장악하기 때문이다. 그러나 극장은 달랐다. 한국영화보다는 외화 상영 수입이 좋았던 탓에, 직배냐 아니냐는 중요하지 않았다. 잘 되는 영화를 통해 수익을 늘리고 안정적으로 영화를 배급받는 게 중요했다. 직배사는 이 조건에 최적이었다.

직배 반대 투쟁 과정에서 함께 투쟁하던 충무로 구체제 일부가 은근슬쩍 발을 뺀 데는 이런 요소가 작용했다. 당시 투쟁을 주도했던 이정하(전 영화평론가)는 직배 반대 투쟁이 "이를 충무로 자본들끼리의 밥그릇 싸움으로 변질된 것이었다"고 비판했다.

1988년 9월 직배사 UIP의 첫 배급 영화 〈위험한 정사〉가 상영된 신촌 신영극장에서 뱀 소동은 괘씸한 극장을 향한 영화인들의 감정적 응징 성격이었다. 이듬해인 1989년 8월 13일에도 비슷한 상황이 벌어진다. 직배 영화 〈인디아나 존스〉 〈레인맨〉 〈8번가의 기적〉이 상영 중인 씨네하우스, 오스카극장, 극동극장, 명보아트홀, 용산극장, 단성사 등에서 방화와 화염병 투척, 최루탄 분말 살포 등이 발생한 것이다. 직배 영화에 대한 반감으로 이해됐다.

당시 직배 영화를 상영했던 씨네하우스(대표 정진우 감독), 명보극장(대표 신영균 배우) 등은 영화인들에게 비판의 대상이었다. 직배 반대를 함께 외치던 충무로 구체제 핵심인 이들이 이중적 태도를 보이며 직배 반대 전선에 균열을 일으킨 데 대한 영화계의 시선이 곱지 않았다. 물론 나중에 드러난 사건의 진실은 달랐다.

뜨거운 감자가 된 외국영화 직배 문제

직배 문제는 정치적 사안이기도 했다. 미국의 압력이 있었기 때문이다. 영화운동이 '미 제국주의의 문화 침략'으로 규정한 그대로였다. 방화 공격을 받은 씨네하우스 대표 정진우 감독은 당시 직배 영화 상영을 미국과의 관계성 문제로 설명했다. "1988년 10월 14일 노태우 대통령이 방미해 미국 대통령 레이건과 정상회담을 했다. 그런데 귀국 후 청와대에서 연락이 왔다. 들어보니 레이건이 거들먹거리며 뱀을 풀고 스크린을 페인트로 훼손한 사진을 노태우에게 보여주면서 '그동안 미국이 많이 도와줬는데, 이런 식으로 하면 되겠냐'고 항의했다는 거다. 대통령이 압박을 받았다고 하는 데다 미국 측이 계속 문제 삼았다고 하니 나름 정부 입장을 배려해줘야 했다. 그래서 몇몇 작품을 상영한 것이었다."

이듬해인 1989년 6월 미국 대사관은 UIP 직배영화 〈레인맨〉 상영 도중에 또다시 뱀을 푼 사건 발생하자 한미간 통상 현안으로 규정해 한국 정부에 항의하기도 했다.

정진우 감독에 따르면 한국영화 역사에서 직배가 새삼스러운 일은 아니었다. 해방 이전에는 직배가 이뤄지다가 태평양전쟁으로 인해 일제가 막으면서 중단됐고, 해방 이후 다시 재개됐으나 한국전쟁이 일어나면서 다시 중단된 것이었다. 이후에는 주로 미군 부대에서 나온 필름이 유통됐다. 하지만 영화운동은 외세 특히 미 제국주의에 대한 반감이 컸다. 1980년대 중반은 미국이 5·18 광주민중항쟁의 배후라는 인식과 통상 압박 등으로 인해 반미 정서가 높아지던 때였다. 반면 충무로 구체제 내부는 그런 것과 상관없이 어떤 식으로든 이익을 챙길 방안에 집중돼 있었다.

1989년 3월 영화법 개정 요구가 국회에서 발목이 잡힌 것도 이런 입장의 차이였다. 3월 2일 정지영, 장선우, 박광수, 이미례 감독 등이 주축이 된 직배 저지·영화진흥법 쟁취·영화계민주화 영화인운동본부와 민예총 민족영화위원회 등은 국회 앞에서 시위를 벌이면서 "영화계 내부의 악덕 극장업자와 영화인협회 일부 간부들의 기득권을 보장해주는 선에서 현재 영화법을 적당히 손질하여 현행 영화정책을 존속시키려는 움직임이 있다"고 주장했다.

반면 외국영화 직배 반대에 합의한 영화 제작 수입업자들은 국산영화의 의무상영일수(스크린쿼터)를 늘리는 문제에 반발하고 나섰다. 기존 배급 구조가 직배로 인해 영향받는 것은 원치 않으나, 한국영화보다는 장사가 잘되는 외국영화를 더 많이 상영할 수 있기를 바란 것이었다.

1989년 8월 13일 동시다발적으로 발생한 직배 영화 상영관 공격을 수사한 강남경찰서는 9월 7일 유동훈 영화인협회(영협) 이사장과 시나리오작가 이일목 당시 영화인협회 산하 영화인권익옹호투쟁위원장을 범행 사주 혐의로 구속했다. 이들은 1990년 4월 26일 보석으로 감옥에서 나왔으나 직배 영화 논란으로 사이가 벌어진다. 당시 태흥영화사(이태원 대표)가 20세기폭스사의 〈다이하드 2〉를 수입하자 영화계 인사들은 위장 직배라며 개봉 중지를 촉구한 것이다. 태흥은 국내 대행사인 노마인터내셔널과 미니멈 개런티(최소보장제) 형식으로 14억 원을 지불했기 때문에 '직배가 아니다'라는 입장이었다. 직배 반대 운동에 앞장서다 옥고를 치른 유동훈 영화인협회 이사장은 태흥 입장을 수용했으나, 이일목 영화인권익옹호투쟁위원장은 태흥을 비판하면서 둘은 결별하게 된다.

태흥을 규탄하는 대자보가 돌자 곽정환 합동영화사 대표 겸 서울시극장협회장은 기다렸다는 듯 "더 이상 참을 수 없다"며 자신도 12월 1일부터 미국 내 흥행 1위 〈사랑과 영혼〉을 서울극장에서 개봉하겠다고 선언하면서 영화계가 들끓게 된다. 젊은 감독들이 중심이 된 '오늘의영화감독모임'(회장 이장호)과 한국영화기획실모임이 각각 성명을 발표해 서울극장의 직배 영화 상영 중지, 위장 직배 시비 종식 때까지 〈다이하드 2〉의 개봉 연기 등을 촉구했다. 이를 받아들이지 않으면 상영 저지 투쟁에 나설 것이라고 밝혔다. 그만큼 직배 문제는 1980년대 후반에서 1990년대로 이어진 영화계의 뜨거운 감자였다.

스크린쿼터감시단과 헌법소원

1993년 스크린쿼터감시단 출범은 직배 문제가 충무로 구체제의 이익과 연결되며 변질하는 양상으로 가자 영화운동이 택한 전술 변화였다. 영화인협회 유동훈 이사장과 정지영 감독의 연대를 통해 영화인협회 안에 기획조사실이란 이름으로 스크린쿼터감시단 자리를 잡게 한 것은 효과가 있었다. 유동훈, 정지영 두 사람이 직배 반대 투쟁 과정에서 투옥됐던 경험도 연대에 작용했다.

스크린쿼터감시단 사무국장을 맡아 실무를 책임졌던 이정하(전 영화평론가)는 "정지영 감독과 유동훈 이사장이 영협에서 일을 해달라 제안

　　　　　　　　　　　　　　　　　　　　충무로, 새로운 물결

했고, 영협 사무실에서 일하는 것은 불가능하다고 하자 대종상 일을 권유한 것이었다. 사무실을 별도로 얻고 영화계 현안을 해결하는 정책실 기획실의 몫을 해달라는 것이었다"고 밝혔다.

사실 직배가 허용된 이후 146일의 한국영화 의무상영일수(스크린쿼터)를 지키지 않은 극장이 상당했다. 서류상의 상영과 실제 상영이 달랐다. 이를 찾아내 고발하는 것이 스크린쿼터감시단의 역할이었다. 1993년 2월 발족한 스크린쿼터감시단에 5월 김혜준(전 영진위 사무국장)이 가세했고, 1994년에는 양기환(〈블랙머니〉 제작자, 스크린쿼터문화연대 이사장)이 합류한다. 한국영화 스크린쿼터 사수 투쟁의 전사로 평가받는 양기환이 한국영화에 첫발을 내디딘 순간이었다.

양기환은 1990년대 초반까지 서울민중연합과 민족학교 등에서 활동하던 재야 활동가였다. 1990년대 초반 건강이 안 좋아 쉬고 있을 때 서울민중연합을 통해 알고 지내던 김혜준으로부터 권유받은 게 스크린쿼터감시단 활동이었다. 김혜준은 "서울민중연합 사무처장과 하부 조직인 중부민주시민협의회 의장을 겸임 비슷하게 맡고 있을 때 회원이 양기환이었다"고 말했다. 양기환은 "허리를 수술하냐 마냐로 고민하고 있을 때였다"며 "많이 걷는 게 좋다는 이야기를 들었는데, 어느 날 김혜준이 찾아와 건강이 어떤지 묻고 걸어 다니기 좋은 일이라면서 함께할 것을 제안했다"고 회상했다. 김혜준은 한국영화제작가협회 설립에 집중하고 있던 때였다.

당시 스크린쿼터감시단 활동은 1주일 두세 번 극장을 방문해 상영작을 확인한 후 구청에 신고한 상영 대장과 비교하는 식이었다. 한국영화 상영을 신고해놓고 실제로는 외국영화를 상영하는 경우가 많았는데 이를 확인해 적발하는 것이었다. 양기환은 "강남 고속터미널에 있던 한 극장은 한국영화 의무상영일수(스크린쿼터) 146일 중 실제 한국영화를 상영한 날이 6일 정도에 불과할 정도였다"며 "스크린쿼터감시단에 적발되면 극장들이 200~300만 원 돈을 주려고 했다"고 말했다. 위반 시 영업정지를 받기 때문이다. 영업정지는 위반한 기한에 따라 3일에서 1주일까지 누적되는데 극장으로서는 큰 손해였다. 꼼꼼한 감시 활동으로 인해 신영균(배우)이 운영하는 명보극장도 예외 없이 걸려드는 상황이었다. 충무로 구체제 입장에서는 엄격한 감시 활동이 불편할 수밖에 없었다. 그렇다고 극장을 갖고 있던 쪽으로서는 대놓고 반대하기가 어려웠다. 영화인협회라는 영화계 대표 조직 안에서 명분을 갖고 하는 활동이었기 때문이다.

하지만 자신들을 옥죄는 활동을 못마땅하게 생각하고 있던 충무로 구체제는 마냥 두고 보지 않고 반격에 나선다. 극장들이 앞장서 스크린쿼터가 위헌이라며 헌법소원을 제기한 것이다. 1994년 6월 영등포 다복예술소극장 유원근 대표, 충주 오스카소극장 이원호 대표 등 소극장 대표 두 명은 '스크린쿼터가 직업에 자유롭게 종사할 수 있는 직업 수행이나 직업 행사의 자유를 제한한다'며 헌법재판소에 헌법소원 심판을 청구했다. 사실 이는 예고된 것이었다. 앞서 『동아일보』(1994.4.22)는 '4월 20일 유성 리베라호텔에서 열린 94년도 전국극장연합회 정기총회에서 강대진(대구 만경관 대표)이 39대 회장으로 재선하고, 국산영화 의무상영일수(스크린쿼터) 제도에 대해 위헌 소원을 내기로 결의했다'고 보도했다. 헌법소원을 개인이 냈다고는 해도, 앞선 전국극장연합회 총회에서 결의된 내용이었다.

이에 대해 영화운동 진영은 대응에 나섰다. 영상진흥법 제정을 위한 범영화인 연구위원회와 한국영화인협회(영협), 한국영화제작가협회(제협)가 반박성명을 낸 것이다. 1994년 대종상에서 감독상 수상을 놓고 심사 과정에서 대립한 이후 충무로 구체제와 또 다른 충돌이었다. 이들 영화단체는 '스크린쿼터 제도가 시대 적합성 및 국민적 설득을 상실한 불합리한 제도'라는 소송 청구인 쪽 주장을 반박했다. "우루과이라운드 협정 체결 과정에서 프랑스와 유럽연합은 시청각 서비스 분야를 협상 대상에서 제외했을 뿐만 아니라 방송 프로그램의 편성비율 규제 등의 제한 조처를 더욱 강화했다"고 맞받아친다. 또한 "국내 텔레비전 방송과 종합유선방송 등의 경우에서와 같은 편성 비율 규제도 스크린쿼터와 같은 목적에서 마련된 세계적인 보편성을 확보하고 있는 사항으로, 국산영화진흥을 위한 제한은 국산영화 의무 제작제 등 다각적으로 이뤄지고 있기에 이런 제도는 국산영화진흥을 위해 도움이나 방해가 되는지에 따라 존속 여부가 결정돼야 한다"고 주장했다. 젊은 영화인들과 연대하고 있던 영화인협회 유동훈 이사장과 한국영화제작가협회 이태원 회장은 "국내영화 육성보호제도가 거의 부재한 상황에서 스크린쿼터제의 폐지를 촉구하는 이 소송은 한국영화 발전에 찬물을 끼얹는 처사로, 스크린쿼터제는 가장 실효성 있는 한국영화 보호진흥책으로 결코 헌법 정신에 위배되지 않는다"고 강조했다.

실무적인 대응은 이론에 밝은 데다 탁월한 정책 능력을 갖춘 이정하와 김혜준이 주도했다. 이정하는 "상대편은 변호사도 쟁쟁했으나 김혜준과 며칠 밤을 새워 책 한 권 분량의 반대 의견서를 만들었다"며 "스크린쿼터감시단 활동 중 가장 보람 있던 일이었다"고 회상했다.

헌법재판소는 1년 뒤인 1995년 7월 21일 '스크린쿼터제 위헌 아니다'라며 전원일치 기각 판결을 내린다. "스크린쿼터제는 국산영화와 외화 상영일수의 비율 외에는 영화 선택에 대한 극장주의 결정권을 침해하지 않고 있고, 이 비율은 공공 복리 차원에서 제정된 영화법의 입법 목적을 달성하기 위한 것이므로 이를 직업 선택의 자유 침해라 볼 수 없다"고 판시했다. 아울러 "경제 활동의 자유를 규정한 헌법 119조는 자유방임적 시장경제를 전제로 한 것이 아니며 외화독점과 국산영화 황폐화를 막기 위한 영화법 조항은 경제질서에 반한다고 보기 어렵다"고 기각 이유를 밝혔다.

영협에서 제협으로 떠돌게 된 스크린쿼터감시단

그렇다고 1995년 상황이 녹록하게 전개된 것은 아니었다. 유동훈 이사장이 물러난 후 1995년 영화인협회 이사장에 김지미(배우)가 단독 출마해 선출된 이후 스크린쿼터감시단은 영화인협회에서 사실상 쫓겨난다. 이정하는 1997년 펴낸『영화와 글쓰기』에 당시 상황을 이렇게 기록하고 있다.

> 광주의 어느 극장이 연거푸 걸리자 영협 이사가 나를 찾아와 봐달라고 했으나 거부했다. 그게 몇 차례 반복이 되자 이분이 대뜸 감시단원들이 돈 받고 다닌다고 소문을 퍼뜨리겠다고 해 언성을 높여 원색적으로 싸웠다. 감시단은 영협에서 결의하여 만든 것이기에 이사회에 문건을 만들어서 나갔고, 정지영 감독님이 말렸지만 다 말해버렸다. 그는 잘못했다고 사과했다. 희한한 것은 이사회의 태도였다. 그를 제명이라도 할 줄 알았는데, '그러면 되나' 몇 사람이 이런 반응을 보였고, 나머지는 시큰둥했다.
> 더 희한한 것은 그러고도 그 영협 이사는 유동훈 이사장, 정지영 감독, 나에게 매달리다가 다 거부당하자 반유동훈 진영을 형성했다. 스크

충무로, 새로운 물결

린쿼터감시단을 싫어하는 세력이 여기에 다 붙었다. 선거는 몇 차례 유회 끝에 김지미 배우가 이사장에 단독으로 출마해 당선됐다. 당선 후 김지미 이사장이 만나자고 해서 갔더니, 감시단을 다시 하자고 해서 도와주겠다고만 했다. 그러나 김지미 이사장은 결국 스크린쿼터감시단을 다시 하지 못했다.

이정하는 "스크린쿼터감시단 일은 영화계의 직접적인 이해관계가 얽혀 어려운 일이었고, 활동이 강화되자 적들만 늘어났다. 1994년 말 재정이 바닥났으나 영화인협회 이사장 선거를 앞두고 제작자들은 나 몰라라 했다"며 "김혜준이 없었더라면 더 빨리 백기를 들었을지도 모른다"고 회상했다.

김혜준은 "영협 이사장 선거가 끝난 뒤 영협 쪽에서 갑작스레 사무실 열쇠를 내놓으라고 요구해왔다"며 "자신들이 얻어준 것이니 나가라는 것이다"고 말했다. 하지만 정지영(감독)은 "당시 김지미 이사장이 스크린쿼터감시단 활동을 계속하라고 별도의 사무실까지 마련해주는 등 적극적이었다"며 "감시단원들은 그 사무실을 단순히 스크린쿼터 감시 활동뿐만 아니라 검열 철폐 등 제반 영화계 현안에 대응하는 거점으로 이용하고자 했다"고 증언했다. 그러나 "어느 날 사무실에 남겨진 검열 철폐 성명서 등의 문건을 발견한 김지미 이사장이, 감시단 활동하라고 마련해준 사무실을 반정부 활동하는 데 사용하려 한다"며 "사무실 문을 닫아버린 것이다"라고 덧붙였다.

결국, 1995년 5월 이후 스크린쿼터감시단 활동은 중단된다. 그러다가 다시 출발하게 된 것은 1년 뒤인 1996년 7월, 한국영화제작가협회(제협)를 통해서였다. 한국영화제작가협회는 1994년 이후 영화운동과 충무로 구체제가 맞붙기 시작하던 시기, 영화운동 진영이 구축한 새로운 진지였다. 한국영화기획실모임을 모태로, 진보적 영화운동이 충무로 안에서 조직력을 강화한 것이었다.

영화운동 진영은 1987년 6월항쟁 이후 영화인협회 감독분과위원회에서 한국영화감독협회로 독립했고, 1980년대 후반 조감독협의회를 만들었으며, 민족예술인총연합회 영화위원회를 통해 문화계와 연대전선을 펴고 있었다. 제협은 이들과 젊은 제작자들의 연대가 구체화된 것이었다. 제협 설립 실무를 담당했던 유인택(예술의전당 대표)은 "기존 충무로 구체제 조직인 한국영화제작업협동조합과 맞서는 단체로 만들어진 것이었다"고 설명했다.

한국영화제작가협회 창립

제협 결성을 주도한 것은 한국영화기획실모임을 이끌고 있던 이춘연(씨네2000 대표, 작고)이었다. 실무적인 준비는 유인택과 함께 영화인협회 기획조사실에 있던 김혜준이 담당했다. 김혜준은 "1993년 말부터 제협 결성 준비 작업을 진행했다"며 "유인택(제작자, 예술의전당 대표)의 요청으로 참여한 것이었다"고 말했다.

1994년 2월 28일 한국영화제작가협회가 공식적으로 발족했다. 힐튼호텔에서 열린 창립총회에는 제작사 17개사와 독립프로덕션 15개사 대표에 더해 유현목 · 임권택 감독, 안성기 · 강수연 · 오정해 배우, 호현찬 평론가 등 150명이 참석해 성황을 이뤘다. 초대 회장은 태흥영화사 이태원 대표가 추대됐다. 부회장은 유인택 기획시대 대표와 정인엽 감독, 감사는 황기성사단 황기성 대표가 맡았다. 스크린쿼터 감

이춘연 대표(오른쪽)와
김유진 감독
| 권영락 제공

시 활동을 측면에서 적극적으로 지원하기로 했으나, 이후 실질적으로
제협에서 주도하게 된다.

이춘연은 "이태원 대표를 찾아뵙고 나서주길 부탁드린 것이다"라고
말했다. 김혜준은 "영화제작협동조합과 비교되면서 너무 세대 간 갈
등으로 외부에 비치면 안 되니 이태원 대표께 요청해보자고 해 찾아뵙
고 부탁드렸다"며 "'너희들 생각에 동의한다'면서 수락하셨다"고 설명
했다. 이태원 대표는 1988년 한국영화업협동조합 이사장을 강대선과
함께 공동으로 맡기도 했었다.

한국영화제작업협동조합은 한국영화업협동조합에서 이름을 바꾼
것으로 오랜 시간 충무로에서 활동한 원로급 포함 80여 개 영화사가
가입해 있었다. 반면 제협은 한국영화 제작에 전년해 온 태흥영화사
(이태원), 황기성사단(황기성), 박광수필름(박광수), 강우석프로덕션(강우
석 감독), 기획시대(유인택), 영화세상(안동규) 등 15개 영화사 대표들이
만든 단체였다. 대부분이 1985년 영화법 개정 이후 독립프로덕션으로

시작해 기획영화를 통해 성장한 영화운동의 본류들이었다. 두 단체의 차이는 제작에 더해 외화 수입 여부였다. 기존 영화제작업협동조합은 한국영화의 제작과 외화 수입을 겸하는 회사들이 모여 있었다. 반면 제협은 일부를 제외하고는 외화 수입이 아닌 한국영화를 전문으로 제작하는 영화사들이었다. 그러다 보니 스크린쿼터 사수 의지가 강할 수밖에 없었다. 외화가 아닌 한국영화에 승부를 걸고 있었기 때문이다. 『조선일보』는 1994년 2월 25일자 기사에서 "영화제작업협동조합이 스크린쿼터 축소 논란처럼 외화와 국산영화의 이해가 부딪치는 문제가 생길 때마다 제작자들의 목소리를 제대로 대변하지 못했다"고 제협 출범 배경을 설명했다.

제협 창립총회에서 이태원 회장은 "한국영화제작업협동조합은 수입업자와 한국영화 제작업자, 극장업자들도 섞여 있어 한국영화를 살린다는 문제에 대해 같은 목소리를 내기 어려웠다"면서 "1993년 문화부가 스크린쿼터 20일 축소를 내놓을 때도 방어를 못 했다. 스크린쿼터에 대해 제작자와 극장업자 이해가 정반대로 갈리게 마련이니까 우리가 한국영화 언로 구실을 해서 영화 정책에 우리 입장을 적극 반영시켜보자는 생각이다"라고 포부를 밝혔다. 이어 "제협에 참여한 젊은 영화인들이 그간 영화계에 신선한 바람을 불어 넣은 공이 있지만, 영화계 선배들에 대해 너무 불신을 갖지 않았으면 한다"는 당부도 전했다.

제협은 첫발을 떼면서 '단기적으로 영상진흥법 제정과 스크린쿼터 사수에 전력하며 온 국민으로부터 사랑받을 수 있는 좋은 영화 제작을 위해 관객·영화인·극장·정부·국회 등 모든 분야와 손잡고 매진하겠다'는 각오를 밝혔다.

권영락에 따르면 당시 회장은 이태원 대표가 맡았으나 대외적인 역할이었고, 실질적인 업무는 이춘연(씨네2000 대표)이 대부분 처리했다. 제협의 주축이었던 이춘연, 유인택, 안동규, 권영락 등은 모두 기획력을 바탕으로 대중의 호응을 얻으며 충무로의 입지를 넓히고 있던 한국영화의 기대주들이었다. 이들은 제협 결성 이후 1990년대 중반 한국영화운동 진영의 야전사령부 역할을 맡기도 했다. 영화계 주요 현안에 대해 논의하고 대응책을 마련하는데, 이춘연과 유인택이 공동대표로 있던 씨네2000이 중심 역할을 한 것이다.

　이화여대 영화동아리 누에와 서울지역대학영화패연합(서대영연) 연대사업국장으로 활동하다 씨네2000에 입사했던 조윤정(블루문픽쳐스 대표)은 당시를 이렇게 떠올렸다. "영화 제작이 하고 싶어 선배 언니의 추천으로 1996년 1월에 입사한 곳이 영화제작사 씨네2000이었다. 〈아름다운 청년 전태일〉을 제작한 유인택 대표님과 스릴러 영화 〈손톱〉을 제작한 이춘연 사장님이 만든 회사였다. 그때는 몰랐는데 영화계의 완전 사랑방이었고, 중요한 영화 관련 일이 있으면 바로바로 모여 의논하는 중요한 공간이었다. 이춘연, 유인택 두 대표님은 영화계에서 아주 중요한 분이었다. 1996년 10월에 부산국제영화제가 처음 열렸는데, 중앙대 이용관 교수(부산영화제 이사장)님이 자주 오셔서 부산국제영화제 창립과 관련하여 의논을 많이 했다. 강우석, 정지영 감독, 신철 사장, 안성기, 박중훈 배우 등이 자주 왔다. 명필름의 〈접속〉이 대박이 나고 표절 시비가 났을 때도 회사에서 이춘연 사장님과 대책을 의논했다. 이창동 감독이 〈초록물고기〉를 준비할 때도 함께 힘을 모으는 분위기였다. 기획실 직원이었지만 우리 영화사가 뭔가 있어 보이고, 하루하루가 재밌어서 시간 가는 줄 몰랐다."

계속되는 신구 갈등

스크린쿼터 감시 활동이 중단됐던 1995년 12월 영화법이 영화진흥법으로 개정되면서 영화운동 진영은 대응 능력을 강화하기 위해 연구단체를 만든다. 임권택 감독이 이사장을, 주진숙 교수(전 영상자료원장)가 초대 소장을 맡은 한국영화연구소였다. 정책과 이론은 영화운동이 충무로 구체제와 경쟁에서 우위를 점하고 있었다.

1996년 2월 5일 발기인 모임 때 참여를 밝힌 인원은 73명으로 김수용·정지영 감독, 이용관·이충직·주진숙·정재형·강한섭 교수, 이효인·이정하·변재란·유지나·정성일 평론가, 유인택 대표, 이광모 백두대간 대표, 조광희 변호사, 김혜준 등이었다. 창립준비위원장이기도 했던 주진숙(중앙대 교수, 전 한국영상자료원장)은 1996년 2월 발기인 모임 직후 『한겨레신문』과의 인터뷰에서 "영화진흥법 개정에서 1988년부터 요구해온 내용을 제대로 반영할 수 없었다는 판단으로 새로운 현장과 이론의 접점 마련에 나섰다"고 밝혔다.

당시 문제가 된 것은 영화진흥법 시행령이었다. 영화진흥법 12조는 '영화는 상영 전에 한국공연윤리위원회(공륜)의 심의를 받아야 한다. 다만 소형 단편영화 및 영화제에서 상영되는 영화로서 대통령령이 정하는 영화는 그러하지 않다'고 규정했다. 그러나 시행령에는 '16mm 영화를 공륜의 심의를 받지 않고 상영하면 2년 이하의 징역이나 2천만 원 이하의 벌금'을 물도록 했다. 이는 모법의 기본정신 자체를 무효로 만든 것이었다.

스크린쿼터제에 따른 한국영화 의무상영일수가 사실상 줄어든 것도 문제점으로 지적됐다. 시행령에는 문체부 장관에게 20~40일, 시장, 군수, 구청장 등에게 20일의 단축재량권을 행사할 수 있게 했다.

이정하는 "영상진흥법이 제정됐으나 선언적 법률이었다. 대체 뭐가 바뀌는 건지 알 수가 없었다"고 회상했다. 김혜준은 일반인의 소형·단편영화 제작 상영 기회를 원천봉쇄하는 한편 스크린쿼터제를 축소해달라는 미국의 요구를 문체부가 사실상 수용한 것이라고 비판했다.

한국영화연구소는 1996년 5월 29일 문체부를 방문해 소형·단편영화 심의 폐지, 스크린쿼터 현재 상영 일수 고수 등을 요구했다. 사전심의 폐지와 영화진흥법 제정으로 단편 소형영화에 대한 검열이 사라지는 듯했으나 시행령이 영화진흥법 규정을 무효로 만든 것에 대한 반발이었다.

하지만 여기서도 신구세대가 충돌한다. 1년 이상 중단된 스크린쿼터감시단 활동이 재개되던 시점에서 충무로 구체제가 공격해온 것이었다. 1996년 8월 21일 석관동 공연윤리위원회(공륜)에서 열린 한국에서의 완전등급제를 주제로 한 정기포럼에는 한국영화연구소 김혜준 기획실장의 주제발표가 예정돼 있었다. 그런데 한국영화인협회와 전국극장연합회 회원들이 발제에 앞서 욕설을 하며 소란을 피웠다. 이들은 '완전등급제는 생각할 가치도 없는 일부 집단의 허황된 주장'이라며 토론에 제동을 걸었다. 김혜준은 "이분들이 '한국영화연구소의 정체를 밝혀라', '등급제 안 해서 한국영화 망했냐?'는 등 수차례의 '돌출' 발언과 함께 욕설을 퍼부었다"며 "그럼에도 대응하지 않고 준비한 창작과 표현의 자유를 위한 완전등급제에 대한 설명을 꿋꿋하게 이어갔다"고 회상했다.

완전등급제는 등급 외 판정을 받은 영화가 전용관에 수용되는 것을 전제로 하고 있다. 당시 서울시극장협회 곽정환 회장은 김유진, 장현

수, 정지영, 박철수, 박종원, 장길수, 강우석 등 일곱 명 감독이 연출한 옴니버스 영화 〈맥주가 애인보다 좋은 7가지 이유〉(1996)의 경우를 들어 "포르노 판정을 받을 영화였는데, 공륜이 미성년자 관람 불가 판정을 내줘 극장에 걸 수 있었다"며 기존 사전심의제도를 옹호하는 입장을 나타냈다. 그러나 헌법재판소는 1996년 10월 5일 영화 사전심의에 위헌 결정을 내렸다.

당시 반발은 한국영화연구소가 참여하는 스크린쿼터감시단과 극장주들이 주축인 스크린쿼터지키기운동본부 간의 갈등이 표출된 것이었다. 전국극장연합회 강대진 회장 등은 스크린쿼터감시단을 겨냥해 원색적인 욕설을 퍼붓기도 했는데, 스크린쿼터 폐지를 원한 헌법소원이 기각된 이후 쌓인 감정의 표출이기도 했다.

한국영화연구소는 설립 당시 영화산업 관련 조사, 영화 토론회 및 교양강좌, 정책 대안 연구를 목적으로 하고 있었기에 다양한 영화 강의를 개설하는 대중화 작업도 병행하고 있었다. 그러나 길게 이어지지 못한 것은 내부 갈등 때문이었다. 주진숙은 "이후 정재형이 소장을 김혜준이 부소장을 맡게 되지만, 운영에 이견이 생기면서 이후 활동이 흐지부지됐다"고 말했다.

정재형(영화평론가, 동국대 명예교수)은 1984년 작은영화제 당시 '검열 폐지가 빠진 영화법 개정'을 비판적으로 평가할 만큼 영화법의 검열 문제에 부정적이었으나, 다만 스크린쿼터 문제에 대해서는 고민의 지점이 달랐다. 스크린쿼터연대 비대위 정책국장을 맡고 있던 정재형의 생각은 "고수만 목적이 되면 안 되고, 스크린쿼터가 고수되는 시간 동안 정부로부터 제작·배급·상영에 대한 지원을 많이 끌어내야 한다. 그렇게 한국영화의 자생력을 키워야 스크린쿼터가 없어져도 경쟁력을 가질 수 있다"는 방향이었다.

정재형은 한국영화연구소 내부의 갈등에 대해 "인식과 방향성에 대한 차이였다"면서 이렇게 설명했다. "1984년 작은영화제는 현재 충무로 영화 공동체의 시작이었다. 그것이 계간지『열린영화』『영화언어』로 연결되고, 한국영화연구소와 이후 충무로포럼, 영화인회의, 스크린쿼터문화연대 등으로 이어져 충무로의 새로운 동력이 된 것이다. 한국영화연구소는 이제 운동성보다도 프로젝트를 통해 연구 중심으로 멀리 봐야 한다는 인식이었다. 대학에 있는 내가 소장이 돼서 대학 인력을 투입해 운영하는 것이 프로젝트를 받는 데 유리하다고 생각했다. 그러나 내 생각과 달랐던 듯 김혜준 사무국장이 소장 경선에 나왔고, 주진숙·이용관·유인택·강한섭·이충직 등 다른 위원들이 둘의 대립보다 같이 일하게 하는 방식으로 결정해서 그 뜻에 따랐다. 나를 소장으로 하고 김혜준을 부소장으로 결정했다. 하지만 이사장인 임권택 감독 재가를 받아야 하는 일을 김혜준이 독단적으로 처리한 걸 두고 문책하면서 사이가 벌어졌다. 이후 한국영화연구소가 충무로포럼으로 변화되면서 자연스럽게 정리됐다."

김혜준은 한국영화연구소 활동에 대해 "영화진흥법 개정, 심의제도 개선, 적극적인 영화진흥책, 방송과 영화의 연계 방안 등을 다룬『한국영화 환경, 무엇이 문제이고 어떻게 바꿀까』라는 연구 자료집을 발간했다"며, "영진위 설립과 활동의 방향성을 제시했고, 막 창간된『씨네21』과 함께 추진한 대대적인 검열 철폐 운동을 통해 그해 영화 사전 심의는 위헌이라는 헌법재판소의 결정을 끌어내는 데 기여했다"고 평가했다.

스크린쿼터감시단 활동의 긍정적 효과

제협을 통해 1996년 재개된 스크린쿼터감시단은 시민단체와 연대를 통해 활동을 강화해 나갔다. 정지영 감독과 이춘연 대표가 공동위원장을 맡고 시민단체 경제정의실천연합(경실련)이 가세했다. 한국영화 시장을 지키려는 자구 행위에서 불법 행위와 부정부패를 추방하겠다며 기조를 바꾼 것이다. 양기환은 "1995년 스크린쿼터감시단 활동이 중단된 후 1년간 쉬고 있었는데, 다시 나를 찾더라"며 "사무국장으로 다시 활동하게 됐다"고 말했다.

스크린쿼터감시단 운영은 제협의 입지 강화에도 중요하게 작용했다. 외화 수입을 하지 않고 한국영화에 집중하고 있던 제협 소속 영화사들에게 스크린쿼터 감시는 유용한 보호 장벽이면서 충무로 구체제를 견제하고 영화운동의 전선을 넓히는 도구였다. 양기환은 스크린쿼터감시단이 한국영화에 기여한 부분을 이렇게 설명했다. "가장 큰 것은 사문화된 146일 한국영화 의무상영일수를 부활해 정착시킨 것이었다. 극장에서 한국영화를 상영하지 않으면 제작사의 수익성이 낮아지고, 제작비 회수가 안 되면 경쟁력이 약해지게 된다. 그런데 스크린쿼터가 제대로 유지되면서 한국영화 선순환구조가 시작됐다. 한국영화 제작사로 영화 배급 요청이 들어오고 경쟁력 있는 한국영화는 바로 제작비 회수가 가능해진 것이다."

영화마당 우리와 영화공간1895에서 에서 활동하다 신씨네(신철 대표)에 입사해 제작과 배급을 담당했던 이하영(프로듀서)은 당시의 분위기를 이렇게 회고했다. "지금 같은 배급사가 없고 제작사가 영화 배급까지도 담당하던 시절이었기에 이론서에 나온 대로 흥행 책임을 전적으로 제작자(PD)가 져야 했다. 당시 한국영화를 위해 스크린을 자진해서 열어주는 극장은 단 한 군데도 없었다. 직배사가 가져온 할리우드 영화만이 최고였던 시기라 한국영화를 배급하려면 모든 극장에 찾아가 머리 숙여 '한 번만 봐주세요' 읍소해야 했다. 영화를 만들고 배급하려면 이미 터를 잡고 있었던 할리우드 직배사들의 배급라인을 빌려야만 했다. 많이 만들어도 2년에 한 편 정도 만드는 제작사가 1년에 약 10편 정도의 라인업을 갖춘 할리우드 직배사의 배급을 따라 할수는 없으니 그들의 배급 라인을 빌릴 수밖에 없었다."

양기환도 비슷한 경험을 전했다. "1997년 11월 개봉한 이정국 감독 〈편지〉가 흥행하고 있었는데, 극장들이 스크린쿼터를 채운 후 바로 내리고 외국영화 〈자칼〉을 상영했다"면서 "할리우드 직배사가 안정적인 영화 공급이 가능하다 보니 스크린쿼터만 채운 후 잘 되는 한국영화라도 상영 작품에서 제외했다"고 말했다.

그래도 이 시기 스크린쿼터는 한국영화의 버팀목이었다. 이하영에 따르면 스크린쿼터로 인해 한국영화 최고의 시즌은 11월이었다. "1년 중 146일 동안은 한국영화를 의무적으로 상영해야만 했다. 감면 제도를 적용해도 최소 126일이었다. 이 때문에 11월쯤 되면 극장들이 다급해진다. 외화만 집중해 상영한 탓에 한국영화 상영 일수가 부족하다는 것이 실감 날 때다. 스크린쿼터를 못 채우면 그 일수만큼의 영업을 할 수 없으니, 부랴부랴 한국영화들을 개봉하는 것이다. 1998년 김유진 감독 〈약속〉 같은 경우 11월에 개봉돼 대박을 냈다. 스크린쿼터도 채우고 돈도 버니 극장들은 웃음이 만연했다."

양기환은 "스크린쿼터감시단 활동이 강화되면서 1999년 강제규 감독 〈쉬리〉가 582만 관객(한국영화공식연감 기준)을 기록했고, 2000년대 이후 천만 영화가 나온 것이었다"고 말했다. 결과적으로 스크린쿼터 감시 활동이 이후 한국영화 르네상스에 기여한 것이었다. 양기환은 또한 "스크린쿼터 사수 활동은 1994년 미국 · 캐나다 · 멕시코가 맺은 북미자유무역협정(NAFTA)에서 멕시코가 미국의 요구에 굴복해 영화 산업이 파탄 난 사례에 대한 경각심을 일깨웠고, 신자유주의 반대 투쟁으로 확장됐다"고 설명했다.

이정하 절필

1996년 스크린쿼터감시단이 재출범하면서 생겨난 변화는 그간 활동을 주도했던 이정하가 빠지고 양기환이 책임을 맡게 된다는 점이다. 긴 시간 영화운동 이론과 정책 작업을 주도했던 이정하가 영화계와의 결별을 선언했기 때문이다. 1996년 2월의 이른바 '이정하 절필선언'은 영화운동에 충격이었다.

발단은 평론이었다. 이정하는 1985년 계간지 『열린영화』 편집을 돕다가 연세대 영화서클 영화패, 서울영화집단, 민족영화연구소 등을 거쳐 스크린쿼터감시단 활동을 했지만, 한국영화의 파수꾼 역할을 하며 영화평론도 꾸준히 기고하고 있었다. 논란이 발생한 것은 1996년 1월 개봉한 김성수 감독 신작 〈런어웨이〉에 대해 영화 전문지 『씨네21』에 기고한 영화평이었다. 이정하가 〈런어웨이〉 영화평 끄트머리에 "그런데 왜 영화감독은 자살하지 않는 것일까. 저렇게 가객들이 죽어가고 있는데"라는 문구를 덧붙인 것이었다.

『씨네21』에 따르면 이를 본 이현승 감독은 무척 화가 났다. 비록 당사자는 아니었지만, 아끼는 동료이자 후배 감독을 향해 자살 운운한 대목을 참기 힘들었던 것이었다. 그는 『씨네21』 표지에 사과 문구를 넣거나 평자를 교체하라고 요구하다가, 반론을 통해 뜻을 전하기로 했다. 이어 기고한 글에서 "이것이 영화평론인가, 아니면 자신이 잘 아는 이웃을 처치해야 하는 고뇌에 찬 보안관을 다룬 시나리오인가"라며 "영화평에서 주체인 영화가 사라졌다"는 요지로 비판했다.

그리고 나온 이정하의 반응은 뜻밖이었다. 영화평론을 그만두겠다는 것이었다. 『씨네21』에 따르면 이정하는 "이현승 감독의 공격은 동업자(평론가) 일반이 아니라 특정 평론가, 즉 자신을 겨냥해야 했다"면서, "문제가 된 글과 표현에 대해선 변명도 해명도 하고 싶지 않다. 이해도 오해도 바라지 않는다"는 입장을 밝혔다. 이어 "그러잖아도 영화평론을 그만둘 계획이었는데, 이 일로 껍데기를 벗었다"는 인사를 끝으로 영화계를 떠나게 됐다고 전했다.

한국영화로서는 커다란 아쉬움이자 손실이었다. 이정하의 부인인 이수정(감독)은 "이정하가 쓴 '왜 영화감독은 자살하지 않는가'는 김성수 감독을 지칭하는 게 아닌 영화감독 일반을 말했다고 본다"며 "당시 패션처럼 흘러가는 영화 그 자체에 대한 환멸과 함께 자신이 꿈꿨던 영화가 이제 너무 시시하게 흘러가는 세태에 대해 실망한 것 같았다"고 말했다. 이어 "김성수 감독의 훌륭했던 단편에 반해 실망스러운 〈런어웨이〉 평을 쓰며 개탄했던 것으로 안다"고 덧붙였다.

이정하는 저서 『영화와 글쓰기』에서 절필 선언 이후인 "1996년 여름 스크린쿼터감시단이 다시 만들어지면서 맡아달라는 이야기가 있었지만 사양했다"며 "불쾌하기 짝이 없었다"고 기록했다. "그렇게 중요한 일이라면 자기들이 할 것이지 누군 감시단을 위해 태어났나. 세상은 사심 없이 열심히 일하는 사람들을 무슨 봉으로 안다. 앞에서는 침이 마르고 뒤에서는 빈정거린다"면서 김혜준의 한국영화연구소 활동을 예로 들었다. 헌신적인 활동을 가볍게 생각하는 데 대한 서운함이었다.

> 김혜준은 1996년 봄에 한국영화연구소가 만들어지면서 안살림 바깥살림에 머리와 팔다리를 다 맡았다. 연구소를 찾는 사람들은 자료 하나라도 얻어가려 하지 보태주는 경우가 드물었다. 그럴 때는 내 일처럼 화가 난다. 그러면서도 '그가 없으면 연구소가 안 된다'고 했으나, 그게 될성부른 일이었다면 '내가 아니면 안 된다'로 바뀌었을 것이다.

곽정환 구속

영화운동 쪽에서 이정하 절필 선언이 충격을 줬다면 스크린쿼터감시단 활동이 재개한 이후 충무로 구체제 내부에서는 주요 인사들이 구속되는 일이 발생한다. 1996년 10월 서울극장 곽정환 대표의 구속은 파장이었다. 그런데 구속 이유가 1989년 발생한 직배 영화 상영 극장 방화 사건이었다. UIP 직배 영화관 방화 사건을 주도하고 배후 조종한 것이 한국영화 최고 실력자란 사실이 7년 만에 드러난 것은 엄청난 반전이었다.

당시 방화로 피해를 봤던 씨네하우스 대표 정진우 감독이 진실을 알게 된 것은 우연이었다. 정진우 감독에 따르면 1996년 가을 미국 LA에 갔다가 귀국 전날 지인 등과 한국식당인지 일본식당인지에 들어갔는데, 거기서 우연히 당시 방화 사건의 주역이었던 이일목(시나리오 작가)을 마주쳤다. "예전 일 때문에 무시하고 식사 후 자리에서 일어나려는데 갑자기 이일목이 기다리고 있다가 다가와서는 무릎을 꿇었다. 그러면서 진실을 말하고 싶다며 묵고 있는 호텔을 알려달라고 했다. 머뭇거리는데, 같이 있던 일행들이 '또 불 지르겠냐'며 알려주라고 하더라. 이일목이 다음 날 아침 8시에 호텔로 찾아왔다. 거기서 곽정환이 핵심이었다고 말하는 거다. 글로 정리한 내용을 가지고 왔더라. 내용을 보니 1989년에 마포 가든호텔에서 곽정환과 김승(극동스크린 대표) 등이 모여서 '정진우 감독이 UIP랑 돈을 긁어모으고 있다. 그냥 놔두면 다 망한다. 뱀을 풀고 불을 질러야 한다'고 논의했다는 것이었다. 그래서 출국을 하루 연기하고, 글로 정리한 문서를 대사관에 가서 공증 받아오라고 했다. 귀국 후에는 곧바로 검찰에 고소했다. 곽정환이 연행된 날은 당시 광화문에 있던 문화부에서 영화인들의 간담회가 예정돼 있던 날이었다. 검찰 수사관들이 문화부 앞에서 기다리다가 들어오던 곽정환을 바로 연행한 것이다."

정진우 감독은 이일목이 증언한 이유에 대해 "곽정환이 공소시효 계산을 잘못한 것 같다"고 말했다. "일반 방화 사건은 5년이 공소시효인데, 사람이 주거하는 현주건조물 방화는 공소시효가 10년이었다. 곽정환이 5년 동안 지원해주다가 끊으니까 이일목이 불만이 생겨 털어놓은 것이었다"고 덧붙였다.

검찰은 10월 17일 곽정환 대표를 구속하면서 김호선 감독과 김승 등이 방화를 모의한 사실을 확인했으나 범행 가담 정도가 가볍다고 보고 불구속 입건했다고 밝혔다. 그리고 한 달 뒤인 11월 17일에는 이태원 회장도 구속된다. 당시 두세 개 영화업체가 수입액을 축소 신고하는 방식으로 세금을 적게 냈다며 탈세 혐의를 적용한 것이었다. 이에 대해 정진우 감독은 "아마도 곽정환이 조사받는 도중 이태원의 목소리가 들리니 자기 면회를 온 줄 알았나 보더라. 그런데 자기는 안 만나고 검사에게 다른 이야기를 하니 홧김에 다 불었던 것으로 들었다"고 말했다. 충무로 구체제 인사들의 감정싸움이 두 거물의 구속으로 이어진 것이었다.

하지만 정진우 감독은 이후 곽정환에 대해 탄원서를 써줬다고 한다. "곽정환이 장모상을 당해 수감 중에 형 집행 정지로 잠시 나왔다가 나를 찾아와서는 '뼈가 다 부서지는 것 같다'며 사정했다. 한겨울에 난방도 안 되는 곳에서 지내기가 무척 힘들었을 것이다. 그래서 탄원서를 썼다."

곽정환 대표는 구속 5개월 만인 1997년 3월 보석으로 풀려난다. 보석금 1억은 당시 역대 최고액으로 장안의 화제였다. 정진우 감독은 "곽정환과 많이 싸웠지만 그래도 말년에 자주 만났고, 돌아가기 전 마지막으로 본 사람도 나였다"면서 "한국영화의 큰 인물이었다"고 애틋한 감정을 나타냈다.

첫 정면 대결, 영협 이사장 선거

충무로 구체제는 내부 갈등에도 불구하고 기득권 유지를 위해서는 똘똘 뭉치는 모습을 보였다. 1998년 영화인협회 선거는 한국영화의 공식적인 조직을 차지하기 위해 영화운동 진영이 충무로 구체제에 도전장을 낸 것으로 신구세력의 첫 정면 대결이었다.

1995년 영화인협회(영협) 이사장이 된 김지미 배우는 당시 재선을 원하고 있었다. 이에 맞서 출마한 게 정지영 감독이었다. 이사장 선거는 김지미 이사장을 지원하는 보수적인 충무로 구체제와 정지영 감독을 지원하는 진보적 영화운동의 진영 대결 양상으로 전개됐다. 충무로 구체제는 영화인협회를 넘겨주면 기반이 흔들리는 것이었고, 영화운동은 선거를 통해 개혁의 기회를 살려야 했기에 양쪽 모두 밀려서는 안 되는 승부였다. 유인택은 "정지영 감독 선거본부가 명동 퍼시픽 호텔에 차려졌고, 오늘의영화감독모임 대표 이장호 감독 등이 선거를 지원했다"고 회상했다.

1998년 4월 3일 열린 선거는 김지미 영화인협회 이사장 재선으로 결정이 났다. 판정승을 거둔 양상으로 보였지만 곳곳에서 문제가 드러나면서 논란이 일었다. 김지미 배우는 무효표를 제외한 86표 중 81표를 획득했는데, 145명 중 88명만이 참석한 것으로 정족수 3분의 2 미달이었다. 선관위는 '시나리오작가협회가 96년과 97년 회비를 미납해 대의원 자격이 없다'며 정족수를 130명으로 해석했으나, 정지영 감독이 회비 납부 사본을 제출했음에도 투표를 강행한 것은 공정하지 않은 무리한 판단이었다. 특히 선거인 명부를 당일 오전까지 공개하지 않자 정지영 감독은 "선거운동기회 자체를 봉쇄한 것은 불공정 선거 관리"라고 항의하며 총회 불참을 선언했고, 정지영 감독을 지지했던 시나리오작가협회와 배우협회 대의원도 불참했다.

곳곳에서 문제가 드러나자 4월 6일 선거관리위원회는 총회 결과를 원천무효로 선언하고 23일 재선거를 치른다. 하지만 결과는 145표 중 김지미 99표, 정지영 44표였다. 기득권 수호를 위해 뭉친 충무로 구체제의 벽을 넘기에는 역부족이었다.

이후 영화운동 진영은 충무로 구체제와의 결별을 준비한다. 1998년 발족한 충무로포럼은 사전 준비단계였다. 1990년대 후반은 충무로 구체제가 영화계 권력을 유지하고 있었으나 부산영화제의 성공으로 인해 영화운동 진영의 입지가 강화된 시기였다. 선배 세대의 기득권 유지에 맞서 영화운동을 바탕으로 한 진보적 영화인들의 힘과 조직이 하나둘 갖춰지고 있던 때였고, 충무로포럼은 그 단계의 하나였다. 배우 문성근이 대표를 맡고, 유인택이 기획, 배우 명계남과 김혜준이 홍보와 연구를 맡은 충무로포럼은 4인이 주도적으로 나서기는 했으나, 영화인협회 선거 패배 이후 영화운동 진영이 새로운 방향을 설정한 것이었다.

유인택은 "제협이나 충무로포럼 등 대부분의 영화게 현안은 나와 이춘연, 문성근, 김혜준이 함께 논의해서 한 것이었다"며 "실행 단계에서 역할 분담을 했고, 누군가가 특별히 제안하는 분위기는 아니었다"고 기억했다.

충무로포럼은 표면적으로는 정부의 영화정책을 주제로 토론하는 자리였다. 영화계 현안과 영화정책에 대한 이견을 조율하고, 정부와 교류하는 토론 마당 성격이었다. 하지만 영화인협회에 대응할 새로운 조직 건설의 전 단계였다는 것이 유인택의 설명이다.

"우리는 선배들과 같이 가려고 노력했었다. 한국영화가 어려웠던 때였기에 통합과 포용을 위해 애썼는데, 안 됐다. 협회로 만들 수는 없고 첫 단계로 충무로포럼이란 이름을 써서 조직이 아닌 토론 모임으로 출발했다. 첫 번째 토론이 스크린쿼터를 주제로 했는데, 포럼으로서 첫발을 떼기 알맞은 주제였다. 물론 별도 연대 조직으로서 발전을 염두에 두고 있었다. 준비하면서 후배 된 입장으로 영화인협회 김지미 이사장을 찾아가서 이런 모임을 만든다고 사전에 말씀드렸다. 그랬더니 '그런 걸 왜 만드냐?'며 매우 부정적으로 말씀하시더라."

당시 배우보다 영화운동가가 어울린다는 평가를 받던 문성근(전 평창국제평화영화제 이사장)은 『동아일보』(1999.4.2) 인터뷰에서 당시 한국영화 현안에 적극적으로 나서게 된 계기를 이렇게 말했다.

> DNA에 무슨 그림자가 비쳤는지 삶에 대한 혐오와 자기학대가 심했고, 위선적이지 않을 수 있는가에 대해 늘 자신이 없는데, 97년 가을 생각이 달라졌다. 순간순간 위선이라고 느껴질지언정 큰 흐름이 옳다면 뛰어들어야 하지 않겠는가 생각했다. 지금도 나를 믿지 못하지만 위선적이지 않은 사람이 얼마나 되겠는가? 생각을 바꾸게 된 데는 〈초록물고기〉 흥행 실패 영향도 컸다. 이런 영화도 안 되는데, 무슨 영화를 하겠다고 '에이 안 할래' 하고 주저앉았다가 문득 구더기처럼 꼼지락거리지만 말고 환경을 바꿔보자는 생각이 들었다.

충무로포럼에서는 첫 모임부터 스크린쿼터 문제가 중요하게 부각됐다. 『한겨레신문』(1998.11.26)에 따르면 11월 24일 저녁 서초동 서울영상벤처센터 2층에서 열린 충무로포럼 첫 모임은 미국의 스크린쿼터제 철폐 추진 문제가 삽시간에 스크린쿼터 수호 대책회의장으로 변할 만큼 뜨거웠다. 이날 포럼은 영화계 현안인 영화 관계법 개정 추진 현황과 정부의 영화진흥정책 등에 관해 자유롭게 묻고 답하는 자리로 예정돼 있었다. 하지만 양기환이 스크린쿼터 관련 질문을 던지면서 사태는 급변했다. "스크린쿼터가 아예 없어지는 것 아니냐는 이야기가 정부 일각에서 나오고 있다"면서 11월 15일부터 20일까지 워싱턴에서 열린 한미투자협정 3차 실무협상에 참석하고 온 문광부 영화진흥과 박영대 서기관에게 답변을 요구한 것이다.

이에 박 서기관이 "미국 쪽이 이번 기회에 폐지를 밀어붙이려 하고 있다"고 답변하는 순간, 여름 반대 투쟁 이후 현상 유지 쪽으로 결론

난 것으로 알고 있던 영화인들의 얼굴빛이 달라졌다. "문화부 입장은 확고하지만, 협상은 외교부가 주도해 미국이 상당한 강도로 스크린쿼터 폐지를 요구하고 있고, 한국이 이를 수용할 가능성도 있다"는 점이 확인되면서 영화계는 비상사태에 돌입한다.

앞서 1998년 7월 27일 영화계는 김지미 영협 이사장과 임권택 감독, 이태원 태흥영화사 사장을 공동대표로 '스크린쿼터 사수 범영화인 비상대책위'를 발족했고, 한미투자협정 영화 분야 제외, 스크린쿼터 제외 발언을 한 한덕수 통상교섭본부장 교체 등을 요구했다. 차인표 배우는 500만 원을 스크린쿼터감시단에 기증했고, 안성기와 심은하 배우도 출연료 일부를 기금으로 내는 등 한국영화의 스크린쿼터사수 의지는 강했다.

스크린쿼터 폐지 우려가 커지면서 12월 1일부터 명동성당과 남산빌딩에 있던 감독협회에서 영화인들의 밤샘 농성이 시작됐다. 12월 2일에는 광화문에서 한국영화 죽이기 음모 규탄대회가 열렸고, 1998년 12월 7일에는 뤽 베송, 코스타 가브라스, 롤랑 조페, 장 뤽 고다르 감독 등 프랑스 감독 배우 170명이 지지성명을 발표하며 국제적인 연대를 나타냈다.

'스크린쿼터 사수 범영화인 비상대책위' 공동 집행위원장을 맡고 있던 정지영(감독)은 "스크린쿼터를 늘려달라고 요청할 생각이었는데, 난데없이 축소 이야기가 나오니 뒤통수를 얻어맞은 기분이었다"고 말했다.

이 분위기는 1999년으로 넘어가 6월 24일에는 영화인 1,200명이 광화문 네거리에서 스크린쿼터 축소 저지 결의대회를 열고 감독과 제작자 등이 집단 삭발을 감행할 만큼 강력한 투쟁 의지 표출로 이어졌다. 임권택 · 강제규 · 임순례 감독, 이용관 교수, 이은 대표 등이 삭발

스크린쿼터에 반대하면서 삭발하는 임순례 감독 _양기환 제공

로 항의했고, 서강대 영화공동체 출신 조재홍(감독)은 이날부터 스크린
쿼터 투쟁을 기록한 다큐멘터리 〈노래로 태양을 쏘다〉 촬영에 돌입했
다. 1999년 4회 부산영화제에서는 영화인들이 스크린쿼터 사수를 위
해 관객들과 함께하는 행사가 개최하는 등 연대가 계속됐다.

앙기환은 "스크린쿼터 사수 투쟁은 1998년부터 2006년까지 비상대
책위 가동 등으로 이어졌다"며 "정확히는 2008년까지 10년간 투쟁했
다"고 말했다. 이어 "프랑스를 포함한 유럽은 한국 영화인들을 적극적
으로 지지했고, 신자유주의 맞선 한국 영화인들의 투쟁은 세계 영화
사에 없을 만큼 장엄한 것이었다"고 강조했다. 스크린쿼터감시단은
2000년 이후 스크린쿼터문화연대라는 이름으로 확대해 방송 쿼터제
감시와 국제연대 활동 등 사업을 전개했다.

스크린쿼터 축소 반대 투쟁은 한국영화의 중요한 현안이었기에 충
무로 구체제도 동참했다. 신구 갈등이 잠시 덮이는 분위기 속에, 영화
운동 진영이 전반적인 투쟁을 주도하면서 충무로 주도권을 쥐게 된

1999년 부산영화제 당시 스크린쿼터 사수 의지를 밝히고 있는 영화인들 _부산영화제 제공

다. 이 과정에서 충무로 구체제가 위기감을 느끼게 되면서 영화운동 진영과 또 충돌하게 된다. 1999년 4월 20일 YMCA 대강당에서 열린 충무로포럼 네 번째 토론 마당이 빌미가 됐다. 영화진흥공사를 대체할 영화진흥위원회 출범을 앞두고 있던 시기였기에 이날 토론에서는 바람직한 영화진흥위원장 후보로 김동호 부산영화제 집행위원장, 정지영 감독, 문성근 배우가 거명됐다. 또 영화진흥위원으로 문성근, 정지영, 김혜준, 김동호, 안성기, 유인택, 이용관, 이충직, 유지나, 강한섭, 임권택, 박광수, 강우석, 심광현(한예종 영상원 교수)가 거론됐다. 한국독립영화협회는 여기서 더 나아가 "영진위 구성에 구시대 인물과 검열의 칼을 휘둘렀던 공연예술진흥협의회 관련 인물들 배제해야 한다"며 충무로 구체제를 겨냥했다.

그러자 반격이 들어온다. 충무로 구체제가 민감하게 반응한 것이었다. 한국영화인협회 김지미 이사장은 "부당 집회를 중단하라"고 경고하면서 "영협 회원들이 별도의 모임을 구성해 무분별한 결의 등을 발

충무로, 새로운 물결

표하는 것은 그 취지가 아무리 좋아도 영화계 반목을 야기시키고 적법 단체의 명예를 훼손하는 행위"라고 비판했다. 이어 "협회 회원은 소속 단체를 통해 청원·진정·제안 등의 민주적 토론 절차를 지켜주기 바라며 이를 위반해 물의를 일으키면 영협 정관에 의거 조치하겠다"고 강경한 방침을 밝혔다.

하지만 영화운동 진영도 지지 않았다. "영협 관계자들은 대종상의 권위를 떨어뜨린 장본인이고, 스크린쿼터 투쟁도 영협을 중심으로 이뤄지지 않았으며 영협은 오히려 스크린쿼터감시단을 협회 사무실에서 쫓아내기까지 했다"며 묵은 감정을 드러냈다. 또한 "영화계 10년 숙원인 영화진흥법 개정에 반대해놓고 이제 와 신임 위원장에 연연한다"며 강하게 반발했다. 『동아일보』(1999.4.22)는 "1998년 문성근, 명계남, 김혜준 등 소장파가 주축이 돼 발족한 충무로포럼은 스크린쿼터 축소 위기를 처음으로 제기하는 등 영화계 여론을 주도하는 역할을 해왔다"며 "영진위 주도권을 놓고 신구세대의 힘겨루기이고, 젊은 세대가 제작 현장을 주도한 데 이어 원로들의 영역이었던 영화기구 구성에도 목소리를 내자 원로 그룹이 위기의식을 느껴 반격을 가한 것이다"라고 분석했다.

1999년 5월 9일 새 영화진흥법이 발효되면서 영화진흥공사를 대체한 영화진흥위원회가 출범했다. 정부가 발표한 영진위원 10인 중 신세길 위원장(전 삼성물산 유럽본부장)에 이어 충무로포럼 대표였던 문성근 배우가 부위원장으로 선임됐다. 그러자 김지미 영협 이사장과 직전 영화진흥공사 사장이었던 윤일봉 배우가 반발했다. 표면적으로는 "정족수 미달에 따른 위원 수로 발족했기에 인정할 수 없다"는 주장을 편 것이었으나, "부모뻘인 선배들을 매도했다"는 감정도 섞여 있었다. 신구세대의 갈등은 영진위 주도권을 놓고 이후로 더 깊어진다.

분위기 전환이 필요했던 충무로포럼은 6월 8일 성명을 내고 한국독립영화협회가 배포한 성명서에 한국 영화계 원로 몇 분의 실명이 거론된 점에 대해 유감의 뜻을 나타내고 사과를 표했다. 하지만 한편으로는 스크린쿼터 사수 투쟁을 동력으로 새로운 조직 건설에 박차를 가한다.

한국영화인회의 출범

1998년 8월 18일 오후 5시 안국동 느티나무카페에서 열린 한국영화인회의 발기인대회는 새로운 영화 조직 출발을 선언하는 자리였다. 강제규, 이광모, 홍상수 감독, 이춘연, 유인택, 권영락, 차승재, 신철, 이은 제작자 등 231명의 발기인은 "한국 영화계에 21세기가 초래할 급격한 환경 변화에 능동적으로 대처할 수 있는 조직이 없다"며 "현실을 직시해 새로운 조직과 영화운동을 모색하고자 한다"는 입장을 밝혔다. 공동준비위원장으로 박광수 감독, 명계남 이스트필름 대표, 주진숙 중앙대 교수 세 명이 선임됐다.

영화운동 진영의 새로운 조직 건설 움직임에 한국영화인협회가 8월 17일 이사회를 열어 "회원 가운데 영화인회의에 참가하는 사람은 제명할 것을 결의"하면서 양쪽은 힘겨루기에 들어갔다. 그렇지만 한 달 뒤인 1999년 9월 17일 서울 스카라극장에서 영화인회의가 닻을 올린다. 공동의장은 김동원 한국독립영화협회 이사장, 유인택 한국영화제작가협회 회장, 장선우 감독, 이용관 교수, 유지나 교수 등 5인이었고, 사무총장은 명계남 배우였다. 이외 정책위원장 심광현, 기획위원장 이은, 편집위원장 양윤모, 권익복지특별위원장 권영락, 통합시청각특별위원장 원용진 동국대 교수로 구성됐다.

한국영화인회의는 신씨네, 기획시대, 우노필름, 명필름 등 제작사가 대거 참여한 데다 평론과 학계, 영화제 등 기존 충무로 구체제가 '영화인' 대신 '영화 관계자'로 분류했던 인사들까지 모두 포괄한 조직이었다. 1979년 서울대 학생 세 명이 얄라성 영화연구회로 모이며 출발한 진보적 한국 영화운동이 20년 만에 한국영화인협회에 맞설 단일 조직을 세운 역사적인 순간이었다. 긴 시간 영화인협회가 주도했던 충무로 질서의 재편이기도 했다.

한국영화인회의 초대 이사장은 정지영 감독이었으나 2000년 12월 정기총회에서 영화사 씨네2000의 이춘연 대표를 이사장으로 선출한다. 정지영은 "새 조직에 대한 영화인들의 기대에 부담을 느껴 1년 만에 그 자리를 넘겨주게 된 것이다"라고 말했다. 유인택은 "이춘연이 본격적으로 영화인회의 간판 역할을 맡게 된 것이었다"고 설명했다.

명계남(배우)은 "한국영화 격동기에 충무로포럼을 통해 영화계 현안 점검과 개혁, 대안 모색을 주도해오다 새로운 현장 중심의 영화인 구심체 필요성이 대두되자 영화인회의 창립 공동 준비위원장을 맡아 산파역을 맡은 것이다. 출범 당시 영화인의 중지를 모아 정지영 감독을 초대 이사장으로 모시고 그 밑에서 사무총장을 맡아 2000년 5월 기관지 『KAFAI』를 발간하는 등 안정기까지 일했다"고 회상했다. 격월간 영화 전문지였던 『KAFAI』는 한국영화인회의 영문명인 Korean Association of Film Art & Industry의 이니셜을 따 붙인 것으로 창간호에는 공식 출범한 여성영화인모임, 디지털 영화를 집중 조명한 디지털 혁명과 영화에 관한 특집물을 비롯해 한국영화 미리보기, 한국영화 비평, 영화인 동정 등으로 구성됐다.

정재형(동국대 교수)은 "새로 탄생한 충무로포럼엔 적극적으로 참여하지 않았으나, 이춘연 이사장이 끌고 가면서 현장 중심의 영화인 연대로 이어져갔다"며 "다만 이때부터 내내 같이 움직여왔던 학계와 현장 공동체의 틈이 벌어진 느낌이 든다"고 말했다.

신구 갈등이 깊어지면서 충무로 구체제는 자신들의 기득권을 위협하던 영화운동 진영을 좌파로 매도한다. 신구 갈등은 1990년대 중반을 넘어서며 보혁 대결로 양상이 바뀌지만 2000년대 이후 충무로 중심축이 진보적 영화운동 진영으로 넘어온 것을 되돌릴 수는 없었다.

유인택은 보혁 대결로 치닫던 당시의 분위기에 대해 "부산영화제 초기 개막식이 끝나면, 다음 날 문체부 장관 등과 영화인들이 모여 조찬을 같이했다. 한번은 배우협회 신우철 회장이 식사 자리에서 나를 향해 빨갱이 좌파라고 심하게 비난을 했다"고 말했다.

순간적으로 경색되려는 조찬 모임 분위기를 완화시킨 것은, 배우 강수연의 한마디였다. 강수연은 이렇게 말했다고 한다. "나는 좌파도 우파도 아니고 양파."

03

지역의 영화운동

광주 영화운동

빛고을 광주는 한국 영화운동의 정신이 시작된 곳이었다. 한국 현대사의 가장 큰 비극인 1980년 5월의 아픔은 '영화'에 '운동'이 더해지게 했다. 1980년대 한국 영화운동의 성과물인 장편영화 〈오! 꿈의 나라〉가 5월 광주민중항쟁을 소재로 했다는 것은, 한국 영화운동 출발의 바탕이 됐던 광주가 갖는 의미를 상징한다.

서울이 중심일 수밖에 없었던 한국 영화운동에서 지역의 경우는 부산 영화운동이 대표적이었다. 1984년 시작된 부산씨네클럽과 1985년 부산대학교 영화패 살리라, 1988년 꽃다림 등의 활동이 도드라졌기 때문이다. 하지만 광주에서의 영화운동 시작도 1984년대 초반이었다. 주목받은 활동이 덜했을 뿐이었다. 시기적으로 부산씨네클럽이 만들어진 때와 비슷하다. 다른 지역의 영화운동이 대부분 1990년대 이후 들어 활성화된 것을 감안하면 광주 영화운동의 출발은 비교적 이른 편이었다.

광주 영화운동의 바탕이 된 것은 1970년대 문화운동으로, 이 성과가 쌓이면서 1980년 5월 이후 차츰 진화해 나갔다. 유신독재 시절 광주에서 문화패 활동을 했던 운동가들이 광주항쟁을 거친 이후 영화운동의 방향을 모색한 것이었다. 5·18을 겪은 이후 군사독재에 대한 저항정신을 바탕으로 영화운동이 발전했다는 것은 광주가 갖는 특별함이었다. 민중운동의 흐름 속에 1980년 5월의 아픔과 기억이 한국 영화운동 발전에 동력으로 작용한 것이었다.

특히 1980년대 후반에서 1990년대 초반 만들어진 민중영화가, 광주에서의 상영만큼은 유독 치열한 과정을 거쳐야 했던 것은 영화운동에서 광주가 갖는 비중과 무게를 상징한다. 민중항쟁의 도시답게 격렬한 투쟁을 마다하지 않았고, 온갖 탄압에 굴하지 않은 채 영화를 지켜냈다. 민중의 삶을 담은 영화에 대한 광주의 지지와 사랑은 영화운동에 큰 힘을 불어넣었다.

탈춤으로 태동한 광주 문화운동

광주 영화운동을 이해하기 위해서는 전사(前史)로서 광주 문화운동을 살펴볼 필요가 있다.

1970년 광주 문화운동 출발의 주역이었던 윤만식(전 광주 민예총 대표)에 따르면 광주 문화운동은 1970년대 YMCA가 개설한 탈춤 강습이 본격적인 태동이었다. 윤만식은 2017년 국사편찬위원회가 정리한 『'1970년대 광주문화운동과 5·18 민주화운동의 기억' 구술채록연구집』(한재섭·윤수안 정리, 이하 구술채록집)에서 "1971년 고등학교 졸업 후 서울 소재 대학을 가기 위해 서울에 올라와 학원에 다니며 재수 삼수를 하는 과정에서 종로 2가 서울 YMCA에서 열렸던 탈춤 강습회를 처음 알게 됐다"고 말했다. 하지만 당시에는 강습 대상이 대학생으로만 제한돼 있었다. 이후 윤만식은 대학 입학 후에 광주의 탈춤 강습에 참여할 수 있었다. 1973년 전남대에 입학해 2학기에 군에 입대했고, 1976년 제대한 후 복학한 이듬해인 1977년 탈춤 강습생을 모집한다는 안내문을 보게 된 것이었다. 윤만식은 직접 전일빌딩 건너편에 있는 YMCA로 찾아가 탈춤을 배우게 된다. 당시 강습에 참여했던 김선출(전남문화재단 대표)에 따르면 "광주YMCA가 기획한 탈춤 강습 프로그램은 2일간 YMCA 무진관에서 열렸고, 봉산탈춤 전수 조교가 내려와 봉산탈춤 기본기를 가르친 것이 전부였다."

탈춤 강습에 모인 사람은 윤만식을 비롯해 김선출(전남문화재단 대표), 김윤기(전 광주문화재단 대표), 조길예(전 전남대 독문과 교수), 윤성석(전남대 정외과 교수) 등이었다. 이들은 'Y가면극회'라는 임시 모임을 조직하게 된다. 윤만식은 'Y가면극회'에 대해 이렇게 설명했다. "당시 광주 YMCA 김호준 사무총장이 탈춤을 배울 수 있게 공간을 빌려줘야 하는데, 그냥 이 무대를 빌려줄 순 없고 돈이 없는 대학생들에게 대여료를 받을 수도 없다 보니, 하나의 서클(동아리)을 만든 것이었다. 사무총장이 학생들에게 상당히 우호적이었던 덕분에 배려를 받게 된 것이다."

Y가면극회는 1977년 12월 겨울 서울에서 강사들을 초청해 탈춤 강습을 열게 된다. 이때 탈춤을 가르치러 왔던 사람이 서울대 문화패에서 활동하던 채희완(부산대 교수), 유인택(예술의전당 대표), 그리고 홍익대에서 활동했던 김봉준(화가) 등 3인이었다. 이들 세 사람이 광주까

지 원정 와서 탈춤을 지도한 것은 놀이패 한두레 덕분이었다. 한두레는 1974년 서울대, 이화여대 탈춤반 출신들을 주축으로 '민족문화연구모임 한두레'로 출범한 대표적인 마당극 단체로 문화운동을 전개하고 있었다. 윤만식은 구술채록집에서 "75학번 조길예(전 전남대 독문과 교수)의 남자친구가 서울대 재학 중이던 최권행(서울대 교수, 전 아시아문화중심도시 조성위원장)이었고, 서울대 한두레하고 가까웠기에 자연스럽게 소개를 했다"며 "한두레에서 활동하던 채희완에게 '광주도 전남대학교에 문화팀이 필요하다, 형님이 좀 내려가서 좀 도와달라'고 부탁해 강사로 내려오게 된 것이다"라고 회상했다.

최권행은 박정희 정권이 조작한 1974년 민청학련(전국민주청년학생연맹) 사건 피해자 중 한 사람이었다. 이에 대해 김선출의 기억은 조금 다르다. "최권행은 당시 민청학련 사건으로 인한 서울대 제적생으로 한마당출판사를 운영하고 있었고, 황석영(소설가)과 친분이 있었다. 황석영의 소개로 한두레가 온 것으로 알고 있다. 내가 임시단체인 Y가면극회를 주도하고 있었기 때문에 서울에서 내려온 채희완, 유인택을 금남로 YMCA 건물 내 Y다방에서 처음 맞이했다."

김봉준(화가, 오랜미래신화미술관장)은 『프레시안』(2021.9.17)에 기고한 글에서 "1970년대 중반 대학 탈춤반은 서울대 연세대 이화여대 서강대 고려대 서울여대 한양대 숙명여대 등에서 생겼고, 탈춤 풍물의 정보를 교환하며 서로 먼저 배운 것은 전수해주며 지내고 있었다."고 밝혔다. 서울지역 대학 탈춤반에서 이어지던 교류가 광주로 넓혀진 것이었다.

유인택(예술의전당 대표)은 "당시 마당극패에서 활동하고 있었는데, 서울대 춤패에서 활동하던 채희완이 '조교가 필요하니 같이 가자'고 제안해 광주로 간 것이었다. 대학 3학년 때였다"고 말했다. 이어 "3개월 동안 한 번 내려가면 10일 정도 머무르다 올라오는 식으로 탈춤과 풍물, 탈 제작을 가르쳤다"고 덧붙였다.

이때 5·18 광주민중항쟁 당시 시민군 대변인으로 도청에서 산화했던 윤상원 열사도 탈춤 강습을 받은 것으로 보인다. 전용호(『죽음을 넘어 시대의 어둠을 넘어』 공동저자, 전 광주전남소설가협회 대표)가 2018년 11월 24일 옛 전남도청에서 개최된 광주문화운동 40주년 회고와 전망 세미나에서 발표한 광주문화운동의 태동과 전개(1977~1987) 발제문에 따르면 참가자 명단에 윤상원이 포함돼 있다. 그러나 유인택은 "참여한 분들이 한두 분 정도만 기억나는데, 윤상원 열사가 참여했는지는 생각나지 않는다"고 말했다. Y가면극회를 이끌었던 김선출 역시도 윤상원 열사의 참여는 "불확실하다"고 전했다.

김선출과 함께 Y가면극회에 참여했던 김윤기(전 광주문화재단 대표)는 전남대 5·18 연구소의 증언자료 '나는 무엇을 하고 있는가(1989년 2월)'에서 탈춤을 배우던 당시를 이렇게 회상했다.

1976년 전남대 법대에 입학해 1학년 때부터 학과공부에 취미를 잃었고, '소금'이라는 교양서클에 들어가 활동하다가 2학년 때 전남대 민청학련세대들이 학생운동을 재건하기 위해 전남대학교에 재건그룹을 만들면서 자연스럽게 그 그룹에 연결돼 소그룹 학습을 했다.

숨어다니다시피 1년 동안 운동권 입문서 수준 정도의 서적을 가지고 학습을 하다가, 1977년 겨울이 되면서 소그룹 내 역할분화가 됐고, 나와 김선출은 문화운동 쪽을 담당하기로 했다. 서울에서는 김지하씨를 중심으로 탈춤부흥운동이 일어났다. 우리도 그것에 자극받아 문화운동의 필요성을 절감했다. 겨울에 YMCA에서 강사를 초빙해 탈춤강습을 했는데 우린 자연스럽게 합류해 탈춤을 배우고 그 강사와 함께 저녁에는 토론도 하면서 여관에서 합숙하다시피 했다. 1977년 서울대 김상진 열사 추도식 때 탈춤공연이 큰 성과를 거두는 것을 보면서 탈춤을 통한 민족문화운동이 폭압적 상황 속에서 굉장한 역할을 할 것이라고 인식했다.

탈춤 강습회는 1978년 4월 전남대 민속문화연구회 창립으로 이어진다. 전남대에 탈춤을 기반으로 하는 문화운동 조직이 만들어진 것이었다. 회장은 김선출이었고, 부회장은 김윤기였다. 김윤기는 "윤만식, 김선출, 김정희 등 몇몇과 함께 서클을 등록했다. 기능이 뛰어나진 않았지만 우린 열심히 활동했다. 봉산탈춤 공연도 했고, 민족양식으로서의 탈춤에 애정을 가지게 되면서 그러한 애정을 운동과 어떻게 연결할 것인가를 고민했다"고 회상했다.

5·18 이전까지의 광주 문화운동의 굴곡

탈춤반이었던 민속문화연구회와 함께 광주 문화운동에서 역할을 했던 또 다른 조직은 전남대학교 연극반이었다. 1976년 전남대 입학 후 연극반에서 활동했던 김태종(놀이패 신명 2대 대표)은 구술채록집에서 "공부에는 관심 없고 밖에서 악을 쓰며 시위하던 과정에서 선배들의 권유를 받아 연극반 활동을 시작했다. 당시 전남대 연극반은 윤상원과 5·18 민중항쟁당시 항쟁지도부 홍보부장이었던 박효선 등이 활동했다"고 말했다. 박효선(작고)은 1976년 전남대 국문과에 입학해 연극반 활동을 했고, 5·18 이후 윤한봉(재야운동가, 작고)과 함께 도피생활을 했다, 광주 문화운동뿐만 아니라 1990년대 영화 제작에 적극적인 움직임을 보이기도 했다는 점에서 특별한 인물이다. 박효선은 광주민중항쟁이 계엄군 진입하기 전 도청에서 먼저 빠져나왔다는 자괴감으로 인해, 함께 도청에 있다가 정신이상자가 된 김영철 등 당시 시민군들에 대한 죄의식이 있었다. 이 때문에 생을 마칠 때까지 오월극에 천착했다. 1983년 극단 토박이를 창립했고 1989년 민들레소극장을 건립했으며 1998년 지병으로 별세하기 직전까지 오월 비디오 영화 〈레드 브릭〉을 준비하고 있었다.

김윤기는 "녹두서점을 운영하던 김상윤 선배의 도움으로 연극반과 교류를 갖기 시작해 박효선 선배, 김태종 등과 인간적인 교류를 갖기 시작했다"고 말했다.

하지만 민속문화연구회는 박정희 정권 당시 발생한 교육지표 사건으로 인해 주요 회원들 다수가 수배를 받으면서 활동이 중단된다. 교육지표 사건은 1978년 6월 27일 전남대 교수들을 주축으로 한 대학교수들이 '박정희가 제정한 국민교육헌장이 우리 교육의 지표가 될 수 없다'며 비판 성명을 낸 반독재투쟁이었다. 박정희 유신독재는 정보기관을 동원해 이들을 탄압했는데, 이로 인해 연세대 성내운 교수와 전남대 송기숙 교수, 이화여대 이효재 교수 등이 해직됐다. 전남대에서는 이들의 해직을 철회하라고 요구하며 학생들이 도서관 등에서 농성과 시위를 벌이다가 다수 학생이 연행 후 구속됐고, 민속문화연구회 핵심들은 수배된다. 김선출은 "본격적인 공연을 한 번도 하지 못하고 교육지표 사건 주동으로 연루돼 도피하면서 탈반은 창립 3개월 만에 해체 상태가 됐다"고 회상했다. 김태종은 구술채록집에서 "교육지표 사건이 터지고 나서 김선출, 김윤기가 지명수배로 인해 도피하면서 전남대 문화운동이 한번 꺾이게 된 것이다"라고 말했다.

김선출과 김윤기는 서울에서 도피 생활을 이어갔다. 김선출은 "1978년 7월부터 1979년 9월까지의 서울 도피 생활 중에도 나의 관심사는 오직 문화운동이었다"며 "방학 기간에 양주별산대 전수차 온 전남대 탈춤반 후배들을 만나러 수배 중임에도 김윤기와 막걸리 통을 메고 전수관을 찾아가기도 했다"고 밝혔다. 또한 "주로 채희완을 만나 김민기 등 한두레 선배들과 술자리도 하고 서교동, 보문동 연습실에도 갔으며, 단편영화 〈삼포 가는 길〉 촬영 현장도 동행해 조명 반사판을 들었던 기억이 있으며, 장선우(감독)을 만나기도 했다"고 덧붙였다.

하지만 두 사람은 1979년 9월 검거된다. 김선출은 용인 한국민속촌에서, 김윤기는 아현동 자취방 근처에서 각각 경찰에 잡힌 것이다. 김선출은 "김윤기와 함께 수배 중에도 탈춤과 풍물 중심의 문화운동을 위해 용인 한국민속촌까지 찾아가 민속촌 단장에게 풍물 지도를 받던 중이었다. 아예 민속촌 단원으로 위장 취업까지 했는데, 두 달 만에 민속촌 놀이마당에서 체포됐다"고 옛 기억을 떠올렸다. 당시 정인삼 민속촌 단장은 연습을 열심히 하는 김선출을 보고 "한국에 장구잡이 한명 나오겠네"라며 칭찬했었다고 한다.

당시는 박정희 긴급조치 9호 시대였다. 김태종은 구술채록집에서 "긴급조치 9호라는 게 굉장히 포괄적으로 표현의 자유를 억압하는 그런 조치였다"면서 "그래서 문화운동이 꺾였다가 1979년 박정희가 김재규의 총에 맞아 죽은 10 · 26 사태 이후로 암중모색하던 과정에서 극단 광대 창단을 하게 됐다"고 말했다.

김태종은 또한 "광주 문화운동이 서울과 접점을 통해 확장할 수 있었다"며 "소설『장길산』집필을 위해 해남에 머물다 광주로 거처를 옮겨온 황석영(소설가)이 서울대 문화운동 그룹과 광주 문화운동과 연결을 넓히는 데 도움을 줬다. 1970년대 한국의 문화운동 시조였던 김지하 시인이 문인이다 보니 황석영과 교류가 있어, 문화운동 1세대인 임진택·채희완·김민기·장선우 등을 소개한 것이 광주와 서울이 연결된 계기였다"고 기억했다.

임진택은 『오마이뉴스』(2017.6.21) 인터뷰에서 "1979년 12월 31일 서울을 떠나 광주에 살던 소설가 황석영 선배가 광주 민족민주진영 송년 행사에 불러줘서 전남도청 앞 금남로에 위치한 YMCA 강당 무진관으로 탈춤의 채희완과 노래꾼 김민기와 함께 내려갔고, 김지하 시인의 담시 「비어(蜚語)」 중 한 편에 창을 붙인 〈소리 내력〉을 공연했다. 이때 윤상원을 처음 만났다"고 회상했다.

문화운동에서 영화운동으로

광주의 문화운동이 영화운동으로 발전한 것은 1980년대 중반이었다. 광주 문화운동 주역들은 대부분 5·18 항쟁 당시 홍보 활동과 항쟁지도부의 업무를 도왔고, 이 때문에 모두 구속된다. 김윤기는 마지막까지 도청을 사수하다 계엄군에 체포됐고, 김선출은 서울로 피해 다니다 광주로 내려와 자수한다. 김태종은 1980년 5월 광주항쟁 당시 계엄군이 후퇴한 후 민주시민총궐기대회 사회를 맡았다가 수배돼 1981년 8월 검거됐다. 이후 징역 2년 6개월에 집행유예 3년을 선고받았다. 상대적으로 가벼운 처벌이었다. 김태종은 구술채록집에서 "당시 전두환이 이미 대통령이 된 상태라 분위기가 유화적이었고, 판사도 잘 만난 덕분이었다"고 회상했다.

5·18 광주민중항쟁의 여파로 와해되다시피 했던 문화운동 진영은 1983년부터 다시 활동을 재개했고 이 과정에서 영화운동의 토대가 마련된다. 중심은 전남대 민속문화연구회 김선출과 김윤기였다. 1970년대 민속문화연구회를 만들었던 두 사람이 1980년대 영화운동의 주역을 맡게 된 것이다. 여기에 도움을 준 사람이 홍기선(감독)이었다. 서울대 영화서클 얄라셩 활동 이후 서울영화집단에서 활동하고 있는 홍기선은 광주 문화운동이 전열을 정비하는 과정에서 연결됐다.

1978년 전남대 민속문화연구회에서 활동했던 전용호의 구술채록집에 따르면 1983년 당시 광주에는 황석영(소설가)의 집을 거점으로 문화운동이 전개되고 있었다. 광주 지역 민주화운동의 거목이었던 강신석 목사(작고)가 외국에서 지원기금을 받아오면서, 4월쯤 '일과 놀이' 소극장이 개설됐다. 지원기금은 저개발 국가의 어떤 지역을 개발할 수 있도록 하는 성격이었다. 소극장은 광주 문화운동의 거점이 됐고, 사무국장은 전용호가 맡았다. 일과 놀이 소극장에서는 공연 외에 서울대 얄라셩과 서울영화집단에서 제작한 단편영화도 상영됐다. 전용호는 "당시 서울 애오개 소극장을 운영했고 민중운동연합에서 활동했던 정희섭(전 예술인복지재단 대표)을 통해 홍기선을 소개받았다"며 "서울영화집단 홍기선이 필름을 직접 광주로 가져와 상영할 수 있었다"고 말했다. 하지만 지역 문화운동의 거점 역할을 했던 일과 놀이 소극장은 1년 만에 문을 닫게 된다. 공연장 개설을 위한 법적 요건을 완비하지 않았다는 이유로 인해 전용호가 공연법 위반으로 기소됐기 때문이다. 무고한 민중들에 대한 학살을 자행한 전두환 군사독재가 지역에서 꿈틀대는 문화운동을 놔두지 않았던 것이었다.

이런 난관 속에서도 홍기선(감독)과 광주 문화운동과의 교류는 김선출과 김윤기가 나서면서 박관현 열사 다큐멘터리 영화 제작으로 발전하게 된다. 박관현 열사는 1980년 5월 당시 전남대 총학생회장으로 광주항쟁 직전 도피해 수배 생활을 했다. 2년 뒤인 1982년 4월 8일 내란예비음모 · 계엄령 위반 등 내란중요임무종사 혐의로 체포된 이후 모진 고문을 받았다. 5월 4일 기소돼 9월 7일 징역 5년을 선고받은 후 광주고등법원에 항소하여 재판 계류 중 50일간의 옥중 단식투쟁 끝에 사망했다. 당시 경찰은 박관현 열사의 시신을 탈취해 생가 앞산에 매장했다.

1983년 1주기를 맞이하면서 김선출과 김윤기가 박관현 다큐멘터리 영화 제작에 나서게 된 것이다. 김윤기는 "1983년 8월에 군에서 제대 후 시간이 있어 1983년 9월쯤에 1주일 동안 김선출 등과 함께 박관현 열사에 대한 다큐 영화를 제작한 것이었다. 수동으로 직접 후반 작업을 했고, 홍기선(감독)을 통해 서울영화집단 배인정(노동자뉴스제작단 대표)을 소개받아 함께 제작했다"고 말했다.

김선출은 "김윤기와 '광주에서 영화운동을 하려면 영화 집단을 만들어보자'는 이야기를 나누면서 다큐멘터리로 찍게 된 것이었다"며 "전남 영광군 불갑면에 있던 열사의 생가와 묘소를 촬영했고, 꽤 긴 분량으로 만들었다"고 기억했다. 이어 "영화양식, 영화문법 같은 것은 무시하고 찍은 것이었고, 영화에 대한 기초 기자재 다루는 부분도 몰랐으나 8mm 카메라로 제작하는 것이 간단해서 부감을 준다고 나무에도 올라가서 촬영하기도 했다. 촬영을 끝내고 편집 방법이라든가 현상을 하는 과정을 잘 몰랐는데, 촬영했던 8mm 카메라가 단종된 기종으로 국내에서 현상을 못 한다고 해서 배인정이 서울로 가져가 일본으로 보내 현상을 해온 것이었다"라고 말했다. 당시 제작비는 황석영 작가의 소설 『장길산』을 방문 판매해서 받은 수익금으로 충당했다. 배인정은 "광주에 숙소를 얻어 제작에 참여했다. 영광에서 아들 생각을 하며 막걸리를 마시던 박관현 열사 어머니의 모습 등을 촬영했다. 상영회를 한다고 해서 필름을 전달하고 다른 일 때문에 급히 서울로 올라간 기억이 있다"고 말했다.

상영은 전남대 교내에서 진행됐다. 김윤기는 "전남대 대강당에서 상영했던 것 같다"고 기억했으나, 김선출은 "지금 광주민중항쟁도 벽화가 그려져 있는 전남대 사범대 벽에다 상영했다"고 말했다. 또한 "영사기가 따로 돌아가고 바로 옆 카세트에서는 녹음한 오디오가 나갔는데, 영상과 오디오의 시차가 잘 맞을지 걱정을 했으나, 그때 분위기는 학생들이 열기가 고조되어 있어 박관현 총학생회장에 대한 현장감과 최초로 자체 제작한 흑백영화라서 매우 흥분되고 감동적인 상영이었다"고 회상했다.

김윤기는 "당시 상영 중 경찰의 침탈로 상영이 중단됐고, 누군가 필름을 가지고 도망친 것으로 기억한다. 첫 상영 후 필름이 사라졌다"고 말했다. 그러나 김선출은 "저녁 야외 상영 후 완성도를 높이고 재편집 등을 위해 배인정이 서울로 가져간 것으로 기억한다"고 말했다.

다큐멘터리로 시작한 영화동아리 아리랑

1983년 박관현 다큐멘터리는 1984년 전남대에서 영화서클이 만들어지는 계기가 된다. 광주 영화운동의 출발이었다. 군에서 제대한 김윤기와 1980년 제적됐던 김선출이 복적하면서 영화서클 아리랑의 창립으로 이어진 것이다. 서울의 대학 영화서클이 1985년 이후 집중적으로 생겨난 것과 비교하면 전남대 영화서클인 아리랑의 출발은 비교적 빨랐던 셈이다. 김선출은 "1984년에 복학 후 영화에 대한 관심이 생기는 분위기였기에 탈춤반 후배인 박경완(전 무등일보 기자, 작고)에게 영화서클을 만들어야 한다고 했고, 나운규 감독의 작품 〈아리랑〉에 착안해 이름을 '아리랑'으로 짓게 됐다"고 말했다. 아리랑 창립회원 박경완은 졸업 후 무등일보 사진기자로 활동하다 1991년 목포에서 추락한 아시아나항공 사고를 취재하고 광주로 돌아오던 과정에서 교통사고로 순직했다.

전남대 아리랑은 1984년 만들어지기는 했으나 주로 영화 감상 등으로 진행됐을 뿐 제작이나 촬영 등에서 뚜렷한 활동을 하지는 않았다. 김윤기는 "1984년 비디오가 나오기 시작하면서 8mm 영화제작은 사라졌다"고 회상했다. 전남대 아리랑이 영화 제작에 적극적으로 나선 것은 1988년부터였다. 영화동아리로서의 정체성이 강화된 것은 당시 신입생으로 아리랑에 가입한 조재형(감독, 전 광주독립영화협회 대표)이 역할을 했다.

조재형에 따르면 아리랑은 박관현 열사 다큐멘터리를 만든 이후 생겨났으나 영화보다는 사진동아리 성격이 강해 매해 5월이면 '오월 사진전'을 열었다. 선배들이 박관현 열사 다큐를 만들었기 때문에 당시 8mm 촬영 카메라 두 대와 필름을 보유하고 있었다. 조재형은 "영화를 만들고 싶었다. 동아리에 영화와 비디오도 해야 하는 것 아니냐고 끊임없이 문제를 제기했고, 이 과정에서 아리랑은 영화패 아리랑과 사진패 아리랑으로 나뉘게 됐다"고 말했다.

부산에서 영화운동을 한 황의완(전 부산콘텐츠마켓 집행위원장)은 "1988년 8·15 남북학생회담 통일선봉대를 촬영하며 동행하다가 전남대에

조재형 감독
_광주영화영상인연대 제공

서 필름이 떨어졌는데, 전남대생들이 학내 서클에 필름이 있다며 구해줘 계속 촬영을 이어갈 수 있었다"고 기억했다. 영화패 아리랑의 도움을 받은 것이었다.

조재형은 "아리랑에서 영화 찍는 기술은 배우지 못했으나 어떤 영화를 찍어야 하는지는 배웠다"며 "막노동 아르바이트를 해 모은 돈과 동아리 지원을 합해서 비디오카메라와 편집 장비 등을 구입했고, 이후 두 편의 비디오 영화를 제작했다"고 말했다. 첫 작품은 다큐멘터리 〈조선의 피가 끓는다〉로 통일운동에 대한 영화였고, 두 번째 작품이 전교조를 다룬 〈참교육의 함성으로〉였다. 조재형은 "동아리 회원이었던 백수정 등과 함께 제작했다"고 회상했다.

영화패 아리랑 회원이었던 정영석(전 광주영화영상인연대 이사)은 "동아리 회원이던 최고봉 선배가 600만 원 상당의 빔프로젝트를 과감히 구입했고, 다큐멘터리를 제작한 뒤 한번 상영할 때마다 상영료 10만 원을 받아서 이를 갚았다"고 말했다.

조재형은 이후 영화 쪽에 한 발 더 다가서게 된다. 학생운동 과정에서 제작 경험을 쌓게 됐고, 같은 활동을 하는 대학생들을 만난 것이었다. "1991년에서 서울로 와서 〈어머니, 당신의 아들〉을 만든 영화제작소 청년에서 1~2개월 정도 활동하다 전국대학생대표자협의회(전대협) 영상창작단장을 맡게 됐다. 8월 출범식이 열리던 때 비디오카메라로 극영화 〈그해 겨울 푸른빛 플랭카드〉를 제작하기도 했다. 영화 내용은 플래카드를 보고 동아리 활동을 하고, 플래카드를 통해 의식화되는 대학생의 모습을 담은 이야기였다. 한양대에 가서는 전대협 문화국에서 활동하던 김조광수(감독), 한양대에서 학생운동을 하던 정윤철(감독), 영화제작소 청년의 오정훈(다큐멘터리 감독) 등과 만났다."

학생운동의 일환이었던 광주 영화운동

1980년대 후반에서 1990년대 초반으로 이어지는 광주의 영화운동은 작품 제작이나 비평 등 독자적인 움직임보다는 학생운동의 흐름 안에서 활동하는 모습을 보였다. 5월의 아픔을 겪은 광주라는 지역적 특수성에 기인한 것이기도 했다.

한국 영화운동의 대표적 성과물인 〈오! 꿈의 나라〉 〈파업전야〉 〈닫힌 교문을 열며〉 등이 전남대 총학생회 주도로 학내에서 상영될 때 '아리랑'의 역할은 필름보호였다. 아리랑 회원이었던 정영석은 "〈파업전야〉 당시 전남대는 경찰의 상영 방해를 막아낼 수 있는 곳이었기에 영화패 아리랑 선후배들이 필름을 옆에서 지켰다. 경찰이 상영을 막기 위해 학내로 진입하면 필름을 자른 후 영사기를 들고 밖으로 도망가는 것이 내 임무였다"고 말했다.

김선출은 "홍기선이 전남대에서의 〈파업전야〉 상영을 이야기할 때면 유석이라는 학생을 안타까워했다. 1990년 〈파업전야〉 상영을 막기 위해 경찰 헬기가 뜨고 교내에 진입할 때 이를 막는 과정에서 직격탄을 맞아 큰 부상을 당했고, 이후 심장마비로 생을 마감했기 때문이었다. 홍기선이 그 학생의 헌신을 높이 사면서 계속 이야기를 꺼냈다"고 회상했다.『한겨레신문』은 1990년 4월 15일 기사에서 "행정학과 4학년이었던 유석은 1990년 4월 13일 전남대에서 〈파업전야〉 상영 당시 경찰이 필름과 영사기를 압수하기 위해 진입하자 항의 시위를 벌이던 과정에서 경찰이 쏜 직격 최루탄에 맞아 앞니 10개와 턱뼈가 부러지는 중상을 당했다"고 보도했다.

영화패 아리랑 회원들은 대부분 학생운동에도 적극적이었다. 조재형은 "전남대 학생운동권의 전투조직인 '오월대' 소대장을 맡기도 했다"고 말했다. 오월대에서 활동한 것은 조재형 외에도 여럿이었다.

1980~1990년대 각 대학에는 시위 현장에서 경찰과 맞서는 전투조직(사수대)이 결성돼 있었는데, 광주의 경우 전남대 '오월대'와 조선대 '녹두대'가 대표적이었다. 서울대는 '폭풍대', 중앙대는 '의혈대', 건국대는 '황소대', 한양대는 '투쟁결사대' 등 대학별로 이름이 달랐다. 이들은 체계적인 조직을 갖춘 후 화염병과 각목, 쇠파이프 등으로 무장하고 시위 현장의 가장 앞에서 경찰과 맞섰다. 특히 광주지역 대학의 오월대와 녹두대는 인원도 많은 데다 전투력도 가장 높이 평가됐다. 조직적인 훈련과 연락 체계를 갖췄고, 경찰이 시위를 진압하러 사복 체포조인 백골단을 투입할 때 이들은 도망가지 않고 달려나가 맞서는 식으로 뛰어난 전투력을 자랑했다. 경찰의 원천 봉쇄나 저지선을 뚫는 데 발군의 역량을 발휘하며 학생운동의 전설로 평가될 정도였다.

조재형은 "전대협 영상창작단장을 맡게 된 것도 당시 남총련(광주전남지역대학총학생회연합)의 전투력이 출중했기 때문으로 안다"고 말했

충무로, 새로운 물결

다. 이 경험은 영화 〈오월대〉 제작 시도로 이어진다. 1991년 전대협 출범식이 열렸을 때 모금한 돈으로 〈그해 겨울 푸른빛 플랭카드〉를 제작한 후 필름 영화를 하나 만들자고 해서 16mm 영화로 〈오월대〉 촬영에 들어갔다. 그러나 충무로에서 왔던 촬영감독이 광주 촬영 후 서울로 올라가면서 완성되지 못하고 흐지부지된다.

다만 1990년 대학에 입학해 아리랑 회원으로 활동했던 정우영은 "김조광수 감독이 전대협 문화국에 있을 때였는데, 전남대 용봉문학회 출신 소설가의 글을 바탕으로 아리랑과 함께 시나리오를 쓰고 촬영에 들어갔으나 제작비 문제로 중단됐다"고 기억했다.

이후 조재형은 영화 일을 하기 위해 1999년 서울에 왔고 체계적으로 배우기 위해 한겨레영화학교 수료 후 충무로 활동을 시작했다. 〈조폭마누라〉 조연출로 들어갔고, 이 시기 만나서 가까이 지낸 원신연(〈봉오동〉 감독), 손재권(〈해치지 않아〉 감독) 등과 함께 영화창작집단 M16을 만들어 활동하기도 했다. 2013년 이후 광주로 귀향하기까지 충무로 생활을 꽤 오래 하며 다큐멘터리 〈세월오월〉 등 여러 편의 영화를 연출했다.

전남대 아리랑은 1990년대 후반 국내 단편 영화들을 소개하는 아리랑 영화제를 개최하며 활동을 이어가다가 2000년대 이후 사라지게 된다. 정우영은 "영화동아리 아리랑은 2000년 대 초반까지 유지됐고, 사진동아리는 2010년까지 존재했다가 사라졌다"고 말했다. 아리랑의 성격에 대해 정우영은 "아리랑이 새로운 해외 예술영화도 봤지만, 학생운동에 참여한 사람들이 많았기 때문에 사회변혁운동으로서 영화에 더 중점을 둔 동아리였다"며, "선배들이 통일선봉대와 전대협 출범식을 촬영 후 이를 비디오로 편집한 후 복사해서 배포했고, 대학에 입학해 이를 볼 수 있었다"고 회상했다.

조대영과 굿펠라스

전남대 영화패 아리랑으로 시작된 광주 영화운동은 1990년대 들어 흐름이 바뀌게 된다. 조재형이 적극적으로 창작을 주도하며 전남대 아리랑의 체질을 바꾸기는 했으나, 사회변혁운동으로서의 역할보다는 예술영화를 추구한 시네마테크 운동이 더 탄력을 받게 된 것이다. 이는 1990년대 들어 한국 영화운동이 충무로라는 제도권으로 전선을 확대하면서, 기존 재야 영화운동이 독립예술영화로 구분되던 흐름과 맥이 닿아 있다. 물론 5월의 기억이 내재한 지역적 특성상 반독재 민주화와 반제 반파쇼 투쟁의 성격이 영화운동의 바탕이었으나, 제작 역량의 한계 등이 작용하면서 새로운 시각의 예술영화를 추구하는 경향이 뚜렷해진 것이다.

예술영화에 초점을 맞춘 시네마테크 활동의 주역은 조대영(전 광주독립영화협회 대표)이었다. 1990년대 이후 광주 시네마테크 운동을 시작하고 개척해간 가장 중요한 인물이다. 출발은 1991년 만든 예술영화 동호회 굿펠라스였다. 조대영은 영화에 관심을 두고 천착하게 된 계기를 이렇게 말했다. "초등학교 4학년인가 5학년 때 장성의 초등학교 교실에서 16mm 영사기를 통해 보았던 반공영화가 영화에 대한 최초의 기억이고, 초등학교 6학년 때 광주로 이사 와서 남도예술회관에서 봤던 〈로보트 태권브이〉가 생각난다. 이후 영화에 흥미를 느껴 1984년 창간된 영화잡지 월간『스크린』, 1989년에 창간된『로드쇼』를 헌책방을 다니면서 구해서 보기도 했던 것이 시작이었다."

1988년 대학에 입학한 조대영은 사진동아리에 가입하려다가 마음이 바뀌면서 직접 동아리를 만들겠다는 생각을 하게 된다. 실행에 옮

겨진 것은 이후 1990년 단기사
병(방위병)으로 군에 입대하면서
였다. 지역에 영화모임을 하고
싶다는 꿈이 있었고, 군 복무를
하면서 의미 있는 문화생활을
하자는 생각이 더해지면서 1991
년 3월 2일 '굿펠라스'를 시작
하게 된 것이다. 모임 이름은 마
틴 스코세이지 감독 〈좋은 친구
들〉(1991)의 영문 원제목에서 빌

조대영 전 광주독립영화협회 대표
_광주영화영상인연대 제공

려왔다. 조대영은 "처음 시작할 때는 손으로 모집 원고를 쓰고 친구가
타자기로 쳐서 방위병들에게 돌렸다"며 "초기 여덟 명이 모여 첫 모임
을 가졌다"고 옛 기억을 떠올렸다.

　1991년 12월 군 복무를 마친 조대영은 계림동 광주고등학교 맞은
편에 있던 혜성교회 지하에 굿펠라스 모임 공간을 마련하면서 활동을
강화한다. 월세 15만 원을 내는 공간이었고 1주일에 한 번 열리는 상
영에 열다섯 명 안팎 정도가 참여했다. 매월 회비가 20만 원 정도 걷혔
으나, 임대료 정도만 해결될 수 있는 비용이기에 운영비는 조대영이
혼자서 감당했다. 그만큼 예술영화에 대한 열정이 강했던 시기였다.

　굿펠라스 상영 작품은 예술영화들이었기에 그 당시 광주에 있는 대
형 비디오 가게들을 다니면서 빌려왔다. 조대영에 따르면 주로 많이
갔던 곳은 화정동 광주시청 제2청사 옆에 있던 '라이프 비디오'로 버
스로 가서 테이프 수십 개를 빌려다가 보고 반납하고, 또 빌려다가 보
고 반납하고를 계속했다. 이를 바탕으로 1994년 3월 전남대학교 백도

시청각실에서 '페미니즘 영화제'라는 이름으로 첫 비디오 상영회를 개최한다. 이는 1990년대 광주에서 열린 소규모 영화제의 시작이었다.

국내에서 페미니즘 영화제는 1993년 6월 이언경(감독, 작고), 김영(프로듀서), 손주연(제작자) 등이 중심이 돼 열린 것이 처음이었다. 그 영향이 1년 뒤 광주에서 개최된 페미니즘 영화제로 이어진 것이다.

조대영은 "페미니즘 영화제 작품 수급을 위해 서울의 민간 시네마테크 씨앙시에 손주연 대표를 만나러 갔더니 생각보다 많은 복사비를 요구했다"며 "돈도 없는데 그럴 수는 없다 싶어서 변영주 감독의 〈아시아에서 여성으로 산다는 것〉(1993)만 그때 당시 10만 원을 주고 샀던 것 같다"고 기억했다.

이어 "출시된 비디오 중 일반인들이 모르는 영화 정보를 찾아서 화정동 비디오 대여점에서 빌려 상영을 했다. 이후에 열렸던 많은 상영회 같은 경우는 주로 출시되지 않은 영화들이 프로그램에 포함됐고 그때의 영화 자료들은 '문화학교 서울'을 통해 빌려왔다"고 덧붙였다. 이때 문화학교 서울에서 활동하던 88학번 같은 또래 조영각(전 영진위 부위원장), 곽용수(인디스토리 대표) 등과 인연을 맺게 된다.

시네클럽에서 시네마테크로

1995년 이후 광주 시네마테크 운동은 분화된 형태로 전개된다. 여기서 빼놓을 수 없는 인물 중 하나가 박상백(슈아픽쳐스 대표)이다. 박상백은 "1994년 군대 후임의 소개로 굿펠라스에 가서 예술영화를 처음 봤고, 당시 본 영화가 레오 카락스 감독이 연출한 영화였다"며 "굿펠라스에서 프랑스 영화를 비롯한 예술영화를 많이 접했다"고 회상했다. 또한 "굿펠라스 활동에 적극적으로 참여하면서 시네마테크로의 발전을 고민하게 됐다"며 "굿펠라스가 시네클럽 성격이었기에, 영화를 집중적으로 탐구하는 시네마테크로서의 확장을 생각하게 된 것이었다"고 말했다.

이 결실이 1995년 4월 1일 설립된 '씨네마떼크 필름리뷰'였다. 굿펠라스 활동을 했던 박상백과 오성환 등이 운영진이었고, 조대영은 대표를 맡았다. 그렇다고 굿펠라스가 사라진 것은 아니었다. 시네클럽 형태로 굿펠라스는 유지된 상태에서 별도의 시네마테크 활동이 시작된 것이었다.

필름리뷰는 광주 최초의 민간 시네마테크라는 의미가 있다. 개관을 기념해 현대 작가주의 영화제를 비롯해 컬트영화제 등 다양한 기획전을 선보인다. 조대영은 필름리뷰의 개관 기념 영화제를 소개하는 홍보물에 개관 취지를 이렇게 밝혔다.

> 바야흐로 현대는 비주얼 시대이며 뉴미디어 시대인 셈이다. 갈수록 시대는 눈으로 즐기는 것을 요구하고 그 중심에 놓인 영화 또한 문화예술의 큰 영역을 차지할 것이다. 씨네마떼크 필름리뷰의 개관 목적은 대중예술로서의 영화가 올바르게 기능해야 한다는 데 있다. 지방색을 띨 것이며 에로와 코믹과 폭력 액션물이 영화의 대부분이 아니라는 것을 보여주고 작품을 찍는 풍토를 조성할 것이며, 영화팬들 스스로가 영화 아닌 예향을 깨닫기를 바라고 나아가서는 실천적 대안을 제시할 것을 전망한다. 이러한 것들이 필름리뷰가 해야 할 몫이고 영화로서의 광주를 실천하겠다는 굳은 신념이며 멋진 꿈이 될 수 있을 것이다.

그러나 5개월 뒤인 1995년 9월 필름리뷰는 '광주 씨네마떼끄 영화로 세상보기'로 분화하게 된다. 박상백은 "당시 20대 초반이었고, 열정과 의욕이 넘치다 보니 운영 방향 등에 대해 다소 이견이 생겨났다. 실무 역할을 했던 3인 중 나와 오성환이 따로 활동을 시작한 것이었다"고 말했다. 새로운 시네마테크 이름은 현실과 동떨어져 생각될 수 없는 영화의 특성을 인식해 '영화로 세상보기'로 정했다.

'영화로 세상보기'는 회원이 많지는 않았으나 편협하지 않은 영화보기와 열띤 토론을 통해 영화에 대한 진지한 접근을 시도했다. 1996년 부산국제영화제를 계기로 전국씨네마떼끄연합이 결성되던 시기에는 광주를 대표하는 시네마테크로서 참여한다.

박상백은 "영화로 세상보기는 20석 정도의 작은 시사실이 있는 시네마테크였다. 회원제로 운영했고, 많은 시행착오와 경제적 어려움을 겪기도 했다. 당시 영화에 대한 열정이 있었기에 2천만 원 정도를 마련해 비디오 라이브러리를 만들고 상영 장비를 구입하는 등 시네마테크 운영에 쏟아부었다"고 회상했다. 또한 "힘에 부치기도 했던 시기로 20대 시절이라 딱히 돈은 들어올 데가 없었고 회원들의 회비로 운영되는 시네마테크가 경제적으로 안정적이지는 못했지만, 그럼에도 운영을 멈추고 싶지 않았다"며 "그 당시 안정적인 시스템으로 운영되었던 '문화학교 서울'이 부럽기도 했다"고 덧붙였다.

영화로 세상보기에서 상영했던 영화들은 당시 주목받던 짐 자무쉬를 비롯해 북미 인디영화와 아시아 유명 감독 작품이었다. 대표적으로 왕가위, 기타노 다케시, 허우샤오시엔, 차이밍량, 압바스 키아로스타미, 이와이 슌지, 에드워드 양 등의 아시아 뉴웨이브 작가들의 작품이었다. 이 외에 고전영화 및 유럽의 예술영화, 제3세계 영화 등도 소개했다.

회원들을 대상으로 작은 영화제를 지속 개최했으나 회원제 운영의 한계에 맞닥뜨리면서 새로운 방식을 추구한다. 좀 더 범위가 넓은 관객 운동을 실현하기 위해서 당시 폐업하는 소극장(동시상영 극장)을 잠시 임대하는 방식으로 회원 외에 다수의 관객을 대상으로 영화제를 개최한 것이다. 박상백은 "영화로 세상보기가 개최한 퀴어영화제, 현대 일본영화제, 애니메이션영화제, '닫힌 영화, 열린 영화제' 등에 몰려드는 관객들을 보고 해외 예술영화에 대한 관심이 많다는 것을 실감했다"고 말했다. 영화제의 성공은 시네마테크 활동에 힘을 불어넣는 동력으로 작용했다.

한재섭(광주영화영상인연대 사무국장)은 "고등학생 시절 굿펠라스에 참여했고, 대학에 들어가서 영화로 세상보기 회원으로 활동했다"며 "영화제 행사가 열리면 매표, 포스터 붙이기, 보도자료 배포 등을 담당했다"고 시네마테크 활동을 추억했다.

1990년대 중반 이후 광주 시네마테크 운동을 주도했던 영화로 세상보기 활동은 2000년대 중반 이후 광주극장으로 옮겨간다. 박상백은 "2001년 개최됐던 광주국제영화제(광주국제영상축제)에 스태프로 활동한 후 2005년 서울로 올라와 〈내 청춘에게 고함〉(감독 김영남, 2006)의 제작에 참여했고, 필름포럼에서 일을 했다"며 "이후 영화로 세상보기 활동은 멈추지 않고 광주극장으로 옮겨가 계속 이어지는 중이다"라고 말했다.

언제나 영화였던 조대영

필름리뷰가 분화된 이후 조대영은 굿펠라스 활동에 집중하게 된다.

"필름리뷰 대표를 1년을 채 못 채우고 나와서 1996년 무렵 '굿펠라스'는 '도그마'로 이름을 바꾸었고, 고정 공간이 마련돼 있었기에 이를 바탕으로 다양한 여러 영화제를 개최했다"고 말했다.

그러나 행사를 개최할 때 도그마 대신 주로 굿펠라스라는 이름을 사용했다. 기존 이름이 많이 알려져 있었기에 영화제나 영화아카데미는 굿펠라스로 진행한 것이었다.

굿펠라스는 1996년 2월 인문학 프로그램을 기획해 영화아카데미를 개설하기도 했다. 광주의 저변확대를 위해 조대영이 발로 뛴 결과였다. 당시 초빙된 강사는 정성일(영화평론가), 박찬욱(감독), 변영주(감독), 변재란(영화평론가) 등으로 한국 영화운동의 중심에서 활동했던 영화인들이었다.

1999년 11월에는 전남대 앞에 있던 사회과학서점 '청년글방'에서 영화창작아카데미를 진행하는 등 독립예술영화에 대한 저변을 넓히는 데 있어 조대영은 다양한 기획력을 발휘했다.

조대영은 이후 2001년과 2002 광주국제영화제 운영팀장으로 활동했고, 직접 비디오대여점 '비디오보물섬'을 운영하면서 광주영상미디어센터 운영위원과 광주전남미디어행동연대 배급팀장을 맡았다. 광주 시네마테크 운동의 중심에서 잠시도 벗어나지 않았을 만큼 꾸준하고 성실한 활동이었다. 보유하고 있는 서적이 4만 권이고 비디오가 5만 점일 만큼 영화 인생을 장식한 아카이브 자산도 방대하다.

조대영은 비디오 대여점을 운영하고, 비디오를 모은 계기에 대해 "1995년 '필름리뷰' 시작 이전에 성균관대학교 근처 혜화동에 있던 사설 시네마테크 '영화사랑'에 갔던 기억이 있다. 어느 날 그곳이 문을 닫는다고 해서 어머니를 졸라서 얻은 돈 당시 500만 원으로 국내 출시가 안 된 예술영화 비디오를 잔뜩 승합차를 빌려 광주로 가져 온 것이 비디오를 수집한 단초가 됐다"고 말했다.

시네마테크 활동을 바탕으로 축적된 광주 영화운동의 역량은 1999년 맥지청소년사회교육원이 운영 지원했던 청소년 영화동아리 '출아'와 2001년부터 2006년 정도까지 광주 산수동과 사직동을 옮겨 다녔던 광주영상미디어센터 등을 통해 확장됐다. 그리고 2009년 광주독립영화협회를 결성하게 된다. 긴 시간 활동이 맺은 결실이었다.

한재섭(광주영화영상인연대 사무국장)은 조대영에 대해 "처음 만난 1994년부터 지금까지 그는 언제나 영화였다. 삶의 원칙과 삶을 구성하는 질료, 삶을 꾸려나가는 태도도 영화였고, 영화를 지지하지 않은 사람들과 시간을 소모하는 것을 극도로 꺼려했으며 영화를 지지하는 사람들과 영화를 보고 영화에 대해 읽고 영화를 말하는 것을 가장 좋아했다"고 평가했다.

광주 영화운동의 특징과 광주 출신 영화인들

광주 영화운동은 문화운동을 기반으로 확장됐기 때문인지 한국영화의 중심인 충무로보다는 광주라는 지역 안에서 독립예술영화를 중심으로 기틀을 다진 것이 특징이다. 부산의 영화운동이 서울과 활발히 교류하며 충무로를 통해 성과를 냈다면, 광주 영화운동은 서울과의 교류는 있었으나 충무로라는 제도권에서의 활동은 약한 차이를 나타냈다.

광주 영화운동의 흐름에서는 벗어나 있었으나, 충무로에서 한국 영화운동의 중심에 섰던 광주 출신 영화인들은 여럿이다. 1980년 5월을 직접 겪은 광주 출신 영화인으로 1980~1990년대 서울 영화운동의 주역으로 민족영화연구소 출신 김준종(부천국제판타스틱영화제 사무국장)이 대표적이다. 민족영화연구소에서 함께 활동했던 김혜준(전 영진위 사무국장)은 5·18 당시 전남대 재학 중이었다. 학창 시절을 광주에서 보낸 후 한국외국어대 연극반에서 활동했던 이정욱(감독, 한국외국어대 교수)은 김홍준 감독 밑에서 조감독을 거친 후 2003년 데뷔했다.

영화패 아리랑 출신은 아니지만 1990년대 전남대에서 학생운동을 했던 진모영(감독, 전 DMZ국제다큐멘터리영화제 부집행위원장)도 있다. 진모영은 "대학 재학 시절에는 학생운동에만 적극 참여했고, 영화동아리 활동 등은 안 했다"며 "1997년 독립 프로덕션에 들어간 이후 본격적으로 영상물을 제작했고, 이를 바탕으로 다큐멘터리 감독이 될 수 있었다"고 말했다.

〈님아, 그 강을 건너지 마오〉〈춘이 막이〉 프로듀서를 맡았고, 〈세월호 골든타임, 국가는 없었다〉 공동연출자 중 한 명인 한경수(감독) 역시 광주 출신의 대표적인 다큐멘터리 감독이다. 한경수는 "광주에서의 중고등학교 시절 전교조가 설립되고 합법화 투쟁을 할 당시 학내에서 전교조 지지 대자보를 붙이는 활동을 했고 한국외국어대 재학 시절에는 영화동아리 울림에 들어가려다가 학생운동이 절실하게 다가와서 학생회와 사회과학동아리에서 활동했다"고 말했다.

이어 "1999년 독립제작사에 들어가 다큐멘터리를 처음 시작했다. 초등학교 때 발생한 5·18 민중항쟁이 다큐멘터리로 이끌었고 5·18 관련 다큐멘터리 제작으로 이어지게 했다"고 덧붙였다.

대전 영화운동

1980년대 서울을 중심으로 부산과 광주로 이어지던 영화운동이 지역으로 확산한 것은 1990년대 들어서였다. 시기적으로 한국영화의 중심인 충무로에서 영화운동의 전선이 확대되던 때였고, 1996년 부산영화제 시작을 전후로 해외 예술영화에 대한 욕구가 커지고 있던 시점이었다.

서울과 부산, 광주의 영화운동이 1980년대 초반 민중운동의 성장을 바탕으로 발전한 것과 비교하면, 1990년대 이후 지역에서 전개된 영화운동의 성격은 조금 달랐다. 사회 변혁운동의 도구로서 역할보다는 새로운 영화를 탐구하는 방식이 중심이 됐고, 영화 마니아를 통해 자생적으로 생겨난 것이 특징이었다.

대전 지역 영화운동의 출발도 시네마테크에 바탕을 두고 있었다. 1991년 최정운(전 한국시네마테크연합 대표, 작고)이 사당동에 문화학교 서울을 만든 이후 이 영향이 전국으로 퍼졌고, 대전도 여기서 자양분을 받아 성장하게 된 것이었다.

앞서 1980년대 대전에는 여러 대학에서 영화서클이 생겨나기는 했다. 1983년 충남대, 1984년 한남대, 1985년 대전대에서 '스크린'이라는 영화서클이 각각 창립한 것으로, 3개 대학이 연계한 활동도 펴고 있었다. 1985년 대전에서 열린 서울예대 영화제는 이들을 중심으로 개최됐다. 서울예대 조교였던 권영락은 『레디고』(이론과실천, 1986) 1집에 기고한 글에서 "1985년 12월 21일 서울예대 영화제가 한남대학교 소강당에서 300명의 대학생 관객과 진행됐다"고 밝히고 있다.

권영락은 "대전 영화운동이 스크린에 의해 전개되고 있고, 이들 3개 대학이 추구하는 기본방향은 첫째, 지역 간의 격차를 줄이기 위한 서울의 영화 소집단과의 지속적인 교류. 둘째 아마추어 영화집단의 활성화를 통한 순수영화인구의 저변 확대. 셋째, 다양한 소재 선택을 통해 영화예술로의 작품 제작. 넷째, 많은 작품을 감상, 분석함으로써 올바른 영화관 정립 등으로 지방 영화운동을 실현하기 위한 기반을 설정하는 데 두고 있다"고 전했다. 이어 "3개 대학이 결성한 스크린에서 강한 결속력을 느낄 수 있었고, 이곳에서의 토론회에서 상영된 작품에 대한 분석, 서울의 대학 서클과의 유대관계, 그리고 공동 워크숍 추진 등에 대한 논의가 이뤄졌다"고 덧붙였다. 하지만 권영락은 "당시 대전의 대학 영화서클이 주로 영화에 감상에 중점을 뒀던 것으로 기억한다"며 "이후 제작 등으로 확대되지는 못한 것 같다"고 말했다. 영화 감상 위주로 한 서클이다 보니 영화운동의 성격으로 발전하지는 못한 것이다.

대전에서 시네마테크 활동을 했던 설경숙(감독, 전 EBS다큐영화제 프로그래머)은 "1학년 때 충남대 스크린에 찾아가기는 했으나 가입하지는 않았다"며 "극장과 협약해 학생증을 갖고 가면 개봉 상업영화를 할인해 볼 수 있는 정도였고, 만났던 선배와의 면담에서 얻은 인상은 비평보다는 영화를 같이 보러 다니는 감상 모임 정도로 생각했던 것 같다"고 회상했다. 다만 "운동적인 성향과 제작에 중점을 둔 서클로는 '빛고을'이 있었던 것으로 기억한다"고 덧붙였다.

대전에서는 1980년대 후반 장산곶매에서 〈오! 꿈의 나라〉와 〈파업전야〉가 나왔을 당시 다른 지역과 마찬가지로 상영회가 조직되기도 했다. 이때는 대학 영화서클이 아닌 지역의 재야단체들이 중심이 됐다. 낭희섭(독립영화협의회 대표)을 통해 배급(당시는 보급)을 받았고, 상영비용을 내고 영사기와 필름을 받아 관람하는 형태였다.

강민구(대전 아트시네마 대표)에 따르면 〈파업전야〉 상영을 주관했던 단체는 1992년까지 활동했던 충남문화운동연합(충문연)이었다. 양봉석 의장, 강수환, 오재진, 이시우, 이기석 등이 주축이었다. 하지만 재야 문화단체 활동의 일환이었기에 1회성 행사로 끝났을 뿐 영화를 중심으로 한 변혁운동이 전개된 것은 아니었다. 지역 영화운동이 부산처럼 민중영화 상영 등을 통해 민족민주운동과 연대하는 방식으로 발전한 곳도 있었으나, 대전은 그렇지 않았다.

다만 영화운동에서 '운동'에 방점을 찍으며 민중영화를 지향했던 것은 학생운동을 했던 강민구였다. 강민구는 "1980년대 후반 대학 재학 당시 문화운동 조직에서 활동하고 있었다"며 "1990년 대전에서 조직사건이 터졌고, 선배들이 피신하는 과정에서 1990년 군에 입대했다"고 말했다. 이어 "1992년 제대한 이후 충문연 선배들을 알게 됐는데, 복학을 준비하며 종종 간 주점이 충문연 선배들이 모이는 아지트였기에 이들과 만나면서 예전 활동을 들을 수 있었다"고 덧붙였다.

열린빛 영화모임

1990년대 초반 대전에는 '열린빛'이라는 영화모임이 모임이 있었다. 모임을 이끌었던 김경량(충남대 84학번)에 따르면 출발은 민청련이라는 단체에서 1991년도에 시작된 사진 모임(회장 정순영)이었다. 이들은 암실로 사용했던 성남동4가 근처의 공간이 화재로 소실되면서 다른 형태의 모임을 모색하던 중에 대전역 근처에서 중고 TV와 VHS비디오 플레이어를 장만해 1993년 영화 감상 모임으로 재편됐다. 1대 회장은 당시 한국전자통신연구원 홍보과에 근무했던 김용채, 2대 회장은 이헌미, 3대 회장이 김경량이었다.

김경량은 "회원 중 전통찻집을 운영하던 권경숙 씨가 비디오 플레이어를 할부로 구입해줬고, 회원들이 회비를 모아 매월 갚아 나갔다. 당시 비디오 대여점이었던 '으뜸과버금', '영화마을', 천안 영화공방 등에서 보기 힘들었던 영화들을 VHS 테이프로 복사해와 정기 상영회와 영화제 등을 통해 감상 후 회원들과 영화에 대한 토론을 함께 했다"고 말했다. "첫 정기상영회에서 상영했던 터키 영화 〈욜〉이 기억에 남는다"며 "관람료로 500원을 받았다"고 회상했다.

열린빛 영화모임은 대전문화원(현 대전중구문화원) 강당에서 컬트영화제(1994), 대전중앙데파트 광장에서 '영화포스터제'(1994) 등을 개최하기도 했었다. 1995년 영화 탄생 100주년을 기념하는 영화제가 전국 각지에서 열렸을 때는 당시 한겨레신문 대전지사에 근무했던 황인칠(씨네21 영업총괄)의 도움으로 당시 동양증권(현 유안타 증권) 강당에서 영화탄생 100주년 기념 영화제를 개최했다. 또한, 1997년까지 대전 MBC 라디오 프로그램이었던 〈정오의 희망곡〉(손지예 아나운서 진행)에 출연해 매주 새로운 영화를 소개했다. 방송 마무리 멘트로 '열린빛 영화모임 김경량이었습니다'라고 말한 게 지역 라디오 청취자들에게 모임 이름을 각인시켰다.

열린빛 영화모임은 1996년까지 이어졌다. 회원들로는 직장인과 대학생들이 주축을 이루었는데 송덕호, 권경숙, 문기숙, 지은실, 전현정, 정성옥, 이기원, 이창복 등 20여 명이 활동했다.

이후 김경량은 1996년부터 영상사업에 관심이 있던 황인칠이 한밭영상문화원을 만들 때 기획실장으로 함께했다. 한밭영상문화원은 국립중앙과학관을 섭외해 35mm 필름 상영회를 개최했으며, 영화아카데미를 개설해 영화 관련 사업을 시작했다. 당시 변재란(영화평론가, 순천향대 교수), 신강호(전 대진대 교수), 조희문(영화평론가) 등이 강사로 초빙돼 세계 영화사, 한국영화의 현장과 영화이론 등을 강의했다. 하지만 당시 자본이 부족한 상태에서 잇따라 벌인 사업을 감당하기 어려워지면서 1997년에 문을 닫았다.

영화세상을 만들어봅시다

대전에서 영화운동이 본격적으로 태동한 것은 1993년이었다. 기점은 불문학을 전공했던 시네필 황규석(작가)이었다. 영화잡지에 광고를 내고 '영화세상'이라는 영화동호회 활동을 시작한 것이 출발이었다. 1993년 영화잡지 『스크린』 8월호 '시네마켓' 코너에 황규석이 낸 작은 광고가 실린다. "영화 포스터와 자료 수집을 함께 하고 싶고 영화 정보 교환에 관심 있으신 분들… 영화세상을 만들어봅시다"라는 짤막한 내용이었다.

열린빛 영화모임이 영화 감상 모임으로 머물렀다면 황규석의 영화 세상은 여기서 한 발 더 나간 것이었다. 대전을 중심으로 네트워크를 구축했고, 충무로로 상징되는 한국영화의 주요 소식을 공유하고 비평에도 관심을 기울이는 등 시네마테크의 발판 역할을 했다.

일찍부터 영화에 관심을 가졌던 황규석은 별명이 '할리우드 키드'였을 만큼 영화 마니아였다. 중학교 때부터 영화에 빠져들었고, 스크린으로 보는 세상은 신기했다. "나에게 영화는 '꿈을 실현해주기도 했고, 세상을 바르게 보는 시선'도 키워준 도구였다. 영화를 통해 세상을 바르게 보게 됐고, 문제의식도 생겼으며 잘못된 사회를 고발하고 아파하면서 다양한 예술영화를 접하는 활동이 좋았다. 〈슈퍼맨〉은 어릴 때 영향을 끼쳤고, 고1 때 본 〈킬링필드〉는 영화적 충격을 안겨줬다." 그래서 만든 게 영화세상이었다. 같은 뜻을 가진 사람들이 있을 것으로 생각해 대전에서 활동을 시작한 것이었다. 황규석에 따르면 『스크린』 광고를 보고 전국에서 14명이 연락해 오면서 영화세상이 만들어지게 됐다. 창립회원은 김영애(대구), 한성수(서울), 이상우(서울), 강유정(부산), 최아휘(부산), 김명선(부산), 조재형(평택), 이경림(울산), 정종향(대전),

박병우(대전), 손영애(대전) 등이었다.

영화동호회로 출발한 영화세상의 활동 중 두드러졌던 것은 소식지 발간이었다. 1993년 9월 1호 소식지『영화세상』15부를 발행한 데 이어, 3호부터 컴퓨터를 구입해 소식지 편집을 시작했다. 온라인 네트워크가 활성화되기 이전, 대전을 중심으로 전국적인 회원망이 구축된 것은 당시 황규석이 매월 우편으로 꼬박꼬박 보낸 소식지 덕분이었다. 회원들의 자잘한 소식과 함께 영화정보와 비평의 광장 등을 마련했던 아날로그 방식의 소통 도구였다.

서울에 거주하던 이상우(감독)가 창립회원이었다는 것은 이례적이면서도 특별하다. 서울에서『영화세상』소식지를 구독했던 이상우는 "『스크린』광고를 보고 참여했고, 대전에 가지는 않았으나 소식지에 글을 보냈다. 이후 서울에서 황규석 대표를 만난 적이 있다"고 말했다. 이상우는 "고등학생 시절인 1987년 이장호 감독의〈Y의 체험〉개봉 전 일일 포장마차가 있었는데, 거기에서 영화에 대한 꿈을 키웠다"면서 "당시 전영록 가수가 나왔고 나도 노래를 부르겠다고 나갔는데, 그때 이장호 감독님이 꿈이 뭐냐고 물어서 영화감독이라고 했다. 그 일로 바로 충무로 명보극장(현 명보아트홀) 지하에 있던 영화사로 찾아가 무작정 청소를 했던 것이 영화에 뛰어든 계기였다"고 회상했다. 이상우는 1989년 8월 삼영필름이 동해안 연곡해수욕장에서 개최한 여름해변영화학교에 참여해 청소년 시절부터 영화에 대한 꿈을 키웠다. 당시 강사가 전양준(전 부산영화제 집행위원장), 이충직(전 중앙대 교수), 양윤모(영화평론가) 등이었다. 서울영화집단 출신 황규덕 감독의 데뷔작〈꼴찌부터 일등까지 우리 반을 찾습니다〉(1990)에 배우로 출연하기도 했다.

이상우는 미국 유학 후 감독으로 데뷔하는데, 〈아버지는 개다〉(2010), 〈엄마는 창녀다〉(2011), 〈비상구〉(2013), 〈친애하는 지도자 동지께〉(2014), 〈나는 쓰레기다〉(2015), 〈스타박스 다방〉(2018) 등의 독립영화를 연출해 국내외 영화제에서 주목받았다.

『영화세상』은 1994년 소식지 12호를 발행하면서 9월 10일 대전에서 1주년 기념 모임을 하게 된다. 첫 오프라인 모임으로 전국에서 소식지로만 소통하던 사람들이 한자리에 모이게 된 것이다. 강민구가 영화세상 활동에 합류하게 된 것도 이즈음이었다. 강민구는 "1994년 휴학을 하고 목원대에서 야간 경비 아르바이트를 하고 있을 때, 조립식 건물 매점 한쪽에 '레오 카락스 감독의 〈나쁜 피〉 상영'이라는 전단이 붙어 있어서 상영하는 날 찾아갔고, 거기서 만난 사람이 황규석이었다"고 회상했다. 당시 강민구는 영화비평을 공부하며 테리 이클턴의 『문학이론입문』부터 여러 리얼리즘 관련 서적. 계간지 『문학과 과학』『리뷰』『창작과 비평』『문학과 사회』, 월간지 『키노』 등을 닥치는 대로 읽고 필기하며 지식을 쌓던 시절이었다. 영화이론을 탐구하던 강민구는 황규석과 만남을 계기로 영화세상에 적극적으로 참여하게 된다.

강민구는 "황규석이 제작해 우편으로 발송했던 소식지의 내용은 『키노』 등의 영화잡지에 나온 영화 소개 글과 회원 소식 등이 많았고, 간혹 회원들이 쓴 글이 실리기도 했다"며 "황규석은 여타의 상영회 조직보다는 소식지에 제작 및 배포에 애착이 많았다"고 회상했다. 황규석에 따르면 소식지는 52개월 동안 52권이 발행됐다. 소식지를 바탕으로 시작된 교류는 차츰 직접 회원들과 접촉면을 넓히면서 별도의 영화 세미나와 촬영 활동을 하는 형식으로 발전한다. 강민구는 "대전 대

소식지 『영화세상』_황규석 제공

화동 외국인 노동자들을 촬영하기도 했고, 1996년 인디포럼 행사를 할 때 서울에서 조영각(전 영진위 부위원장), 안해룡(감독) 등과 이야기 나누면서 영상을 찍은 후 영화세상 회원들에게 한국영화의 어떤 흐름에 대해 이야기해준 적이 있다"고 말했다.

영화잡지『스크린』을 통해 영화세상을 알게 된 설경숙(감독, 전 EBS국제다큐멘터리영화제 · 서울환경영화제프로그래머)도 1994년부터 유학 가기 전인 1996년까지 2년 정도 영화세상을 오갔다. 설경숙은 "영화세상을 알기 전에는 천안역 광장 옆에 있던 천안 영화공방으로 영화를 보러 다녔다"고 말했다. "『스크린』과 『로드쇼』 등 잡지를 통해 천안 영화공방을 알게 됐고, 레오 카락스 감독 〈소년, 소녀를 만나다〉 〈나쁜 피〉, 에드워드 양 감독 〈고령가 소년 살인사건〉 등 당시 영화광들이 찾아보던 국내에서 보기 어려웠던 영화를 비디오로 봤다"고 회상했다. 이어 "영화세상은 적극적인 활동보다는 참여한 정도였고, 당시 한국에서 보기 어려웠던 영화들을 보거나, 한참 일본 영화 수입 개방에 대한 찬반 논란이 있을 때라 소식지 『영화세상』에 글을 썼던 것이 떠오른다"고 말했다. 당시 영화에 대한 글을 쓰며 활동했던 회원 중 박병우는 이후 온라인 매체 영화기자가 됐다.

영화세상에서 컬트로

영화세상은 1995년에 12월에 사무실을 마련하게 된다. 황규석, 강민구, 최정호, 김진욱을 중심으로 관객집단 영화세상 첫 사무실이 대전 서구 갈마동 지하에 문을 연 것이다. 여기서 매주 수요일 '필름 EXIT'라는 이름으로 20인치 TV 모니터를 활용해 회원들의 영화 감상 모임이 진행됐다. 강민구는 "황규석이 대표였고 교육팀 운영은 내가 담당했으며, 김진욱은 당시 지하상가에서 영화 포스터로 만든 브로마이드나 앨범을 판매하던 친구였는데, 포스터나 앨범 제작 판매로 얻은 수익금 일부를 후원했다"고 말했다.

하지만 열정을 갖고 시작했다고 해도 운영이 잘 된 것은 아니었다. 최진욱과 황규석은 당시 하이텔 등의 영화 정보 사업에 대해 고민했으나 실행에 옮기지는 못했다. 영화 감상보다는 운동으로서 영화의 역할에 고민이 많았던 강민구는 영화세상보다는 대화동 외국인 노동자 모임에서 자원봉사를 하며 촬영 활동에 집중하게 된다.

1996년 8월 황규석은 사무실을 중구 선화동 교보문고 옆 지하로 옮겨 빔프로젝터가 있는 작은 상설 상영장을 운영할 기회를 얻게 된다. 영화세상을 통해 알게 된 컬트 카페 운영자인 이석호가 새로 만든 공간의 운영을 맡긴 것이었다. 평소 영화를 좋아했던 이석호는 1996년 6

월 친분 있던 천안 영화공방 전진하 대표의 자문과 도움을 받아 25평 규모의 상영관과 3평 규모 사무실을 마련했다. 9월부터 황규석이 운영을 담당하게 되면서 1996년 9월 영화세상 대신 '대전 영화공방 씨네마떼끄 컬트'라는 이름으로 활동하게 된다. 줄여서 '컬트'로 불렀다.

앞서 컬트에서는 열린빛 영화모임에서 활동했던 김경량과 회원들이 참여해 개막영화제인 컬트영화제와 아시아영화제를 개최하기도 했다. 김경량에 따르면 1996년도에 한밭문화영상원에서 같이 활동했던 정소영이 컬트 카페에서 아르바이트한 게 계기가 돼 자주 방문하면서 자연스럽게 사장님을 만나게 됐다. 이 과정에서 카페 전체의 반 정도 되는 공간에서 영화를 정기적으로 상영하기로 했고, 월별로 상영을 기획했다. 당시 진행했던 프로그램은 컬트영화제와 아시아영화제 외에 호러 영화, 우디 알렌과 장 뤽 고다르, 애니메이션, 퀴어영화제 등이었다. 컬트에는 프로그램 기획과 운영을 도와줬던 민병훈이 자주 방문했으며, 영화세상 황규석과 지역 영화운동에 관심을 가졌던 강민구 등이 찾아왔다. 대전 시네마테크 운동이 본격적인 틀을 갖추게 된 출발점이었다.

하지만 컬트 카페 이석호 대표가 천안에 커피숍을 열 예정이라며 운영에 난색을 표하면서 김경량은 손을 떼게 된다. 이후 황규석이 맡아 운영한 것이었다. 영화세상이 영화동호회 성격이 강했다면 씨네마떼끄 컬트는 이름대로 시네마테크의 성격이 강화된 것이었다. 그렇다고 영화세상이 없어진 것은 아니었다. 황규석은 관객 집단이라는 정체성을 부여했고, 소식지는 계속 『영화세상』 이름으로 발행됐다. 당시 운영진은 민병훈(대전독립영화협회 사무국장), 최아휘(아휘의 부엌 오너셰프, 칼럼니스트), 김요석(감독), 정용진 등 4인이었다. 민병훈은 "컬트와 영화세상을 연계시키기 위해 영화세상에 회원으로 가입한 것이었기에, 컬트 운영진에 참여하게 됐다"고 말했다.

컬트에는 대전과 충청권에서 꾸준히 창작 활동을 하던 양인화(감독, 작고)가 회원으로 활동했다. 영화세상을 한 번 방문했던 인연으로 컬트에 참여했던 양인화는 2000년대 들어 〈암과 전봇대〉(2003), 〈꿈을 이루어〉(2006) 등의 독립영화를 연출했다. 이후 2001년 대전독립영화협회 초대 대표, 2004년 대전영화제 집행위원장과 2008년에 대전영상위원회 부위원장을 역임했다.

컬트는 1996년 12월~1997년까지 매달 영화제를 기획했다. PC통신 나우누리 센티스의 장소 협찬을 받아 '시민을 위한 열린영화제'를 무료로 개최했는데 양가위 감독의 〈해피 투게더〉가 열띤 호응을 얻었다. 대전의 영상문화 전반의 실태를 진단하는 설문 조사도 진행했다. 4쪽 분량의 영화제 소식지『CULT』를 창간해 5호까지 발행한다.

대전에서 펼쳐지는 시네마테크 활동에 언론도 주목했다. 『경향신문』(1996.3.2)은 '대한민국 문화적 역량의 70%가 서울 한 곳에 몰려 있는 현실에서 이 같은 문화적 소외를 극복하고 지역의 독자적 문화권을 형성하려는 젊은이들의 움직임이 늘고 있다'며 영화세상을 소개했다. '100여 명 회원이 참여하고 있는 대전 영화세상이 시사회, 영화토론회, 회지발간 등 자체 행사를 비롯해 일반인들을 대상으로 매달 설문 조사도 한다'는 내용이었다. 이 기사에서 황규석은 "컴퓨터 통신과 인터넷을 활용하기 때문에 정보 수집만큼은 서울에 뒤떨어지지 않는다"며 "더 많은 젊은이들을 규합해 실질적인 문화공간 확보를 위해 힘쓸 것이다"라고 포부를 밝혔다.

충남대학교 학보인 『충대신문』(1996.9.16)은 당시 컬트의 모습을 이렇게 전하고 있다.

　　'대전 영화공방인 컬트는 조그맣게 시작됐다. 현재 컬트에서 총무를
맡고 있는 황규석 씨가 93년 9월 컬트의 전신이라고 할 수 있는 영화세
상이라는 작은 영화모임을 결성했다. 거기서 현 컬트 사장인 이석호 씨
를 만나게 된 것이 계기가 되어 컬트를 조직하게 되었다.

　　올해 6월 '우리들이 숭배하는 마지막 컬트'라는 제목으로 창립영화
제를 가진 후 7월 '가까운 나라, 먼 나라', 8월 '컬트는 호러영화 파티
중', 9월 '컬트와 떠나는 영화여행'이라는 제목으로 매달 1번씩 영화제
를 열었다. 뿐만 아니라 회원들과 정기적으로 모임을 갖고 영화에 관한
논의와 토론을 하고 있다.

　　또한 대학 서클에 각종 영화 장비를 대여해주고 있으며, 강연회 개
최 및 무크지 발행 그리고 황규석 씨가 직접 쓴 시나리오를 바탕으로
한 16mm 영화도 준비 중에 있다. 한 감독을 정해놓고 집중적으로 탐
색하고 토론하는 작가 영화제가 월말에 진행될 예정이다.

　　지금까지 거쳐간 회원은 1백여 명, 이번 달은 25명이 신청했다. 1만
원의 회비를 내면 한 달간 회원이 될 수 있고, 회원이 된 기간 동안 마
음껏 찾아가서 매일 상영하는 영화를 관람할 수 있다.

　　그러나 황규석 씨는 "한 달에 보통 30여 명이 회원으로 가입하는데
회비 30만 원으로는 컬트를 운영하기 힘들다"라고 말했다. 그래서 사
장님이 운영하는 커피숍 '컬트'의 재정 수익을 컬트에 보태고 있다.

컬트가 지향점을 밝히며 내건 '컬트 선언'은 다음과 같았다.

　　I. 컬트는 적극적으로 의미를 찾는 모든 영화감상자를 위해 존재한다.
　　I. 컬트에 모든 영화는 없다. 그러나 좋은 영화, 진실한 영화는 반드시
있다.

Ⅰ. 컬트는 영화예술의 진보를 위해 영화 관객과 함께 생산적인 담론 생산과 창작 활동에 이바지한다.

영화 영상에서 소외됐던 대전

컬트의 특징은 동호회 성격이었던 영화세상보다는 시네마테크 기능이 강화된 것이었다. 1996년 창립영화제를 시작으로 1997년 10월까지 1년 이상 매달 영화제를 개최하면서 특색 있는 프로그램을 통해 관객과 소통을 이어나간 것은 대표적이었다. 1996년 1회 부산영화제가 시작되고 전국의 시네마테크가 연대를 논의할 때 컬트는 대전의 대표주자였다. 광주 영화로 세상보기를 이끌었던 박상백(슈아프로덕츠 대표)은 "대전은 황규석이 시네마테크 운동을 주도했다"고 말했다. 1997년 1월부터 진척된 전국적인 시네마테크 연대 조직 전국씨네마떼끄연합 출범 준비 작업에서도 비중 있는 역할을 담당했다. 이 과정에서 대전 씨네마떼끄 컬트는 세계영화사팀, 시나리오팀, 씨네21팀 등 소모임 중심 활동을 강화했다.

하지만 1997년 6월부터는 이후 소식지 명칭과 모임 이름에서 같이 써 오던 '영화세상'을 떼어내고, '대전 씨네마떼끄 컬트'만을 사용한다. 회원 일부가 운영 과정에 이견을 보이며 독립적인 활동을 선언한 후 분화했기 때문이었다. 황규석은 이름을 바꾼 소식지 『컬트』(45호, 1997년 6월 30일 발행)와의 인터뷰에서 이렇게 소회를 밝혔다.

새롭게 시작하는 그들의 모임이 그들의 뜻에 맞게 되었으면 하는 생각이다. 아직까지 그러나 그들 몇 명에게 감정의 앙금이 풀린 것은, 아니지만 나와 그들이 함께 영화라는 공간에서 만난다는 것은 불행한 일이었기에 어떻게 보면 피할 수 없는 선택이었다. 그들이 잘 되었음 하는 마음의 이면에는 그들도 이제 분명히 앞으로 닥칠 운영상의 문제점을 헤쳐나갈 수 있을까 하는 걱정이 들기도 한다. 분명 책임질 사람은 있어야 한다.

영화세상과 대전 시네마테크 컬트에 대해서도 분명하게 정리했다.

이제 '컬트'와 '영화세상'을 하나의 용어 'CULT(컬트)'로 나가기로 했다. '컬트'라는 새 이름으로 영화동호회였던 영화세상이 하지 못한 부분까지 해나가려고 한다. 그렇다고 컬트가 1996년 6월 영화제를 시작한 때의 역사를 갖는 게 아니라, 1993년부터 시작된 영화세상의 역사를 갖는 것이다. 영화세상이 컬트에 종속되는 것이 아니라 영화세상이 좀 더 큰 발전을 위해서 컬트라는 대중적인 또 다의적인 명칭으로 변화하는 것이다.

운영진은 황규석을 중심으로 최아휘(아휘의 부엌 오너셰프, 칼럼니스트), 김요석(감독), 정용진 등 4인이었다. 최아휘에 따르면 운영진 중 장비·촬영·조명 담당이었던 김요석은 문근영·김래원 주연 영화 〈어린 신부〉 시나리오를 썼고, 정용진은 영화과 출신답게 영화이론의 귀재로 학과 교수님보다 더 영화이론에 해박해 영화 평론, 칼럼, 원고를 담당했다. 리더였던 황규석은 운영과 각종 자료를 책임졌다.

최아휘는 "어떤 영화감독이 내가 쓴 상업영화 시나리오를 읽고는 제작하겠다고 서울로 불러들이기 이전까지 컬트에서 1년 정도 활동했다"며 당시 컬트 활동의 배경이 됐던 대전의 문화적 상황에 대해 이렇게 설명했다. "그 시절 대전은 당시의 부산과 마찬가지로 문화, 특

대전 씨네마떼끄 컬트 운영진. 왼쪽부터 시계방향으로 최아휘, 김요석, 정용진, 황규석
_황규석 제공

히 영화와 영상 분야에서 철저하게 소외된 문화의 불모지였다. 당시만 해도 대부분의 문화적 혜택은 서울 수도권에서만 집중적으로 제공되고 소비되는 형국이었다. 이를테면 흥행성 있는 상업영화 이외의 비상업적 영화들은 대전과 부산 같은 지방의 극장에 걸릴 기회가 거의 없었고, 극장에 걸리지 않으니 시민들은 다양하고 좋은 영화들을 아예 접할 수 없었다. 그래서 문화적 욕구가 강했던 이들은 서울로 원정 가서 보고 오곤 했는데, 그게 대전 시민들과 부산 시민들이 참 많이 닮은 모습이었다." 또한 "문화적 혜택을 제대로 받지 못하는 두 도시의 사람들은 오히려 그것을 누리고 싶은 욕구가 더 강했던 거 같았고, 그 욕구를 각 도시에서 어느 정도 충족시켜줄 수 있는 역할을 각 지역의 시네마테크들이 해줬다고 생각한다"면서 "지금 생각하면 웃기지만 대표되는 게 '불법 복제'와 '불법 상영'이었다"고 회상했다. "서울을 제외한 지방 극장에서는 도저히 관람할 수 없는 비상업적 영화들과 예

충무로, 새로운 물결

술영화, 제3세계 영화, 또는 작품성은 높으나 상업적 흥행과는 거리가 있는 영화들을 집중적으로 복제해 그것을 볼 기회를 열망하는 시민들에게 허락되지 않는 비상업적 방법으로, 그러니까 불법 상영으로 끊임없이 제공해왔던 것이었다."

당시 이런 영화들을 주로 선보였던 상영회는 관객들로 가득했다. 최아휘는 "상영회마다 발 디딜 틈이 없었다. 부산보다 대전 사람들의 참여도가 더 높았던 건 그런 억눌린 문화적 욕구가 더 강하다는 방증이었다"고 말했다.

〈킹덤〉의 기적

이런 열망이 표출된 게 1998년 라스 폰 트리에 감독의 덴마크 공포영화 〈킹덤 2〉(1997) 상영이었다. 대전 씨네마떼끄 컬트가 나서 성공을 이뤄낸 특별한 사례기도 했다. 〈킹덤 2〉는 제1회 부천국제판타스틱영화제에서 소개돼 큰 관심을 끌어모은 화제작이었다. 하지만 흥행성이 취약한 비상업적 영화라는 명목으로 대전의 극장가에서는 그 어떤 곳도 상영 계획이 없었고 관심도 주지 않았다. 이때 나선 것이 씨네마떼끄 컬트였다. 황규석이 상영 프로젝트를 기획한 것이다. 영화 수입사는 KJ엔터테인먼트(이강오 대표)로 유명 희곡작가였던 이강백 작가의 친동생이 대표로 있었다. 씨네마떼끄 컬트는 수입사와 직접 접촉해 만났고, 대전의 대표적인 극장들에서 상영될 수 있게 각 극장 실무진들과 접촉했다. 처음엔 모두에게 회의적이었던 일들이었으나 설득하고 협상하고 발로 뛰고 홍보하는 과정에서 하나둘씩 진척되고 구체화됐다. 최아휘는 "당시 대전 아카데미극장에서 일주일, 그다음 동보극장에서 일주일을 릴레이 상영하기로 합의가 됐다"며 "씨네마떼끄 컬트 입장에서는 '비상업적인 영화도 좋은 작품이라면 대전 시민들이 극장에서 볼 기회를 원천 차단당하지 않고 볼 수 있는 선례를 만들어야 한다'는 분명한 목표가 있었다"고 회상했다. 그래야 다음 기회가 이어질 수 있기 때문이었다.

동시에 흥행을 어느 정도 성공시켜야 한다는 것이 난제였다. 극장들이 자선사업을 하지 않는 이상, 처음부터 극장들이 이 프로젝트에 동참한다는 거 자체가 당시의 현실로는 말이 안 되는 도박이었다. 당시 수입사는 일반적인 상영 대신 영화의 그로테스크한 분위기를 감안해 자정부터 시작하는 심야 상영을 시도하고 있었다. 4시간 46분이라는 상영 시간을 고려한 것이었다. 씨네마떼끄 컬트도 밤 12시 상영 시작이라는 불리하지만 유일한 협상 카드를 내밀었다. 그런데 극장이 그 제안을 받아들인 것이다. 작은 기적이었다.

상영이 결정되면서 이벤트도 기획했다. 헌혈 후 헌혈증을 받아 오거나 기존 소지하고 있던 이들이 가져오면 〈킹덤〉을 무료로 관람할 수 있게끔 극장 측과 합의한 것이다. 최아휘는 "이는 황규석의 아이디어였다. 좀 웃긴 이야기지만 당시 황규석이 대전 지역 헌혈자 순위 1위인가 2위였다"고 말했다. 결과적으로 상영 기간 400여 명이 헌혈증을 가져와 기부할 정도로 호응이 대단했다.

상영 첫째 날 극장 안으로 관객이 가득 찼다. 입장을 기다리는 줄이 길어지며 조기 입장을 시켜야 할 정도였다. 최아휘는 "상영에 앞서 무대에 올라 객석을 빈자리 없이 가득 채운 관객들에게 〈킹덤〉의 이번 대전 극장 상영에 대한 의미와 취지를 짧게 설명하는 시간을 가졌다. 그때 관객석 맨 끝 귀퉁이에 서서 수줍게 지켜보고 있던 KJ엔터테인먼트 이강오 사장님이 보여, 관객들에게 그가 중요한 역할을 해줬다고 손으로 가리키자 모두의 시선이 향했고 여기저기 박수가 터져 나왔다"고 당시 상황을 떠올렸다. 상영이 성공적으로 끝나고 새벽 술집에서 조촐히 술 한 잔 나누면서 이강오 대표는 최아휘에게 이렇게 말했다고 한다. "물론 영화를 수입한 업자로서 돈을 벌어들이는 것도 중요하지만 왜 그런 영화를 수입하고 상영하려고 노력했는지를 관객들 앞에서 소개받고 박수받은 것은 처음 있는 일이라 그간의 노력을 보상받은 것 같아 감정이 북받쳤다. 진심으로 고맙다."

최아휘는 "〈킹덤〉은 그 자체로 보면 분명 영화계 안팎의 비상업적 큰화제작이긴 했지만, 일반 대중의 시점으로는 다분히 지루하고 고루한흥행성 없는 영화이기도 한 게 사실이었다. 하지만 문화적 불모지에 가깝던 대전, 그리고 몇 안 되는 극장가에서 이런 영화들이 상영될 방법을 시도하고, 또 영화를 사랑하는 대전 시민들에게 그러한 기회를 찾아줬다는 데 큰 의미가 있었다"고 평가했다.

〈레드헌트〉 상영에 들이닥친 경찰

씨네마떼끄 컬트는 다양한 영화를 상영하며 다양성의 저변을 넓혀나갔으나, 영화로 인해 경찰의 감시를 받는 일도 생겨났다. 제주 4·3 항쟁에 대한 다큐멘터리로 세상을 달구었던 〈레드헌트〉 상영 때문이었다. 부산의 조성봉 감독이 만든 〈레드헌트〉는 1997년 서울다큐멘터리영화제 상영 배제와 인권영화제, 부산영화제 등에서 상영되면서 공안 당국의 주시를 받고 있었다. 영화 내용이 국가보안법을 위반한 것으로 보고 있었기 때문에, 서울을 비롯한 광주 등에서의 상영도 경찰이 이적성을 이유로 가로막았을 만큼 탄압이 심했다.

1998년 황규석도 문화학교 서울에서 비디오테이프를 빌려 상영을 준비하고 있었다. 이때 대전 중부서 보안과 형사 두 명이 들이닥쳤다. 황규석은 "경찰이 〈레드헌트〉 아시죠. 어디 있어요? 그걸 상영하신다구요?'라고 압박했다. 갑자기 들이닥친 공안 형사의 무뚝뚝한 말투와 행동은 그런 경험이 없던 나를 긴장하게 했다"고 회상했다. 비디오를 받아왔으나 확인하지는 못한 상태였다는 황규석이 "'아직 틀지는 않았고, 계획만…'이라고 답하자 형사가 훈계조로 '사람이 딴생각 안 하고 잘 살아야 된다'고 말했다"고 기억했다.

강민구는 "같은 해 12월 '시네마테크 1895'라는 이름으로 별도의 활동을 하면서 〈레드헌트〉 상영을 진행했고, 경찰로 보이는 차량이 계속 사무실 앞에 대기하고 있었다"고 기억했다. 대전 지역 일부 언론은 '〈레드헌트〉가 당국의 검열을 받지 않았다는 이유로 비디오와 자료가

〈레드헌트〉 촬영 당시 조성봉 감독 _조성봉 제공

압수당했고, 영화가 상영되지 못했다'고 보도하기도 했다. 이에 대해 민병훈은 '시네마테크 1895'에서 〈레드헌트〉 상영회를 열었는데, 상영을 위해 의자를 놓으려는 순간 골목에 배치돼 있던 경찰이 들이닥쳤고 사복형사 두 명이 테이프를 압수해 갔다. 이후 대전 중부서에 출두하라고 해 조사를 받고 끝냈다. 관련된 기록이 경찰에 남아 있을 것이다"라고 말했다. 이어 "이후 일부 언론에서 소식을 듣고 연락이 왔었다"고 덧붙였다.

〈레드헌트〉 상영 당시 강민구가 활동했던 '시네마테크 1895'는 1997년 5월 시네마테크 컬트에서 분화한 단체였다. 내부 갈등으로 인해 민병훈을 중심으로 따로 사무실을 마련해 활동을 시작한 것이었다. 강민구는 "영화광적인 성향보다는 운동성을 지닌 조직을 원했기에 1996년 영화세상을 떠나 대전 외국인 노동자들을 촬영하면서 민주노총 대전지역본부의 총파업 투쟁 속보 촬영 등의 별도 활동을 하고 있었다"며 "대신 민병훈이란 친구를 황규석에게 소개해주고 컬트 활동에는 회원으로만 참여하다가 '시네마테크 1895'로 분화하면서 민병훈의 제안을 받고 함께하게 된 것이다"라고 말했다.

민병훈이 대표를 맡은 씨네마떼끄 1895 초기 운영진은 박성배(사무국장), 김부년(총무), 배기원(2대 총무), 김재영(운영위원장), 윤수진, 박병우, 원종훈, 양춘식(이상 운영위원) 등이었다. 대전 중구문화원 및 휴관한 극장을 대관해 종종 상영회를 열었고, 1998년 10월 24일부터 12월 6일까지 목원대학교를 시작으로 여러 공연장에서 제1회 대전영상문화축제를 개최하기도 했다. 40일이 넘는 대장정 속에 〈시계태엽 오렌지〉와 같은 마니아들이 즐겨 찾는 수작부터, 만화영화의 교과서 〈에반게리온〉, 단편영화 〈변방에서 중심으로〉, 일본 영화 〈7인의 사무라이〉 등을 상영했다. 하지만 성과가 좋은 것은 아니었다. 『중도일보』 (1998.12.9)는 '지역에서 처음으로 상영된 영화들이었지만 관객들의 반응은 냉담했고, 영화 한 편당 평균 관객 5명, 관객 한 명 없이 필름만 돌아간 적도 많았다'며 '서울을 중심으로 독립영화제, 단편영화제가 활성화되고 관객들이 줄을 잇고, 부산영화제는 독립영화들이 연일 만원사례를 기록했다는데, 그것은 (대전)지역과는 무관한 먼 나라의 얘기였다'고 평가했다.

이에 대해 강민구는 당시 기사에 실린 인터뷰에서 지역의 독립영화 활동에 대한 소신을 이렇게 밝혔다.

> 지역에서 독립영화를 하기 위해선 두 가지와 싸워야 한다. 하나는 비합법단체로 존재할 수밖에 없는 현실. 그리고 또 하나는 모든 문화가 서울 중심으로 활성화되고 있는 현실. 지역의 독립영화 활동은 이제 시작일 뿐이다. 우리가 추구하는 것은 '언더'가 아니라 '독립'이다. 독립영화는 이제 언더그라운드 문화가 아니다. 우리나라, 그리고 지역의 현실이 독립영화를 '언더'로 남게 강요할 뿐이다.
>
> 그리고 지금 그 강요의 힘은 권력보다 자본이 더 강한 세상이다. 독립영화를 어두운 골방에서 밝은 광장으로 불러내기 위한 활동은 지역에서도 시작됐다. 그것이 소수의 마니아를 위한 것이냐, 지역 영상문화의 폭을 넓히고 수준을 높이기 위한 것이냐는 앞으로의 과제다. 그리고 그 과제는 관객의 몫이기도 하다.

대전독립영화협회 결성과 독립예술극장 개관

1998년에 접어들면서 강민구의 활동폭은 넓어지게 된다. 전국씨네마떼끄연합이 전국씨네마떼끄협의회로 바뀌었고, 강민구가 3기 의장을 맡게 된 것이다. 1998년에는 한국독립영화협회(한독협)가 결성되는데, 강민구는 한독협 중앙위원으로도 활동하게 된다. 한독협 사무국장은 조영각(전 영진위 부위원장)이었고, 사무차장은 홍수영(독립영화인)이었다. 하지만 강민구는 대중적인 활동을 하기 위해 1999년 한독협을 정리하고 대전의 활동에 집중하게 된다. '독립영화의 활동은 전위에 있었고 시네마테크 운동은 대중운동에 가깝다'는 인식 때문이었다. 전위적인 활동보다는 대중적인 활동으로 무게 중심을 옮긴 것이다.

여기에는 씨네마떼끄 1895의 내부 사정도 작용했다. 민병훈(대전독립영화협회 사무국장)이 이끌고 있었으나 회계 담당이 문제를 일으키며 도의적 책임을 지고 운영진이 모두 사퇴한 것이다. 이때 강민구가 씨네마떼끄 1895를 이끌게 되면서, 이름을 '씨네마떼끄 대전'으로 바꾸게 된다.

1999년은 대전 영상운동의 저변이 넓어지던 시기였다. 전국교직원

1997년 전국씨네마떼끄연합 전체 MT _황규석 제공

노동조합 대전지부 산하에 있던 '참교육영상집단' 주도로 대전독립영화제의 전신인 '1회 대전청소년영화제'가 시작됐기 때문이다.

2000년에 접어들며 1990년대 대전 시네마테크 운동을 주도했던 황규석에게도 변화가 생겼다. 대전의 활동을 정리하고 영화 쪽 일을 해보기 위해 서울의 독립영화협의회(대표 낭희섭) 독립영화워크숍(27기)에 참여한 것이다. 강민구는 "황규석이 서울로 가면서 함께 활동했던 이들을 소개해줬고, 이들과 함께 시네마테크 활동을 했다"고 말했다.

1993년 시작된 시네마테크 중심의 대전 영화운동은 2001년 6월 16일 대전독립영화협회 결성으로 이어진다. 서울, 부산, 대구에 이은 국내 4번째 독립영화 단체였다. 시네마테크 대전 회원 중에 제작에 관심이 있던 양인화(감독), 송덕호, 구자흥, 강원석, 박종석, 강민구 등이 주축이 됐다. 초대 대표는 양인화가, 사무국장은 송덕호가 맡았다.

이후 전교조 대전지부에서 대전청소년영화제의 운영을 맡고 있던 이찬현이 대전독립영화협회의 대표를 맡으면서 대전청소년영화제는 대전독립영화제로 개편됐다.

대전 영화운동의 중심인 씨네마떼끄 대전은 40명 정도의 회원들을 중심으로 2000년대 이후로도 꾸준한 활동을 펴왔다. 문화학교 서울을 비롯한 전국의 시네마테크 단체들과 교류하며 작은 시사실이나 문화공간 혹은 극장을 대관한 상영회를 진행했다.

이를 동력으로 강민구는 사비를 들여 2006년 4월 21일 대전 최초의 독립예술영화관인 대전 아트시네마를 개관하게 된다. 2007년 개관한 서울의 인디스페이스보다 앞서 생겨난 독립예술영화전용관이었다. 시네마테크 운동이 극장을 만들어 낸 첫 사례로서 대전 영화운동의 결실이었다.

대구 영화운동 1 : 영화언덕-제7예술-아메닉

1980년대의 마지막 해였던 1989년, 대구에서 제작된 영화 한 편이 전국을 떠들썩하게 만들었다. 그해 41회 로카르노국제영화제 황금표 범상, 감독상, 촬영상, 청년 비평가상 수상으로 세계적인 주목을 받게 된 배용균 감독의 〈달마가 동쪽으로 간 까닭은?〉이었다.

충무로라는 한국영화 중심을 벗어나 지역에서 제작된 영화가 세계적으로 주목받은 것은 전례가 없는 이변이었다. 1989년은 충무로에서 작은영화 소형영화로 불리던 영화들이 독립영화라는 새로운 이름을 갖게 된 시기였다. 〈달마가 동쪽으로 간 까닭은?〉은 대구에서 창작된 첫 독립영화로서 대구 영화의 상징으로 부각된다.

1990년대 지역 영화운동의 특징은 서울을 중심으로 축적된 영화운동의 성과가 전국으로 확대되는 과정에서 발생했다는 것이다. 개혁적 젊은 영화인들이 구체제에 맞서 충무로의 진보영화 전선을 넓히는 과정에서 뒤늦은 출발이 이뤄졌다는 데 있다. 하지만 지역 영화운동은 대부분 사회변혁운동으로서의 영화보다는 새로운 영화에 대한 갈증을 바탕으로 했기에 주로 시네마테크 성격이 강했다. 그렇다고 군사독재 시기 정치 사회적 현실에 대해 방관한 것은 아니었다. 심의라는 이름으로 위장된 검열이 존재하는 현실에서, 이를 돌파하기 위한 다양한 노력은 1987년 6월항쟁 이후 민주화가 진행되고 있던 시대적 흐름을 잇고 있었다. 운동으로서의 영화가 도드라진 것은 아니었으나 기본적인 군사독재에 대한 저항정신이 내재돼 있었다. 1980년대 민주화 투쟁 이후 불어닥친 문화개방 흐름에 맞춰 질적으로 저하된 기존 한국영화 대신 새롭고 다양한 영화를 추구하던 열정이 영화운동을 형성하고 있었기 때문이다.

〈달마가 동쪽으로 간 까닭은?〉 이후 대구에서 중요한 변화 중 하나는 대학가에 영화동아리가 등장한 것이었다. 비록 1980년 서울대 얄라셩 이후 1985년 서울지역 대학 영화서클(동아리)이 집중적으로 생겨났던 것과 비교하면 다소 늦은 출발이었으나, 1989년에서 1990년대로 접어들며 여러 대학에서 영화동아리가 등장한 것은 특별했다. 1990년대 중반 대구지역 대학 영화동아리는 경북대 꿈틀, 빛그림, 계명대 햇살, 한누리, 대구대학교 영화세상, 경북산업대학교(현 경일대학교) 시넬레온, 계명전문대 사진영상과 영상클럽 아이콘 등이 존재했다.

가장 먼저 만들어진 것은 계명대 햇살로 1988년 준비작업을 통해 사진 전시회를 개최했고, 집회 때 영화 상영을 하는 활동을 하다 1989년 정식 동아리가 됐다. 노동자뉴스제작단이 만든 16mm 비디오로 만든 〈전국노동자뉴스〉 등을 상영했고, 매년 영화제를 개최했다.

경북대학교 꿈틀은 비디오 영상 동아리로 1990년 10월 31일 창립했고, 매해 비디오 영화 발표회와 만화영화제(1994)를 열고, 비디오를 활용해 단편영화를 제작했다. 꿈틀에서 만들어진 비디오 영화는 〈또는 어떻게 내가 걱정을 멈추고 지구를 사랑하게 되었는가〉(연출 한발, 11분 25초, 1993.5), 〈아 대한민국〉(연출 노재원·박범필·최진호, 4분 25초, 1994.11), 〈내가 누구인지 말할 수 있는 자는 누구인가〉(연출 정승렬, 8분 10초, 1995.11) 등이었다.

경북대 영화동아리 빛그림은 1993년 5월 정식 동아리로 인정받은 후, 가을부터 비디오 창작 활동에 들어갔다. 1994년 봄 서울예전(현 서울예대) 영화과와 함께한 단편영화제 개최를 시작으로, 봄가을에 영화제를 개최했다. 1994~1995년 비디오 영화 〈노을에 기댄 이유〉〈블루시티〉〈깨달음〉〈?〉〈머리가 약한 사람들〉〈페널틱 키커의 불안〉 등을 제작했다.

이들 대구지역 대학 영화동아리의 주된 활동은 영화 감상이나 비평보다는 영화 제작이었다. 다른 지역과 비교해 비디오카메라를 제작에 적극 활용한 것은 대구의 도드라진 특징이었다.

경북산업대 영화동아리 시넬레온은 1994년 6월 만들어져 1995년 3월 본격적 활동을 시작했고, 비디오 영화 〈옛것을 찾아서-우리의 소리〉를 제작했다. 계명전문대 사진영상과 영상클럽 아이콘은 1994년 3월 시작돼 CF와 영화 전반에 대한 학습과 함께 비디오 〈노을에 기댄 이유〉, 5월에는 〈소냥도 Sognando〉 등을 제작했다.

계명대에는 햇살 외에 한누리가 1992년 결성돼 1993년 회원모집에 들어가서 1994년 실질적 활동을 시작했다. 대구대 영화세상은 1985년 야학 봉사활동으로 시작된 동아리가 1993년 영화와 연극 공부하면서 1994년 영화로 방향 전환한 경우였다.

다만 이 대학 영화동아리들은 대구 영화운동의 흐름을 주도하거나 주축을 담당하지는 않았다. 서울의 대학 영화동아리 출신들이 충무로의 중심으로 자리 잡은 것과는 차이가 있었다. 대학 동아리에서 배출된 영화인은 경북대 꿈틀 한받(감독), 노재원(제작자, 꿈틀 대표), 계명대 햇살 백승빈(감독), 한누리 김화범(인디스토리 이사) 등이었다.

1999~2001년까지 계명대 햇살 대표를 3년 역임한 백승빈(감독)은 "대학 시절 보고 싶었지만 구할 수 없었던 영화들이 캐비닛 가득 들어 있는 모습을 보고 반해 바로 영화동아리에 가입했고, 동아리 활동을 오래 하다가 졸업을 하고 나니 제대로 영화 공부를 하고 싶다는 욕심이 생겼다. 결국 한국영화아카데미에 입학했고, 햇살 대표 경력이 한국영화아카데미 지원서의 공란을 채우는 데 보탬이 됐다"고 말했다.

이들 대학 영화동아리는 1990년대 초반 장산곶매 〈파업전야〉와 영화제작소 청년의 〈어머니, 당신의 아들〉의 민중운동 진영의 중요한 연대사업으로 대구지역에서 상영될 때 노동자예술문화운동연합 영상분과 새날 등과 함께 상영을 조직했다. 당시 경북대 대강당, 계명대 시청각실 등에서 상영이 이뤄졌으며, 필름을 뺏기 위해 경찰이 투입되자 이를 저지하기 위해 격렬한 충돌이 이어졌다.

문화운동 기반으로 성장한 영화운동

하지만 대학 영화동아리가 영화운동의 주변부 역할만 맡았을 뿐 실질적인 대구의 영화운동은 문화운동의 틀 안에서 성장했다. 박정희 유신독재 시절부터 반독재 민주화를 위해 투쟁했던 사회변혁운동의 갈래로서 문화운동이 자리했고, 이를 발판으로 대구 영화운동이 태동한 것이었다. 따라서 대구 영화운동의 이해를 위해서는 전사(前史)로서 대구의 문화운동을 살펴볼 필요가 있다.

대구와 경북은 1980년대 광주 학살의 원흉이었던 전두환과 노태우 군사독재의 정치적 본거지로 자리했으나, 1940년대 해방 전후 대구는 조선의 모스크바라 불릴 만큼 매우 진보적인 정체성을 지닌 도시였다. 해방 직후 점령군으로 진주한 미 군정의 실정에 굶주린 민중들이 들고일어난 1946년 10·1대구항쟁은 현대사에서 상징적인 민중 봉기였다. 1960년 독재자 이승만에 항거했던 2·28의거에서 볼 수 있듯 반독재투쟁의 선봉에 선 도시이기도 했다.

대구 영화운동 태동에 도움을 준 것은 문화운동에서 연극이었다. 대구 연극을 말할 때 빼놓을 수 없는 아주 중요한 인물이 이필동(전 대구국제뮤지컬페스티벌 집행위원장, 작고)이다. 서울에서 연기를 공부하고 대구로 돌아와 배우와 연출자 등으로서 40년간 대구 연극을 이끌었기 때문이다. 이필동은 1967년 극단 인간무대를 창단했고 1971년에는 극단 공간, 1977년에는 극단 원각사를 창단하는 등 활발한 연극 활동을 펼쳤다. 1982년에는 누리예술극장을 개관해 1970년 중반부터 싹텄던 소극장 운동의 터를 닦았다. 이필동의 영향으로 연극을 시작한 것이 동생이었던 이준동(제작자, 전 전주영화제 집행위원장)이었다. 대학에서 마당극단을 만들어 연출하는 한편으로, 형과 함께 당시 연극 전용 소극장 누리예술극장을 운영할 만큼 이준동의 영화 인생 기초는 대구와 연극이었다.

대구 영화운동의 발판이 된 것은 연극인 김성익이 1993년 8월 문을 연 '열린공간큐'였다. 김성익은 1980년 7월 생겨난 대구 분도소극장의 분도극회 창립회원이었다. 분도소극장은 공연법상 정식 허가를

1981년 문을 연 누리예술극장 ⓒ 이필동

받지 못한 극장에서는 월 6일 이상 공연을 할 수 없었던 박정희 유신
독재 치하에서, 대구의 젊은 연극인들이 1978년부터 2년에 걸친 실랑
이 속에 정식 허가를 받은 1호 극장이라는 상징성이 있는 공간이었다.
1970년대 소극장 운동의 성과물이었고, 대구 실험극의 성지로 평가받
고 있다. 『영남일보』(2008.8.8)에 따르면 김성익은 1984년 10월 극단 우
리무대가 생겨날 때 기획책임자로 참여해 배우가 중심이 아닌 스태프
중심 극단을 만들었다. 아서 밀러 작 〈다리 위에서 바라본 풍경〉에서
새로운 홍보 기법을 도입했고, 예고 포스터와 본 포스터 시스템을 만
들었으며, 전석 매진 사례를 이어가는 덕분에 배우들에게 러닝개런티
를 지급하기도 했다. 대구 연극사에서 보기 힘든 사건이었을 만큼 그
의 활동은 돋보였다. 그 외에 대구의 첫 뮤지컬로 기록되는 〈밤마다
사랑을〉을 제작했고 1993년 유선방송 시대를 겨냥해 문화공연기획 프
로덕션 역할을 했던 '프로큐'를 만들었으며, 소극장 시대가 끝날 무렵
인 1993년 8월 15일 폐관된 수성극장을 열린공간큐로 개조했다.

열린공간큐가 시작되기 전인 1990년 대구 민중문화운동 진영은 공연과 영상 검열이 일상화된 현실에 맞서기 위해 거점을 마련해놓고 있었다. 대명동에 개소한 '예술마당 솔'(초대 대표 정지창 영남대 교수)이었다. 연극을 비롯해 전시, 공연, 토론회 등 다양한 행사들과 함께 작은 영화제나 상영회가 열리기도 했다. 하지만 예술마당 솔보다 열린공간큐가 대구 영화운동의 산파 역할을 한 것은 해외 예술영화를 적극적으로 소개하면서 영화에 관심 있는 청년들이 모여들기 시작한 덕분이었다.

열린공간큐는 개관 행사로 1993년 8월 15일부터 21일까지 진행된 전국 팔도굿 한마당을 개최했다. 김성익은『조선일보』(1993.8.18)에 "전국팔도굿한마당은 미신이라는 이유로 사라져가는 무속을 우리의 전통문화라는 측면에서 무대에 올려 관객들이 이를 현대적인 의미로 재해석하고 느끼도록 하자는 뜻에서 자리를 마련한 것이다"라고 밝혔다. 2008년『영남일보』(8.8)와의 인터뷰에서 "전국팔도굿한마당으로 열린공간큐를 열었다. 일주일 동안 굿을 했다. 서양에도 왜 있지 않은가 '굿닥터'라고. 처음 그 극장을 봤을 때 흥분했다. 무대도 있고 뒤편에 넓은 공간도 있고, 아, 뭐든지 다 할 수 있을 것 같았다. 그야말로 열린 공간으로 다 채우고 남을 것 같았다"고 회상했다.

열린공간큐는 120여 평에 2백 석, 그리 크지 않은 공간이지만 일 년 내내 행사가 끊이질 않는 '열린 곳'이었다. 대구『매일신문』(1997.1.8)은 '팔도 굿 한마당'을 비롯 대학 연극단의 비경연 '대학극 한마당', 고등학생 대상인 '청소년 연극 축제' 등을 개최하고 있고, 대관료가 싼 편이라 열악한 형편의 공연이 가능해 고등학생 록밴드의 공연도 심심찮게 이뤄지고 있다"고 보도했다. 장르와 대상을 구분하지 않는 데다, 연극 영화 음악 미술 작가와의 만남, 여기다 일반 극장에서 대관을 꺼리는 대중음악 공연과 노동단체나 전교조 행사 등 '반체제적' 행사까지 망라한 곳이었다.

특히 1994년부터 한 달에 한 번 이상 개최되는 영화제는 새로운 영화에 목마른 대구 관객들의 갈증을 해소해주는 기회였다. 1994년 2월부터 열린공간큐에서는 오슨 웰즈의 〈시민 케인〉 등 '비평가들이 뽑은 좋은 영화 베스트 10', '감독선정 베스트 10', '히치콕 영화제', '영국 영화제', '사이버펑크 영화제', '펠리니 회고전' 등등 매월 정기적인 영화제가 개최됐다. 열린공간큐의 영화제는 당시 대구 지역에서는 처음 시도되는 것이었다. 할리우드 영화가 절대적 영향력을 차지하는 상황에서 예술영화 수입이 쉽지 않았고, 검열 등을 거쳐야 하는 시대적 상황으로 인해 비디오 출시도 되지 않은 작품들이 대다수였다. 예술성이 뛰어난 영화에 목마른 상당수 대구 관객들에게 열린공간큐는 다양한 장르의 고급 영화를 선보였다.

열린공간큐 회원이었던 원승환(인디스페이스 관장)은 "10년을 살던 안동에서 대구로 전학을 온 고등학교 시절, 내 유일한 즐거움은 대학가에서 불법 비디오를 보는 것이었다. 수업이 일찍 끝나는 토요일엔 언제나 대학가 주변을 얼쩡거리며 '스크린'이라 불리던 불법 영화 카페의 상영작 목록을 체크하고 가장 볼 만한 영화가 상영되는 곳에서 종일 영화를 봤다"고 회상했다. 또한 "1994년 대구에도 비디오 영화제가 열리기 시작해 아르바이트해서 번 돈으로 등록금을 내고 남은 돈으로 가장 먼저 한 것은 영화제를 개최하는 문화공간인 열린공간큐 1년 회원에 가입한 것이다"면서 "매월 열리는 영화제를 다 볼 수 있다는 조건은 더할 나위 없는 호조건이었고 이후 영화제가 열리는 매월, 매일 영화를 보러 다녔다"고 추억했다. 당시 봤던 영화들은 〈시민 케인〉〈전함 포템킨〉, 히치콕의 영화들, 미야자키 하야오의 애니메이션, 펠리니의 영화, 그 시절 유행했던 각종 컬트·호러 영화였다. 원승환은 "비디오로 영화를 보는 것이었지만 대학가 스크린 카페에서는 느낄 수 없었던 영화에 대한 새로운 경험이었다"고 덧붙였다.

한받(감독, 인디뮤지션)은 "대학 1학년이 끝날 즈음인 1993년 12월 열린공간큐를 알게 됐다"며 "당시는 예술영화들에 대한 대중들의 열기가 관심의 수준을 서서히 벗어나면서 작가주의 영화들이 선보이던 때였기에 열린공간큐를 통해 쉽게 접하기 힘든 영화들을 눈으로 직접 볼 수 있었던 것은 자극이 됐다"고 말했다. 이어 "화질이 너무나 열악한 복사판 비디오테이프에도 불구하고 사람들은 화질 따위 상관없다는 듯, 화질에 대한 보상을 자신의 가슴과 머리로 해가면서 그간의 목마름을 해소코자 엄청나게 모여들었고, 영화라는 것이 지식인들이나 대중들 사이에서 매력적으로 비쳤고 열광적으로 체험되던 시기였다"고 회상했다.

1970년대 문화적인 갈증을 해소해줬던 서울 프랑스문화원과 독일문화원의 영화 해방구 역할을 1990년대 대구에서는 열린공간큐가 감당한 것이다. 열린공간큐는 2005년 문을 닫을 때까지 10년 넘게 운영됐는데, 김성익은 1970년대 프랑스문화원 영사기사로 영화학도들에게 다양한 편의를 제공했던 박건섭(전 부천영화제 부집행위원장, 작고)과 같은 존재였다.

영화언덕의 출발

1994년부터 개최된 열린공간큐의 다양한 영화제들은 시네마테크

운동의 태동이었다. 이를 기반으로 대구 영화운동의 시발점이었던 영화동호회 '영화언덕'이 생겨났기 때문이다. 열린공간큐 개관 초기부터 오가며 영화언덕이 만들어질 때 주축이 됐던 이진이(작가)에 따르면 영화언덕이 만들어진 계기는 열린공간큐에서 영화제를 맡고 있던 김은희의 제안이 바탕이 됐다. 김은희는 영남대학교 천마극단에서 활동했던 대학 연극패 출신이었다. 이진이는 "꾸준히 영화를 보러오는 사람들이 많아지자 김은희가 영화 이야기를 나누는 모임을 만들고 싶다는 뜻을 밝혀 참여하게 됐다"고 말했다. 1970년대 프랑스문화원 씨네클럽과 독일문화원 동서영화연구회가 생긴 것과 비슷한 과정이었다.

1994년 6월 열린공간큐를 기반으로 하는 영화언덕이 출범했다. 영화언덕이란 이름은 대구의 구가 언덕 구(邱) 자라 한글 이름으로 만든 것이었다. 회장은 권태엽, 총무는 김은희가 맡았고, 초기 회원은 이진이, 서영지 등 열 명 정도였다. 서영지(영화자막가)는 "대학 재학 중이던 1994년 열린공간큐에서 영화제를 개최했고, 신문이나 극장에 붙은 동호회 회원 모집 광고를 보고 모임에 참석했던 것 같다"며 "막내 회원으로서 여러 행사를 준비할 때 줄곧 실무적인 일을 맡았다고 회상했다. 이진이는 "영화언덕이 생긴 이후 계명대 영화동아리 햇살에서 활동했던 박은주와 최해만 등이 가입하면서 회원은 20명 정도로 늘어나게 됐다"고 말했다.

영화언덕의 첫 행사는 7월 3일 수성동 열린공간큐에서 개최한 영화 감상 및 비평 토론회였다. 루이스 자네티 저 『영화의 이해』를 교본으로 한 영화이론 연구와 함께 사이버펑크 영화감독인 데이비드 크로넨버그 작 〈비디오 드롬〉을 보는 시간이었다. 이진이는 "당시 날짜를 정해서 모였는데, 다들 수줍음이 많았으나, 영화 이야기하는 시간은 해

충무로, 새로운 물결

영화언덕 초기 회원들 _이진이 제공

맑고 재밌을 만큼 모두 영화와 문학, 예술 분야에 공력이 대단한 젊은
이들이었다"고 말했다. 그래서 "함께 나눈 영화 이야기를 글로 묶고
싶어서 잡지를 하나 만들자고 제안해 1994년 겨울『시네힐』을 창간했
다고 기억했다. 이름은 영화언덕을 영문으로 표기한 것이었고, 계간
지 형태로 1년에 4회 발행됐다.『시네힐』은 이후 영화모임이 다양하게
분화하는 과정에서 소식지를 만드는 선례로 작용했다.

　영화언덕은 열린공간큐를 바탕으로 하고 있었으나 서울에서 시작
된 '영화공간1895'-'씨앙시에'-'문화학교 서울'로 이어지던 시네마
테크 운동의 영향을 받고 있었다. 이진이는 "열린공간큐의 영화 담당
자들이 이미 서울의 시네마테크와 교류를 하면서 비디오테이프 영화
를 확보하고 있었고, 영화언덕이 결성되면서 회원들이 자연스럽게 열
린공간큐의 영화 일을 맡아 했다"고 말했다. 이어 "영화언덕을 운영
하면서 씨앙씨에와 문화학교 서울에서 비디오를 빌렸는데, 그런 과정
을 겪으면서 영화언덕이 독자적인 시네마테크로 나아가자는 움직임
이 있었다. 열린공간큐 김성익 대표님이 많이 도와주신 덕분에 1년 정

도 시간이 흐른 후 열린공간큐를 나와 대구 약전골목 안에 작은 공간을 얻어서 독립할 수 있었다"고 덧붙였다.

한받(감독, 뮤지션 야마가타)이 영화언덕에 가입한 것은 1995년 초였다. "우연히 대구백화점(대봉동 프라자점)에서 개최된 서울단편영화제의 순회 상영회를 보러 갔다가 뜬금없이 회원 가입 신청서를 쓰게 되면서 영화언덕에 가입했다. 훨씬 전부터 마음속으로는 회원 가입을 하고 싶었는데, 1995년 4월 말 약전골목에 있던 영화언덕의 사무실을 찾아가보니 진정 내가 꿈꿔왔던 천국과 같은 곳이었다. 쉽게 접할 수 없는 영화들을 마음껏 빌려볼 수 있다는 점이 첫째로 좋았고, 보물창고 같던 영화언덕이 너무나 좋아 집에도 들어가지 않고 계속 영화를 보며 사무실에서 살기까지 했다."

한받은 "경북대 꿈틀 활동보다 영화언덕 활동에 더 관심을 기울였다"고 말했는데, 서영지도 "학교 생활보다 영화언덕 활동을 열심히 했고, 자연스럽게 이런저런 일을 배울 수 있었다"고 회상했다.

영화인협회 대구지부 비판

1980년 이후 서울이나 지역이나 상관없이 어디든 영화동호회가 생기면 가장 기본적으로 추진했던 것이 영화제 개최였다. 영화언덕도 다르지 않았다. 1995년 1월 개최했던 컬트영화제가 대표적이었다. 그런데, 준비 과정에서 기존 영화인 단체였던 한국영화인협회(영협) 대구지부 일부 운영진과 갈등을 빚으면서 난관에 부딪친다. 이 때문에 1994년 12월에 예정했던 영화제가 연기된다.

발단은 영화언덕이 계간 『시네힐』을 통해 영협 대구지부를 비판했

충무로, 새로운 물결

기 때문이었다. 당시 영화인협회 대구지부는 매해 대구영화제를 개최하고 있었다. 1992년 대구시민영화축제로 시작해 대구시민영상제에서 이름을 바꾼 행사였다. 하지만 상업영화 무료 상영 형태였던 행사를 영화 상영 없이 친교 행사나 공연 행사로 바꾸면서 논란이 됐다. 멋대로 행사를 바꾸는 것에 대해 영화언덕이 날카롭게 비판한 것이었다. 이진이는 1994년 12월 『시네힐』 창간호에 쓴 「제도권 영화제의 허상 ─ 대구영화제에 다녀와서」라는 제목의 글을 통해 대구영화제 허술한 행태에 맹폭을 가했다.

> 11월 대구영상문화의 발전을 위한다는 그 행사는 하나의 해프닝이었다. 어수선한 장내는 마치 어느 싸구려 카바레를 방불케 했고, 영화제라는 이름이 붙여진 그 행사는 그야말로 행사를 위한 행사일 뿐이었다. 이미 내정되어 있는 시상에 각본처럼 짜여진 상투적이고 진부한 진행은 시골 서커스단의 공연을 연상케 했다. 3회 대구영화제는 주최 측의 표현의 빌리자면 문화시민인 대구 시민들의 무관심(?) 속에서 진행됐다. 만일 그날 그 행사에 왔던 사람들이 대구 시민을 대표한다면 모르겠지만 그렇다고 말하기에는 아줌마들이 너무 많았다. 마치 곗날 같았다. 대구시의 굵직굵직한 단체들이 총동원된 행사는 과연 누구를 위한 행사였을까?

1990년대 중반은 충무로 주도권을 놓고 영화운동 진영과 충무로 구체제의 다툼이 치열할 때였다. 비록 대구에서 시네마테크 활동에 참여한 젊은 영화애호가의 시선이었으나, 구체제 영화인들이 행태를 용납하기 어려웠던 것이었다. 표현 하나하나가 매우 강렬했고 강도가 센 수준이었는데, 이진이는 "당시는 뭣 모르고 혈기만 왕성하던 시절이었다"고 회상했다.

영화언덕의 비판에 발끈한 영협 대구지부는 "영화언덕이 12월 준비하고 있는 컬트영화제가 불법 복제한 비디오로 영화제를 개최하는 것"이라며 경찰에 고발한다. 감정적인 보복이었다. 결국 12월 28일 ~31일까지 열린공간큐에서 하려던 컬트영화제는 장소를 옮겨 이듬해 1월 경북대 대강당에서 개최할 수 있었다. 영화언덕은 당시 컬트영화제 자료집에 실린 글에서 영화제를 보러 온 관객들에게 "영화언덕이 디디고 서 있는 이 땅이 너무나 황폐한 불모의 땅이라는 사실에 대한 자각이 선행됐다. 기세등등한 기성세대가 휘두르는 권력의 횡포에 분노와 절망을 삭일 수 없었으며 동시에 본 영화제에 대한 일반 대중의 기대 이상의 관심에 놀라지 않을 수 없었다"는 소회를 밝혔다. 이어 "아직 많은 것이 부족하고 흠집투성이지만 영화언덕이 내딛는 한 걸음 한 걸음에 뜨거운 성원과 관심 가져주시길 부탁드린다"고 응원을 요청했다.

그나마 다행인 것은 영협 대구지부가 영화제 개최를 경찰에 고발한 사실이 널리 알려지면서 노이즈 마케팅이 됐다는 점이었다. 이진이는 "덕분에 경북대 대강당이 관객들로 가득 차며 성공적인 영화제가 됐다. 다만 수익을 내면 그게 불법이 된다고 해서 흥행한 만큼 수익은 거의 없었다"고 회상했다.

비록 영화제 수익으로 잡지도 더 잘 만들고 영화언덕만의 공간을 확보하려던 계획은 진척되지 못했으나, 서영지는 "컬트영화제가 성공했고, 이후 열린공간큐의 영화 프로그램 기획에 관여하면서 자연스럽게 시네마테크로 도약했던 계기가 된 것 같다"고 의미를 부여했다.

당시 영화언덕은 주로 영화 상영회와 영화이론 학습이 중심이었다.

그러나, 여기에 더해 특별한 것은 영화 제작이었다. 지역의 영화운동이 상영과 비평 등의 비중이 높았던 것에 비하면 제작이 이뤄진 것은 대구의 특징적인 활동이었다. 『매일신문』 1994년 7월 16일자 기사에서 영화언덕 총무 김은희는 "회원 중에 8mm 소형영화의 제작 경험을 가진 회원이 많아 앞으로 영화비평은 물론 8mm, 16mm 영화제작에까지 활동 범위를 넓혀 나갈 예정이다"라고 포부를 밝혔다.

실제로 영화 제작이 이뤄지면서 두 편의 작품이 만들어졌다. 이진이가 제작한 〈인서트코인〉(박순원 연출)과 제목이 글자가 아닌 쉼표 두 개로 표기한 〈 , , 〉(한받 연출)이었다.

필름이 아닌 8mm나 가정용 비디오카메라로 찍은 영화지만 기술의 발전과 영화언덕 회원들의 열정이 빚어낸 의미 있는 성과물이었다. 이진이는 "〈인서트코인〉은 캠코더로 찍고 배우들도 영화언덕 회원들이 나서 공동작업으로 제작됐다"고 말했다. 한받은 〈 , , 〉은 1993년 대학에 입학해 경북대 영화동아리 꿈틀에서 활동하면서 첫 번째 작품인 〈또는 어떻게 내가 걱정을 멈추고 지구를 사랑하게 되었는가?〉 이후 두 번째 작품이었다고 설명했다.

영화언덕에서 제7예술로

제작에 대한 열의가 커지면서 영화언덕은 2년 만에 재편된다. 1996년 4월 26일 '제7예술'로 이름을 바꾼 것이다. 이진이는 "영화언덕 회원들이 진학과 취직으로 활동이 뜸해졌을 때, 상대적으로 젊은 20대 초중반 서영지와 한받이 주도한 것이, 영화언덕에서 '제7예술'로 바뀐 배경이다"라고 설명했다. 서영지는 "영화제를 찾는 관객의 발길도 줄어들고 초기 회원들이 취업과 결혼 등으로 활동이 약해지던 과정에서 창작 학습을 하던 10명 정도의 젊은이들이 영화언덕의 바통을 이어받아 본격적인 시네마테크 단체로 탈바꿈한 것이었다"고 말했다.

영화언덕에서 창작 활동에 적극적이었던 회원은 한받이었다. 그는 "영화언덕에서 창작부를 활성화해야 한다고 주장했다"며 "영화를 보는 것에서 나아가 만들어 보자는 것이었다"고 말했다. "굳이 필름으로 만들 필요도 없다. 비디오 캠코더가 있지 않은가. 캠코더를 들고서 무엇이든 찍어보자고 했다, 몇몇 동의하는 친구들과 함께 화요일과 토요일 모여서 영화를 제작하는 화토 모임을 만들었다. 우선 내가 연출을 맡기로 하고 시나리오를 썼다. 준비됐다고 생각해서 촬영을 시작했다." 그러나 한받은 "촬영 도중 쉽게 지쳐버렸고, 결국 영화는 미완성인 채로 '창작부'는 활동을 멈췄다"면서 "일련의 행동이 영화언덕의 내부 분열을 일으켰고, 나의 주장을 굽히지 않다 보니 회원들의 반대 의사에도 아랑곳하지 않았다"고 회상했다.

한받은 또한 "1995년 말에 대구비디오영상축제를 개최하면서 나와 친구들은 새로운 영화운동 단체를 꿈꾸기 시작했다"고 말했다. 영화언덕이 제7예술로 확장하는 과정에 대구비디오영상축제가 발판 역할을 한 것이었다. 대구비디오영상축제는 1995년 12월 영화언덕이 개최한 비경쟁 단편영화제였다. 8mm 홈비디오와 베타비디오 포맷을 활용한 영화제로 국내외 창작물을 보던 영화제에서, 대구에서 직접 만든 작품을 보는 영화제로 발전한 것이었다. 1회는 '영화 백년 비디오 0년'이라는 타이틀로 대우빌딩(현 영남일보 사옥)에서 개최됐는데, 영화언덕과 대학교 동아리들이 공동 주최했다. 한받은 "영화언덕 총무였던 서영지와 함께 기획하고 준비했다. 1995년 12월 28일 영화 100주년 기념일이라는 날에 대구 젊은이들의 비디오 영화들을 모아서 상영회를 개최한 것이 시작이었다"고 말했다.

한받과 서영지는 대구의 대학교 중심으로 영화동아리나 영상창작 동아리들을 수소문한 뒤 직접 방문해 비디오 영화들을 섭외했다. 한받은 "서영지와 함께 정말 열정적으로 움직였다. 예산이 없었기에 대구 교동의 비디오 가게들을 돌며 협찬을 구할 때 흔쾌히 도와주던 가게들도 있었다. 언젠가는 호기롭게도 우방건설을 찾아가기도 했을 정도였다면서 결과는 협찬 실패였지만 도전하는 패기가 있었다"고 회상했다.

대구비디오영상축제가 끝난 이후 4개월 뒤 시작된 제7예술은 대표를 맡은 김희경을 중심으로 기획·총무 서영지, 자료관리 김현진, 연구팀장 한받, 창작팀장 최재호, 홍보 김현주, 신입회원을 위한 영화의 이해반 팀장 최해만 등이 운영진을 구성했다. 회원은 이산아, 노대호, 임종오 등이었다. 한받은 "제7예술 회원은 영화언덕에서 함께 일했던 서영지와 몇몇 친구들을 설득해 가입하게 했고 대구비디오영상축제를 통해 알게 된 다른 대학 학생들도 영입했다. 아르바이트로 촬영을 해주던 웨딩 촬영 전문 업체의 친구들까지 설득해 동참하게 했다"고 말했다.

대표였던 김희경은 『영남일보』(1996.10.12) 인터뷰에서 "비디오영상축제에 참가했던 회원 각자가 볼거리를 가져와 공통된 뜻을 확인한 것이 계기가 됐다"고 밝혔다. 서영지는 "김희경이 학생 때 학내 활동을 많이 해서인지 말도 잘했고, 리더십이 좋아 대표를 맡게 된 것이었다"고 말했다.

한받은 제7예술에 대해 "대구 최초의 시네마테크였고, 이름은 오래

전에 한 저명한 평론가가 '영화'를 '제7예술'이라 부르는 데서 따왔다. 기존의 영화언덕이 가졌던 영화동호인회의 성격과 한계에서 벗어나 더 적극적이고 능동적인 관객 운동, 단편영화 제작과 영상자료원(시네마테크)을 지향한 영화단체였다"고 설명했다. 하지만 "결코 영상자료원이 된 적은 없었다"면서 "회원들이 다 같이 영화 데이터베이스를 구축하려고 노력했지만 결국 수포로 돌아갔다"고 평가했다.

　제7예술은 창작팀, 연구팀, 기획팀 등 세 개의 팀으로 나눠 운영됐다. 창작팀은 시나리오 개발을 시작으로 영화 제작에 중점을 뒀고, 연구팀은 기존의 영화 스터디 모임 외에도 회지를 만들거나 소규모의 영화제를 기획하기도 했다. 1996년 10월에는 작은영화제라는 이름으로 매주 토, 일요일 동성로 골목의 쟁이카페에서 상영회를 개최해 마니아들의 호응을 얻었다. 1997년 1월에는 경제정의실천연합 등과 함께 대구시민영화축제를 개최했다.

제7예술이 발행한 소식지
『이미지나간이미지』_서영지 제공

　기획팀은 전반적인 단체의 운영과 함께 큰 영화제를 계획하고 실행하는 데 중점을 두고 활동했다. 이후에는 전국적인 관객 중심의 영화운동에 참여하고자 전국씨네마떼끄연대 모임에 대구지역 대표로 참여했다. 영화언덕이 『시네힐』을 만들었듯 제7예술은 소식지로 『이미지나간이미지』를 발행했다. 한받이 지은 이름이었다.

시네마테크로서 창작에 주안점을 둔 제7예술은 8mm 필름과 가정용 비디오카메라를 활용해 영화를 만들었다. 한받은 "언제나 비디오카메라라도 들어서 그것이 한없이 어설프고 실험적이라도 뭔가를 만들어야 한다고 생각했을 만큼 영화 창작에 목이 말랐던 시절이었다"고 말했다.

영화언덕에 이어 2회부터 제7예술이 주최하게 된 대구비디오영상축제는 1998년 6월 6회까지 이어졌다. 5회까지 제7예술이 주관했던 대구비디오영상축제는 1998년 6월 28일 씨네마떼끄 아메닉이 주최한 6회로 끝나게 된다. 4회 이후 한받이 집안 사정으로 인해 제7예술 활동을 중단하면서 서영지가 주도하다가 마무리된 것이었다. 한받은 "독립영화보다는 '비디오' 영화라는 기존의 영화를 갱신하는 새로운 영화예술을 생각했었다"고 당시 활동을 돌이켰다.

6회 대구비디오영상축제 상영작들은 1998년 7월 30일부터 8월 2일까지 열린 인디포럼98 대구상영회 때 소개되는 등 서울의 독립영화 행사와 영향을 주고받으며 지역 독립영화 창작의 원동력으로 작용했다. 이진이는 "대구비디오영상축제는 대구단편영화제의 기원으로 볼 수 있을 것이다"라고 말했다.

씨네하우스의 등장

대구 시네마테크에는 제7예술만이 존재한 것은 아니었다. 1996년 6월 또 하나의 새로운 시네마테크 모임이 만들어졌다. 영화 창작 모임으로 시작한 씨네하우스가 10월 대구교대 앞에 상영 공간을 만들어 활동폭을 넓힌 것이었다. 대부분 지역에서 하나의 시네마테크가 중심이었던 데 비해 복수의 시네마테크가 활동한 것은 대구의 특이한 점이었다.

단편영화 제작 모임으로 시작한 씨네하우스는 10월 시네마테크의 모습을 갖추게 되는데, 이때 실무를 책임진 것은 원승환(인디스페이스 관장)이었다. 일찍부터 '열린공간큐'를 오갔으나 영화언덕이나 제7예술에 참여하지 않았던 원승환은 "1996년 여름 권용철이라는 의사가 영화를 만들기 위해 동성로에 '씨네하우스'라는 카페를 열고 운영한다는 소식을 듣고 찾아간 것이었다"고 말했다. "운영이 제대로 되지 않아 사람을 구한다고 해서 내가 하겠다고 주변 지인에게 의사를 소개해 달라고 했다. 기본적으로는 커피와 음료를 파는 카페였으나 카페 운영에는 크게 관심이 없었고 영화를 상영하는 일에만 관심 있었다. 권용철 원장을 설득해 대구교대 앞 지하 공간에 상영 공간을 마련해 시네마테크를 1년 6개월 정도 함께 운영했다. 당시 학교 선후배 관계였던 김화범(인디스토리 이사), 천기학(감독, 단편영화 〈창경원〉 등)과, 김화범의 소개로 만난 노재원(제작자, 영화사 꿈틀 대표) 등과 같이 활동했다."

시네마테크 씨네하우스 구성은 권용철 대표와 원승환 사무국장을 비롯해 영화제작팀 윤희성, 연구팀 천기학, 영화제기획팀 김화범, 권은기, 손려모 등으로 구성돼 있었다. 회원은 90명 정도였고, 회지『씨네하우스』를 발행했다. 영화제기획팀에서 활동했던 김화범은 "그냥 영화 보러 갔었고, 당시 그런 예술영화들을 많이 봤다. 어떻게 보면 학교 졸업하고 직장에 취직했거나 했을 것 같은데, 씨네하우스 왔다 갔다 하면서, 물론 동아리 활동을 하면서 이쪽 방면으로 일을 찾고 싶었다"고 말했다. "하지만, 명확히 영화 쪽의 길은 아니었으나 학교 졸업 후 IMF가 터졌고, 할 수 있는 게 있지 않을까 하는 시기에 시네마테크

충무로, 새로운 물결

에서 영화 공부도 하면서 1999년 한국예술종합학교 영상원으로 진학해 서울로 학교를 다녔다"고 덧붙였다. 결과적으로 시네마테크 활동이 영화에 발을 딛게 한 것이었다.

시네마테크 씨네하우스는 1996년 7월 칸 베를린영화제 수상작 영화제를 시작으로 8월 저패니메이션영화제, 아프로-아메리칸 영화제를 개최했고, 상영 공간을 별도로 마련한 10월 이후에는 '2001 시네아스트영화제'를 개최했다. 『매일신문』(1996.10.18)은 "10월 21일부터 11월 9일까지 영화 제작 모임인 대구 씨네하우스에서는 21세기를 이끌어갈 세계의 신예 감독들을 선정해 매일(일요일 제외) 2편씩 상영하는 2001 시네아스트 영화제를 개최한다"고 보도했다. 이어 "선정된 감독은 중국의 6세대 감독 장위안을 비롯, 〈심플맨〉의 할 하틀리, 〈레닌그라드 카우보이 미국에 가다〉 아키 카우리스마키, 〈바디 에어리언〉 아벨 페라라, 〈멈춰 죽지만 살아날거야〉의 비탈리 카네브스키 등 13명이다"라고 소개했다.

1997년 4월에는 '4월 영화제'를 열어 5개국 대표 감독 8편을 상영했다. 70년대 뉴저먼 시네마를 이끌었던 독일 베르너 헤어조그 감독 〈아귀레〉 〈신의 분노〉, 이탈리아 브루노 보제토 감독의 〈알레그로 논 트로포〉, 일본 이와이 순지 감독 〈러브레터〉, 츠카모토 신야 감독 〈데쓰오 철의 사나이〉 등이었다.

1997년 4월과 5월에는 '영상시대 1: 한국영화전', '영상시대 감독전 2-하길종'을 개최해 1975년 새로운 한국영화를 추구했던 영상시대 동인 이장호, 김호선, 하길종 감독 등의 작품을 소개했다. 6월항쟁 10주년을 맞아 6월 2일~24일까지 저항의 한국 독립영화 16편과 투쟁의 역사로 점철된 제3세계 영화 12편을 모은 '한국독립영화전'과 '제3세계 영화전'을 개최했다. 상영작은 〈파업전야〉〈닫힌 교문을 열며〉〈어머니, 당신의 아들〉〈황무지〉〈우리는 전사가 아니다〉 등 1980~1990년대 초반 제작된 한국 영화운동의 대표작들이었다. 3세계 영화로는 알제리 민족해방운동을 그린 〈알제리 전투〉, 쿠바 사회주의의 자화상 〈저개발의 기억〉, 브라질 민중 소외와 사회변혁을 그린 〈검은 신 하얀 악마〉, 칠레의 독재와 투쟁 다큐멘터리 〈칠레전투〉 등이었다.

특히 일본 애니메이션 상영회도 개최했는데, 〈원령공주〉는 씨네하우스 상영에서 대박 날 정도로 상당한 호응을 받은 작품이었다. 원승환은 "돈을 벌려고 한 것이 아니라, 외국에 유학한 분들이 8mm 테이프를 들여오면, 혼자 보기 아까우니까 외국어를 하는 분이 자막을 넣어서 더 많은 사람이 보고. 이런 방식으로 시네필들의 폭이 넓어졌다. '열린공간 큐'에서 그런 영화들을 보면서 관객으로 활동을 하다가 나처럼 그런 영화들을 보고 싶어 하는 사람들을 위해서 상영 사업을 했다"고 말했다.

하지만 지역 언론의 시각은 다소 비판적이었다. 『매일신문』 (1998.2.16)은 "'대구의 씨네마떼끄 운동이 변질되고 있다'며 제7예술, 씨네하우스 등 대구의 씨네마떼끄에서 열리고 있는 일본 영화와 일본 애니메이션 상영전이 제도권의 흥행 논리를 그대로 답습해 얄팍한 상혼에 빠졌다"고 지적했다. 또한 "〈수병위인풍첩〉〈요수도시〉 등 일본 애니메이션에서도 저질에 속한 영화를 그대로 상영하거나, 오시마 나기사 감독의 〈감각의 제국〉 같은 포르노 형식의 영화까지 소개할 계획이다"라고 보도했다. "지난달에도 왕가위 감독의 〈부에노스 아이레스〉를 무단으로 상영하다 수입사인 모인 그룹의 고발로 테이프를 압수당했고 지난 4일에는 대구 개봉 예정이던 영화 〈킹덤〉을 불법 비디

충무로, 새로운 물결

오로 상영하다 수입사에 적발됐다"고 전했다.

하지만 당시는 1996년 부산영화제가 시작되면서 해방 이후 금기시됐던 일본 영화와 해외 예술영화의 관심이 늘어만 가던 상황이었다. 특히 부산영화제 초기 일본 영화나 애니메이션은 모든 상영이 매진될 정도로 인기가 폭발적이었다. 저작권 개념이 약한 시기였기에 불법 복제 테이프를 통해 검열 영향이 미치지 않는 영화를 보던 것은 그 시절 시네마테크의 통과의례였다.

1997년 대선에서 첫 민주정부가 들어섰으나 1998년 2월은 아직 새 정부가 출범 전인 상황으로 사회 분위기가 금방 풀어진 것도 아니었다. 검열 기구가 사라지고 등급 분류로 바뀐 것이 1999년 6월이었다. 검열과 문화 개방에 대한 문제 제기보다는, 상영작에 대한 문제를 지적한 언론의 좁은 시각은 당시 분위기를 엿보게 하는 한 단면이었다.

씨네마떼끄 아메닉

1998년에 접어들며 시네마테크 활동에 변화가 생겼다. 제7예술과 씨네하우스가 하나로 합쳐 씨네마떼끄 아메닉이 생겨난 것이다. 1998년 2월 씨네하우스 운영에 대한 견해 차이로 원승환과 권용철이 결별한 것이 계기가 됐다.

제7예술과 씨네하우스는 1997년 전국의 시네마테크 활동 단체들이 연대한 전국씨네마떼끄연합이 만들어질 당시 각각 대구를 대표하는 단체로서 참여하고 있었다. 서영지는 "상업적인 프로그램이 많아서 씨네하우스를 별로 좋아하지 않았으나, 후원자와 상영관을 갖춘 그들이 부럽기도 했다. 전국씨네마떼끄연합에서 교류하다 친해지게 됐다"

고 말했다. 이어 "씨네마떼끄 아메닉 초대 대표는 제7예술 김희경이 맡았으나, 직장인이었기에 자연스럽게 원승환이 대표를 맡게 됐다"고 덧붙였다.

아메닉 사무국장이 된 서영지는 『영남일보』(1998.7.2) 인터뷰에서 "아메닉은 사전에 없는 말로 대구의 시네마테크하면 떠올릴 수 있는 새로운 단어를 만들자고 해서 회원들끼리 머리를 맞대고 지은 새 고유명사"라고 밝혔다. 서영지에 따르면 아메닉(AMENIC)은 시네마(CINEMA)의 영어 스펠링을 거꾸로 배치한 것으로 원승환의 아이디어였다. 아메닉은 영화 수용자(소비자) 운동을 지향했고 전영쾌락, 여성영화제, 인디포럼, 독립영화정기상영회 등을 개최했다.

서영지는 "사람에 따라 다르게 보일 수도 있지만 영화언덕과 제7예술이 아메닉으로 이어진 것이었다"며 "1999년에 학교에 편입하면서 활동을 접었으나, 제7예술 후반기에 들어온 이영은이 아메닉을 끝까지 지켰다"고 덧붙였다.

한받은 "1998년 제7예술 주요 창립회원인 내가 개인 사정으로 빠지면서 단체의 색깔이 모호해졌고, 열성적인 운영위원들로 계속 유지되던 제7예술은 비슷한 성격의 아메닉으로 흡수되면서 사라진 것이다"라고 말했다.

씨네마테크 아메닉은 독립영화 상영회 개최와 함께 해외 고전영화나 수입되지 않는 당대 예술영화 및 독립영화 상영이 중심이었다. 1996년 시작된 인디포럼과 서울단편영화제 상영작을 소개했다. 소식지로는 『amenic』을 발행했다.

원승환은 "1997년 제4회 서울단편영화제에 특별상인 '젊은시네마네크상' 심사를 위해 전국의 시네마테크 단체들이 영화제에 참여했고,

충무로, 새로운 물결

이 단체들을 중심으로 제4회 서울단편영화제 본선 상영작들과 한국 독립영화사를 다룬 서울영상집단의 다큐멘터리 〈변방에서 중심으로〉를 묶어서 전국 순회 상영을 했다"며 "대구 아메닉은 당시 전국 순회 상영에 16mm 필름 영사와 영어 대사 작품인 윤종찬 감독의 〈메멘토〉 한글자막 제작 등에 기술적인 기여를 많이 했다"고 말했다. 또한 "순회 상영 경험이 인디포럼98의 전국 순회 상영으로 이어졌다. 당시 서울단편영화제나 인디포럼 대구 순회 상영의 예산은 입장료로 충당했고, 대구의 경우 상영은 주로 동아쇼핑 8층 아트홀을 이용했는데, 관객들의 참여가 많아서 회당 100명씩 찾아올 때도 있었다"고 당시 활동을 설명했다.

씨네마떼끄 아메닉은 독립영화상영회 외에 대구에서 개최된 영화제에 지원과 연대 활동도 펼쳤다. 1998년 5월 13~16일까지 대구 계명대 대명동캠퍼스 시청각실에서 개최된 '98 대구여성영화제'는 대구여성회와 여성의전화가 주최했으나, 씨네마떼끄 아메닉이 여성과 현실연구회와 함께 공동으로 주관했다. '98 대구여성영화제'는 주제별 상영을 통해 여성 영화의 다양한 흐름을 알 수 있도록 프로그램이 구성됐는데, 상영작은 종군위안부 문제를 다큐멘터리 형식으로 조명한 세키쿠치 노리코 감독의 〈전장의 여인들〉을 비롯해 레즈비언을 다룬 줄리아 다이어 감독의 〈늦게 핀 꽃〉 등 모두 18편이었다.

원승환은 "당시 여성단체의 두 축이 대구여성회와 대구여성의전화였는데, 두 단체를 하나의 공동 주최로 묶어낸 것은 김희경 대표와 서영지 사무국장이 아메닉 활동을 주도했기 때문이었다"고 말했다. 이어 "1999년 2회 행사를 진행할 때 여성 문제를 다룬 지역 영화들을 공모하기도 했었다. 2회 때는 장소도 큰 공연장이었던 대백예술극장에서 진행했고, 대구 영화계에서 정말 중요한 활동이었는데, 제대로 평가받지 못한 것 같다"고 아쉬움을 나타냈다.

서영지는 "김희경 대표가 여성 문제에 관심이 많아서 여성영화제 개최에 주도적 역할을 했고, 아메닉 활동 때도 방향성을 정했다"면서 "주요 회원에 여성이 많아서 자연스러운 흐름이었다. 김희경 대표를 비롯해 이영은, 김은영, 조경희 등 회원들은 아메닉 해체 이후에도 여성 단체에서 '신난걸'이라는 밴드 활동을 했다"고 덧붙였다.

아메닉은 1998년 11월부터는 독립영화 정기상영회를 시작했다.『매일신문』(1998.11.19)은 "씨네마떼끄 아메닉 첫 정기상영회가 11월 29일 오후 2시, 4시 동아쇼핑 8층 아트홀에서 열린다"며 "상영작은 제12회 스위스 프리부르 국제영화제 단편 경쟁부문 그랑프리를 수상하고 제3회 부산국제영화제에서 상영됐던 유상곤 감독의 〈길목〉과 〈표류〉, 역시 부산국제영화제에서 상영됐던 박진형 감독의 〈옹이〉 등 3편으로 상영 후 감독과의 대화시간도 마련한다"고 전했다.

특히 이듬해인 1999년 1월 17일에는 동아쇼핑 8층 아트홀에서 대구 감독들의 작품을 모으는 독립영화 상영회를 개최해 주목받았다.『매일신문』(1999.1.14)은 영화 "제작 환경이 열악한 대구에서, 그것도 대중의 폭넓은 관심을 받기 어려운 단편영화라는 한계를 딛고 꾸준히 작품 활동을 하는 대구 감독들의 작품이 한자리에 모이는 시간이다"라며 의미를 부여했다. 상영작은 송의헌 감독의 16mm 단편영화 〈동상이몽〉, 김홍완 감독의 첫 작품 〈상실〉, 한받 감독의 신작 〈기관총 블루스-네가 알지 못하는 블루스의 고전〉 등이었다.

당시 영화를 상영했던 한받(감독)은 "내가 연출한 영화를 최초로 일반 시민들에게 보여준다는 사실에 몹시 흥분되고 떨렸으나 감개무량

한 소회와는 별도로 영화는 다소 엉망이었다"고 회상했다.

"원래 제작 계획은 컴퓨터로 영상을 편집하는 것이었다. 높은 사양의 컴퓨터가 필요했으나 그런 컴퓨터를 마련할 자금이 없었다. 결국 기존 방식대로 8mm 비디오데크 두 대를 갖다 놓고 이어붙였는데, 음향 전체의 싱크(SYNC)가 맞지 않는 상황으로 우스꽝스럽게 작품을 완성하게 됐다." 다만 "대구의 한 전문대학교 영상학과 교수님이 차를 한잔 마시자고 해서 같이 마시면서 많은 이야기를 나누었는데, 내 영화를 인상 깊게 보았다고 같이 일해보지 않겠냐고 제의를 하셨다. 그런 이야기를 듣자 그만 우쭐해져버렸다"고 덧붙였다.

한받은 〈기관총 블루스〉 제작을 계기로 1998년 대안적 창작단체 'VVF(Vada Video Fighters, 바다 비디오 전사들)이라는 비디오 영화 제작 단체를 만들어 활동하기도 했다. 창작에 대한 열의가 남달랐기 때문이었다. 한받에 따르면 VVF는 1998년 공익근무요원 복무를 마친 이후 의욕적으로 〈기관총 블루스〉를 제작하면서 만든 단체명으로 구성원은 모두 다섯 명이었다. '바다 비디오 전사들'이라는 이름은 1996년 부산국제영화제에서 본 츠카모토 신야 감독의 영화 〈동경의 주먹〉의 크레딧에 나온 제작 단체명(해수 괴물 시어터)을 보고 착상을 얻어 짓게 됐다고 한다. 다른 사람들이 한받의 이름을 부를 때 '받아'라고 하는데, 발음상 '바다'를 연상시키는 데서 알 수 있듯 한받이 중심이 돼 모인 단체였다. 한받은 "당시 제7예술의 연구팀장으로 있다가 개인 사정으로 나오게 되면서 제작 중심의 단체를 구상하고 있을 때였다. 마침 신작 〈기관총 블루스〉를 제작하면서 자연스럽게 스태프로 일하던 다른 네 명이 의기투합했고 그렇게 나를 포함해 다섯 명의 회원으로 구성해 대구 명덕로터리 근처의 한 빌딩 지하실에 사무실을 차렸다. 운영은 다섯 명의 회비로 운영했다"고 말했다.

하지만 "〈기관총 블루스〉에 대한 비평에 상처를 받으면서 1년 만에 활동을 접었다"며 이유를 다음과 같이 설명했다. "어느 날 저녁 VVF 사무실에서 술자리가 생겼다. 자주 만나던 아메닉 대표가 내가 졸고 있는 틈을 타서 〈기관총 블루스〉에 대해 신랄한 평가를 해댔다. 조는 척하면서 듣고 있던 난 너무나 화가 난 나머지 심장이 뛰고 열을 주체할 수 없어 자리에서 벌떡 일어나 그분께 욕을 하고는 밖으로 나가버렸다. 그 일 이후로는 아메닉에 발길을 끊었고 VVF 사무실에도 드문드문 갔으며, 곧이어 VVF는 자연스레 해체됐다."

한받은 "5년간 후회 없이 열심히 하다가 스물다섯 살에 영화를 접었다"면서 "실제로 영화를 찍었더니 어설프고 부족함이 많았고, 자신에게 기대가 컸던 것 같다. 1999년 무렵 상경하여 영화계에 작품을 소개하려다 절망하고는 영화감독의 꿈을 포기했다. 서울에서 학교 선배들과 벤처회사 '지구에서 살아남는 법(JSB)'를 설립했으나 실패한 후 빚더미에 올라 중국에 가 있었다"고 회상했다. 하지만 이때 상해에서 클래식 기타를 사서 인민광장 등에서 잠시 노래한 것이 계기가 되면서 2000년대 이후 뮤지션 아마츄어증폭기(현재는 야마가타 트윅스터)으로 활동하고 있다. 주요 영화제에 초청돼 축하 공연을 맡는 등 영화와의 끈을 계속 이어가는 중이다.

비록 영화의 꿈은 접었지만 1990년대 한받의 창작 활동은 비디오 영화를 통한 대구 지역 제작 역량 강화에 일조했고, 시네마테크 중심의 기존 영화운동을 확장했다는 점에서 의미 있게 평가된다.

대구 영화운동 2 : 대구독립영화협회

대구 영화운동에서 영화 제작은 다른 지역에서는 쉽게 보기 힘들 만큼 도드라지는 특징이었다. 영화언덕과 제7예술로 이어진 시네마테크가 창작에도 관심을 기울였으나, 대구에서 실질적으로 영화 제작을 주도한 것은 배용균 감독 스태프들이었다. 시네마테크는 상영회를 준비해 이들의 영화가 관객과 만나는 기회를 제공했다.

여기서 대구의 창작 활동을 주목할 수밖에 없는 것은 영화 제작의 경우 기존 시네마테크 활동과는 다른 능력을 요구했기 때문이다. 1985년 이후 서울의 대학 영화운동도 제작을 할 수 있는 역량을 갖춘 학교가 몇 안 됐을 정도로 제작은 간단치 않았다. 필수적인 장비를 갖춰야 했고, 기술적인 부분도 간과할 수 없었기에 누구나 쉽게 다가설 수 없었다. 서울의 대학 영화운동에서 창작이 가능했던 학교들은 몇 가지 기본적인 조건을 충족하고 있었다. 우선 영화를 만들어 보겠다는 의지가 강해 8mm 필름으로 영상을 만들어본 경험이 있었다. 또 학내에서 개최한 영화제가 흥행해 수익이 생긴 경우였다. 이를 통해 비싼 장비를 갖출 수 있었기에 제작이 가능했던 것이다.

충무로에 집중된 한국영화의 구조를 봐도, 영화를 하려면 서울에서 밑바닥 생활부터 시작하는 게 기본으로 인식됐다. 그만큼 지역에서 영화를 제작한다는 것은 불리한 여건이었고 일반적이지 않았다.

대구의 시네마테크와 대학 영화동아리들이 비디오 영화를 제작한 것은, 상대적으로 어려운 필름 대신 선택한 대안이었으나, 현실적 한계를 넘어서려 했던 매우 의미 있는 도전이었다. 1987년 6월항쟁 이후 비디오를 통해 노동 현장 등 민중들의 투쟁 상황을 담아 영상물을 제작한 곳은 민족영화연구소와 노동자뉴스제작단 등이었다. 단편영화 등은 여전히 필름이 대세였다.

서울을 제외한 지역 영화운동에서 대구의 창작 활동이 적극적이었던 것은 일정한 현장 경험을 갖추고 있었던 덕분이었다. 그 중심에 〈달마가 동쪽으로 간 까닭은?〉 〈검으나 땅에 희나 백성〉 등 대구에서 두 편의 영화를 제작한 배용균 감독이 자리하고 있었다.

배용균 사단의 열정

배용균 감독의 영향을 받은 스태프 출신들은 1990년대 후반 대구 영화 창작의 중심으로 부상했다. 대표적인 인물이 배용균 감독 밑에서 조감독을 거친 송의헌(감독)이었다. 시네마테크가 '비디오 영화'를 지향했다면 이들은 '필름'이었다.

1995년 배용균 감독을 만나 영화 제작을 배우기 시작한 송의헌은 어릴 때부터 안 본 영화가 없을 정도로 영화 세계를 탐닉한 영화 마니아였다. "공중파 방송의 주말의 영화, 명화극장, 주한미군 방송인 AFKN 금요영화, 1980년대 초 극장 상영 영화까지 하나도 빠지지 않고 다 봤을 정도였다"며 "20대에 들어서 연극 연출, 무용 관련 작품을 하게 되면서 배용균 감독과 연결됐다"고 말했다. 송의헌이 배용균 감독을 만나게 된 것은 당시 대구에서 출연 배우를 찾던 배용균 감독이 '영화에 미친 놈이 있다'는 소리를 듣고 면접 미팅을 제안한 것이 계기였다. 직접 만나서 여러 가지 대화를 나눈 후 영화 제작 현장에 뛰어들게 된 것이었다.

송의헌은 "1992년 가을부터 1995년까지 배용균 감독의 두 번째 영화인 〈검으나 땅에 희나 백성〉에 김홍완(감독), 김동현(감독) 등과 함께 참여했다. 배용균 감독님과 함께 작업한다는 것은 연출을 비롯해 촬영, 조명 등 모든 작업을 혼자 할 수 있도록 훈련하고 익히는 과정이었다"고 말했다. 배용균 감독 촬영 현장에서 프로듀서는 모든 것은 스스로 해결해야 했다. 기존 충무로 작업 방식과 다른 점이었다. 무엇보다 추구하는 영화적 성향도 충무로와는 상이했다. 그렇지만 송의헌은 "지역에서 계속 영화를 하기 위해 겪어야 하는 어려움이 많았으나, 이 과정을 통해 해결 못 할 것은 없다는 자신감을 가질 수 있었다"고 회상했다. "지역에서 영화를 제작하려면 가장 힘든 부분이 촬영 장비였다. 조명기는 직접 제작하고 일부는 구매했고, 카메라와 녹음 장비를 제외한 모든 장비는 직접 보유하고 있었다. 이 같은 여건은 지역에서 영화를 함께 만들고 싶은 다른 사람들과 어떤 식으로 촬영 장비를 보완하고 함께 할 수 있는지에 대해 고민하게 했다."

어려움 속에서도 충무로가 아닌 대구에서의 창작 활동을 고집한 데는 배용균 감독이 자주 말했던 화가 고갱의 작품 활동 이야기가 영향을 끼쳤다. "타히티에서 작업을 하고 있는 고갱에게 프랑스에 있는 아내가 질책했다고 한다. 세상의 모든 예술가들은 프랑스 파리 몽마르트르에 와서 작업하려고 안달인데, 당신은 그 먼 작은 섬에서 도대체 무엇을 할 수 있느냐?"는 것이었다. 그때마다 고갱은 "내가 보고 내가 머무는 곳이 나의 예술 세계이자 예술의 중심이다"라는 말로 답했다고 한다. 송의헌은 "나는 고갱의 말을 자연스럽게 이해했고, 그렇게 행동한 것이었다"고 말했다.

대구에서 영화를 만들어야겠다고 다짐한 송의헌의 뚝심 때문인 듯, 16mm 필름으로 만든 단편영화 〈동상이몽〉은 1997년 4회 서울단편영화제 본선에 진출했다. 대구 봉산동 가구 골목 등지에서 촬영한 영화로 꿈을 꾸는 듯한 현실을 의식하고 그것으로부터 깨어나려고 노력하는 남성을 통해 실존의 의미를 그린 꿈과도 같은 작품이었다.

1999년 제작한 〈카르마의 법칙〉(35mm, 11분)은 제3회 부천국제판타스틱영화제 단편 경쟁 부문과 프랑스 클레르몽페랑단편영화제에 초청됐다. 송의헌은 "본선이 아닌 작은 섹션 중 하나로 상영된 것"이라고 했으나, 대구에서 창작된 단편이 클레르몽페랑단편영화제에 초청된 것은 처음이었다. 2001년에 내놓은 〈블랙앤화이트〉는 배우 이성민의 데뷔작으로 6회 부산국제영화제를 통해 관객과 만났다. 씨네마떼끄 아메닉에서 활동했던 서영지(영화자막가)가 스태프로 참여한 작품이었다.

송의헌에 이어 김동현(감독)은 1997년 직접 시나리오를 쓴 첫 단편 〈섬으로부터〉를 연출했고, 김홍완(감독)은 1998년 첫 작품인 16mm 단편영화 〈상실〉을 완성해 1999년 공개했다. 〈상실〉은 계속해서 달리는

〈카르마의 법칙〉 연출 중인 송의헌 감독 _송의헌 제공

두 남자를 통해 현대인의 어쩔 수 없는 굴레를 표현한 작품으로 대구
의 낯익은 풍경을 담았다. 다리 위에서 자살하는 남자의 마지막 장면
은 당초 아양교에서 촬영하려다 물이 얕아 부산으로 촬영지를 옮겼다
고 한다.

송의헌은 "대구에서 함께 한 스태프들의 열정은 그 당시 그 어디에
서도 찾아볼 수 없을 정도로 활동적이었다"며 "2001년 6회 부산국제
영화제 와이드앵글 선재상을 수상한 김정구 감독 단편영화 〈샵 하드
로맨스〉는 서울에서 작업해야 할 영화였으나 후반 작업을 제외하고
모든 제작 과정이 대구에서 이뤄졌다"고 강조했다. 2005년 디지털 장
편으로 제작된 김동현 감독 〈상어〉 또한 대구에서 모든 작업이 진행됐
고, 그해 서울독립영화제 대상을 받았을 만큼. 대구 영화는 주목받게
된다. 송의헌은 "대구라는 지역에서 누구나 영화를 만들 수 있는 기반
을 만들고 자신의 세계관을 영화라는 고된 작업을 통해 표현할 수 있

기를 바라는 열망이 모든 것의 시작이었다"며 "제작된 작품들은 모든 스태프의 열정을 담아 초저예산으로 만들어졌다"고 말했다.

정작 이들에게 영향을 끼친 배용균 감독은 1997년 두 번째 작품인 〈검으나 땅에 희나 백성〉 이후 은둔을 택한다. 제작을 끝내고 소규모 개봉을 했으나 사실 개봉이라기보다는 제한적 상영회가 더 알맞았다고 할 만큼 일반 관객이 접근할 기회가 많지 않았고, 흥행은 어려웠다. 베니스영화제에서 주목받고 프리브르그영화제 특별상을 수상하며 작품성을 인정받은 것에 비하면 많은 관객과 만나지 못한 것은 큰 아쉬움이었다. 배용균 감독의 은둔은 흥행의 충격으로 이해됐다.

이진이(작가)는 "1995년 〈검으나 땅에 희나 백성〉 제작 과정에서 영화언덕 회원들도 허드렛일을 도우며 지켜봤고, 서울 동숭아트센터에서 상영될 때 처음 관람했다"며 "이탈리아어 자막이 있던 것으로 미뤄볼 때 베니스영화제에서 상영된 프린트 같았다"고 기억했다. 이어 "삼성나이세스가 주최한 서울단편영화제를 그대로 대구에 유치해 영화언덕 주관으로 대백프라자 홀에서 상영회를 했을 때, 배 감독님이 화질이 가장 좋은 원본 필름을 제공해줬다"고 회상했다.

배용균 감독은 2020년 한국영상자료원이 〈달마가 동쪽으로 간 까닭은?〉을 디지털 복원하는 과정에서 지난 시간의 소회를 밝혔다. 한국영상자료원 뉴스레터(2020.2.20)에 따르면 배용균 감독은 "이번 한국영상자료원에서의 디지털 복원이야말로 단순히 아날로그 필름으로 촬영되었던 〈달마가 동쪽으로 간 까닭은?〉을 디지털로 전환하는 것이 아니라 내가 가장 이상적이라 생각하는 형태의 〈달마가 동쪽으로 간 까닭은?〉으로 재탄생시키는 작업이다"라고 의미를 부여했다. 그리고 30년간 겪은 마음의 상처를 이렇게 고백했다. "국내외에서 비상한 관심을 끈 영화를 찾는 곳은 많았다. 하지만 당시 한국 영화계와 영화산업은 영화가 '감독의 작품'이라는 의식보다는 '제품'이라는 의식이 더 지배적이었고, 영화는 감독이 모르는 새 조악한 화질과 색감, 맞지 않는 화면비로 여러 차례 DVD 등으로 출시됐다." 하나의 씬을 위해 몇 날, 몇 개월, 또는 1년을 기다려 한 장면 한 장면을 고심하여 완성했던 그에게는 이런 일들은 큰 상처로 남았다.

제작에 뛰어든 씨네하우스

배용균 사단 외에 대구에서 제작에 관심을 기울인 곳이 있기는 했다. 원승환(인디스페이스 관장)이 몸담았던 씨네하우스 권용철 대표였다. 처음 시작할 때 시네마테크 외에 워크숍과 제작에 관심이 있었던 씨네하우스는 제작에 적극성을 나타냈다. 1998년 원승환을 중심으로 씨네하우스 회원들과 제7예술이 합친 씨네마떼끄 아메닉이 출범한 이후 권용철 대표는 국내 최초로 완전한 디지털 작업을 통한 중편영화 〈우렁낭자〉 제작 계획을 발표했다.

『매일신문』(1998.10.15)은 권용철(씨네하우스 대표), 김준형 기술감독(한국로보캠 대표), 남기웅(감독) 3인이 〈우렁낭자〉를 제작한다는 소식을 전하면서 "디지털 영화 제작이 활발한 서양과 달리 국내 기술로는 화질이 떨어지는 어려움으로 인해 일반화되지 못하고 있으나, 이 같은 문제를 순수 국내기술로 풀어 주목된다"고 보도했다. 시네마테크 운동에서 본격적인 영화제작사로 변신한 권용철 대표는 이 기사에서 "현재 대구에 영화제작 기반이 조성돼 있지 않아 서울의 전문가를 영입, 기술 이전을 받고 있다. 앞으로 자생력을 키워 순수 향토 재원으로 영화를 찍고 싶다"는 포부를 밝혔다.

남기웅(감독)은 1996년 어렵게 영화를 하다가 이젠 영화를 잊겠다고 대구에 머물고 있을 때였다. 그러나 우렁각시 설화가 머릿속을 사로잡으면서 6mm 디지털 비디오를 가지고 현대적으로 각색한 〈우렁낭자〉를 찍으려고 했던 것이었다. 그는 "누군가를 통해 권용철 대표를 소개받게 됐다. 서울에서 영화를 하고 있고 제작 경험도 있다 보니 권용철 대표가 제작에 관심을 보였고, 단편영화 시나리오로 쓴 〈우렁낭자〉 제작에 들어갈 수 있었다. 대구의 배우들과 서울의 스태프들을 모았고, 서울의 촬영감독이 대구로 내려와 1~2회차 정도 촬영이 진행됐다"고 기억했다.

하지만 영화는 완성되지 못하고 멈추게 된다. 남기웅은 "권용철 대표가 영화를 좋아하고 의지가 있었으나 내가 경험이 부족한 이유도 있었던 것 같다. 한편으로 현장을 아는 분은 아니었기에 현실과 괴리가 생긴 면도 있었던 것 같다"고 말했다. 이어 "오래돼서 정확한 기억이 안 나지만, 제작비는 계속 들어가야 하는데 영화가 완성돼 돈이 될 수 있는지는 확실치 않다 보니 부담이 생겨 발을 뺐을 수도 있다"고 유추했다.

남기웅(감독)의 첫 작품이 될 뻔했던 〈우렁낭자〉는 마음속에 남아 있다가 〈우렁각시〉로 이름을 바꿔 2002년에 제작됐다. 단편영화 〈강철〉(1999), 장편 〈대학로에서 매춘하다가 토막살해 당한 여고생 아직 대학로에 있다〉(2000)에 이어 세 번째 작품이었다. 남기웅은 "서울에 와서 장편으로 시나리오를 다시 쓴 후 제작한 것이었다"고 말했다.

씨네하우스는 〈우렁낭자〉 제작이 무산된 이후 눈에 띄는 활동을 하지 않는다. 이후 전개된 대구 영화운동의 연대 흐름에도 섞이지 않았다. 원승환은 "권용철 대표 중심의 활동이 더 이상 알려지지 않았으며, 대구 영화운동과의 교류도 없었다"고 말했다.

씨네포엠 워크숍

1990년 중반 대구에서는 단편영화 제작 워크숍도 진행되고 있었다. 1996년 독립영화창작집단 씨네포엠 윤병선 대표가 시작한 '영화연출교실'과 '단편영화 워크숍'이었다. 영화 제작을 위한 기초적인 교육과정이 진행되고 있었다는 것은 흥미로운 부분이다.

서울 출신으로 서울예전(현 서울예술대학교) 영화과에서 영화 연출을 전공한 윤병선은 연극과 독립영화 제작을 하고 있었으나, 1987년 사업 관계로 가족들과 대구로 이사하게 되면서 영화에의 열정을 놓지 않고 워크숍을 개설했다. 『영남일보』(1997.8.14)에 따르면 씨네포엠의 '영화연출교실'에서는 영화 기획과 시나리오, 대본, 촬영 기법 등을 이론과 실기를 병행해 주 2회 3개월 과정으로 가르쳤다. '단편영화워크숍'에서는 비디오 영화와 16mm 필름 제작을 3개월 과정으로 교육했다.

1998년 11월 씨네마떼끄 아메닉은 소식지 『amenic』 2호를 통해 씨네포엠을 소개하기도 했다. 당시 이영은 편집장은 탐방 기사에서 "씨네포엠은 윤병선 단 한 사람에 의해 운영된다. 애초에 창작을 위해 마련된 공간이었으나 영화 창작을 위한 기초가 없는 곳이어서 창작을 고민하다 보니 오히려 영상 교육의 필요성을 느꼈고, 수강생이 한 명이라도 있다면 언젠가는 결실을 맺을 것으로 믿는다"는 바람을 전했다.

윤병선은 1998년 6월 대구지역의 한 간행물에 쓴 「독립영화, 수용자에서 창조의 주체로」라는 글에서 "앞으로 지역에서 독립영화가 제대로 싹트고 자리 잡기 위해선 독립영화에 대한 일반인들의 관심과 이해, 교육기관의 각성과 정책기관인 시와 도의 실질적 지원, 그리고 방만한 지역 예총의 개혁이 절실히 요구된다"고 강조했다. 이어 "영화에 뜻을 둔 개인과 단체들이 영화에 대한 열정과 인간 사회를 바로 꿰뚫어 볼 수 있는 안목을 갖고 끊임없는 탐구와 도전 정신을 통해 영화에 대한 올바른 지식습득과 창작에 관련한 능력 배양에 각별한 노력이 필요하다. 영화는 절대로 의욕만으로 만들 수 없기 때문이다"라고 덧붙였다.

윤병선의 노력은 일부 성과를 거두기도 했다.『매일신문』(2002.3.1)은 "씨네포엠을 거쳐 서울에 있는 영상 관련 학과에 입학하거나 프로덕션에 들어간 수료생도 20여 명에 달한다"며 "여기엔 윤병선이 대학 졸업 후 삼진필름에서 CF를 연출하면서 쌓은 인맥과 대학 선후배들의 도움도 한몫했다"고 보도했다. 하지만『매일신문』기사에서 윤병선은 서울과 대구의 현실을 비교하며 안타까움을 나타냈다. "영화. 영상에 대해 특히 청소년들의 관심이 높아지고 있으나 서울과 달리 지역에서는 그 호응도가 미미하다"는 것이었다. 또 "서울은 중학교 때부터 영상제작반 등을 구성해 청소년들이 활발한 동아리 활동에 나서고 있고 각종 청소년 영상제 등으로 적극적으로 이를 수용하고 있는 반면에, 지역엔 이렇다 할 움직임이 없다"고 아쉬움을 전하기도 했다.

씨네포엠은 워크숍 참여자들이 해가 갈수록 줄어들면서 2002년까지만 유지된 것으로 보인다. 이후 활동은 외부에 알려지지 않았다. 1985년 작은영화워크숍으로 시작으로 독립영화워크숍을 운영해온 낭희섭(독립영화협의회 대표)은 "윤병선이 서울예대 동기였으나 나이는 동기들보다 많았다"며 "대구에서 활동하고 있다는 소식을 들은 기억이 있다"고 말했다.

애니메이션 모션앤픽쳐

시네마테크와 창작 활동에 더해 애니메이션은 대구 영화운동의 또 다른 축이기도 했다. 부산도 미술패 출신 김상화(부산국제어린이청소년영화제 집행위원장)를 중심으로 애니메이션 운동이 전개됐는데, 대구는 1996년 말 손영득(감독, 전 대구독립영화협회 대표)이 만든 '모션앤픽쳐'가 중심이었다. 독립애니메이션그룹으로 시작된 '모션앤픽쳐'는 조중현(감독), 전하목(감독) 등이 의기투합한 것이었다. 계명대(대명동 캠퍼스) 앞에 공간을 마련했고 실험적 작품들을 양산해내며 많은 영화제에 초청과 수상으로 지역 영화계에 지각변동을 알릴 만큼 특별했다.

손영득은 대학에서 민중미술 활동에 적극적으로 나서 대구 지역 미술대학생 모임의 일원으로 민족해방운동사 걸개그림 제작에 참여했던 운동권이었다. 문화예술의 전문성을 갖고 사회변혁운동을 도운 것이었다. 손영득이 참여했던 걸개그림 〈민족해방운동사〉는 〈갑오농민전쟁〉을 시작으로 〈3·1민족해방운동〉, 〈항일무장투쟁〉(청년미술공동체 작), 해방, 4·3 항쟁, 여순사건, 4월 혁명, 부마항쟁, 광주항쟁, 6월항쟁 등을 그림으로 표현한 역작이었다. 대구에서는 대구 민중문화연구회 미술분과와 대구지역 미술대학생 모임이 〈해방과 대구 시월〉, 〈4·3과 여순 사건, 6·25〉 등 두 폭의 그림을 제작했다. 손영득은 "공동 작업한 걸개그림을 서울 행사장으로 직접 갖고 갔었다"고 회상했다.

미술운동의 성과물이었던 〈민족해방운동사〉는 1989년 한양대 노천극장에서 개최된 세계청년학생축전 남측행사에 전시됐다. 1980년대 민족미술운동의 걸작이었다. 그러나, 당시 전대협이 주도한 임수경 방북 사건 여파로 강제진압에 나선 경찰이 갈가리 찢어 불태우면서 사라지게 됐다. 야만적인 군사정권이 미술운동의 걸작으로 평가받은 작품에 자행한 몰지각한 행태였다.

대구의 영화운동이 주로 시네마테크에 집중했던 것에 비하면, 애니메이션의 선도적 역할을 했던 손영득은 변혁운동으로서 영화를 추구했다는 점에서 결이 달랐다. 손영득은 "모션앤픽처 만들 때도 변혁운동적 관점으로 생각했다"면서 "애니메이션을 만드는 단체라 그림을 기반으로 한 회화과 출신이 많았고, 처음에 만들 때는 운동적 성향이 강했다"고 말했다. "민중미술 계열에 있는 분들이 주최한 서울의 워크숍에 참여해서 듣고 배웠기에, '회화는 누가 보겠냐?' '구태의연한 데다 갤러리 마음이다'라는 인식이 자리했고, 대중적인 차원에서 넓힐 수 있는 매체를 고민했었다. 그래서 후배들을 모았고, 작품 작업을 시작했다. 계속 사회 비판적 얘기를 담으려고 했으나 그 당시에는 너무 선언적인 것을 해봐야 검열되던 때였다."

손영득의 모션앤픽처는 대구를 넘어 한국독립애니메이션 역사에도 중요한 역할을 했다. 1990년대 후반 거대한 사회구조 속에 무력한 개인의 존재와 답답함을 표현한 작품들을 선보이며 주목받았다. 초기 대표작인 〈욕망〉 〈생존〉 〈못〉 이 세 작품은 서울국제만화페스티벌을 비롯한 부천국제판타스틱영화제, 광주비엔날레 영상전 등 다양한 국내외 영화제에 초청됐다. 모션앤픽처는 열 명 정도가 근무했는데, 방송대학 TV(OUN)에서 제작 의뢰를 받기도 했을 만큼 지역에서 상당히 실력 있는 단체로 평가받았다. 남태우(배우, 대구경북시네마테크 대표)는 "모션앤픽처는 독자적 조직으로 잘 나가고 있었다"며 "당시 케이블방송 프로그램을 제작할 수 있었던 것은 지방에서 모션앤픽처가 유일했고, 전국에서 가장 탄탄한, 조직화된 애니메이션 제작 업체였다"고 평가했다.

영화언덕에서 키노키즈로

1990년대 후반에 접어들며 시네마테크와 제작 중심의 대구 영화 운동은 다른 형태로도 확장된다. 초기 영화언덕의 주축이었던 이진이, 박은주, 최해만 등이 1998년 영화웹진『키노키즈(KinoKids)』를 제작한 것이다. 이진이에 따르면 "박은주와 최해만 외에 계명대 영화동아리 햇살 출신 박은주의 친구와, 최해만의 후배 등 네 명이 내가 제안한 스터디에 참여해 활동을 이어가다가, 다시 잡지를 만들고 싶어져『키노키즈』를 시작"하게 된 것이었다. '키노키즈'는 매주 모여 영화를 보고 열띤 토론을 벌이던 모임 이름이기도 했다. 대학 졸업 후 대구 지역 영화축제 등 영화제 프로그래머로 활동했던 박은주는『매일신문』(1999.6.11) 인터뷰에서 "영화 전문 잡지를 만드는 것이 개인적인 꿈이다"라고 밝히기도 했다.

그런데『키노키즈』는 영화 토론 모임과 웹진으로 끝나지 않고 더 확장됐다. 당시 벤처기업 열풍이 불던 흐름 속에 이진이가 중심이 돼 1999년 영남이공대 창업보육센터에서 벤처기업으로 창업이 이뤄진 것이었다. 이진이는 "개봉 영화의 지역 홍보와 이벤트를 하기 위해 회사를 설립한 것이고, 주류에서 벗어난 영화와 B급 영화, 독립영화, 조연배우 등을 조명하는 영화 웹사이트를 만들어 운영했다"고 설명했다. 당시에는 영화가 개봉하면 서울과 지방이 별도로 홍보를 진행하고 있을 때였다.『키노키즈』는 2000년 2월 18일 〈아메리칸 뷰티〉 대구 개봉 행사로 진행된 시사회를 주관했는데, 지금의 영화 홍보마케팅사 역할을 한 것이었다. 대구에서 최초로 등장한 영화엔터테인먼트 기업이었다.

하지만 이후 키노키즈는 대구를 떠나 서울로 향한다. 한국영화 데이

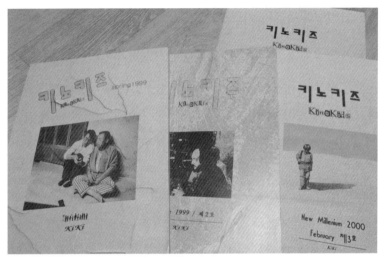

무크지 『키노키즈』_이진이 제공

터베이스를 목적으로 개설된 씨네디비넷에 합류한 것이다. 씨네디비넷은 최초의 민간 시네마테크 '영화공간1895'를 함께 운영했던 이언경(감독, 작고)과 이하영(전 시네마서비스 배급이사)이 만든 회사였다. 이들이 영입된 것은 이하영과 키노키즈의 인연이 작용했다.

1997년 2월 개봉한 〈초록물고기〉 기획실장으로 참여했던 이하영은 개봉 작업이 끝난 후 대구에서 생활하고 있었다. 당시 강우석 감독이 배급을 맡으면서 지방부터 배우라고 했기 때문이었다. 서울과 지방의 영화 배급이 달랐던 시절이었다. 당시 대구에는 서울극장 곽정환 회장의 복합상영관 중앙시네마타운이 개관을 준비하고 있었다. 이하영은 "극장을 상대로 지방에서 배급 업무를 익히면서 1997년 8월 2일 개봉된 〈넘버 3〉 대구지역 홍보 과정에서 대구『매일신문』기자 김중기(영화평론가)와 가까워졌고, 김중기를 통해 이진이를 소개받은 것이었다"고 말했다. 당시 김중기 기자는 시네마테크 활동을 비롯해 대구의 크고 작은 영화 활동을 적극적으로 취재해 보도하고 있었다.

디비디비디닷컴(dbdbdb.com)이라고 불렸던 씨네디비넷은 1999년 서울로 복귀한 이하영이 구상한 사업으로 한국영화 데이터베이스를 만들기 위한, 앞서나간 활동이었다. 이하영은 "IMDB(인터넷 영화 데이터베이스)가 있기에 한국영화도 데이터베이스가 필요하다고 생각해 전 재산인 전세 보증금으로 회사를 만들었다"고 설명했다. 당시 이하영은 시네마서비스에서 일하고 있었다. 그래서 이언경에게 대표를 맡긴 것이었고, 전담할 인력이 필요했기에 대구로 직접 찾아가 키노키즈에게 함께 일하자며 서울로 오라고 제안했다고 한다.

이하영은 "대구 키노키즈가 독특했다"며 "걸어 다니는 영화사전이라고 할 정도로 영화에 해박하고, 모르는 영화가 없을 정도로 폭이 넓었기에 데이터베이스 구축에 가장 적합한 인재들이었다"고 말했다. 이진이는 "이언경과는 서로 시네마테크 활동을 했던 경험이 있기에 이야기가 잘 통했고 마음도 잘 맞았다"고 회상했다.

대구 영화운동의 연대

1999년에 접어들며 대구 영화운동은 전환점을 맞게 됐다. 각기 다른 방식으로 영화운동을 하던 씨네마떼끄 아메닉과 송의헌 감독 등 창작자 그룹, 모션앤픽쳐가 손을 맞잡고 연대 조직을 만들기 위한 논의를 시작한 것이다. 대구독립영화협회의 태동이었다.

원승환은 "1997년 〈욕망〉이라는 작품으로 손영득 대표를 알게 됐고, 송의헌 감독은 1998년 삼성이 주최한 4회 서울단편영화제 당시 〈동상이몽〉이라는 영화로 본선에 왔을 때 처음 만나면서 대구에서

16mm 단편영화를 하는 사람이 있다는 것을 알게 됐다"고 말했다.

대구독립영화협회 결성을 위한 구체적인 준비는 1999년 후반부터 진행됐다. 1999년 11월 15일, 대구 영화의 발전을 도모하고자 한다는 목적으로 손영득 외 14명(조중현, 송의헌, 안유학, 양우석, 윤성근, 오한택, 황성원, 김경훈, 황철현, 김효선, 원승환, 배청식, 우영호 등)이 대구영화제작 연대기구 결성을 발의했다. 11월 22일에는 손영득 외 6인(송의헌, 황성원, 김효선, 양우석, 오한택, 원승환 등)으로 대구영화제작연대기구 창립준비위원회가 구성됐다.

발의자 중에 데뷔작 〈변호인〉(2015)으로 천만 감독이 된 양우석(감독)이 있었던 것도 눈에 띄는 부분이다. 2000년 전후로 대구에서 창작된 작품이 늘어났는데, 양우석은 1999년 첫 작품으로 단편 〈탄탈로스의 5월〉을 제작했다. 양우석은 "일반적인 단편영화 형태 영상물이었다"며 "당시 대구 한 방송국 피디로 있던 시기에 만든 것으로, 방송국에 있었으나 목표는 영화 연출이었다"고 말했다. 손영득은 "양우석(감독)이 송의헌(감독)과 친분이 있었고, 대구방송(TBC)에 있으면서 대구독립영화협회가 만들어지는 과정에서 참여한 것이다"라고 기억했다. 송의헌은 "양우석 감독의 〈탄탈로스의 5월〉 제작이 마무리될 때 처음 만났고, 조언을 구해 많은 이야기를 나눈 후 대구독립영화협회 결성 과정에서 함께 했다. 영화적 관점과 기술 등에 대해 의견을 교환하기도 했는데, 당시 양 감독은 디지털영화 제작 시스템에 큰 관심이 있었다"고 말했다.

창립준비위원회는 1999년 12월 한국독립영화협회와 부산독립영화협회를 각각 방문해 지지와 연대를 요청했다. 발기인 서명 작업에 돌입하면서 대구 지역 영상 관련 인사들의 의견을 수렴한 후, 2000년 1

월 15일 국제기획이라 불렸던 국제리서치에 대구독립영화협회 창립 준비위원회 임시사무실을 개설했다. 처음에는 영화제작연대기구라는 이름을 쓰다가 독립영화협회로 구체화한 것이다. 이어 2000년 2월 9일 창립준비위원회를 확대 구성해 창립준비위원장으로 경북대 독문과 김창우 교수를 추대했다. 설립 발기인은 이준동을 포함해 모두 186명이었다.

당시 준비 과정에서 중요한 도움을 준 사람이 이준동(제작자. 전 전주국제영화제 집행위원장)이었다. 창립준비위 임시사무실이 자리했던 국제기획(국제리서치)은 이준동이 경영하던 회사였다. 손영득은 "국제기획 사무실은 대구독립영화협회의 요람과도 같았다"고 말했다. 대학 시절 연극 활동을 했던 이준동은 2001년 〈오아시스〉 프로듀서를 맡아 영화제작에 본격적으로 뛰어들기 전까지 서울과 부산 등을 오가며 사업 수완을 발휘하고 있었다. "당시 대구 사무실이 100평 정도로 넓어서, 대구독립영화협회 창립 준비 공간을 내줄 수 있었다"고 말했다. 원승환은 "당시 대구독립영화협회 외에 민예총 대구지부도 이준동 대표 사무실에 들어와 있는 등 대구 문화예술운동 단체들의 사무공간이었다"며 "예술마당솔도 같은 건물 지하에 있었다"고 말했다. 이준동의 공간이 대구 문화운동의 거점 역할을 하고 있었던 셈이다.

남태우(대구경북시네마테크 대표)는 "국제기획에 이준동 선배가 영화를 연구하기 위해 비디오 기기를 갖춰놓고 있었다. 이후 영화 제작을 위해 서울로 갔으나 독립영화 활동을 하다가 상업영화로 진출한 것이다"라고 말했다. 이준동은 박광수 감독 〈그 섬에 가고 싶다〉(1993)에 제작관리로 참여하기도 했다.

송의헌(감독)은 "대구독립영화협회 창립되던 당시 이준동 대표가 큰 힘이 돼주셨다"고 강조하면서, "〈봉인된 시간〉을 번역하신 김창우 교수, 자유극장 대표, 지역 변호사 등등 많은 분의 응원 속에 대구독립영화협회가 출발할 수 있었다"고 회상했다.

『매일신문』(2000.2.19)은 대구 독립영화협회 창립 소식을 전하며 "그동안 열악했던 지역의 영화 제작 활성화와 영상문화의 저변 확대를 목적으로 결성되는 비영리 단체. 영화의 제작 지원은 물론 각종 영화제를 통한 독립·단편 영화의 배급과 영화 관련 정책 연구, 영화교육 등의 사업을 펼쳐나갈 예정이다"라고 보도했다. 이 기사에서 송의헌은 "대구 독립영화협회는 21세기 영상문화의 세기를 맞아 지역의 실질적인 영상 주체가 될 것이다. 영화에 관심이 많은 지역의 유명 인사들이 대거 발기인으로 참여해 전망이 밝다"고 자신했다.

원승환은 대구독립영화협회가 만들어지는 데 바탕이 된 배경과 과정에 대해 이렇게 설명했다. "1998년 한국독립영화협회(이하 한독협)가 생긴 것은 독립영화 단체 사람들이 모인 것이고, 탄압받던 독립영화인들이 제도권에 들어간 것이었다. 전국에 작업하는 사람들이 다 모인 것은 지역별로 단체를 따로 만들 만큼 역량이 있다고 생각하지 않았기 때문에, 서울에 만들어진 것이었다. 부산, 대구 등 전국 각지 단체의 개인들이 다 모여서 한독협을 만들었으나, 1년 뒤인 1999년 부산영화제가 열리는 부산에서 부산독립영화인협회가 만들어지면서 '다른 지역에서도 이런 걸 만들 수 있겠구나'라는 생각을 했다. 한국영화인협회 대구지부와 비슷하다고 볼 수 있지만 새로운 방식으로 젊은 사람들이 영화단체를 만들 수 있겠다는 생각이 많은 지역에서 있었고, 1999년도에 대구에서 영화단체를 만들려는 움직임이 시작된 것이었다."

대구독립영화협회의 출범

대구독립영화협회는 2000년 3월 17일 대백프라자 11층 대백예술극장에서 창립대회를 열고 공식적인 출범을 알렸다. 서울과 부산에 이은 세 번째 독립영화협회의 탄생이었다. 창립준비위원회는 이날 김삼력(감독)이 읽은 취지문을 통해 대구독립영화협회를 만드는 이유를 이렇게 밝혔다.

> [창립취지문] 대구독립영화협회를 건설하며…
>
> 60년대 영화사 통폐합 조치 이후 대구의 영화 제작은 맥이 끊겨왔다. 물론 그간에 대구 영화 제작을 위한 움직임이 전혀 없었던 것은 아니다. 그러나 그 노력들은 영화 제작 환경과 시장에 대한 경험과 정보가 부족하여 의도한 성과를 남기지 못하였거나, 개인적인 작업으로 그치고 말았다. 대구의 영화 제작을 다시 활성화시키는 일은 한두 편의 장편영화 제작으로 이루어지는 것은 아니다. 대구 영화 제작문화를 다시 만들기 위해서 필요한 것은 화려하고 일시적인 영화의 제작이 아니라 뿌리에서부터 시작하는 영화 인력의 생산과 생산된 영화 인력들에 의한 지속적인 영화 제작일 것이다.
> 우리는 젊은 독립영화의 정신으로 새롭게 시작하려고 한다.
> 독립영화는 경제적 독립이나, 검열로부터의 독립만을 이야기하는 것은 아니다. 자유가 무엇으로부터의 자유가 아니라 무엇을 위한 자유이듯이, 독립영화는 영화를 만들고자 하는 혹은 영화를 하고자 하는 사람이 스스로가 세운 그 무엇을 위해 부단히 준비하고 노력하는 영화다. 스스로의 필요성, 목적성에 의해 영화를 만들어갈 때, 그것은 단순히 오락적이지 않고 상업적이지 않을 수 있다. 그 안에서 영화는 제작자와 관객, 이분법적으로 나뉘는 것이 아니다. 스스로 영화를 만들어가는 것이

고, 그 과정은 치열한 자기 정제의 과정이 될 것이다. 이것이 우리가 이 야기하고자 하며 함께 만들어가고자 하는 독립영화다.

대구에는 영화를 만들어왔거나 영화를 만들고자 하는 많은 사람들이 있다. 지금 여기라는 전제 속에서 그들에게 필요한 것은 스스로를 위한 연대다. 자신을 단련하며 서로에게 자극이 되며 힘이 되어줄 수 있는 그런 단단한 연대다. 대구독립영화협회는 충분히 여건이 갖추어진 속에서 출발하는 것은 아니다. 그 여건마저 함께 만들어가야 하며 오히려 이것을 만들어가기 위해 출발하는 것이다.

이제 시작이다. 우리는 함께 가고자 한다.

2000년 3월 17일 대구독립영화협회 창립준비위원회

대구독립영화협회가 일성으로 강조한 것은 창작이었다. 지속적인 영화 제작과 그것이 가능한 여건 조성에 협회의 방향성을 설정한 것이었다. 서울을 제외하고 다른 지역보다 왕성했던 창작 욕구가 독립영화협회 결성의 동력이었기 때문이다.

송의헌은 "다른 후배들이 좀 더 좋은 환경에서 작업할 수 있는 여건을 만들어줘야 한다는 생각에 영화를 사랑하는 사람들을 모아서 지역 독립영화협회를 조직해야 한다는 목적이 있었다"고 말했다.

초대 대표는 손영득이었고, 사무국장은 원승환이었다. 손영득은 "회의를 한 번 했었는데 대표를 정해야 했다. 누가 할래? 했더니 손영득 대표가 나이가 제일 많으니 대표 하셔야 한다고 해서 맡은 거였다. 나이순으로 하자고 하니 어쩔 수 없었다"고 말했다. 송의헌은 "나이도 그렇고, 애니메이션은 하는 인원이 적은 데다 실사영화를 하는 우리는 현장을 왔다 갔다 해야 하기에 손영득 대표가 제일 적합했다"고 기억했다.

충무로, 새로운 물결

원승환은 "창립 준비할 때 경북대 재학 중이던 김삼력(감독)과 고등학생이었던 최태규도 열심히 참여했다"며, "최태규는 이후 김삼력 감독 작품에 출연도 하고, 대구독립영화협회 사무국장을 역임했다"고 말했다.

대구독립영화협회는 출범과 함께 3월 17일부터 19일까지 사흘간 대백예술극장에서 창립영화제를 개최했다. 이어 다양한 상영회와 행사를 연이어 마련했다. 5월 17일부터 19일까지 자유극장에서 개최한 '짧은영화 극장가다'는 한강 이남 최초의 개봉관 단편영화 상영이라는 의미가 있는 행사였다. 7월과 8월에는 대구영화포럼과 영화 · 애니메이션 아카데미를 열었다. 11월 8일부터 12일까지는 대구 달서구 푸른방송 문화센터에서 대구독립영화협회가 만든 첫 영화제를 개최했다. 대구 지역 영화제의 대표가 된 제1회 '대구단편영화제'의 출발이었다.

대구단편영화제는 원승환 사무국장이 한국독립영화협회 배급팀장을 맡아 서울로 옮겨가기 전 대구시에 제안서를 낸 것이 계기가 됐다. 대구영상축제를 제안했는데, 1천만 원 예산 지원을 받게 된 것이다. 손영득은 "대구에서 영화 행사를 하면 예산도 배정받을 수 있다고 해서 제안한 것이었다. 처음에는 비용이 적게 드는 상영회로 하려다가 송의헌 감독이 영화제를 해야 한다고 해서 영화제로 결정했다"고 회상했다.

송의헌은 "대구에서 만든 영화를 상영하거나 볼 수 있어야 하는데 당시는 영화를 제작해도 영화제에 선정되지 않으면 제대로 볼 수 없는 환경이다 보니 지역에서 만든 영화를 상영할 기회를 얻어야 한다는 당위성이 있었다"며 "지역 영화가 만들어지는 분위기였고, 대구 제작 영화에 기회를 주지 않으면 너무 힘들어진다고 생각해 대구단편영화제를 만들었다"고 말했다.

대구 영화운동에 뛰어든 학생운동 출신들

대구에서 학생운동을 했던 남태우(배우. 대구경북시네마테크 대표)가 본격적으로 영화운동에 참여한 것은 대구독립영화협회 결성 직후부터였다. 한국독립영화협회 활동을 위해 서울로 옮겨간 원승환의 뒤를 이어 2000년 8월부터 대구독립영화협회 사무국장을 맡아, 제1회 대구단편영화제의 실무 준비를 책임진 것이다. 남태우는 "이런 쪽 일이 힘들다는 것을 이미 알고 있어서 개인적 취향으로는 맡고 싶지 않았으나 손영득(감독)과 송의헌(감독)이 도와달라고 했다. 그 전화를 받은 게 2000년 8월 14일이라 광복절 지나고 하루 생각해보다가 8월 16일 응하게 됐던 것이다"라고 말했다. 이어 "이 모습이 대구독립영화협회 사무차장이었던 김삼력 감독 〈아스라이〉(2007)에 동산동 국제기획에서 신문지 깔고 누워 있는 장면으로 나왔다"고 덧붙였다. 〈아스라이〉는 대구독립영화협회 활동을 소재로 만든 영화였다.

남태우는 대학 시절인 1988년 11월 11일 광주학살의 원흉인 전두환의 합천 생가 방화 혐의로 구속됐을 정도로 학생운동의 전면에 섰던 운동권이었다. 당시 구속 집행정지로 석방된 후 불구속 재판을 받았으나, 1989년 징역 2년 6개월에 집행유예 3년을 선고받았다.

남태우가 영화와 인연을 맺게 된 것은 1994년 서울에서 처음으로 국제영화제가 준비될 때였다. 지인이었던 한 기자의 소개로 국제에버그린영화제 행정담당 스태프로 참여한 것이 계기였다. 김동호 공연윤리위원회(공륜) 위원장이 조직위원을 맡아 준비하던 영화제로 서울의 첫 국제영화제가 될 뻔했었다. 하지만 국제에버그린영화제는 무산됐는데, 주최 측은 영화 검열을 이유로 밝혔다. 이에 대해 남태우는 "초기 사전검열이 문제가 된 것도 사실이지만 항의 끝에 국제영화제의 위상에 맞게 검열을 하지 않기로 조정이 됐었다. 행정담당으로 서울시, 동아일보, 영화진흥공사(현 영화진흥위원회) 등을 만나고 다녔으나, 실질적으로는 준비 부족과 스폰서를 구하지 못해 영화제가 무산된 것이었다고"고 말했다.

남태우는 이후 서울의 케이블 채널에 다니다가 1999년 8월 15일 시민단체 새대구경북시민회의가 대안 언론으로 창간한 인터넷신문 『JUST』편집장을 맡는 등 다양한 활동을 펼쳤다. 그는 "부담되는 일이 아니었기에 2001년까지 인터넷신문과 대구독립영화협회 일을 병행했다고 말했다.

남태우가 대구독립영화협회 결성 이후 주로 관심을 기울인 건 제작외의 분야였다. 그는 "다수의 독립영화가 사장되는 안타까운 현실과 대중과의 소통이나 제작비가 회수되는 경우가 적다는 현실을 깨닫게 되면서, 제작보다 독립영화를 지역사회에 알리는 일에 주력해 배급과 상영, 정책 등에 집중했다"고 설명했다. 대구단편영화제가 만들어지는 과정에서 실무 책임을 맡아 단편영화를 알리는 데 기여했고, 2002년에는 대구경북시네마테크를 만들어 지역 내에서 영화문화의 다양성 확보를 위해 매년 정기적으로 예술영화 기획 상영을 주도했다. 예술영화 전용관이었던 동성아트홀의 탄생도 남태우의 작품이었다.

대구의 예술영화 전용관은 2003년 대구『매일신문』영화담당 기자였던 김중기(영화평론가)가 씨네아시아(구 아세아극장 2관)에 개관한 필름통이 최초였다. 하지만 1년 만에 중단되면서 남태우는 독립영화 상영의 맥을 잇기 위해 다른 극장을 찾아다녔고, 2004년 동성아트홀을 설득해 독립예술영화 전용관으로 전환시켰다. 남태우는 "영화를 좋아해 나선 김중기 기자와는 다르게 필름통 건물주는 지원금에만 관심이 있다 보니 좌석도 못 채웠고, 배급 상영에도 관심이 없어, 일부 배급사가 필름을 돌려받지 못하기도 했다"며 "시네마테크 활동을 위해서는 극장을 계속 구해야 하고, 대구단편영화제도 극장을 구해야 했기에 안정적인 극장이 필요했다"고 말했다.

남태우는 대구독립영화협회 활동에 대해 "2009년 말까지 10년간 대구독립영화협회 사무국장을 맡았으나 들어오는 수입은 없고 나가는 비용만 있던 어려운 환경이었다. 어떻게든 독립영화를 알려야겠다는 생각만 있었기에 상영과 배급을 비롯해 운영비를 감당하기 위해 백방으로 뛰어다니게 됐다"고 회상했다.

그는 상영과 배급 외에 독립영화 제작에도 나서 현종만 감독 〈Memories:2·18 대구지하철참사〉(2004)와 김동현 감독 〈상어〉(2007) 프로듀서를 맡기도 했다. 다큐멘터리와 극영화 등 다양한 장르의 영화가 대구지역에서 제작될 수 있도록 한 것이다. 특히 독립영화의 활성화를 위해 영상미디어센터 유치에 적극적으로 나서 대구영상미디어센터의 설립에도 역할을 했다. 그러나 2006년 영상미디어센터 소장 선임 과정에서 지원자로 최고점을 받았음에도 탈락해 논란이 되기도 했다. 『씨네21』(2006.6.22)에 따르면 당시 영상미디어센터 위탁 법인인 대구디지털산업진흥원 박광진 원장이 비민주적인 월권 행위로 직권 탈락시키면서, 대구영상미디어센터 운영위에 참여한 대구독립영화협회와 민예총 등에 소속된 운영위원들이 탈퇴하는 등 갈등이 생기기도 했다.

남태우는 "박광진 원장이 영상미디어센터의 독립적인 운영에 공감하고 있었고 소통이 잘 됐었는데, 갑자기 태도가 바뀐 것이었다"며 "직권 탈락시킨 구체적인 내용이 밝혀진 것은 아니나, 전후 상황을 볼 때 학생운동 전력과 전두환 생가 방화 사건 등이 영향을 미친 것으로 추측된다"고 말했다.

대구 영화운동에는 학생운동 출신이 여럿 합류했는데, 김상목(대구 사회복지영화제 프로그래머)을 빼놓을 수 없다. 김상목은 1990년대 이후 학생운동과 노조 활동가를 거쳐 2010년이 돼서 대구 독립영화 활동에 참여하게 된다. 뒤늦은 합류였으나 대학과 노동운동에 현장에서의 꾸준한 활동성이 영화로 옮겨진 것이었다.

"1995년 대학 재학 시절 열린공간큐 등 지역의 민간 시네마테크를 드나들었고, 초기 부산영화제와 인권영화제 등에도 때마다 참여했다. 1998년 총학생회 활동 과정에서 학내 축제인 대동제 때 〈킹덤〉과 〈해피투게더〉 등을 상영하면서 독립예술영화의 잠재력을 확인했다. 대학 졸업 후 2007년 노조 상급단체 전임자로 활동할 때 2007년 마이클 무어 감독 〈식코〉 상영회 실무 등을 맡으면서 영화 비평에 관심이 생겨 공부하게 된 것이었다."

김상목은 2010년 이후 대구사회복지영화제 출범과 함께 프로그래머로 활동하면서 영화 칼럼니스트와 영화인문학 강좌 등의 교육 활동에도 나서는 등 다양한 활동을 펼치고 있다. 민중운동의 정신을 영화를 통해 이어가는 것이다.

사회 · 시대 · 민중을 향해 소리쳐야 했다

대구 영화운동의 기점이었던 열린공간큐는 긴 시간 문화운동의 거점 구실을 톡톡히 해내며 12년을 버티다 2005년 5월 문을 닫았다. 대구의 문화혁명 기지로 불렸을 만큼 김성익이 모든 재산을 투입해 민중문화와 독립영화, 언더그라운드 활동을 기획하고 지원했던 소중한 공간은 기억으로만 남겨졌다.

돈 되는 일이 아니었기에 열린공간큐의 운영난은 불가피한 것이었다고 한다. 그런데도, 김성익이 안 좋은 상황을 외부에 알리지 않았던 것은 "돈 만드는 것도 기획력이었기에 돈이야기를 하기가 싫었다"는 것이다. 아무런 대책도 없다 보니 열린공간큐를 담당했던 국가안전기획부(현 국가정보원) 요원이 전기료를 대신 내줬을 정도였다.

김성익은 『영남일보』(2008년 8월 8일) 인터뷰에서 1990년대 문화운동에 대해 "말 그대로 운동성을 빼고는 문화라는 말을 할 수 없었다"며 "사회·시대·민중을 향해 끊임없이 소리쳐야 했다"고 회상했다.

이진이(작가)는 "1990년대 대구 영화운동에서 열린공간큐와 김성익 대표의 활동과 도움은 아무리 강조해도 지나치지 않다"고 강조했다. 서영지(영화자막가)도 "열린공간큐와 김성익 대표가 안 계셨다면 영화언덕이라는 단체도 없었을 것이다"라고 평가했다. 대구 영화운동이 열린공간큐와 김성익에게 평생 갚을 수 없는 빚을 진 것과 다름이 없다는 의미였다.

이진이는 "필름통을 개관했던 『매일신문』 기자 출신 김중기(영화평론가)의 도움도 중요한 역할을 했다. 1990년대 대구의 시네마테크 활동에 깊은 관심으로 끊임없이 기사화해 외부에 알렸다"고 말했다. 이어 "개인적으로 벤처기업 키노키즈를 만들 때 사무실 보증금 100만 원을 빌려주기도 했다"고 덧붙였다.

04

한국영화 성장의 주춧돌

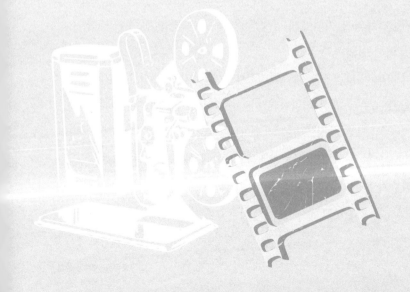

한국독립영화협회의 결성

1990년대 후반은 한국 영화운동에서 중요한 변화가 잇달아 생겨난 시기였다. 1980년대 초반 구태의연한 한국영화를 비판하던 영화운동은 1990년대 들어 충무로 내에서 일정한 영역을 구축한 이후 구체제에 도전했고, 제도적인 규제를 뚫기 위한 투쟁을 병행하며 한국영화의 변화를 위해 적극적인 행동에 나서고 있었다. 1996년 시작된 부산국제영화제와 1998년 한국독립영화협회(한독협)의 결성은 이 시기의 가장 큰 성과였다. 특히 한국 영화운동의 출발점이었던 독립영화의 조직화는 충무로 개혁을 추동하면서 한국영화 성장에 좋은 영향을 끼치게 된다.

1980년대 영화운동 주력이었던 장산곶매와 민족영화연구소 등이 1990년대 들어 충무로를 중심으로 새로운 전선을 형성하기 시작했다면, 다른 한쪽에서는 젊고 패기 있는 청년들과 대학 영화동아리 출신 및 일찍부터 예술영화에 관심을 가진 젊은 세대가 충무로 밖에서 독립영화의 새로운 자원이 되어 영화운동의 흐름을 이어간 것이었다.

전국씨네마떼끄연합

당시 독립영화의 중요한 거점 역할을 한 것은 시네마테크였다. 1990년대 중반 독립영화와 해외 예술영화를 향한 관심은 시네마테크를 비롯해 다양한 형태의 모임을 형성하고 있었다. 서울을 비롯해 전국적으로 생겨난 시네마테크는 처음에는 영화동호회 성격으로 시작해 하나둘 시네마테크로 발전했다.

1996년 1회 부산영화제가 끝난 후 문화학교 서울의 주도로 시작된 시네마테크의 연합체 결성을 위한 논의는 새로운 연대 조직을 만들기 위한 의미 있는 시도였다. 시네마테크라는 동질성을 바탕으로 1996년 11월 2일 광주에서 열린 전국씨네마떼끄연합 준비회의에서는 문화학교 서울, 부산 씨네마테크 1/24, 대전 씨네마떼끄 컬트, 대구 제7예술, 광주 영화로 세상보기, 전주 온고을 영화터, 청주 시네오딧세이, 강릉 씨네토크 등이 참석해 연구, 정책, 기획, 배급 등으로 역할을 나누면서 사전 준비에 들어갔다.

당시 문화학교 서울은 발제 자료에서 씨네마떼끄 연대 모임의 의미에 대해 "첫째 시네마테크의 성과를 쟁취하고 활성화를 촉진시키는 활동들을 담보하기 위함이고, 둘째 상호 정보의 교류와 연락 및 공동 사업에 대한 준비, 셋째 법적인 대응을 위한 실질적인 연대의 틀 마련, 넷째 전국적인 조직의 결함이 가져오는 사업의 연결고리들을 담보해 나간다"고 밝혔다. 시네마테크를 옥죄는 음비법 등의 제도적 문제들에 공동 대응을 모색한 것이었다.

전국씨네마떼끄연합 준비회의는 1997년 1월 11일 전주에서 준비위원회를 개최해 연대기구의 위상과 활동 계획, 체계, 참여단체 기준, 홍보, 회비, 자료 수급 및 배급 유통 등에 대해 논의했다. 이어 1997년 2월 2일 전국씨네마떼끄연합 준비위 사무국 회의가 대전 컬트에서 개최됐다. 여기서 조직 구성과 구체적인 분과별 업무 책임 분담도 이뤄진다. 고문단에는 김동원(감독, 푸른영상 대표), 김혜준(당시 한국영화연구소 실장), 이광모(백두대간 대표), 이용관(중앙대 영화과 교수) 등이 위촉됐고, 준비위 대표는 김병직 전주 온고을 영화터 대표, 사무국장은 곽용수 문화학교 서울 사무국장, 정책은 대전 씨네마떼끄 컬트, 기획은 광주 영화로 세상보기, 홍보는 대구 제7예술, 연구는 부산씨네마떼끄 1/24, 배급은 전주 온고을 영화터가 맡는 형태였다.

준비위 조직 구성에 대해 대전 씨네마떼끄 컬트 대표였던 황규석은 "고문단은 취지를 설명하고 이름을 올리는 데 허락을 받은 것이고, 준비 작업은 문화학교 서울이 주도했으나 전국의 시네마테크들이 함께 연대하는 조직이라는 의미를 살려 김병직 전주 온고을 영화터 대표가 준비 책임을 맡았다"라고 설명했다.

1997년 4월 11일부터 13일까지 전국씨네마떼끄연합 전체 모임이 계룡산에서 개최됐고, 이어 5월 30일(금) 저녁 7시 서울 연세대 동문회관에서 전국씨네마떼끄연합이 발족했다. 지역에서 시네마테크 중심의 영화운동을 전개해온 단체들이 전국적인 연대를 활성화하며 맺은 결실이었다. 발족식 당시 참여단체는 제주 영화만세, 부산 씨네마떼끄 1/24, 강릉 씨네마떼끄, 전주 온고을 영화터, 광주 영화로 세상보기, 대구 제7예술, 씨네하우스, 성남 시선, 대전 씨네마떼끄 컬트, 평택 씨네마 드리밍, 부천 영화열망, 문화학교 서울 등으로 준비 모임 때보다 늘어났다.

이들의 조직화를 통한 연대는 1990년대 상황에서 필연이었다. 검열이 철폐됐다고는 해도 비디오 복제를 중심으로 한 활동은 법률에 저촉될 여지가 다분해 불법의 굴레를 벗어나지 못하고 있었다. 혼자 힘으로 극복할 수 없는 현실에서 연대가 필요했다. 한독협은 이런 독립영화의 상황을 포괄한 것이었다. 시네마테크 운동 역량이 성장하는 과정에서 조직적인 형태를 한 단계 더 발전시켰다는 의의가 있다.

당시 시네마테크 외에 독립영화의 또 다른 주력은 노동 현장을 비롯해 철거민이나 도시 빈민 등 민중 투쟁의 현장에서 활동하던 카메라들이 형성하고 있었다. 결과적으로 이런 특징은 1990년대 영화운동에서 전위대 역할을 맡게 됐고, 충무로 구체제와 영화운동 간의 주도권 다툼 과정에서 강경 입장을 견지하면서 전투적인 역할을 마다하지 않게 됐다.

한국 영화운동에서 독립영화 연합체의 결성은 1990년 1월 30일 출범한 한국독립영화협의회(대표 이정하)였다. 영화마당 우리와 민족영화연구소 등을 비롯해 여러 영화단체들이 참여했으나 민족영화연구소가 해소되는 시점에서 출범했기에 오래가지 못했다. 이듬해인 1991년 기존 명칭에서 '한국'을 뺀 독립영화협의회(대표 김동원)로 바꿨으나 조직의 틀만 유지한 채 분과 활동 중심으로 명맥을 유지했다.

낭희섭(독립영화협의회 대표)에 따르면 이후 1993년 김동원이 민족예술인총연합 영화위원회(민영위) 3대 위원장이 되면서 독립영화협의회는 대표 없이 공석으로 사무국장 체계로 활동했고, 1999년 독립영화

한국독립영화협회 창립대회 _한국독립영화협회 제공

발표회의 공적 지원을 받기 위해 당시 문화예술진흥원에 기금을 신청하는 과정에서 낭희섭이 서류에 대표로 등재됐다.

1990년대 초반 영화운동의 협의체는 민족예술인총연합 영화위원회(민영위)였으나, 결속력이 그리 강한 것은 아니었다. 민영위 2대 사무국장을 맡기도 했던 낭희섭(독립영화협의회 대표)은 "주로 영화계 현안에 대한 정보를 교환하는 형태였다"고 말했다.

1989년 비공식 친목모임으로 시작된 한국영화기획실모임이 1991년 공식적인 틀을 갖춘 후 1994년 한국영화제작가협회(제협)로 발전하면서 영화운동의 구심점 역할을 맡기 시작했다. 뒤를 이어 1990년대 후반 두 번째로 결집한 것이 독립영화였다. 한국독립영화협회는 제협에 이어 진보적인 영화운동의 중심에 섰고, 1999년 결성된 영화인회의(이사장 이춘연)의 주력으로 2000년대 영화운동을 선도한다.

독립영화 탄압의 표적이 된 김동원 감독

한독협이 결성되던 1990년대 중반은 충무로 구체제가 영화운동 세력과 다툼에서 점차 밀리기 시작하던 때였다. 1996년 부산영화제의 출범에 이어 1997년 대선에서 김대중 대통령의 당선으로 수립된 1기 민주정부는 영화운동 발전에 중요한 바탕이 됐다. 이런 흐름에서 독립영화 연대를 촉진한 직접적인 계기는 1997년 2회 부산영화제 당시 전국의 시네마테크 회원들을 중심으로 한 독립영화인들의 검열 철폐 시위였다. 영화제 상영작 검열에 반대하는 것에 더해 공안기관의 4·3 항쟁 영화 〈레드헌트〉 감독과 상영 관련자들에 대한 구속 시도 등에 반발한 것이었다.

1997년 〈레드헌트〉 제작으로 인해 수배를 받다 이듬해 국가보안법 위반 혐의로 체포된 조성봉(감독)이 영장실질심사를 거쳐 불구속된 것은 표현의 자유를 갈망하던 독립영화에 대한 탄압의 시작이었다. 이에 앞서 먼저 체포된 것은 김동원(감독)이었다.

1988년 상계동 철거민들을 다룬 다큐멘터리 〈상계동 올림픽〉 이후 김동원은 표현의 자유 투쟁에서 선봉에 있었다. 1991년 변영주(감독), 오기민(프로듀서) 등과 함께 푸른영상을 설립한 김동원은 이후 각종 사회 현안을 비디오로 제작해 배포하면서 영화를 통한 사회문제 비판에 주력했다. 푸른영상을 만들면서 내건 '영상을 통해 사회변혁 운동에 연대'하는 취지에 충실한 것이었다.

김동원은 1980년대 아르바이트로 충무로 연출부 일을 시작했으나 대학 때 시위에 참여한 정도였지 운동권은 아니었다. 일반적인 소시민의 삶에서 전환점이 된 것은 상계동이었다. 철거민들과 함께 살면서 그

푸른영상 초기 김동원 감독. 우측에서 네 번째 ⓒ 푸른영상

들의 생존권 투쟁을 비디오카메라로 담은 〈상계동 올림픽〉은 인생에
큰 변화를 가져왔다. 독립영화의 전설적인 작품으로 자리매김하면서
김동원을 독립 다큐멘터리의 상징적인 인물로 만들었기 때문이다.

김동원에 따르면 처음부터 다큐멘터리 영화를 할 생각은 없었다.
"〈상계동 올림픽〉은 당시 영화로 만들려고 찍은 게 아닌 기록 영상이
었으나, 당시『한겨레신문』안정숙 기자(전 영진위원장)가 의미를 부여하
면서 독립다큐의 대표적 영화가 됐다"고 회상했다.

『한겨레신문』은 1991년 9월 18일자 기사에서 "〈상계동 올림픽〉은
기록영화의 전범으로 80년대 후반 다큐멘터리 영화운동의 고전으로
꼽히고 있고, 89년 베를린영화제 영포럼 부문에 초청되는 등 나라 안
보다 밖에서 먼저 공인받았다"고 평가했다. 또한, "다큐멘터리 영화의
뿌리가 깊지 않은 우리 현대영화사에서 그 시작으로 불리는 영화로 정
부의 주택 정책에 삶의 터전을 빼앗긴 도시 빈민들의 삶과 목소리를
담아냈고, 영화가 현실을 담아내는 데 얼마나 효과적인 매체인가를

확인시킨 표본이다"라고 강조했다.

여기서 그간 알려지지 않았던 흥미로운 사실은 김동원이 카메라를 들고 머물렀던 상계동은 당시 파랑새 사건으로 피해 다니던 이정하(전 영화평론가)의 도피처였다는 점이다. 김동원은 "1986년 10월부터 상계 동에 머물며 철거민의 삶을 담았는데, 1986년 11월 이정하가 8mm 카 메라를 들고 찾아왔고, 빈집에 머물렀다. 이정하가 카메라만 갖고 왔 을 뿐 촬영을 하지 않았던 것이 특이했다"고 기억했다.

당시는 파랑새 사건으로 인해 홍기선·이효인·변재란이 연행된 후, 도피하던 시기였다. 안동규(제작자)의 일원동 집에 보름 정도 숨어 있던 이정하가 다음으로 옮겨간 도피처가 상계동인 것이었다. 이수정 (감독)은 "남편이 거기서 도피 생활한 줄은 몰랐다"며 "김동원 감독이 상계동에 들어가 있을 때 이정하와 함께 만나러 간 적이 있었다"고 말 했다. 김동원은 "그때 이정하가 가져와서 사용하지 않았던 8mm 카메 라로 1987년 6월항쟁 당시 명동성당 농성 과정을 담은 다큐멘터리 영 화 〈명성, 7일간의 기록〉을 촬영했다"고 말했다. "6월항쟁을 겪으면서 제대로 사회문제에 눈 뜨고 의식화될 수 있었다"고 덧붙였다.

당시 공안기관은 1990년대 이후 푸른영상의 활동이 활발해지자 김동원을 찍어누를 기회를 노리고 있던 것으로 보인다. 푸른영상은 1990년대를 관통하며 사회문제를 꾸준히 영상에 담아 배포하는 활동 을 멈추지 않고 있었다.

1998년 1월 9일 김동원을 갑작스럽게 연행한 경찰은 국가보안법과 음반 및 비디오에 관한 법률 위반 혐의로 구속영장을 신청했다. 구체 적으로 1997년 11월 4·3 항쟁 영화 〈레드헌트〉 비디오를 판매했다는 혐의였다. 연행 후에는 1997년 10월과 11월 2회 인천인권영화제에서

〈레드헌트〉를 상영한 것까지 덧씌웠다. 조성봉(감독)은 김동원이 연행되고 한 달 뒤인 2월 11일 체포됐다.

1997년은 조성봉(감독)의 4·3 항쟁 다큐 〈레드헌트〉로 인한 충돌이 곳곳에서 발생하던 때였다. 부산영화제서 상영했음에도 불구하고, 서울 홍익대학교에서 열린 인권영화제는 〈레드헌트〉 상영에 따른 당국의 탄압으로 폐막을 하루 앞둔 10월 3일 일찍 막을 내려야 했다. 뒤를 이어 1997년 10월 23일부터 28일까지 인하대 학생회관 회의실 및 소강당에서 개최됐던 2회 인천인권영화제도 〈레드헌트〉 상영으로 인한 관계 당국의 강한 압박으로 이틀 만에 중단됐다. 인천에서는 〈레드헌트〉 이적성 문제로 행사를 주관했던 이은주, 이윤주, 이주섭 등 세 명이 경찰에 연행돼 조사를 받기도 했다. 이후 11월 14일~16일까지 부평4동 성당에서 남은 행사를 치러야 했을 만큼, 영화제 개최 자체가 영화보다 더 치열하게 전개됐던 시기다.

김동원(감독)은 서울인권영화제 부위원장을 맡고 있었기에, 더욱 공안기관의 표적일 수밖에 없었다. 김동원은 "인천에서 푸른영상 작품을 사고 싶다는 연락이 왔고, 인권영화제가 열리는 인하대로 가기 전 인천역 앞에서 만나 구매자에게 비디오를 먼저 전해주고 가려고 했었다. 하지만 구매하겠다는 사람이 나타나지 않았고, 연락도 안 돼 비디오를 판매하지 못했던 것이 전부였다"라고 회상했다. 그런데 이게 빌미가 됐다. 경찰 청소년 담당 부서에서 음비법 위반으로 체포영장이 나온 것이다. 허가받지 않은 비디오를 판매하려던 게 불법 행위라는 이유였다. 경찰에 체포된 후에는 대공부서로 넘어가 조사를 받게 된다. 이적표현물로 규정된 〈레드헌트〉 상영에 따른 국가보안법 위반이 적용됐기 때문이다. 음비법으로 엮어 국가보안법을 덧씌운 공안기관의 야비한 술책이었다.

하지만 김동원 구속 시도는 법원에서 가로막힌다. 인천지법 이경구 영장전담판사는 연행 증거 인멸의 이유가 없다 등의 이유로 구속영장을 기각하고 연행 3일 만인 12일 김동원을 석방했다.

김동원은 "1998년 구속 시도는 예전의 상황이 이어진 것이었다"라고 설명했다. 이전부터 공안기관의 감시와 탄압이 계속됐기 때문이다. 김동원에 따르면 처음 경찰에 연행된 것은 1993년이었다. 재일교포들이 비전향 장기수를 돕기 위한 돈을 송금했는데, 공안기관은 이를 북한의 자금이 들어온 것으로 의심했다는 것이다. 재일교포들이 보내온 돈은 비전향 장기수들에게 사용됐다. 비전향 장기수들의 공동 주거지 '통일의 집'에 살던 권낙기 선생 등에게 전달됐고, '푸른영상' 상영회 비용 등으로 사용되기도 했다. 그러나 이때 공안기관은 조직표를 만들어놨을 만큼, 북한과 연계된 조직사건으로 커질 수 있던 상황이었다고 한다.

당시 김동원이 조사를 받은 곳은 박종철 열사가 고문으로 살해당한 남영동 대공분실이었다. 하지만 이 사건이 확대되지 않는다. 김동원은 "그 자금이 당시 김수환 추기경을 통해 전달된 것으로 확인된 덕분이었다"고 말했다. 김수환 추기경이 관련된 상태에서 공안기관이 조직사건으로 엮기에는 부담이 된 것으로 보인다.

하지만 이후 공안 사건으로 엮으려는 시도가 계속되면서 김동원은 몇 차례 더 피검된다. 1996년 6월 14일에도 음비법 위반 혐의로 긴급 체포됐으나 구속영장이 기각되면서 하루 만에 풀려났다. 1993년에 이은 두 번째 연행이었다. 당시에도 〈상계동 올림픽〉 등 비디오 영화들을 상영한 데 대한 탄압이었다. 검찰은 불구속으로 기소했으나 법원은 경미한 사안이라 판단해 선고유예 판결을 내렸다.

김동원은 "반정부는 맞지만, 위법은 아니라는 것이 법원의 판단이었다. 1993년 연행된 여파가 이어진 것이었다"고 말했다. 이어 "1995년 독립영화발전대책준비위원회 위원장으로 활동한 것도 영향이 있었을 것으로 본다"고 추측했다.

1998년 1월 세 번째 연행은 국가보안법 혐의로 인해 김동원 개인적으로는 2001년 〈송환〉 제작 과정에서 평양 취재가 불발되는 원인이 됐다. 김동원은 "조광희 변호사(전 영화사봄 대표)와 '민주사회를 위한 변호사 모임(민변)'에서 대응해서 잘 넘긴 것으로 알았는데, 평양 취재가 막힌 이후 계속 걸림돌이 될 것 같아 인천지법에 소송을 냈다. 판결을 통해 국가보안법과 상관이 없다는 것을 인정받고 깨끗하게 정리했다"고 말했다.

독립영화 조직이 필요하다

세 번째 체포는 나흘 만에 석방되는 것으로 끝났으나, 독립영화인들은 단체 구성의 필요성을 절감하게 된다. 당시 시네마테크와 영상단체를 중심으로 활동하던 독립영화가 정치적 탄압에 맞서기 위해서라도 조직을 갖춰야 할 필요가 생긴 것이었다.

이때 나선 사람이 노동자뉴스제작단에서 활동했던 김명준, 문화학교 서울 조영각, 실험영화의 임창새 등이었다. 조영각은 "1998년 1월 11일~12일 푸른영상 부근에서 모임을 가졌는데, 김동원(감독)은 이미 석방된 상황이었다"고 말했다. 김동원은 "내가 나오니 김명준과 조영각이 조금 아쉬워(?)하는 표정이었다"고 회상했다. 조영각은 "본격적인 투쟁 대책을 준비하고 있는데 김동원이 석방되니 다행이다 싶으면서도 아쉬운 면이 없지는 않았다"고 말했다.

결과적으로 김동원 대책 모임은 새로운 독립영화 기구를 만들기 위한 준비 모임으로 발전한다. 조영각은 "김명준이 모임을 해체하지 말고 현안에 대해 의논하는 형식으로 계속 이어가자는 제안을 했다. 이전에도 독립영화 1세대들이 모임을 논의했었으나 잘 진행되지 않았다가 김동원(감독)을 계기로 논의가 이어진 것이었다"고 말했다.

독립영화 연대를 위한 논의는 1990년 한국독립영화협의회가 만들어진 이후로도 전개되고 있었다. 1990년 말 〈파업전야〉 상영 투쟁을 마무리하면서 장산곶매, 서울영상집단, 노동자뉴스제작단, 노동자문예운동연합(노문연) 영화분과 '11월 13일', 바리터 등 5개 단체는 '노동자영화대표자회의'라는 연대기구를 만들었다.

『변방에서 중심으로』(서울영상집단, 1995)에 따르면 '노동자영화대표자회의'는 소속된 단체 구성원들이 전문영역별로 분과 활동을 했는데, 영화이론 및 정책을 연구하는 연구분과, 시나리오 작가들이 모인 시나리오 분과, 그리고 다큐멘터리 작가회의로 구성됐다. 하지만 1991년부터 노동자영화대표자회의 위상 및 방향과 관련한 논의를 거치면서 각 단체 입장을 정리한 문건을 회람했으나 본격적인 토론의 성과를 얻지 못한 채 해체됐다. '연대조직의 방향에 대한 의견이 모이지 못한 탓이었다'고 원인을 기술하고 있다.

이에 대해 장산곶매 대표였던 이용배(계원예술대학교 교수)는 당시 연대조직 논의가 진전되지 못한 이유와 배경을 구체적으로 설명했다. "'〈파업전야〉 공동 상영투쟁'으로 모이긴 했으나 소정의 임무를 완료한 이후 각 단체의 선명하고 단일한 전망을 공유하기에는 성숙하지 못했고, 여전히 투쟁성에서 급진적 주장이 나오기도 했고, 비가입 단체를 포함하여 친소관계가 매우 유동적이었다. 소련과 동구권 몰락 등 영향으로 국내 문화운동권 전체가 힘을 잃어가고 있었던 사정도 한몫했다. 선배 세대를 포함한 지도 그룹이 충무로로 진출하는 등 각자도생의 길로 접어들게 되었고, 웰메이드 같은 성과주의적 경향이 내재화되면서 운동적 성격마저 점차 희미해진 것이 이유였다. 아울러 근본적으로는 먹고사는 문제에 대한 대안이나 대책이 전무해 저절로 흩어질 수밖에 없었다.”

1992년에는 민중문화운동연합(민문연)이 노동자문예운동연합(노문연)으로 바뀌고, 1992년 노문연에서 분리해서 나온 회원들이 '노동자문예단체의 통합을 위한 문예모임(문예모임)'을 결성하기도 했다. 이들은 이후 12월 대통령선거 때 문예모임, 노동자뉴스제작단, 서울영상집단, 장산곶매, 푸른영상, 노래모임 푸른물결 등은 민중후보로 나선 백기완 후보 홍보위원회 영상팀을 결성해서 한 달간 한시적인 연대 활동을 펴기도 했다. 하지만 연대 활동은 하나의 조직으로 이어지지는 못했다.『변방에서 중심으로』(서울영상집단, 1995)는 “1991년 소련 사회주의 붕괴 이후 가두투쟁(거리시위)이 약해지고 재야단체보다는 시민단체가 부상하는 등 민중운동의 기조가 변화하면서 민족예술인총연합 영화위원회(민영위)를 중심으로 단체 간의 정보교환 정도의 활동만 유지할 뿐이었다”고 전했다.

국내외 정세 변화 속에 단일대오를 갖추지 못했던 독립영화는 1990년대 후반에 접어들면서, 김동원 연행을 매개로 조직적 정비를 다시 시작한 것이었다.

한국 독립영화의 상징적 활동가 조영각

한독협 설립 과정에서 실무를 담당했던 조영각에 따르면 독립영화 기구를 만들기 위한 준비모임은 이름을 '독립영화연대기구'로 정하고 당시 현안이었던 독립영화 심의 거부와 제작 지원 등의 문제에 공동대응을 모색하기로 했다.

여기서 조영각을 주목할 필요가 있다. 1990년대 중반 이후 한국 독립영화를 상징하는 활동가로서 독립영화의 대변인으로 불릴 만큼 중요한 역할을 했기 때문이다. 열정적이고 헌신적인 활동은 한국독립영화 성장에 큰 자양분으로 작용했다. 조영각은 스스로를 "독립영화 1.5세대"라고 말하고 있다. 1980년대 후반부터 1990년대 초반까지 영화운동을 이끈 1세대와 2000년대 이후 독립영화에 몸담은 2세대의 중간이라는 의미다. 하지만 1990년대 중반 이후 전개된 한국 독립영화 역사에서 김동원(감독)과 함께 상징성이 매우 크다.

영화주간지 『씨네21』(2006.10.17)에 따르면 조영각은 중고등학교 시절부터 영화를 좋아했고, 중학교 때는 TV에서 방영하는 한국영화를 잠 안 자고 볼 정도였다. "배창호 감독 영화는 미성년자 관람불가라도 극장에서 다 볼 정도였고, 〈고래사냥〉은 별로였지만 〈기쁜 우리 젊은 날〉은 그때 나의 어떤 로망이었다"고 말했을 정도로 열혈 영화광이었다. 나중에 다른 사람들에게 "너희들은 할리우드 키드냐? 나는 충무로 키드다!"라고 할 정도였다. 그만큼 한국영화 사랑이 특별했다. 또한 "1990년대 중반부터 2000년까지 EBS 〈시네마 천국〉의 공동 작가로 한국영화 부분을 맡았는데, 그때 먼지 쌓인 비디오들을 뒤져서 이만희, 신상옥, 하길종 등의 작품을 소개하고, 문화학교 서울에서 『한국영화 비상구』 책을 공동 집필하게 된 것도 다 한국영화에 대한 애정 때문이었다"고 밝히고 있다. 1980년대 영화운동을 시작했던 영화인들이 한국영화에 대한 비판을 기반으로 해외 예술영화를 선호한 것에 비하면 다른 지점에서 출발한 것이었다.

대학 진학 후 잊고 있던 영화 감성을 일깨워준 것은 장산곶매가 제작한 〈파업전야〉였다. 〈파업전야〉 상영을 지키기 위해 사수대에 섰던 조영각은 갑자기 이런 생각을 했다고 한다. "아니, 내가 왜 이러고 있는 거야? 무슨 영화인지도 모르면서 지키고 있는 거잖아." 그래서 상영장 안으로 슬그머니 들어가 그 영화를 봤고, 그게 다시 영화와 영화운동을 이어주는 중요한 계기가 됐다. 〈파업전야〉가 조영각이라는 걸출한 인물을 독립영화로 끌어들이는 데 의미 있는 역할을 한 것이었다.

조영각은 문화학교 서울을 알게 된 이후 제3세계 영화나 아시아 영화 등의 기획전을 처음 비디오로 접하면서 영화 쪽으로 마음을 굳힌다. 그때 처음 본 영화인 헥터 바벤코 감독의 〈피쇼테〉와 허우샤오시엔 감독의 〈동년왕사〉는 머릿속에서 떠나질 않았다고 한다.

1995년 대학을 졸업할 즈음 문화학교 서울 정식 직원이 된 것도 이런 열정이 바탕이 됐다. 대학생은 안 된다는데도 우겨서 학생 자격으로 직원이 된 것이었다. 학교 동기들에게 "나 취직했다. 연봉(!) 30(만원)이다"라고 말해 부러움(?)을 샀다고 한다. 문화학교 서울 운영위원으로서 처음 했던 영화 소개는 데이비드 린치의 〈이레이저 헤드〉였는데, 데이비드 린치가 꿈에 나타나 "네가 한 해석 그거 다 틀린 거다"라고 하여 충격을 받았다고 회상했다.

독립영화 활동가의 길로 들어선 이후, 어릴 적부터 한국영화에 대한 사랑과 시네마테크에 대한 적극성은 독립영화 활동의 원동력이 됐다.

조영각은 "장산곶매의 활동 중단 전에 문화학교 서울에 와서 영화 상영도 했다. 봉준호 감독의 〈백색인〉, 조근식 감독의 〈발전소〉 등도 볼 수 있었고, 그때쯤 인디포럼 준비에 참여하면서 독립영화하고 관련을 맺기 시작했다"고 회상했다. 또한, 문화학교 서울에서 관객과의 대화를 마련하면서 독립영화 감독들과 많이 만났고, 이를 통해 류승완 감독의 초기작인 〈변질헤드〉〈패싸움〉을 묶어서 처음 상영할 수 있었다. 조영각은 "그냥 영화만 상영한 건 아니었다"며 "우리끼리 하드 트레이닝이라고 부르면서, 왜 우리가 영화를 상영해야 하는지, 어떤 이유가 있는지 토론하는 시간도 많이 가졌다"고 덧붙였다.

임창재와 실험영화 뉴이미지그룹

당시 실험영화 쪽에서 활동하고 있던 임창재(감독)는 "김동원(감독) 체포 소식이 전해진 후 문화학교 서울 조영각에게 연락이 왔고, 석방 이후 새로운 조직 구성 논의를 시작했다고 회상했다.

실험영화는 독립영화의 주된 흐름 중 하나였고 한독협 구성의 한 부분이었다. 그 중심 역할을 맡았던 게 임창재였다. 한독협 설립 준비부터 참여했던 임창재는 2007년에는 한독협 3대 대표가 됐고, 이명박 정권의 블랙리스트 탄압과 좌파척결 공세가 이어지던 암흑의 시기를 버텨냈다. 한독협 대표로서 수구반동 세력의 탄압에 결연한 투쟁을 전개했을 만큼 독립영화에서 강단 있는 활동을 펼쳤다.

임창재는 학생운동 출신이었다. 1983년 대학 입학해 1986년 단과대 학생회장을 맡았던 임창재는 전두환 군사독재에 고문 살해당한 박종철 열사 49재를 맞아 1987년 3월 3일 개최된 3·3 대행진에 참여해 거리시위를 하다 붙잡혀 구속된 전력도 있다. 『동아일보』는 1987년 3월 5일자 기사에서 "검찰은 연행된 439명 중 시위 주동자 및 전력자 28명을 집회 및 시위에 관한 법률 위반혐의로 구속영장을 신청키로 했다"고 보도했는데, 임창재는 서울에서 구속영장이 신청된 22명에 포함돼 있었다.

민족영화연구소 이정하(전 영화평론가)가 대학 학과 선배이기도 했다. 그러나 임창재는 "직접적인 영향을 받지는 않았다. 알고만 있었을 뿐 깊이 있게 이야기를 나눠보지는 못했다"고 말했다.

임창재가 영화 쪽으로 방향을 잡은 것은 공교롭게도 수감 생활 중에서였다. "경찰에 잡혀가니 학생회장 할 때 기록도 다 말해줄 정도였다. 감옥에서 예술과 관련된 책을 봤고, 영화를 했으면 좋겠다는 생각이 들었다. 어릴 때부터 그림에 취미가 있었고 연극과 문학을 좋아했고 연극부 활동 경험도 작용했던 것 같다."

1987년 5월 집행유예로 풀려난 임창재는 대학 졸업 후인 1988년 중앙대 대학원에 진학했다. 이때 서울YMCA 간사였던 이승정과의 친분으로 청소년 활동에 자원봉사로 참여하면서 김동원(감독)과 연결된다. 당시 명동성당에서 상계동 철거민들이 천막을 치고 생활하던 때였다. 임창재는 "이승정 간사가 김동원(감독)을 소개해 만나게 됐다. 명동성당 근처에서 만나서 인사했고, 상계동 천막에서 아이들과 놀아주자고 생각해 1주일의 대부분을 천막에서 숙식하며 지냈다"고 회상했다. 김동원은 "이현승(감독)이 YMCA를 도울 때였는데, 당시 이승정 간사가 1986년부터 상계동에 자주 왔고, 이현승과 임창재도 YMCA 일을 도왔다"고 기억했다. 1990년대 이후 한국영화 중흥에 역할을 했던 이현승(감독)은 YMCA 활동에 대해 "1981년부터 청소년 지도자로 활동

촬영 현장에서 임창재 감독 _임창재 제공

하면서 영화아카데미 프로그램의 강의 등을 맡았다"며 "YMCA에 참
여한 것은 1980년 상황 때문이었다"고 말했다.

　1979년 유신독재자 박정희가 최후를 맞은 이후 민주화를 기대했던
서울의 봄은 전두환 등 신군부의 5·17 쿠데타로 인해 깨졌고 광주에
서 피의 학살이 이뤄지면서 이현승은 패배감에 사로잡혀 있었다. "이
과정에서 빈민운동을 하던 제정구(전 국회의원, 작고)처럼 소규모 시민운
동에 관심을 가졌고, 작은형의 설득으로 YMCA 활동을 시작하게 된
것이다. YMCA에서는 '리더'라고 불렸으나, 우리말로 청소년 지도자
로 표현했고, 임창재도 같은 역할이었다"고 설명했다.

　이현승은 "1985년 충무로 연출부 활동을 시작해 1986년 박철수 감
독 〈안개기둥〉 조감독을 거쳐 1987년 한국영화아카데미 4기로 입학
했다. 1988년 김동원 감독이 〈상계동 올림픽〉을 촬영할 때 작은 도움
을 주기도 했고, 이후 상계동 철거민들이 부천 고강동으로 옮겨간 이
후에는 그쪽으로도 오가며 지원 활동을 했다"고 회상했다.

충무로, 새로운 물결

임창재는 대학원 진학 전인 1987년 여름 신촌 우리마당에서 개최된 작은영화워크숍에 참여한 이후 1998년 민중문화운동연합에 합류해 있던 서울영상집단 그룹에서 활동한다. 이후 민중문화운동연합(민문연)이 노동자문화운동연합(노문연)으로 개편되면서 서울영상집단 그룹은 노문연에서 분리를 선언하고 다시 서울영상집단이라는 이름으로 활동을 시작했다. 하지만 임창재는 "노문연에 혼자 남게 됐다"고 말했다. 이 과정에서 영화가 갖는 힘을 느끼게 된다. "당시 영화분과가 따로 없다 보니 음악보다는 공연 무대를 만드는 것이 주된 역할이었으나, 동국대에서 개최된 것으로 기억하는 대규모 집회 때 영화와 같은 형식으로 슬라이드 영상을 만든 게 반응이 좋아 영화 매체의 힘을 실감하게 됐다"고 말했다.

1990년 임창재는 뒤늦게 군에 입대했고, 이후 노문연 영화분과가 생겨났다. 전태일의 열사의 분신한 날인 '11월 13일'이 분과 이름이었다. 회원은 최홍근, 조민호, 배효룡 등이었다.

1991년 단기 복무를 마치고 군에서 제대한 임창재는 실험영화를 추구했던 권중운(본명 권병순)의 세미나 등에 참여하면서 실험영화에 집중했다. 서울대 미학과 강사였던 권중운(작고)은 실험영화와 전위영상의 연구, 제작 작업을 계속해온 국내 최초의 실험영화 작가집단 뉴이미지그룹 대표였다. 권중운의 노력을 통해 실험영화 활동이 구체화된 시기였다. 임창재에 따르면 성북동과 수유리 등에서 1주일에 한 번 모였고, 정치 사회적 정세에 대한 시각보다는 영화를 탐구하는 쪽이었다. 이들은 1994년 4월 26일부터 5월 6일까지 동숭아트센터 대극장에서 개최한 제1회 발표회(실험영화제) '황홀한 비전:뉴미디어 영상의 미학' 행사를 시작으로 영화계 전면에 그 모습을 드러냈다.

노문연 영화분과 '11월 13일'. 뒷줄 왼쪽부터 송호용 감독, 조민호 감독, 강미자 편집감독, 앞줄 오른쪽 김영덕 부천영화제 프로그래머 _임창재 제공

실험영화 뉴이미지그룹 회원은 충무로 기획실 경험을 쌓은 최보근(전 화천공사 동아수출공사), 황인용(한국영화아카데미 3기), 황인태(전 전주영화제 사무국장), 배효룡(장선우 감독 연출부) 등이었다. 중년과 청년들이 섞여 있었고, 노문연 영화분과 '11월 13일' 회원들도 일부 참여하고 있었다.

임창재는 "1993년 노문연은 해산했으나 영화분과인 '11월 13일'이 명시적으로 해체는 없었기에 영화모임 형태로 계속돼 실험영화그룹으로 이어진 것으로 볼 수 있다. 실험영화 〈WET DREAM〉으로 1993년 캐나다 밴쿠버영화제에 초청됐던 김윤태(감독)도 뉴이미지그룹 공식 결성에 참여했다"고 설명했다.

1994년 처음 시작된 실험영화제는 1997년 3회까지 이어졌다. 주로 일본 작품이 상영되고 국내 작품은 직접 제작됐는데, 이 시기 최두영(세종대 교수)과 고려대 영화동아리 돌빛 출신 박동현(명지대 교수, 서울국제실험영화페스티발 집행위원장)도 핵심 회원이었다. 박동현은 "〈살의〉(1998) 〈회〉(1997) 등을 제작했는데, 군에서 제대한 후 실험영화에 관심이 생겨 작품들을 만들었다"고 말했다. 박동현은 첫 장편 〈기이한

춤 : 기무〉(2009)가 2010년 제29회 밴쿠버국제영화제 공식 경쟁부문에 선정되면서 국내 대표적인 실험영화 감독으로 부상했다. 척박한 토양과 같았던 실험영화에 뛰어든 박동현의 노력으로 인해 2005년 국내 유일의 실험영화 축제 '제1회 서울국제실험영화페스티발이 시작됐다.

임창재는 "노문연에서 활동했던 강미자, 민경철 등이 뉴이미지그룹에 추가로 합류했고, 이후 실험영화연구소로 발전했으나 권중운의 갑작스런 타계로 인해 활동이 중단됐다"고 회상했다.

이후 임창재는 인디포럼에 집중했다. 1996년 문화학교 서울의 제안으로 1회 인디포럼에 16mm 〈Org〉 〈Over me〉 작품 상영이 계기가 됐다. 1998년 한국독립영화협회 결성 과정에서는 실험영화를 대표하게 됐다.

독립영화 단일대오

독립영화연대기구는 단체에서 활동하던 사람들 중심으로 준비 모임을 갖기 시작했다. 노동자뉴스제작단에서 활동했던 태준식(감독), 문화학교 서울 조영각(프로듀서, 전 영진위 부위원장), 푸른영상 오정훈(감독), 서울영상집단의 이안숙(감독), A-TV의 이주영(프로듀서), 실험영화 임창재(감독) 등이었다. 태준식(감독)은 "독립영화연대기구에 참여한 것은 개인이 아닌 노동자뉴스제작단 차원에서였다"고 말했다.

1998년 1월 시작된 논의는 8개월 만에 결실을 보게 된다. 1998년 9월 18일 서울 낙원상가에 있던 허리우드극장에서 마침내 한국독립영화협회가 출범한 것이다. 1970년대 전후 소형영화라는 이름으로 출발해 1980년대 영화운동을 거쳐 독립영화진영 전체를 아우른 단일대오가 마침내 탄생한 것이었다.

한독협 이전 독립영화를 사실상 주도하고 전국씨네마떼끄연합이 결합한 것에 더해 제작집단인 푸른영상, 영화제작소 청년, 젊은영화, 서울영상집단, 노동자뉴스제작단 등 개별 독립영화 단체들이 참여했고, 개인적으로 활동하던 창작자들도 적극적으로 가입했다.

조직운영을 위한 기구로 중앙위원회가 구성됐다, 김동원이 초대 대표, 조영각이 초대 사무국장을 홍수영이 사무차장을 맡았다.

조영각은 한독협 초기에 대해 "강남의 한 후원자가 돕고 싶다고 해 삼성동에 사무실을 얻어 10개월 정도 사용했고, 사단법인 설립을 위해 초기 자금이 필요했을 때 김동원(감독)의 선배였던 유니코리아 대표가 한독협 법인 설립을 위한 후원금으로 1천만 원을 지원했다"고 회상했다. 이후 한독협은 대우재단빌딩과 홍대 인근 등으로 사무실을 옮겨 다녔다.

그러나 1990년대 독립영화를 대표하는 단체로 인식됐던 독립영화협의회는 한독협 결성 과정에서 함께하지 않는다. 1990년 1월 독립영화의 연대단체로 결성된 후 꾸준히 독립영화 활동을 해왔으나 한독협과 별개가 된 것은 지향하는 방향이 달랐기 때문이었다. 낭희섭이 독립영화연대기구 논의 과정에는 참여했으나, 최종적으로 한독협의 방향성에 대한 서로의 생각이 맞지 않았던 것이 원인이었다.

낭희섭은 "독립영화협의회의 모든 것을 포기하고 넘기겠다고 했으나 한독협이 받지 않았다"고 주장했다. 당시 독립영화협의회 낭희섭은 기존에 해오던 독립영화 보급(현재의 배급)과 워크숍을 새로 만들어지는 독립영화 단체가 계속 이어가야 한다는 생각이었다.

반면 새로운 독립영화 조직은 김동원의 연행을 계기로 준비가 시작된 것에 볼 수 있듯 워크숍이나 독립영화 배급을 지향하는 곳은 아니었다. 조영각은 "당시 한국독립영화협회는 검열 문제와 독립영화 제작 지원 등을 중심에 두고 있었다"고 말했다. 임창재는 "한독협에 대한 비전과 조직관이 서로 달랐다. 낭희섭이 원했던 방향은 차후 논의할 수는 있으나, 기본적으로 지향할 수 있는 목적이 아니었다"고 술회했다.

독립영화협의회의 경우 외형상 단체이기는 해도 1992년 이후에는 주로 독립영화워크숍에 집중했으며 시간이 흐를수록 낭희섭 개인의 단체로 굳어져 있었다. 활동 방향 등을 결정하거나 현안을 논의하는 내부 조직체계를 갖추지 못했고, 워크숍 참가자 외에 회원 구성이 튼실한 것도 아니었다.

1998년 7월 독립영화협의회의 이름으로 나온 제안서는 당시의 분위기를 엿볼 수 있게 한다. 외형상 독립영화협의회가 제안하는 방식을 갖췄으나 실제적으로는 낭희섭 개인의 제안이었다.

　　지금의 독립영화협의회는 진정한 독립영화연대기구의 결성에 즈음하여 새로운 조직의 일정한 검증 과정 없이 자체적으로 조직을 해체하면서 독립영화의 일정한 역할과 활동을 전망하는 신뢰에 의해 참여하는 개인과 단체들의 동등한 권리와 의무로서 명실상부한 대표적인 한국독립영화협회의 명칭으로 할 것을 제안한 것은 기억할 것입니다.

　　이것은 진정한 독립영화의 대의적인 조직에 의한 구성이 이뤄지면서 지속적으로 공언하여왔던 발전적인 해체와 함께 기존의 독립영화협의회가 지향하는 원칙과 사업의 내용을 신중하게 검토하며 새로운 독립영화연대기구가 지향하고 담당할 역할을 인수인계로서 계승하며 독립영화의 대중적 신뢰를 대변할 수 있는 조직으로 거듭날 것으로 기대하는 것입니다.

그런데 일부에서 새로운 독립영화연대기구가 독립영화협의회로 흡수되는 것과 같은 인상을 갖고 있는 의혹에 대하여 유감스럽게 생각하며 민주적 참여와 의무에 의한 논의와 결정 구조를 전제하였을 때 이 같은 우려는 단순한 기우에 불과할 것이라고 판단합니다.

아울러 기존의 독립영화협의회의 제반 사업이 주최라는 대표성보다는 주관의 역할로서 일관하여왔었던 점을 중시하여주시기 바랍니다.

이 같은 의미에서 결론적으로 독립영화연대기구로서 대의적 조직이 결성되는 것을 환영하며 독립영화협의회의 발전적인 해체를 전제하여 지향하는 원칙과 사업을 적극적으로 수용해줄 것을 정식으로 제안 드립니다.

그러나 독립영화협의회의 해체를 전제로 하는 제안에 대하여 독립영화연대기구에 참여하는 전체적인 입장이 수용에 부정적이었을 때, 어쩔 수 없이 독립영화협의회는 존속될 수밖에 없을 것이며, 독립영화연대기구에 일부 회원의 참여에 의한 별개의 임의 단체로 활동할 것입니다.

이와 같은 의미에서 독립영화연대기구의 방향성을 좌우할 발기인대회에서 독립영화협의회의 해체를 전제하는 제안을 보충 설명할 것이며 다시 한번 신중한 검토와 판단을 의뢰합니다.

핵심은 독립영화협의회 사업을 새로 만드는 독립영화 단체에서 이어가자는 주장이었다. 그렇지 않으면 독립영화협의회 활동을 계속할 수밖에 없다는 것이었다. 낭희섭은 "김동원이 개인적으로 참여하면 안 되겠냐고 묻기도 했다"며 "워크숍을 이어가지 못한다면 한독협에 내가 함께할 수 있는 의미가 없었다"고 말했다. 또한 "초대 감사 제안을 받은 후 몇몇 독립영화인들이 왜 그런 역할을 받냐고 전해와 고

민했으나 최종 수락했다. 그럼에도 불구하고 제명하겠다는 말이 나와 함께하지 않았다"고 말했다.

하지만 낭희섭 제명이 언급된 것은 독립영화협의회를 유지하는 것에 대한 한독협 내부의 지적이 있었던 것으로 보인다. 태준식은 "낭희섭 형이 더 적극적인 역할을 기대했다가 감사 제안을 받고 실망한 부분도 있었다. 감사를 받아들이기는 했으나 독립영화협의회를 유지하는 상태에서 가입하는 것에 대한 문제제기가 있었다"고 기억했다. 이어 "낭희섭이 한독협 결성을 위한 논의 과정에서 융합하지 못했다"고 덧붙였다.

임창재도 "낭희섭이 혼자 같은 주장을 반복하니 다들 답답해했고, 서로 안 맞다 보니 감정이 쌓이기도 했다"고 말했다. 조영각은 "처음부터 함께할 수 없다고 생각했다. 개인적으로 가입해 운영위원 등으로 참여하는 것은 가능했으나, 독립영화협의회와 같이한다는 것은 생각하지 않았다"고 강조했다.

강혜정과 류승완의 발판이 된 독립영화워크숍

낭희섭은 1989년 장산곶매 〈오! 꿈의 나라〉 전국 상영을 위한 보급(현 배급)을 담당한 이후 독립영화 정기발표회, 독립영화기금 마련, 비디오나 16mm 영상물 보급에 관심을 기울이고 있었다. 특히 1990년대 들어서는 독립영화워크숍에 공을 들였기에 '독립영화협의회=독립영화워크숍'이었다. 긴 시간 하던 일에 대한 애착이 특별할 수밖에 없었다. 다만 당면한 독립영화 현안보다는 교육적인 사업을 중심으로 생각하다 보니 다양한 형태의 개인과 단체가 결합한 독립영화 진영을 아우르고 주도하기에는 역량이나 신뢰도가 받쳐주지 못했다. 한독협을 준비하던 다수의 방향과는 절충이 어려웠던 이유다. 오랜 시간 독립영화 활동에 몸담았다고 해도, 책임 있는 역할로 대중성 있는 독립영화 조직을 이끌기에는 한계가 있던 것이다.

김동원은 "처음에는 독립영화협의회 사무실이 있었기에 거기를 사용하면서 한독협 준비 작업을 하는 좋을 것으로 생각했다"며 "한독협이 출범하는 과정에서 어떻게든 낭희섭을 안고 가야 하지 않았나 싶다"고 옛일에 대한 소회를 밝혔다.

그러나, 결과적으로 각자 길을 간 것이 서로에게 유익이었다. 독립영화협의회는 이후 독립영화워크숍을 중심으로 독립영화 상영회 등을 진행하며 수십 년간 이어온다, 낭희섭이 모든 것을 결정하고 주도하면서 꿋꿋하게 외길을 걸은 것이다.

독립영화워크숍은 영화에 뛰어들 수 있는 문턱을 낮춘 것이기에 영화를 배워보고 싶은 청년들에게 좋은 기회였다. 독립영화워크숍 5기 강혜정(제작자, 외유내강 대표)은 여성영화인모임이 펴낸 『영화하는 여자들』(사계절 출판사, 2020)에서 "대학 졸업 후 뭘 해야 할지 고민하던 중에 대한극장 앞으로 지나가다 '아무나 영화를 만들 수 있다. 그러나 누구나 영화를 만들지 못한다'는 독립영화협의회 공고를 보고 참가하게 됐다"고 밝혔다. 이어 "독립영화워크숍이 굉장히 훌륭한 과정이었다고 생각하는 게 낭희섭 대표가 민주적인 의사 결정을 바탕으로 모든 성원이 영화의 전 과정을 경험할 수 있도록 했고, 당시에는 가장 성실하게 출석하는 사람에게 대표 연출을 맡겼다. 그래서 연출을 하게 됐으나 2개월간 연출을 하면서 '연출은 진짜 큰일 나는 일이구나'를 뼈저리게 느꼈다"고 회상했다. 독립영화워크숍 3기였던 류승완 감독은 당시 조교였다고 한다.

독립영화워크숍에서 처음 만난 류승완·강혜정 부부는 단편 〈현대인〉으로 1999년 한국독립단편영화제(서울독립영화제 전신) 극영화 부문 최우수상을 수상했다. 이들 외에 이송희일(감독), 박종필(감독, 작고), 임필성(감독) 등도 독립영화워크숍을 거쳤고, 이들은 독립영화 성장에 역할을 하면서 이후 한독협에도 가입해 활동하게 된다.

1989년 건국대 영화동아리 햇살과 대학영화연합 등에서 활동했던 송낙원(영화평론가, 건국대 교수)도 독립영화협의회를 거쳐 간 경우였다. "1993년 독립영화워크숍 4기로 참가해 이지상(감독, 〈둘 하나 섹스〉) 등과 함께 수업을 들었고, 중간에 한국영화아카데미 10기로 입학했다"고 말했다. 1995년 7월 강원도 낙산해수욕장에서 열린 1회 낙산독립영화제에 낭희섭 대표와 함께 운영진으로 참여하기도 했다. 낙산독립영화제는 1일 영화 워크숍과 영화캠프, 독립영화제를 결합한 행사였으나, 인력 부족 등으로 일회성 행사로 끝났다.

대학 영화운동에도 참여했던 송낙원은 1990년대 독립영화 활동에 대해 "1991년 신촌 우리마당에서 이정국(감독, 세종대 교수)이 지도한 워크숍에 참여했고, 1992년에는 황인용(한국영화아카데미 3기)이 개설하고 조혜정(중앙대 교수)이 이론 지도를 한 서울필름아카데미에서 단편영화를 제작했다"고 말했다. 1993년 한국영화아카데미에서 졸업작품 〈커피 석잔〉을 연출했고, 두 번째 작품으로 1996년 제작한 〈표지판〉(35mm, 11분)은 그해 금관청소년영화제(서울독립영화제 전신) 장려상 수상과 함께 2회 인디포럼에서도 상영됐다.

독립영화워크숍은 1980~1990년대 영화운동의 주역들 상당수가 강사로 참여해 수강생들을 지도했을 만큼 젊은 독립영화인들을 육성해낸 공간이었다.

강사로 참여한 영화인들은 공수창, 김경욱, 김기종, 김대현, 김동원, 김명곤, 김명준, 김성숙, 김성환, 김소영, 김시우, 김영진, 김용균, 김우형, 김재호, 김지석, 김진한, 김현일, 김형구, 김혜준, 김홍국, 김홍숙, 김희원, 남인영, 남재봉, 문원립, 문혜주, 박광수, 박정현, 박종우, 박현원, 봉준호, 임필성, 엄경환, 유인택, 윤석일, 이경하, 이광모, 이두만, 이상모, 이상인, 이송희일, 이 은, 이연수, 이영호, 이재구, 이정국, 이정하, 이주협, 이현승, 이형주, 이효인, 장동홍, 장윤현, 정성일, 정지영, 정지우, 정 훈, 조재홍, 최용배, 편장완, 함순호, 홍기선, 홍형숙, 황규덕 등 모두 65인이었다.

이용관(부산영화제 이사장)은 2011년 독립영화워크숍 20주년 기념식에 보낸 축사에서 독립영화협의회의 활동을 이렇게 평가했다. "독립영화, 아니 세상 모든 영화작업의 초석은, 영화 만들기가 말할 것도 없고 영화 사유에 대한 기초를 다지는 것이며, 그 기초를 구체적 결과물로 빚어낼 인재를 키워내는 것이라는 사실을 말합니다. 독립영화협의회는 실천을 우선시하면서도, 그 실천의 토대를 이루는 이론적 성찰과 자극을 제공하기를 소홀히 하지 않음으로써 두 마리 토끼를 다 잡는 기념비적 성취를 일궈왔습니다."

한독협 결성의 효과

한독협의 출범은 이후 지역 독립영화협회 결성으로 이어지면서 전국적 연대망 구축을 촉진했다. 서울에 이어 지역의 영화운동이 조직

충무로, 새로운 물결

화에 들어가 1999년 부산독립영화협회, 2000년 대구독립영화협회, 2001년 대전독립영화협회가 잇따랐다.

2000년 8월에는 대구독협 사무국장이었던 원승환(인디스페이스 대표)이 한독협으로 옮겨오면서 조직 역량을 강화했다. 조영각은 "책도 만들고 배급 지원 사업에 더해 이미 맡고 있던 인디포럼 등 일이 많아지다 보니 사람이 필요해 원승환에게 제안한 것이었다"고 말했다.

한독협은 활동 초기인 1999년 영화진흥공사가 영화진흥위원회로 바뀌는 과정에서 위원 후보로 거론되는 충무로 원로들을 공개적으로 지목해 반대한다는 성명을 발표해 파장을 일으키기도 했다. 원로 영화인들이 반발하면서 한바탕 소란이 일었으나, 충무로 구체제와 대립하던 상황에서 적극적인 의사 표현과 소신 있는 행동을 주저하지 않던 독립영화다운 행동이었다.

2001년 안티조선 영화인 선언, 2004년 영화인 605인의 이라크 파병반대 영화 성명 등도 한독협에서 적극적으로 앞장섰다. 실무를 맡아 핵심 역할을 한 조영각은 "2001년 안티조선 영화인 선언 시기가 마침 미국에서 9 · 11 사건이 발생한 직후였다. 경찰에서 취소하냐는 전화가 왔으나 다음 날인 9월 12일 강행했다"고 말했다.

2000년대 들어서면서 조영각의 존재감은 더욱 돋보인다. 한독협 사무국장으로 왕성한 활약을 하면서 일명 '반쓰봉 사건'이라는 재밌는 일화를 남겨 영화계에 이름을 각인되기도 했다. 2000년 표현의 자유에 관한 공청회가 열렸을 때 반바지에 샌들 차림으로 참석했던 조영각을 향해 정진우 감독이 "공청회에 '반쓰봉'을 입고 오다니…"라고 못마땅한 반응을 보인 것이 언론을 통해 알려진 것이었다. 정진우 감독

한독협 초기 운영회의
_조영각 제공

은 "젊은 애가 옷차림을 그렇게 하고 와서 한마디 했던 것이다"라고
회상했다.

조영각은 "사실 무대 올라가는지 몰랐고, 당시 독립예술제를 하고
있어 매일 비 오고 그래서 반바지를 입을 수밖에 없었다. 왜 옷차림 갖
고 그러느냐, 그 자리에서 세게 말할 수도 있었지만 참았다"고 말했
다. 그 이후로 영화계에선 반바지와 샌들 차림이 유행처럼 번졌다.

한독협이 결성되면서 24년 동안 한국청소년영화제로 시작해 금관
단편영화제 등 여러 이름으로 개최됐던 한국청소년단편영화제(서울독
립영화제)의 변화도 생겨났다. 1999년부터는 한국독립단편영화제로 이
름을 바꿔 한독협과 영진위 공동 주최로 개최되기 시작했다. 이후 서
울독립영화제로 이름을 바꿔 한국의 대표 독립영화제로 성장하는 과
정에서 조영각의 헌신이 있었다.

"1999년 이효인(경희대 교수)가 집행위원장을 맡은 이후 강한섭 교수
와 함께 예심을 맡았고, 영진위가 사무국 역할을 맡아 신다영, 이상석
등 직원들이 실무 담당을 했다. 이효인이 2002년 그만두면서 그해 이
름이 바뀐 서울독립영화제 집행위원장을 자연스럽게 맡게 됐다. 한독

　　　　　　　　　　　　　　　　　　　　　충무로, 새로운 물결

협 준비부터 5년 정도 사무국장으로 있었기 때문에 이를 정리하려고 생각하다가 서울독립영화제를 맡은 이후 지금의 틀을 갖추게 됐다."

조영각은 서울독립영화제 집행위원장을 맡기 전인 2002년 당시 최연소 영상물등급위원회 위원으로 위촉됐다. 그러나 〈죽어도 좋아〉의 제한상영가 등급을 이유로 중도 사퇴했다. 표현의 자유에 대해서는 절대 양보할 수 없다는 독립영화인의 결기와 의지를 나타낸 것이었다.

20년 한국 영화운동의 값진 성과

한독협이 결성된 이후 1990년대 학생운동을 했던 이들이 하나둘 영화운동에 결합했다. 2000년대 이후 보수 정권 시절 블랙리스트에 올랐던 맹수진(영화평론가, 전 전주영화제 · 제천영화제 프로그래머)이 대표적이다. 맹수진은 "1990년대 초반 학생운동 과정에서 경찰에 검거됐다가 석방됐다. 졸업 후 비합 조직 활동을 이어가다 위험 징후가 있어 집을 나와 피신한 적도 있었고, 조직 활동을 정리하는 과정에서 건강이 안 좋아져 영화로 방향을 정했다. 당시 몸이 안 좋다 보니 할 수 있는 것이, 책 읽고 영화 보고 글 쓰는 것뿐이었다"고 회상했다.

1997년 대학원에 진학해 영화를 전공한 후 2002년부터 한독협에 가입해 활동했고 20007년 서울독립영화제 집행위원을 맡기도 했다. 맹수진은 "강혜정(외유내강 대표)과 대학 동기로 같이 학생운동을 한 사이였다. 학과는 달랐으나 같은 단과대학에 있었기에 학내 시위나 집회 현장에서 자주 마주쳤는데, 서울독립영화제 집행위원이었을 때 다시 만났다"고 말했다. 이어 "애가 둘이라는 이야기를 얼핏 듣기는 했으나 처음에는 동명이인으로 생각했었는데, 오랜만에 재회한 순간 서로 너무 반가웠다"고 덧붙였다.

1980년대 시작된 한국 영화운동은 온갖 어려움을 뚫고 1996년 부산 영화제와 1998년 한독협 결성, 1999년 영화인회의 등으로 이어지며 강고한 연대체를 구축한다. 20년 영화운동이 이뤄낸 소중한 성과물이 었다. 검열과 맞서며 정치적 외압을 거부했고, 표현의 자유 확대와 외국영화에 맞서 한국영화 사수를 위해 투쟁에 온몸을 내던졌다. 이는 1990년대 후반 시작된 한국영화 르네상스를 이어가는 동력으로 작용했다.

2000년대 들어서는 한국영화의 중심에 우뚝 선다. 1980년을 전후로 한 시기 한국영화의 변화와 영화를 통한 사회변혁을 원했던 젊은 영화인들의 꿈과 열정이 마침내 충무로를 주도하게 된 것이다.

충무로, 새로운 물결

한국영화 세계화 발판, 영화운동

2019년 칸영화제와 2020년 아카데미상을 휩쓴 〈기생충〉의 봉준호 감독, 2022년 칸영화제 감독상을 수상한 〈헤어질 결심〉의 박찬욱 감독, 2022년 에미상을 받은 〈오징어 게임〉의 황동혁 감독, 최근 한국영화를 빛내고 있는 이들 감독이 갖는 공통점 중 하나는, 다들 한국 영화운동의 영향을 받았고 그 주역으로 활동했다는 사실이다.

봉준호는 대학 재학 시절 민간 시네마테크였던 이언경(감독)의 영화공간1895를 드나들며 영화의 꿈을 키운 경우였다. 박찬욱 감독은 1985년 서강대 영화동아리 영화공동체가 만들어질 때 초기 회원 중 한 사람이었다. 황동혁 감독은 서울대 영화동아리 씨네꼼에서 활동했다.

이들 외에 〈명량〉 〈한산 : 용의 눈물〉 김한민 감독은 연세대 영화동아리 프로메테우스에서 활동했고, 〈말아톤〉 〈대립군〉의 정윤철 감독은 영화공간1895의 막내였다. 〈도둑들〉〈암살〉〈외계+인〉 최동훈 감독은 서강대 영화공동체에서 활동하며 씨앙씨에와 문화학교 서울에서 영화의 꿈을 키웠다.

이렇듯 영화운동은 한국영화의 중추적인 감독들을 키워낸 근원이자 발판이었다. 1990년대 중반 이후 시작된 한국영화 르네상스 시대를 열었고, 2000년대 한류 확산에 크게 이바지하면서 한국영화를 비약적으로 발전시킨 원동력이었다.

1980년대 전후 영화에 관심 있던 젊은이들이 프랑스문화원과 독일문화원에서 영화를 보고 대학에서 영화동아리를 만들었다면, 1990년대에 들어서는 대학 안에서의 창작 시도와 다양한 영화제, 시네마테크 활동 등이 곁들여지며 영화에 빠진 청년들에게 기회를 제공했다. 머릿속에서만 그리던 영화라는 '이상'을 '현실'로 만들어낼 수 있게 한 것이었다.

독재권력에 저항했던 한국 영화운동

1960~1970년대 미국이나 프랑스, 독일 등에서의 영화운동이 기존의 영화적 흐름에서 탈피해 새로운 형식과 내용적 변화를 가져오는 것이었다면, 한국 영화운동은 여기에 더해 특별하면서도 도드라진 특징이 있었다. 바로 독재권력과 맞서 온갖 검열과 제약을 걸어내고 투쟁을 통해 표현의 자유를 쟁취해냈다는 점이다. 외국 영화운동과 비교해 한국 영화운동이 갖는 큰 차이로, 영화의 변방에 있던 사람들이 기득권 체제와 맞서 끝내 중심을 차지한 역사적인 사건이었다. 한국영화의 변화를 원한 젊고 개혁적인 영화인들의 지속적 투쟁은, 쌓이고

쌓이면서 2000년대 이후 한국영화의 주도 세력 교체로 나타난다. 해방 이후 공고했던 충무로 구체제가 밀려나게 된 것이다.

1996년 시작된 부산국제영화제에 이어 1997년 막을 올린 부천국제판타스틱영화제, 2000년 첫발을 내디딘 전주국제영화제 등은 한국영화가 해외로 뻗어가는 창구로서의 역할을 했다. 이후 한국영화의 대외적인 위상은 한층 높아졌다. 모두가 영화운동이 이뤄낸 성과였다.

그렇지만 태생적으로 보수적인 권력에 맞서 투쟁으로 성장한 영화운동이었기에 독재적인 사고를 하는 정치권력과 부딪히는 것은 숙명과도 같았다. 한국영화 르네상스 시대를 열며 성장을 거듭하던 영화운동은 2000년대 후반 다시 집권 세력과 부딪힌다. 2008년 등장한 이명박 정권이 집권 초기 문화예술계 좌파들을 청산하겠다며 온갖 부당한 전횡을 권력의 이름으로 자행했다. 이는 박근혜 정권으로도 이어졌다.

어렵게 구축했던 독립예술영화관과 영상미디어센터의 성과가 심사 부정 논란을 일으킨 후 존재감이 사라지다시피 했고, 주요 국제영화제가 표적이 되면서 한국영화는 곳곳에서 정치권력과 강하게 충돌했다. 당시 문화예술을 짓누르려는 목적으로 자행한 '블랙리스트' 작성은 법원에서 국가범죄로 규정될 정도로 보수 권력이 세상을 군사독재 시대로 돌려놓기 위해 저지른 만행이었다. 통제와 제약의 시대로 세상을 돌려놓으려는 퇴행적 술책인 것이었다.

그러나 결과적으로 편향된 시선으로 문화예술을 대하던 수구세력들의 오만은 한국영화의 거센 반격에 기세를 잃었다. 음험한 시대로 되돌아가려는 반동적 행태에 대한 한국영화의 투쟁은 치열하면서도 끈질겼다. 어렵게 쟁취해낸 표현의 자유를 왜곡하고 무너뜨리려는 시

2014년 〈다이빙벨〉 상영으로 촉발된 부산영화제 사태에 응원을 보낸 해외 영화인들
ⓒ 부산영화제

도는 영화운동을 바탕으로 성장한 한국영화가 도저히 용납하기 어려운 구시대적 작태였기 때문이다.

영화운동의 정신은 후퇴하지 않았고 꼿꼿하게 살아 있었다. 지난 시간 강력한 저항을 통해 검열의 벽을 깨뜨렸고, 영화를 통해 노동자와 농민 등 기층 민중들의 투쟁에 함께했던 한국영화는 권력의 압박에도 주눅 들지 않고 당당하게 부딪혔다.

2014년 〈다이빙벨〉 상영 이후 검열의 망령을 깨우려 했던 부산영화제 사태는 한국영화와 보수적 정치권력 간 충돌의 정점이었다. 한국영화는 전 세계 영화인들과의 연대를 통해 이를 결연히 분쇄했다. 불편한 영화를 온갖 압박을 가해 막으려 했던 군사독재식 발상은 한국영화의 지치지 않는 저항을 이겨낼 수 없었다.

1980년대 이후 반독재투쟁에 동참해 영화의 기본적인 권리를 쟁취해냈던 영화운동의 역사를 정치권력이 너무 가볍게 본 것이었다. 일부 안타까운 희생이 따르기는 했으나 한국영화의 물러섬이 없는 저항은 표현·상영·창작의 자유를 지키기 위해 꺾일 수 없는 의지를 국내뿐 아니라 전 세계에 확인시켜줬을 뿐이다.

충무로 구체제와의 갈등에서 화해로

이 과정에서 예전 갈등했던 일부 원로 영화인들은 한국영화의 투쟁에 힘을 실어준다. 부산영화제 사태가 해소된 이후 1990년대 충무로 주도권을 놓고 치열하게 다퉜던 구체제 원로 영화인들과의 화해가 이뤄진 것은 오랜 시간 쌓였던 묵은 감정을 누그러뜨리게 됐다는 점에서 의미 있는 장면이었다.

사실 1990년대 이후 신구대결 또는 보혁대결로 충무로 내부에서 대립했던 영화운동 세력과 충무로 구체제의 갈등은 불가피한 측면이 많았다. 한국영화를 바꾸려는 진보적인 젊은 세대와 기존 체제에 안주하려던 보수적인 원로 세대의 주도권 대립은 어느 한쪽이 양보할 수 있는 성질이 아니었다. 힘과 힘이 충돌했고, 갈등과 상처는 필연적이었다.

1990년대 중반 시작된 한국영화 르네상스는 충무로의 균형추를 기울게 했다. 새로운 형식으로 의미 있는 영화를 만들어 성과를 내는 젊은 영화인들이 주도권을 갖게 된 것은 당연한 결과였다. 헤게모니 다툼에서 밀려난 구체제는 서운함이 많았던 탓에 한국영화의 현안에 젊은 세대와 사사건건 대립했으나, 흘러간 물을 되돌릴 수는 없는 것이었다. 세월이 지나 원로 영화인들이 하나둘 세상을 떠났고, 세대교체 등으로 충무로 환경이 많이 바뀌면서 진보와 보수의 극심했던 대결 구도도 완화됐다. 실력을 앞세운 개혁적이고 진보적인 영화인들이 한국영화의 주도권을 차지한 이후, 보수적인 세력은 원로들 외에는 극히 일부분에 불과했고 존재감도 적었다.

블랙리스트를 앞세운 보수 정권의 치졸한 탄압은 보수 성향의 영화인들마저 불편하게 만들었다. 한때 주도권을 놓고 갈등하기는 했으나 '표현의 자유'에 대한 공감과 함께 '영화'라는 이름으로 한 울타리에 있는 동질감이 자리한 것이다.

2018년 1월 영화제의 독립성과 상영의 자유를 지키는 과정에서 강제로 쫓겨났던 부산영화제 이용관 이사장이 복귀할 때 추천서를 쓴 것은 정진우 감독이었다. 부산영화제가 이사장 공모 절차에 들어가자 정진우 감독은 "이용관 교수는 한국 최고의 전문가로 학식과 덕망이 뛰어나기에 영화제를 이끌기에는 가장 적합하다"는 내용으로 추천서를 보냈다. 정진우 감독은 1980년대 영화인협회 이사장 경력에서 보듯 보혁 갈등 과정에서 원로 영화인들을 대표해 젊은 영화인들과 대립했던 보수 원로 영화인의 상징과도 같았다. 그러나 2014년 부산영화제 〈다이빙벨〉 상영에 대해 상영의 자유를 보장해야 한다고 말하는 등 영화인으로서 원칙적인 입장을 견지하면서 부당한 탄압을 우려했다. 1960년부터 1980년대에 이르는 군사독재 시절 자식과도 같은 필름이 무수히 잘려나가고 검열기관이나 정보기관에 불려가 영화로 인해 고초를 겪었던 경험이 작용한 탓이었다. 시대적인 한계로 인해 만들고 싶던 영화를 맘껏 제작할 수 없었던 울분을 후배들이 겪으면 안 된다는 마음가짐도 있었다.

2019년 6월 13일 저녁, 서울 이촌동의 한 일식집에 정진우 감독과 김지미 배우, 부산영화제 이용관 이사장과 오석근 영진위원장, 주진숙 영상자료원장 등이 모였다. 미국에 거주하는 김지미 배우가 한국에 들어왔던 때에 맞춰 정진우 감독이 주선한 자리였다. 한국영화의 선후배가 모처럼 만난 것으로, 옛날 갈등을 잊고 화해하자는 목적이 있었다. 한국영화의 신구세대를 대표하는 인사들이 한자리에 모였다는 것만으로도 상징적인 목적은 달성된 것이나 마찬가지였다. 화기애애한 분위기 속에 이들은 한국영화의 숨겨진 이야기를 나눴고, 지난 시절의 앙금이나 서운함의 기억은 추억으로 남기며 털어내는 분위기였다.

이 자리에서 이용관 이사장은 즉흥적으로 정진우 감독과 김지미 배우에게 부산영화제에서 두 분이 함께하는 행사를 했으면 좋겠다고 제안을 한다. 좋은 분위기 속에 두 원로가 함께하는 행사를 만들고 싶은 아이디어가 불현듯 떠오른 것이었다. 정진우 감독과 김지미 배우는 제안을 흔쾌히 수락했다. 두 사람 모두 예전 부산영화제에서 회고전을 치르기는 했으나, 부산영화제 처음 시작할 당시 영화인들이 성공을 위해 적극적으로 도왔던 기억을 떠올리며, 한 번 더 돕자고 결심한 것이었다. 한국 최고의 감독과 배우의 건재함을 보일 수 있다는 의미도 컸고, 탄압을 딛고 정상화된 부산영화제에 원로영화인들이 함께하는 상징성도 작지 않았다.

2019년 부산영화제에서 화제를 일으켰던 커뮤니티비프 '김지미를 아시나요?' 행사는 그렇게 준비됐다. 김지미 배우의 대표작 상영과 대담 등이 이어졌던 행사 준비 과정에서 정진우 감독은 프로그래머 역할을 맡아 김지미 배우가 나온 영화 중 인상 깊은 작품들을 추천했다.

2019년 7월 29일 사전 논의 등을 위해 부산을 찾았던 날. 정진우 감독과 김지미 배우는 영화진흥위원회를 방문했다. 전설적인 한국 영화 감독과 배우의 등장에 영진위는 두 팔 벌려 환영했다. 여기서 재밌는 만남이 이뤄진다. 오석근 영진위원장의 안내로 영진위 내부를 둘러보던 김지미 배우가 어느 사무실 문을 열었을 때 바로 앞에 공정환경센터장이었던 김혜준이 서 있었던 것이다. 순간 김지미 배우는 깜짝 놀라는 표정을 지으며 "내가 이 사람 때문에 고생을 많이 했다"고 한마디 했고, 순간 김혜준은 김지미 배우를 와락 껴안는다.

1990년대 충무로 신구세대 갈등 과정에서 두 사람은 적대적일 수밖에 없는 사이였다. 김혜준은 민족영화연구소에 이어 스크린쿼터감시단 활동을 했으나, 1998년 김지미 배우가 영화인협회 이사장에 재선된 이후 영화인협회 안에 있던 스크린쿼터감시단 사무실은 쫓겨났다.

영화인협회와 대립하던 진보적이고 개혁적인 젊은 영화인들이 1999년 영화인협회의 대척점에서 한국영화인회의를 만들던 때 실무를 주관했던 핵심 중 하나가 김혜준이었다. 영화진흥공사가 영화진흥위원회로 바뀌는 과정에서도 정책전문가였던 김혜준의 역할은 계속됐다.

신구세력의 충돌과정에서 대립했던 사이였기에, 20년 만의 갑작스러운 만남에 김지미 배우가 내뱉은 한마디는 그 오랜 시간의 감정을 압축한 것이었다.

당시 김혜준 공정환경센터장은 그날의 만남을 페이스북에 이렇게 기록했다.

2019년 7월 29일 부산 영진위를 방문한 정진우 감독과 김지미 배우. 김지미 배우 뒤편에 김혜준 공정환경센터장이 서 있다.

멋진 배우로 기억될 분이 근무지에 오셨다. 마침 부산에 있어서 뵐 수 있었다.

과거에 있었던 상황을 자신에게 유리한 쪽으로 기억하는 게 사람의 본성인 것 같다. 나를 보시더니 '이 사람 때문에 내가 고생께나 했지!' 하신다. 나는 얼른 반갑게 꼭 껴안아드렸다. 이분, 우리 큰누이뻘이다. 그래서 나는 스스럼 없이 이렇게 친숙함을 나타낼 수 있다.

처음부터 그랬던 건 물론 아니다. 세월이 흘렀고, 20년도 훨씬 지난 일의 시시비비를 따져서 무엇하겠나 싶어서다. 이분 처지에서는 분명 당신을 불편하게 했던 존재였던 것도 사실일 테고.

김대중 대통령과의 인연에 대해서, 영화진흥 재원 조성의 배경에 대해서 말씀하신다. 그랬다. 이 눈치 저 눈치 볼 것 없이 당당했던 배우가 만년 야당의 후보를 지지했었고, 그 후보가 대통령이 되었다. 그리고 그 인연으로 멋졌던 배우는 공직에 나섰고, 그 선택이 자신과 젊은 세대를 한때 서로 불편하게 만들었다.

어쨌든 이분은 지금도 당당하시고 멋지시다. 공직에 있는 젊은이들에게 그냥 직장 다니는 게 아니라 스스로도 영화인임을 명심하라고 말

씁하신다. 과연 귀담아들었을까? 부디 그랬기를!

100년의 역사를 만들어온 한국영화. 그 길에 60년 이상 기여해온 분들을 인정하지 않고 어떻게 현재와 미래를 이야기할 수 있겠는가?

이날 영진위가 마련한 만찬 자리에서 김지미 배우는 옆자리에 앉은 김혜준에게 몇 가지 당부를 했다고 한다. 김혜준은 "예라고 대답했다"며 이렇게 술회했다.

"이런 일은 당신이 해야지!" 몇 가지 당부 말씀에 일단 예 하고 대답 해드렸다. 못할 것도 없지 않은가 싶어서. 17세에 배우로 나서 한 시대를 풍미했던 분, 그분의 이타적 바람을 일단 받아 안고 고민해보기로 했다. 그리고 전무후무했던 문화 대통령 서거 10주기를 함께 기억하는 일도 다른 사람들과 도모해보기로 한다.

서울로 올라오는 기차 안에서 김혜준의 글을 확인한 김지미 배우는 흐뭇하게 웃는 표정을 짓는 것으로 답을 대신했다.

2019년 부산영화제. 커뮤니티비프의 주역은 김지미였다. 남포동은 김지미 배우를 보려던 관객들로 가득 찼다. 오래전 찍은 사진을 들고 직접 만나러 온 나이 든 노년 팬의 열정에 김지미 배우는 감격했고, 여전한 팬들의 사랑에 고마움을 나타냈다.

정진우 감독과 김지미 배우의 대담은 오랜 시간 쌓인 감독과 배우의 애정도 엿보게 할 정도로 반응이 좋았다. 발을 뗀 지 2년째였던 부산영화제 커뮤니티비프는 두 원로영화인 덕분에 큰 힘을 받을 수 있었다.

2019년 부산영화제 커뮤니티비프 '김지미를 아시나요' 행사 후 원로 영화인들 기념 촬영
© 부산영화제

영화운동은 현재진행형

한국영화의 진보 개혁적인 성향을 불편해하는 수구 기득권 세력들은 한국 영화계를 좌파 세력이라 지칭하고 있다. '독립영화를 독립운동하는 영화로 생각한다'는 주장도 마찬가지다. 이명박 정권 때처럼 청산의 대상으로 보는 극우적 시각도 여전히 남아 있다.

이는 냉전 시대 사고방식에 벗어나지 못한, 긴 시간 쌓여온 영화운동 정신과 한국영화 투쟁의 역사를 모르는 무지함의 반증이기도 하다. 일제강점기 독립운동을 하던 결기만큼 치열하게 권력의 부당함에 맞서고 약자의 편에서 함께했던 카메라의 특성을 전혀 모르는 수준일 뿐이다.

검열로 대표되는 온갖 통제에 맞서 자유로운 창작을 위해 싸웠던 영화인들은 1980년대 고문을 당하거나 감옥에 갇히는 상황에서도 독재 체제에 맞서왔다. 1990년대 군사독재가 불법 제작으로 덧칠해 탄압했음에도 자유로운 영화 창작을 멈추지 않았다. 〈오! 꿈의 나라〉 〈파업 전야〉 〈닫힌 교문을 열며〉는 그렇게 만들어졌다.

당시 불법 비디오를 통해 퍼졌던 해외 예술영화는 시네마테크 운동이 저변을 넓히며, 지금 한국영화 발전의 훌륭한 밑거름이 됐다.

기득권 체제에 맞선 비판적인 사고는 한국영화가 발전하는 데 필수적인 요소였고, 검열 철폐와 표현의 자유를 쟁취할 수 있었던 힘이었다. 민주화가 약한 나라들에서 영화산업이 발전할 수 없는 근본적인 원인이 정치권력의 압박에 굴복하기 때문인데, 한국 영화운동은 이를 깨뜨린 것이다.

1980년 이후 40년이 넘는 시간이 지났으나, 지금도 한국영화 세계화의 바탕인 영화운동은 여전히 진행형이다. 부당한 권력의 압박에도 꺾이지 않고 약자들과 연대하며 '영화로 세상을 바꾸자'는 정신을 실천하고 있기 때문이다.

그리고 이 역사는 계속 발전해 나가야 할 것이다. 한국영화의 자랑스러운 자산으로서 영화운동의 역사를 새겨야 할 이유다.

충무로, 새로운 물결

한국 영화운동의 개척자 홍기선을 기리며

한국 영화운동 역사에서 홍기선(감독)은 특별하다. 서울대 얄라셩의 초대 회장으로서 영화운동의 출발점이었다. 1980년 5월 광주민중항쟁 이후 단순한 문화적 소비가 아닌 의식에 영향을 미치는 도구이자 사회변혁운동의 수단으로의 영화의 역할이 강조되기 시작할 때, 그 맨 앞에 홍기선이 있었다. 그래서 홍기선을 말할 때는 항상 영화운동 1세대라는 수식어가 따라붙는다. 1979년 서울대 공대 재학 시절 같은 공대생이었던 김동빈(감독), 문원립(동국대 교수)과 함께 시작한 영화연구회 얄라셩 이후, 일관된 삶을 살아왔기 때문이다. 그에게 영화는 잘못된 권력에 맞서고 사회를 변화시킬 무기였다.

홍기선은 1957년 강원도 원성(현 원주)에서 아버지 홍현우와 어머니 이성필 사이의 5남 2녀 중 막내로 출생했다. 아버지는 일제강점기 때 면서기를 했고 이후 학교 서무과장, 수리조합장을 하다 서울로 이사온 뒤 족보 대필 등을 했다고 한다. 홍기선의 조카인 안동규(제작자, 영화세상 대표)는 "조부 때는 부농으로 독립운동 자금도 지원해 지역의 학교에 공덕비가 세워졌을 정도였다"고 말했다.

원주에서 자란 홍기선은 원주초등학교를 졸업하고 1970년 양양 현남의 현남중학교에 입학했다. 이듬해인 1971년에는 철원의 신철원 중학교로 전학했다. 이사가 잦았는데, 초등학교 선생님이었던 맏형의 부임지를 따라 다니며 살았기 때문이었다. 홍기선은 큰형과 20년 이상 터울이었다고 한다. 이 때문에 친구가 많이 없어서 한국문학전집 등 많은 소설을 읽으며 습작을 시작했고, 중학교 시절 백일장에서 많은 상을 받기도 했다. 특별히 좋아했던 것은 소설가 손창섭 작품이었다.

1973년 서울 경복고등학교 입시에 실패한 홍기선은 1년 동안 진학에 관한 특별한 계획 없이 고학 생활을 하는 형들과 마찬가지로 명동에서 신문 배달을 하며 틈틈이 도서관과 극장을 들락거렸다. 생전 이 시기 기억에 남는 영화로 꼽은 것은 〈젊은이의 양지〉〈볼사리노〉〈미망인〉 등이었다.

1977년 서울대학교 공과대학 원자력공학과에 입학한 홍기선은 1979년 서울대 학보인 『대학신문』에 나온 광고를 보고 서울대 출신 이봉원 감독이 주선한 얄라셩 모임에 참여했다. 하지만 얼마 안 돼 모임의 활력이 떨어지며 흐지부지되려던 상황에서 김동빈, 문원립 등과 함께 당시 영화청년들의 필수코스였던 프랑스문화원과 독일문화원을 찾아다녔다. 여기서 강한섭(서울예대 교수, 작고) 전양준(전 부산영화제 집행위원장) 등을 만나게 된다.

안동규(제작자, 영화세상 대표)는 "비슷한 시기에 삼촌과 프랑스, 독일 문화원을 같이 오고 갔다"며 "삼촌이 종종 집에 왔고, 공동 관심사가 영화에 대한 것뿐이었다"고 말했다. 1985년 경희대 영화서클 그림자 놀이를 만들어 초기 대학 영화운동을 주도했던 안동규는 홍기선과 같은 영화운동 1세대였으나 영화에만 집중하는 삼촌을 다소 못마땅하게 생각했다. "서울대 원자력공학과는 졸업하면 보통 이상의 대우를 받을 수 있는 자리인데, 자기 전공을 살려서 평범한 삶을 살았으면 했다"는 것이었다.

물론 안동규는 일찍 충무로 활동을 시작했기에 필요한 도움을 아끼지 않았다. 홍기선의 영화 제작과 〈오! 꿈의 나라〉의 일본 상영에 역할을 했다. 그러나 "가까운 친척으로서 집안 사정을 잘 알았기에 삼촌의 삶을 마냥 긍정하기는 어려운 위치였다"고 회상했다.

홍기선은 문화원을 오가던 시기 장길수 감독의 단편 〈환상의 벽〉 제작에도 참여했다. 장길수(감독)는 "독일문화원의 도움을 받아 〈환상의 벽〉을 촬영했는데, 엔딩 크레딧에는 올라 있지 않으나 당시 시나리오를 쓴 게 홍기선이었다"고 말했다.

'서울의 봄'으로 영화운동에 투신

1980년 공릉동에 있던 서울대 공대가 관악캠퍼스로 이전한 뒤 얄라성은 서울대 정식 서클(동아리)로 등록할 수 있게 됐다. 초대 회장을 맡았던 홍기선은, 영화를 관람하고 비평하는 수준을 넘어 서클 활동으로 여러 단편영화들을 직접 제작하기도 했다. 이때 만든 영화가 홍기선에게 새롭고도 흥미로운 경험이었던 것으로 보인다. 그는 2005년 한국영상자료원이 제작한 다큐멘터리 〈격동의 시대를 뛰어넘은 반란의 기록들-1970, 80년대 한국독립영화사〉에서 당시의 영화작업에 대해 이렇게 회상했다. "어떻게 보면 당시 학생들에게 정권, 사회에 대한 부담감 등의 고민이 있었는데, 이런 것을 학생 차원에서 순수하게 표현하고 30분 정도 분량으로 음악과 녹음 대화를 직접 넣어서 하는 게 처음이었기에 그것 자체가 신기했다. 영화라는 게 우리가 전혀 개인적으로 만들 수 없는 매체로 생각했는데, 10만 원 이내로 필름을 사고 현상을 맡기고 편집하고 음악과 음향을 입히고 녹음하고 상영하는 게 희열이라고 할까? 영화에 빠지게 되는 계기였다."

홍기선은 『한국의 영화감독 13인』(이효인, 1994) 인터뷰에서는 영화를 선택한 이유를 이렇게 설명했다. "대학 시절 아르바이트를 할 때 프랑스문화원에 자주 다녔어요. 그때 영화를 자주 보면서 익숙해졌죠. 그리고 얄라성에서 영화를 만들면서 취미를 붙였고 군 제대 무렵 결정을 했습니다. 또 당시의 대학 분위기가 전공 관련 학업에만 치중하도록 허락되지 않았고 그래서 점차 영화에 매력을 느껴 선택하게 된 것 같습니다."

영화에 흥미를 느끼던 홍기선이 본격적으로 영화운동에 뛰어든 계기는 1980년 5월 '서울의 봄'이었다. 박정희 독재가 무너진 이후 민주화를 요구하던 서울 지역 대학생과 시민들은 1980년 5월 15일 서울역 앞으로 집결했다. 홍기선의 부인 이정희(시나리오 작가)는 "홍기선이 '1980년 서울의 봄 당시 대학생들이 서울역 앞까지 진출했을 때 8mm 카메라로 그 장면을 촬영했다'고 한다"면서 "당시 현장에서 상황을 다 지켜보고 기록한 입장에서 현실을 외면할 수 없었다는 말을 들은 적이 있다"고 전했다. "서울영화집단 활동에 참여하고, 사회비판적 영상을 만든 것은 (영화를) 사회변혁을 일으킬 수 있는 무기 같은 것으로 생각했다"는 것이다.

충무로, 새로운 물결

이정희에 따르면 1980년 서울역 상황을 생생하게 기록한 필름은 유실됐다고 한다. "홍 감독이 '언젠가 경찰서에 다녀오니 영화 관련 공간이 다 털렸고, 그 필름도 없어졌다'고 했다. 그 얘기만 나오면 '지금이라도 찾으면 좋겠다'고 할 만큼 아쉬워했다"고 말했다.

1980년 군에 입대한 홍기선은 1982년 제대 후 1983년 4학년에 복학해 얄라셩 활동과 서울영화집단 활동을 병행한다. 이는 변혁운동으로서의 영화를 지향하는 행동의 일환이었다. 이때 후배들과 함께 단편영화 〈출구〉 제작에 참여했다. 서울영화집단이 공동 집필한 『새로운 영화를 위하여』를 발간할 때 주도적인 역할을 했으며, 졸업 후에는 아예 상근 활동가를 맡아 서울영화집단에만 집중했다.

김동빈(감독)에 따르면 1981년 초기 얄라셩 회원들이 취직·유학·군 입대 등으로 학교를 떠난 후, 영화라는 구심을 갖고 싶었기에 만든 것이 서울영화집단이었다. 초기에는 박광수(감독), 송능한(감독)이 중심이었다가 박광수가 유학을 떠난 이후 홍기선이 지탱해 나갔다. 서울영화집단 사무실에서 숙식할 만큼 홍기선 자체가 서울영화집단이었다. 홍기선 감독이 단편영화 작업을 이어갈 수 있었던 거점이기도 했다.

다만 초기 서울영화집단에서 활동에 대해 배인정(노동자뉴스제작단 대표)은 "홍기선 형은 자기 영화에만 집중할 뿐 조직을 꾸리는 데는 큰 관심이 없어 보였다"고 평가했다. 『새로운 영화를 위하여』 발간 이후에는 1주일에서 한 달에 한 번 정도 정기적으로 만나서 대화를 나누다가 흩어지는 단순한 만남의 연속이었다고 한다.

그러나 부인이자 조력자로 동지였던 이정희(시나리오 작가)는 "홍기선은 조직에 관심이 없지 않았다. 오히려 조직을 위해, 자기가 그 자리를 비켜줄 정도로 희생적이었다"고 강조했다.

홍기선의 서울영화집단은 당시 재야 문화운동단체인 민중문화운동 협의회에 소속돼 있었던 것을 바탕으로 광주 지역 문화예술인들과 연결되면서 교류했고, 이는 광주 영화운동에 직접적인 영향을 끼치며 박관현 열사 다큐멘터리 제작으로 이어지기도 했다. 이정희는 "홍기선이 광주의 박효선(전 극단 토박이 대표, 작고)과 알고 있었다"고 회상했다.

1985년 겨울 홍기선이 홀로 지키던 서울영화집단에 이효인이 합류한 것은 큰 변화였다. 이정하(전 영화평론가)와 변재란(서울여성영화제 조직위원장, 순천향대 교수) 등이 참여했고, 이전 서울영화집단 회원 등이 재결합하면서 1986년 10월 서울영상집단으로 서울영상집단으로 확대됐다. 그러나 파랑새 사건으로 인해 출발한 지 얼마 안 된 서울영상집단 활동은 사실상 끝나게 된다. 당시 공안기관은 고문을 가하며 압박했음에도 찾던 혐의가 나오지 않자 다른 죄를 덮어씌우면서 기소한 것인데, 홍기선과 이효인은 영화법에 따른 첫 구속이라는 기록을 남기게 됐다.

이정희에 따르면 "홍기선은 영화법 위반으로 재판을 받았으나 당시 영화법으로 처벌받는 경우가 드물다 보니 감옥에 수감된 다른 죄수들이 '대체 영화법이 뭐예요?'라고 물으며 특별하게 대했다"고 한다.

하지만 홍기선, 이효인의 구속이 결과적으로 대학 영화운동 조직인 단체인 '대학영화연합'의 결성으로 이어진 것은 뜻밖의 성과(!)였다. 의도하지 않았는데 대학 영화운동 연대조직 건설의 산파역을 맡은 것이었다.

충무로, 새로운 물결

장산곶매의 구심점

1987년 6월항쟁 이후 홍기선은 단편영화를 중심으로 했던 영화운동이 한 단계 더 나아가 장편영화를 구상하는 과정에서 1988년 장산곶매에 합류해 대표를 맡게 된다. 〈파업전야〉를 연출한 장동홍(감독)은 "홍기선이 특유의 성정과 리더십으로 후배들을 모았다"며 "후배들의 영화를 봐주고 조언해주는 등 도움을 줬고, 공수창과 함께 직접 〈오! 꿈의 나라〉 시나리오를 썼다"고 말했다.

장산곶매에서 만난 이후 홍기선 감독 작품의 촬영을 전담했던 오정옥(촬영감독)은 "홍기선(감독)은 영화를 자기 삶으로 살았던 분이었다"고 평가했다. 일관된 자세로 영화와 삶을 일치시켰다는 것은 홍기선에 대한 주변 지인들 다수가 공통으로 인정하는 부분이기도 하다.

오정옥에 따르면 장산곶매에서 활동 당시 홍기선은 회의를 싫어했다고 한다. "〈오! 꿈의 나라〉 제작 과정에서 매일 회의를 했는데, 홍기선의 지론은 영화로 말해야 한다는 것이었다"며 "다른 집단에서도 회의가 많아 대부분 조직이 골치 아팠다고 들었는데, 영화 만드는 데 에너지를 써야 하는데 사상적이고 철학적인 학습과 회의에 몰두하는 것을 마땅치 않아 했다"고 말했다.

이정희도 "홍 감독의 지론은 '영화 집단은 영화로 말해야 한다. 이론이 아니라 작품으로!'였다. 토론이 나쁘다는 것이 아니고, 토론만 하고 영화를 만들지 못할 것을 경계했다. 영화는 옳고 그름이나 논리가 아니라, 인간을 감동하게 해서 변화시키는 것이기에, 단지 논리만 강조하는 것은 아니라는 것이었다"고 설명했다.

홍기선은 〈오! 꿈의 나라〉 상영 과정에서 예술극장 한마당 대표였던

〈오! 꿈의 나라〉 촬영 현장. 왼쪽부터 김동빈 감독, Kurt Reinken 배우(스티브 역), 홍기선 감독
_장산곶매 제공

유인택(전 예술의전당 대표)과 함께 영화법 위반으로 고발됐으나 결과적
으로 이후 검열 제도에 대한 문제 제기가 이어지는 발판이 됐고, 일제
강점기 이후 70년 넘게 이어지던 검열을 무너뜨리는 데 결정적인 역
할을 하게 됐다. 다큐멘터리 〈격동의 시대를 뛰어넘은 반란의 기록들
—1970, 80년대 한국독립영화사〉에서 홍기선은 "재판이 8년이 걸렸으
나 결과적으로 헌재에서 사전심의가 검열로 인정돼 없어지는 계기였
다"고 자평했다.

1980년대 말 영화운동이 만든 광주민중항쟁 영화 〈오! 꿈의 나라〉
는 탄압 속에서 성공을 거두면서 장산곶매는 차기작인 〈파업전야〉 제
작에 들어갔다. 홍기선은 더 큰 성취가 가능한 상황인데도 뜻밖의 선
택을 한다. 장산곶매를 떠난 것이다. 충무로에 가서 계속 영화운동을
하겠다는 뜻이었으나, 후배들에 대한 배려도 작용했다.

이정희는 "자기를 위해 나온 게 아니라 조직을 위해 자리를 내준 것이고, 나왔으니 자기도 작품을 할 방법을 모색한 것이었다"고 말했다. "홍기선 감독은 자신이 빠지는 게 도움을 주는 것으로 생각했었다. 이은에 대한 깊은 신뢰와 함께 그 똘똘함을 아끼는 한편으로 예술적 재능이 있는 장동홍 감독이 연출을 맡는 게 제일 좋겠다고 생각했으나, 다른 후배들도 있다 보니 직접 하라고 이야기를 못 했다고 한다."

오정옥은 "홍기선 감독이 장산곶매가 자기주장 강한 사람들 중심으로 가는 것에 대해서는 걱정하는 면도 있었다"면서 "당시 공동 연출 시스템에서 장동홍(감독)이 책임연출을 맡았던 것은 1980년 군사독재 시대에 부족했지만 어쩔 수 없는 선택이었고, 우리 영화는 그렇게 만들어졌다"고 회상했다.

또한 "충무로에서 활동하며 영화 〈선택〉의 콘티(continuity, 영화나 텔레비전 프로그램의 촬영을 위해 각본을 기본으로 장면의 구분, 출연자의 동작 및 대사, 음향 등 필요한 모든 사항을 기록한 것) 짜는 과정에서 홍기선이 '장산곶매는 프로덕션 개념의 조직으로 영화를 계속 만드는 단체로 성장했으면 좋았을 것 같다'고 아쉬움을 토로한 적도 있다"고 덧붙였다.

장동홍(감독)은 "가장 좋아했고, 지금까지 내 마음속에 있는 형이 홍기선 감독인데, 속마음은 몰랐고, 충무로로 가겠다는 형에게 가지 말고 같이 작업하자고 했었기에 서운함이 있었다"고 회상했다. 이어 "후배들을 위해 용퇴한 것으로 볼 수 있는데, 조금 더 많은 대중과 만날 수 있고 더 큰 꿈을 펴 보이고 싶은 심정이었던 같다"면서 "장산곶매의 산파역으로 틀을 만들어놓고 충무로로 간 것이기에 돌이켜보면 잘한 선택이었다"고 평가했다.

리얼리즘 추구한 감독

홍기선은 장산곶매를 떠난 후 첫 장편영화인 〈가슴에 돋는 칼로 슬픔을 자르고〉 제작에 들어갔다. 1990년 만난 이정희와는 영화 제작을 함께하고 1992년 결혼하게 된다. 이정희는 대학 졸업 후 1988년 극단 현장의 창단 멤버로 활동하고 있었는데, 민족영화연구소와 같이 쓰게 된 1990년 염창동 극단 현장 사무실 입주 행사 때 손님으로 왔던 홍기선이 사귀자고 해 만나게 된 것이었다고 한다.

충무로에서 홍기선은 철저한 사실주의를 추구했던 감독이었다. 한국의 켄 로치로 불리기도 했다. 오정옥은 "홍 감독은 중간에 사람들을 위로 올리는 역할을 했다. 리더보다는 〈선택〉의 김선명 선생과 같이 중간에 있는 사람들을 영화적으로 그려내길 원했다"고 말했다. 아울러 "홍기선이 리얼리즘을 중요시했다"며 "〈가슴에 돋는 칼로 슬픔을 자르고〉 제작 당시 새우잡이로 끌고 가는 섬에서 영화를 촬영할 때 실제로 배에서 고기를 잡았다"고 회상했다. 또한 "새우잡이 배에서 촬영할 때도 사실적으로 그려내려고 무던히 애썼는데 충무로 스태프들과 갈등으로 우리 주변의 후배 동생들이 참여해 완성하는 데 일조했다"며 "그

홍기선 감독 장편
데뷔작 〈가슴에 돋는
칼로 슬픔을 자르고〉의
한 장면 ⓒ 영필름

때 촬영 중에 홍 감독님이 '아휴, 이제 살 것 같다'고 했던 기억이 난다. 그때 들은 이야기를 생각해보면 홍기선 감독이 영화언어와 정신적인 것, 그리고 돈에서 갈등이 있지 않았나 짐작이 든다"고 말했다.

이정희는 "〈선택〉에서 장기수 김선명(김중기 배우)이 감옥 안에서 배가 고파 쥐를 잡아먹는 장면이 나온다. 스태프들은 형식적으로 촬영하자고 주장했으나 홍기선은 제대로 찍어야 한다면서 쇠고기를 쥐 모양으로 만들어 직접 먹게 했을 만큼 리얼리즘을 실천했던 감독이었다"고 평가했다. 이어 "배우들을 최대한 편하게 대해줬고, 연기자들에 대해 트집을 안 잡고 칭찬하는 것은 배려심이었다. 사전 리허설을 많이 했기에 촬영할 때 소리지를 일이 없었던 데다 시간 약속을 잘 지켰다"고 말했다.

오정옥은 "〈선택〉의 쥐 잡아먹는 장면에서 홍기선 감독이 영화를 위한 살생을 반대했다며 살아 있는 쥐를 먼저 촬영하고 쇠고기를 사 와서 먹는 것을 촬영했다"고 뒷이야기를 전했다.

홍기선의 첫 번째 35mm 장편영화 〈가슴에 돋는 칼로 슬픔을 자르고〉는 미학적으로 높은 성과를 거둔다. 프랑스 낭트영화제와 이탈리아 산레모영화제에 초청을 받았고, 1993년 영화평론가협회상 시상식에서 각본상과 신인감독상을, 백상예술대상에서는 각본상을 이정희와 함께 수상했다. 하지만 첫 작품의 주목에도 불구하고 다음 작품인 〈선택〉이 나오기까지 10년이라는 시간이 걸렸다. 『씨네21』(2001.3.21)은 "첫 작품이 평단에서 좋은 반응을 얻었지만, 홍기선은 흥행영화를 기획하는 영화사와 타협하는 감독이 아니었다"며 "몇 차례 연출 제의를 받았지만 자기 색깔을 고집했다"고 전했다.

몇 차례 기획했던 작품이 엎어진 후 홍기선은 1995년 세계 최장기수감 기록을 세우고 석방된 비전향 장기수 김선명에 대한 관심을 갖게 된다. 남동철(부산영화제 프로그래머)은 『씨네21』 기사에서 〈선택〉과 홍기선을 이렇게 기록했다.

> 1997년에 시나리오를 쓴 〈선택〉은 감옥에서 보낸 45년 세월을 시대 순으로 보여준다. 군사분계선에서 정찰 임무를 수행하다 체포돼 특무대의 고문을 받는 순간부터 진행되는 이 영화는 현대사의 비극에 어떤 포장도 입히지 않는다.
>
> 홍기선은 "어떻게 한 인간이 45년을 감옥에서 버틸 수 있었을까" 하는 호기심에서 작업을 시작했다"고 말한다. 직접 김선명 씨를 만나 취재하는 과정도 쉽지는 않았다. 연로한 탓에 2시간쯤 얘기하면 피곤해서 말을 잇지 못하는 경우가 많았고 과거에 대해 좀처럼 입을 열지 않았기 때문이다.
>
> 홍기선은 "나 같으면 쉽게 한 장 써줄 수 있을 것 같은데 어떻게 견뎌올 수 있었을까. 그것은 이념이나 신념만으로 설명하기 힘들다. 자기와의 약속이며 같이 감옥에 있던 동지에 대한 사랑이며 강압적 상황에 대한 저항이었다. 그를 영웅화하는 게 아니라 세계 어디도 그렇지 않은데 우리만 아직 이념의 사슬에 매여 있는 상황을 그리고 싶다"고 말한다.
>
> "모두가 돌려서 얘기하는 영화만 하잖나."

홍기선의 작품들은 늘 사회문제와 민중들의 삶에 주목했다. 실제 사건을 영화화한 세 번째 작품 〈이태원 살인사건〉(2009)은 미국인 범죄자를 처벌하지 못한 문제를 일깨우며 사회적 반향을 일으켰다. 결국에는 진범이 한국으로 송환돼 처벌받게 한다. 인권영화 프로젝트에 참여했고, 마지막 작품이 된 〈1급기밀〉까지 사회적 문제에 영화로 부딪히는 것이 홍기선의 특징이었다.

장동홍은 "홍기선 감독은 심성이 여리고 인간관계도 좋았고, 따뜻한 분이었다. 그러나 영화만큼은 단호했다. 비전향 장기수 이야기 〈선택〉을 타협 없이 밀어붙인 것에서 볼 수 있듯 사적인 관계에서는 부드러운데 영화만큼은 독하게 밀고 갔고, 그게 훌륭한 점이다"고 평가했다.

낭희섭(독립영화협의회 대표)은 "선배가 아닌 형으로 남아 있는 인물이 몇 안 되는데, 독립영화의 자산으로 영원히 남아 있는 것이 홍기선 형이다"라며 "영화운동에서 홍기선 형을 존경할 수 있었던 것은 현실에 타협하지 않고 나름대로 원칙을 지키며 언행일치의 삶을 살았기 때문이다"라고 말했다.

홍기선은 연출 외에 시나리오 작업이나 비평에도 능력을 발휘했다. 1980년 전양준, 강한섭 등과 함께 비평지 『프레임』을 발행했고, 『영화촬영술』이라는 번역서도 출간할 정도로 제작과 비평, 기술적인 문제에도 관심을 기울였다. 얄라셩과 서울영화집단에서 함께했던 선배 김홍준(한국영상자료원장)은 "사람들이 잘 모르는데, 홍기선이 평론을 잘 썼다"고 회고했다.

오정옥은 "홍기선의 영화적 화두는 시대정신뿐만 아니라 표현하지 못하는 사랑도 있었다. 홍기선의 삶이 행복하고 윤택한 생활이 있었는지는 모르지만, 영화 인생으로는 자기 언어와 화두를 내려놓지 않은 우리가 기억해야 할 영화감독이다"라고 강조했다.

홍기선은 『한국의 영화감독 13인』(이효인, 1994)에 실려 있는 인터뷰에서 '인간 사회가 개선될 것이라고 생각하는지, 영화는 할 일이 있는지요?'라는 질문에 이렇게 답했다.

유작이 된 〈1급기밀〉 촬영 현장의 홍기선 감독 ⓒ 미인픽쳐스

"자본주의라는 사회가 인간을 개인화시키고, 경쟁시키는 것이기 때문에 인간 사회는 더욱더 악화될 것이라고 봅니다. 하지만 인간성에 대한 희망을 버리지 않아야 할 것이며 영화는 바로 그러한 희망에 관해 말하는 것입니다."

한국 영화운동의 발판을 놓았던 홍기선 감독은 〈1급기밀〉 촬영을 마친 직후인 2016년 12월 15일 타계한다. 〈1급기밀〉은 유작이 됐다.

서울영상집단에서 홍기선과 활동했고, 수감 때 옥바라지를 했던 변재란은 "홍기선 감독은 우리에게 정말 특별한 사람이고, 그는 굽히지 않고 정말 끈질기게 자기 길을 걸어왔다. 그 길이 어땠는지는 필모그래피가 말해준다"며 "선배라는 이유로 '형은 대단한 사람이야', '우리에게 참 특별한 사람이야' 이런 말 한마디 못 한 것이 그저 가슴이 아프고 마음을 저민다"고 안타까움을 전했다.

이정희는 "홍기선 감독의 삶이 남의 인생을 많이 바꿔놓고, 없는 길을 만들어서 간 특징이 있다"며 "파랑새 사건으로 함께 수감 생활을 했던 이효인을 아꼈고, 이정하가 절필을 선언했을 때는 '너무 마음이 아프다'며 안타까워했다"고 말했다.

삶과 영화가 일관됐던 고 홍기선 감독은 시대의 진정한 리얼리스트이자 거인으로 한국 영화운동의 출발점이자 중심이었다.

'**독립영화사**' 보다는 '**영화운동사**' 라고 표현한다. 한국 독립영화의 출발점이기 때문에 독립영화사로 보는 관점도 많지만, 충무로 밖(독립영화)에 머물던 젊은 영화인들이 상업영화로 나아가 마침내 한국영화의 중심인 충무로를 장악한 것이기에 영화운동사라고 하는 것이다. 젊은 평론가들이 가세한 한국 영화운동은 20년이라는 시간 동안 많은 성과를 나타내며 충무로의 환경을 크게 변화시켰다. 변방에서 중심을 차지한 역사이기에 한국 영화운동사를 한 줄로 요약하라고 하면 "진보 개혁적 영화인들의 충무로 헤게모니 쟁취"라고 할 수 있겠다.

사전 취재를 시작한 게 2015년 즈음이었다. 처음 쓸 때는 200자 원고지 40~50매 분량으로 대략 열 번 정도면 끝날 것으로 생각했다. 긴 글이 될 거라고 생각하지 않았다. 결과적으로 오판이었다. 하나의 주제가 100매를 넘는 것은 기본이고 200매를 넘어설 때는 한숨만 나왔다. 한국 영화운동을 너무 쉽게 봤다고 자성했다. 대략 1년 안에 끝날 것으로 생각했는데, 시간은 끝없이 늘어졌고 취재와 집필에 7년 시간이 걸렸다.

디테일에 초점을 맞췄다. 알려진 내용보다는 이면의 이야기도 집중했다. 나중에 연구하는 사람들이 조금이라도 편할 수 있게 길잡이 역할을 하자고 생각 때문이었고, 세세한 취재는 필수적이었다. 인터뷰와 기존 기록 확인, 팩트체크 과정에서 조금이라도 다른 의견이 나오면 교차 검증하고 인터뷰 당사자들에게 서술된 문장에 대해 감수를 받았다.

간혹 더 취재해야 할지 고민하는 부분들이 있었다. 하지만 여러 비어 있는 공간은 다른 연구자들이 채우는 게 낫다고 생각했다. 그래야 다양한 시선에서 풍성한 영화운동사 사료가 될 수 있다고 믿기 때문이다.

15년 넘게 쌓인 취재원이 자산이었다. 영화 현장을 취재 다니면서 다양한 취재원을 만났는데, 영화운동사를 정리하는 과정에서 흔쾌히 인터뷰에 응해주고 어딘가 묻혀 있던 자료를 찾아서 건네주셨다. 이럴 때는 보람이 컸다.

1990년대 〈파업전야〉〈닫힌 교문을 열며〉〈어머니, 당신의 아들〉이 상영되는 현장에 있었던 것과, 1980년대 후반부터 1990년대까지 영화 운동의 흐름을 눈여겨 봤던 기억, 1996년 시작된 부산국제영화제 1회 부터 빠짐없이 현재까지 개근하면서 겪었던 여러 에피소드, 오랜 시간 모아놓은 자료들은 밑천이 됐다.

그렇더라도 처음에는 어떻게 써야 할지 막막했는데, 사전 취재 과정에서 길잡이 역할을 해주신 안정숙 전 영진위원장님과 안동규 대표님의 조언은 큰 도움이 됐다.

특히 1970년대 암흑의 시기 실험영화의 선구자가 되신 한옥희 감독님께 특별한 존경과 감사를 드리고 싶다. 당시 작품을 보면서 답답한 시대를 영화로 견디며 살아냈던 한옥희 감독님의 대단함이 와닿았다.

취재 과정에서 아낌없는 자문과 취재 대상자 연결 등 여러 도움을 주신 모든 영화인에게 감사 드린다.

엔딩크레딧

인터뷰 및 취재 도와주신 분들

▮ 1950~1990년대 한국영화 역사 : 정진우 감독

▮ 카이두클럽 : 한옥희 감독

▮ 영상시대 : 김호선 감독, 이세민 감독, 김종원 평론가

▮ 독일문화원 · 프랑스문화원 : 전양준 전 부산영화제 집행위원장, 이정국 감독, 권영락 대표, 안동규 대표, 김의석 감독, 신철 부천영화제 집행위원장, 전찬일 평론가, 이덕신 감독

▮ 서울대 얄라셩 : 김홍준 감독, 김동빈 감독, 김인수 대표, 이상빈 감독, 신종관 대표, 정미 부산영화제 프로그래머

▮ 서울영화집단 : 황규덕 감독, 변재란 교수

▮ 1984년 작은영화제 : 장길수 감독, 정재형 교수

▮ 여성영화운동 : 주진숙 전 영상자료원장, 채윤희 영등위원장, 이혜경 전 서울국제여성영화제 이사장, 변재란 서울국제여성영화제 조직위원장, 김소영(김정) 감독, 심재명 대표, 변영주 감독(바리터), 권은선 교수(바리터), 주유신 교수, 김영 피디(바리터), 김소연 피디(바리터, 한양대 소나기), 황윤정 피디(보임)

▮ 1987년 영화인 시국선언 : 정지영 감독, 안동규 대표

▮ 독립프로덕션 및 기획영화 : 강우석 감독, 신철 부천영화제 집행위원장, 김유진 감독, 유인택 전 예술의 전당 대표, 안동규 대표, 방은진 감독

▮ 장산곶매 : 이은 대표, 이용배 교수, 신종관 대표, 강헌 대표, 이재구 감독, 공수창 감독, 장동홍 감독, 오정옥 촬영감독, 이덕신 감독, 낭희섭 독립영화협의회 대표

▮ 민족영화연구소 : 이효인 교수, 이수정 감독, 김준종 부천영화제 사무국장, 김

혜준 전 영진위 사무국장

❎ 대학 영화운동 : 정병각 감독 · 김시천 소장(고려대 돌빛), 안훈찬 피디(연세대 영화패), 김태균 감독 · 주경중 감독 · 장기철 감독 · 장광수 영진위 차장(외국어대 울림), 안동규 대표(경희대 그림자놀이), 김경형 감독(경희대 학보사), 조재홍 감독 · 이정향 감독 · 배병호 감독 · 박진형 프로그래머(서강대 영화공동체), 황혜란 · 조윤정 피디(이화여대 누에), 임유철 감독(성균관대), 허은광 DMZ국제다큐멘터리영화제 사무국장(서대영연), 김소연 · 김연준 · 김동숙(한양대 소나기), 송낙원(건국대 햇살)

❎ 영화마당 우리 : 낭희섭 독립영화협의회 대표, 김영진 교수

❎ 영화공간1895 · 이언경 : 이하영 프로듀서, 정재필 배우, 이윤진 피디, 장정숙 피디

❎ 씨앙시에 : 손주연 대표, 고명욱, 박지만 촬영감독

❎ 문화학교 서울 : 최정운 대표, 조영각 피디, 곽용수 대표

❎ 코아아트홀 시네마 라이브러리 : 정미 부산영화제 프로그래머, 최선희 영상자료원 사무국장, 강성률 광운대 교수

❎ 영화제작소 청년 : 이상인 감독, 정윤철 감독, 김조광수 감독, 정지우 감독

❎ 노동자뉴스제작단 : 배인정 대표, 김명준 미디액트 소장, 태준식 감독

❎ 한국영화아카데미 검열반대 투쟁 : 장기철 감독, 김은주 감독

❎ 충무로 '노동인' : 권칠인 감독, 이정향 감독

❎ 영화인회의(한국영화기획실모임 · 한국영화제작가협회) : 이춘연 대표, 정지영 감독, 유인택 전 예술의전당 대표, 안동규 대표, 채윤희 영등위원장, 심재명 명필름 대표, 문성근 전 평창국제평화영화제 이사장, 명계남 배우

❎ 미국영화 직배 반대 및 스크린쿼터 감시단 : 양기환 대표, 김혜준 전 영진위 사무국장, 이수정 감독(이정하 전 영화평론가)

❎ 5월 광주 영화 : 김태영 감독, 이정국 감독, 주경중 감독

❎ 1990년대 서울영화제 연구 : 신톡(신동기) 감독

❎ 삼성영상사업단 · 서울단편영화제 : 김은영 추계예대 교수, 김범식 프로듀서

❎ 영화공장 서울 : 김태균 감독, 오석근 감독, 박기용 감독, 차승재 대표, 남재봉 감독, 한결 피디

❎ 부산 영화운동(부산영화제) : 이용관 부산국제영화제 이사장, 오석근 감독, 허

현숙 선생, 강기표 대표, 방추성 대표, 이진수 건축가, 황의완 대표, 김
상화 부산국제어린이청소년영화제 집행위원장, 안태영 한국홀덤 이사.
조성봉 감독, 김희진 감독, 강소원 부산영화제 프로그래머, 양정화 대
표, 박미경 프로그래머, 최낙용 대표, 심정숙 전 부산교육감 비서실장,
최진호 감독, 양종곤 부산영상위원회 사무국장, 김선민 편집감독, 박성
호 부산영화제 프로그래머, 신강호 교수

▮ 광주 영화운동 : 김선출 전남문화재단 대표, 김윤기 전 광주문화재단 대표, 유
인택 경기문화재단 이사장, 전용호 소설가, 조재형 감독, 조대영 전 광
주독립영화제 프로그래머, 박상백 슈아픽쳐스 대표, 이세진 광주독립영
화관 프로그래머, 한재섭 광주영화영상인연대 사무국장, 임한필, 정우
영 광주영화영상인연대 이사 역임, 진모영 감독, 한경수 피디

▮ 대구 영화운동 : 이준동 대표, 이진이 작가, 원승환 인디스페이스 관장, 남태우
배우, 서영지 자막가, 한받(야마가타 트윅스터) 감독, 백승빈 감독, 김화
범 인디스토리 이사, 송의헌 감독, 남기웅 감독, 손영득 감독, 김상목 대
구사회복지영화제 프로그래머, 김승환 프라이드영화제 프로그래머

▮ 대전 영화운동 : 황규석 작가, 강민구 대전아트시네마 대표, 이상우 감독, 설경
숙 감독, 최아휘 아휘의부엌 오너셰프, 김경량, 민병훈 대전씨네인디유
대표

▮ 독립영화 : 김동원 감독(한독협), 김대현 감독(서울국제독립영화제), 조영각 피
디(한독협), 임창재 감독(실험영화연구소, 한독협), 맹수진 프로그래머
(한독협), 김영덕 부천영화제 프로그래머(노문연 영화분과 '11월 13일'),
황인태 전 전주영화제 사무국장(실험영화), 박동현 교수(실험영화)

사진 제공

▮ 개인 : 한옥희, 김호선, 김인수, 신종관, 낭희섭(독립영화협의회), 이하영, 이
세민, 전양준, 김형구, 김의석, 신동일, 이수정, 김소연, 김연준, 김동숙,
이효인, 이상빈, 오정훈, 조윤정, 박진형, 장기철, 김은주, 안동규, 유인
택, 주진숙, 김태영(인디컴), 이정국, 김혜준, 강기표, 허현숙, 김희진.
권경원, 심정숙, 최낙용, 최진호, 조성봉(하늬영상), 김소영, 황윤정, 김

영, 채윤희, 정재필, 박지만, 손주연, 고명욱, 이춘연, 권영락, 한결, 김
대현, 이상인, 김조광수, 김의석, 김선출, 임한필, 조대영, 박상백, 진모
영, 양기환, 황규석, 강민구, 이상우, 백승빈, 이필동, 이진이, 서영지,
한받, 송의헌, 배용균, 손영득, 남태우, 김성익, 조영각, 임창재, 김동원
(푸른영상)

✖ 기관 및 단체 : 한국영상자료원, 영화진흥위원회, 한국영화아카데미, 장산곶
매, 서울영화집단, 노동자뉴스제작단, 부산국제영화제, 전주국제영화
제, 서울국제여성영화제, 서울독립영화제, 부산국제어린이청소년영화
제, 평창국제평화영화제, 대구사회복지영화제, 부산 한국영화자료연구
원, 부산 또따또가센터, 이화여대 영화동아리 누에, 한국독립영화협회,
부산독립영화협회, 대구독립영화협회, 광주영화영상인연대, 한국영화
평론가협회, 서울아트시네마, 인디스페이스, 명필름, 미라신코리아, 미
인픽쳐스, 영화제작소 청년, 우진필름, 시네마서비스, 극단 자갈치, 문
화체육관광부, 국가기록원, 서울역사박물관, 전남문화재단, 광주문화
재단

참고자료

✖ 신문 · 잡지 : 『한겨레신문』, 『동아일보』, 『중앙일보』, 『조선일보』, 『한국일보』,
『국민일보』, 『프레시안』, 『부산일보』, 『중도일보』, 『영남일보』, 『매일신
문』, 『충대신문』, 『씨네21』, 『KINO』 등

✖ 서적 : 『새로운 영화를 위하여』(서울영화집단, 학민사), 『레디고 1 · 2집』(이론
과실천), 『변방에서 중심으로』(서울영상집단), 『영화하는 여자들』(주진
숙 · 이순진 저, 여성영화인모임), 『다시 만난 독립영화』(서울독립영화
제), 『한국 뉴웨이브 영화』(이효인 저), 『한국 뉴웨이브 역사와 작은 역
사』(이효인 저), 『독립영화워크숍. 그 30년을 말하다』(독립영화협의회,
목선재), 『계간 민족영화 1 · 2』(민족영화연구소), 『영화의 바다 속으로』
(김지석 저, 본북스), 『32회 대종상영화제 백서』(한국영화인협회), 『영화
와 글쓰기』(이정하 저), 『부산독립영화론 - 독립영화 계보 그리기, 첫줄』
(부산독립영화협회), 『한국영화 100년 100경』(돌베개) 등

✗ 문건 : 『우리영화』, 『충무로신문』, 〈파업전야〉 팸플릿, 〈닫힌 교문을 열며〉 팸플릿, 소식지 『영화세상』, 『'1970년대 광주문화운동과 5·18 민주화운동의 기억' 구술채록연구집』(국사편찬위원회)

✗ 영상 : 다큐멘터리 〈격동의 시대를 뛰어넘은 반란의 기록들−1970, 80년대 한국독립영화사〉(한국영상자료원)

고마운 분들

이정희 작가(홍기선 감독 부인), 안정숙 전 영진위원장, 배장수 한국영화제작가협회 상임이사, 윤중목 평론가, 한상언 한상언영화연구소 대표, 정상민 아우라픽쳐스 대표, 이수원 전남대 교수, 강성률 광운대 교수, 이현정 감독, 이호걸 교수, 문관규 부산대 교수, 김형석 평론가, 김희영 케이드래곤 대표, 정상진 옛나인필름 대표

한국 영화운동에 헌신하셨던 분들을 추모하고 기억합니다.

故 홍기선 감독, 故 이춘연 영화인회의 이사장, 故 김지석 부산영화제 부집행위원장, 故 이언경 영화공간1895 대표, 故 박건섭 부천영화제 부집행위원장(전 프랑스문화원 영사기사), 故 최정운 전 한국시네마테크협의회 대표, 故 구성주 감독

용어

작품 및 도서

인명

한국영화운동사 2

충무로, 새로운 물결

기획영화에서 한국독립영화협회까지